La Rabassière
au pays des bergers

Nicole Faucon-Pellet

La Rabassière au pays des bergers

Roman

Du même auteur :

Aux Éditions *Le Regard du Monde* :
Terre d'Ardèche, Terre de Passions
La Tuade du Cochon (Illustrations de Vincent Balaÿ)
Ardèche, Soleil d'Orage.

Aux Éditions *La Bouquinerie* :
La Dernière Charbonnière de l'Ardèche (Illustrations de Jean-Marc Pellet)

En auto-édition :
Le Secret de la Rabassière

Photo couverture : Jean-Marc Pellet

ISBN : 2-9515801-1-8

À Louane

Préface

Ce n'est que dans les deux dernières lignes du tome 2 du *Secret de la Rabassière* qu'est enfin percé le mystère de la famille Polignac qui nous a captivés pendant des centaines de pages.

Le tome 1 avait excité notre curiosité, mais nous étions " restés sur notre faim ". Le tome 2, *La Rabassière au pays des bergers*, nous apporte enfin la réponse tant attendue. Il se lit comme un thriller, bien qu'il n'y ait pas d'assassin. En fait, Nicole Faucon-Pellet a écrit deux livres en un. Sur fond de culture et commerce de la truffe, elle nous amène à la découverte d'une énigme qui pèse sur la vie intime d'un couple pour le moins hétérogène de paysans modestes et d'une famille de courtiers en truffes.

L'auteur connaît bien son sujet : la culture " traditionnelle " de la rabasse rythmée par les saisons, l'environnement truffier, la flore particulière des truffières, le milieu encore secret des courtiers de la truffe... Le plant mycorhizé est considéré avec suspicion, l'arrosage des truffières comme une pratique d'originaux.

Le cadre de l'action du tome 1 et de la plus grande partie du tome 2 est un petit coin paradisiaque de la Drôme provençale, dominé par le château de Grignan, si cher à la Marquise, et la tour de Chamaret, pointant dans le ciel pur de la Drôme provençale " comme un minaret ", à quelques lieues de Valréas et surtout de Richerenches, La Mecque de la truffe noire. Notre imagination ne peut nous empêcher de penser à Louis Fioc, ce grand pionnier de la trufficulture qui, depuis sa ferme de Montségur-sur-Lauzon, devait apercevoir chaque jour le donjon de Chamaret.

Les acteurs du roman sont toutes des personnes passionnées, extrêmes, qu'elles rejettent la truffe de manière viscérale, comme Philippe, le mari de Mina, la Berbère, ou au contraire qu'elles en soient accrocs, comme le vieux Jules, son épouse Louise, sa bru Mina, Georges, le courtier, Ulysse Carrière, le trufficulteur avisé, Jean l'ingénieur agronome. La rabasse est le lien entre les personnages, qu'ils l'exècrent ou qu'ils l'adorent.

Le cadre de l'action dépasse cependant le petit coin tranquille de la Drôme provençale pour entraîner le lecteur à des milliers de kilomètres plus au sud, dans les paysages arides du Maroc ou les sites désertiques du Niger, paysages que décrit admirablement l'auteur. C'est le mal du pays qui ramène Mina à ses racines, mais également la curiosité pour les truffes qui se développent dans le pays de ses ancêtres. Certes, il ne s'agit pas de la truffe noire du Tricastin, mais des terfez, les " truffes du désert ", qui poussent sous les hélianthèmes, se récoltent " à la marque ", et en fait ne sont pas des truffes ; il y a aussi les truffes blanches, les *Tuber oligospermum*, qui sont produites par les *Pinus pinaster* (nos pins des Landes). Quel contraste entre notre truffe noire, utilisée comme condiment, dorlotée, ramassée avec précaution à l'aide de chiens dressés, et ces " truffes des sables", récoltées comme des pommes de terre, utilisées plutôt comme des aliments, et permettant aux autochtones de gagner quelque argent pour survivre. Lorsque je travaillais avec les Koweïtiens, il y a plus de vingt ans, ces derniers me disaient : " Allah a été bon avec nous. Il nous a donné le pétrole et les truffes ! ". L'histoire continue, mais que reste-t-il des riches sites à terfez d'Al-Shagayah, après le passage des Abrams américains ?

Sur fond de paysages provençaux, dans la féerie des grandes villes marocaines, dans la splendeur et la beauté sauvage du désert du Niger, Nicole Faucon-Pellet nous présente le choc de deux " cultures ", cultures au sens de structures sociales et religieuses particulières à chaque pays aussi bien qu'élevage des truffes. Elle nous fait rêver, tout en nous maintenant savamment en haleine jusqu'à la dernière page de son ouvrage.

G. Chevalier
Chargé de Recherches
à l'INRA de Clermont-Ferrand

L'ombre de Jules

1

Georges prit les choses en main dès le départ de la ferme, conduisant Mina et Philippe comme s'il s'agissait de membres de sa propre famille. Les larmes de Mina se tarirent pendant l'office religieux sous la coupole de l'église embaumée d'encens dont l'odeur lui rappela son pays. Au cours de la cérémonie, elle remarqua que les gens du village, venus pour Jules, restaient pour elle des inconnus. Le curé prêcha et le long cortège se rendit vers le cimetière, paisible sous sa voûte de cèdres sombres, à la sortie de la localité, sur la route d'Aiguebelle. Pendant le trajet, Georges saisit le bras de Mina, tandis que Philippe ne lâchait pas sa femme. Leur présence à ses côtés la rassura. Un membre de la Confrérie des Trufficulteurs, prenant la parole pour rendre un dernier hommage à Jules Polignac, retraça, dans un silence de plomb, sa carrière dans les bois et insista sur son amour sans faille pour le diamant noir. Mina jeta un coup d'œil à Philippe impassible. Georges, lui, fixait la pierre de taille sur laquelle les dates de naissance et de décès de Louise étaient gravées. Une photographie en buste la représentait, et Mina retint un cri de surprise en découvrant ce visage austère, mais non dépourvu de charme. Philippe fixait le cercueil de son père et la fosse bordée de terre, redoutant le moment où il lui faudrait accepter son absence définitive.

– Il va enfin retrouver son épouse, murmura Georges, tandis que la bière descendait au fond du trou.

Une première poignée de terre crépita contre le noyer rutilant. Ce fut comme un coup de poignard dans le cœur de Mina. Georges baissa la tête, dans un ultime effort pour cacher la buée de ses yeux. Philippe serra à le broyer le bras de Mina. Lui, retenait ses sanglots ; elle, pleurait sans retenue ce vieillard qu'elle avait aimé autant qu'un père, qui lui avait donné l'amour de la truffe mais aussi le goût de l'effort, des choses bien faites et de l'observation méticuleuse des arbres et des hommes. Georges bénit la dernière demeure de son ami et passa le goupillon à Mina qui le saisit craintivement et le donna à Philippe sans oser l'utiliser. Elle n'aimait pas trop les objets du culte chrétien ; sans être musulmane pratiquante, elle jugeait parjure d'adopter certaines coutumes étrangères à ses origines. Son geste ne passa pas inaperçu. Mina envoya simplement un bouton de rose, se rassurant à l'idée que Jules allait rejoindre la terre profonde, odorante et nourricière des truffes.

Georges les entraîna vers le grand portail en fer forgé, devançant l'assistance qui, telle une chenille gigantesque, progressait lentement vers la sortie.

– Il va falloir serrer quelques mains et recevoir les condoléances, expliqua-t-il. À la campagne, c'est tout naturel.

Mina voulut s'éloigner. Mais Philippe et Georges la retinrent.

– Les convenances le veulent ainsi. La famille se doit d'être là. Après, nous pourrons partir à la ferme, dit Philippe, pressé lui aussi de sortir du cimetière.

– Mais personne ne me connaît !

– Eux connaissent tous votre existence, Mina. La famille Polignac est partie intégrante du village. C'est ainsi.

Mina s'inclina devant les arguments. Déjà, une femme aux cheveux blancs embrassait Philippe en pleurant et lui murmurait quelques mots à l'oreille.

– Madame Florentin était une amie de ma mère.

Ses manières simples et chaleureuses, plurent immédiatement à Mina. Et ce fut réciproque.

– Mes condoléances. J'habite à côté de l'école. Une grande maison avec un balcon qui domine la place. Passez me voir, cela me fera plaisir.

Ces paroles de réconfort rassurèrent Mina. Elle aurait voulu prolonger un peu la conversation, mais, déjà d'autres personnes se pressaient pour saluer la famille. Il y eut des embrassades, des serrements de mains, des formules conventionnelles, un défilé de gens, jeunes et vieux, et Mina se laissa ballotter d'une paire de bras à une autre, sans réagir. Absent, Philippe restait appuyé contre la grille, sans bouger. Les longues formules d'usage terminées, les gens reprenaient la route tandis que leurs chaussures crissaient sur le gravier de l'allée.

– Venez donc boire le café, proposa un homme entre deux âges. Nous bavarderons un peu.

– Nous vous rejoindrons dans un moment, répondit Georges.

Le silence reprit ses droits, sous l'ombre feutrée des grands cèdres et des cyprès, citadelles végétales veillant sur les morts.

– Jules n'aimera pas sa nouvelle demeure, murmura Mina. Il n'y a pas de chêne, seulement des arbres qui n'étaient pas ses familiers.

– Vous dites des bêtises. Allez, venez.

Georges voulut les entraîner.

– Je voudrais retourner un moment sur sa tombe pour arranger les fleurs.

– Les Pompes Funèbres s'en occuperont. Nous reviendrons demain.

Ils étaient enfin partis, tous les trois, Mina entre eux. Le printemps bien installé reverdissait les bords des fossés et les quelques landes abandonnées. À la lisière du village, Georges expliqua :

– Nous devons aller visiter Léon Fabre, le Maire. Il nous attend pour le café.

– Je préfèrerais rentrer, répondit Philippe.

– Tu es maintenant chef de famille et tu dois respecter les usages, dit Georges, retrouvant sa voix autoritaire.

Philippe haussa les épaules.

– Mina fera ça mieux que moi. Mais pour aujourd'hui, j'obéis.

Ils frappèrent donc à la porte de la demeure du maire : d'âge moyen, il avait des manières courtoises, habitué à traiter habilement les affaires de la commune, mais il parut à Mina très protocolaire. Il renouvela ses condoléances d'un air grave, tout en regrettant le long silence de Jules.

– Le temps n'est plus aux regrets, rétorqua Georges. Notre ami s'en est allé avec l'indifférence des gens du village. Il était entouré par sa famille proche, heureusement.

– En feuilletant les cahiers de délibérations à la mairie, j'ai remarqué que Jules avait été élu autrefois. Il prenait même son rôle très au sérieux.

– Tout cela c'est du passé.

– Certes, mais, à titre de compensation en quelque sorte, j'aimerais qu'un membre de la famille Polignac se présente aux prochaines élections. Ce serait revenir aux traditions. De plus, le milieu paysan est représentatif de l'ensemble de la population.

– Vous en discuterez avec Philippe en temps opportun.

– Les affaires de la commune ne m'intéressent pas. J'ai beaucoup trop de travail à la ferme.

– Je pensais à vous, Mina. Je me suis laissé dire que vous remplacez votre beau-père Jules dans les truffiers.

Mina se troubla.

– Je suis une étrangère en terre drômoise, dit-elle.

– Vous êtes une Polignac, ne l'oubliez pas ! Et la présence d'une jeune arabe démontrerait que nous ne sommes pas racistes.

– Je ne suis pas arabe mais berbère, expliqua Mina. Berbère de l'Atlas, comme les Kabyles d'Algérie.

– Peu importe, pour le village, vous venez de l'autre côté de la Méditerranée et vous représenteriez la différence.

– Ma présence mettrait une touche d'exotisme dans votre conseil municipal ! plaisanta Mina.

L'espace d'un instant, elle avait oublié Jules et sa peine. Georges lui jeta un regard réprobateur.

– Cette jeune Polignac n'a pas la langue dans sa poche ! dit Léon Fabre, amusé.

Mina songeait qu'une fois encore l'histoire de son beau-père était juste effleurée, timidement, sans jamais être abordée avec sincérité. Elle n'avait rien à attendre des révélations de Léon Fabre qui resterait dans la limite des conventions. La légende était à jamais écrite et Jules, dans l'imagerie populaire, était un asocial plus préoccupé de ses truffières que de la santé de sa femme.

Ils acceptèrent un café, servi par l'épouse, qui, à l'instar du notable, respecta les traditions et célébra Jules Polignac qu'elle avait sûrement peu fréquenté, n'étant pas originaire de Réauville. Mina était révoltée par la futilité de ses propos, et son sourire n'échappa pas à Philippe. La ferme et son silence lui manquaient et elle donna le signal du départ dès qu'elle jugea suffisant le temps de la visite.

Le village était éclairé par une pimpante lumière printanière. Sur la place, l'école primaire, un bâtiment à étage flanqué de son préau et de sa mairie desservie par un magnifique escalier évasé, était juste en face de la place, de l'épicerie-bar et du banc de pierre qui courait le long du mur de l'église et invitait les chalands à musarder. Des gosses désœuvrés maniaient des jeux électroniques de poche en déambulant d'un air déjà blasé. Mina aperçut la maison de Madame Florentin au début de la ruelle en pente qui grimpait vers les quartiers hauts du village. Avec son grand balcon envahi de jardinières aux plantes encore tendres, où l'on devinait une table d'un vert de bronze et des chaises en fer forgé, et sa façade de pierres apparentes jointoyées d'ocre, elle avait fière allure et dénotait le goût des propriétaires pour les matières nobles. À côté, de pauvres bâtisses grises à demi délaissées, aux vignes vierges embroussaillées et aux buissons grignotant les seuils, prouvaient l'état d'abandon d'une partie de la cité. Des panneaux " à vendre " décoraient les figures blêmes de ces maisons, et Mina imagina une armée d'agents immobiliers rapaces guettant le touriste argenté.

– Qui était cette Madame Florentin ? demanda-t-elle tandis que Georges prenait le volant.

– L'infirmière du village. Elle est aujourd'hui retraitée, mais elle est restée au pays. Personne n'a voulu la remplacer. Maintenant, les gens font appel aux infirmiers de Grignan pour les piqûres et les soins à domicile.

– Elle m'a invitée chez elle, dit Mina.

Georges scruta son visage, devinant qu'elle trouverait bien là une piste vers le passé de Jules.

– Elle est très bavarde et connaît les périples de chacun. Forcément, dans ce métier, on côtoie les douleurs et l'intimité des gens qu'on soigne.

Philippe, à l'arrière du véhicule, se laissait conduire, ignorant la conversation. Mina ne jugea pas utile d'en demander davantage. Georges les abandonna pour réintégrer son domicile, promettant de revenir le lendemain. Philippe se débarrassa de son costume et de sa cravate et s'enfuit vers son atelier, désireux de reprendre des gestes et des habitudes quelques jours bousculés. Ainsi, en un instant, l'agitation liée aux funérailles s'estompa. Mina passa une tête timide vers la chambre de son beau-père. Le lit gardait encore l'empreinte de son corps ; sur le dossier d'une chaise sa chemise reposait. Sur la table, les journaux ouverts, une tasse de café, une boîte de médicaments et les lunettes à l'abandon surprirent Mina.

– Où êtes-vous Jules ?

Elle haussa les épaules, referma la porte et siffla Lionne pour partir sur le serre sablonneux. Elle oublia résolument la musette et le piolet et s'en fut se recueillir sur la tombe aux lettres. Dans la famille Polignac, elle détenait un morceau du secret, partagé seulement par la chienne fauve. À genoux sous le grand chêne, Mina chassa ses larmes et dit :

– Je vous promets la vérité, Jules.

Lionne gémit et se pressa contre elle.

2

Ni Mina, ni Philippe n'osaient entrer dans la chambre de Jules. Elle y jetait un coup d'œil de temps à autre, mais s'éloignait vite, persuadée que le vieil homme était là, tapi dans un coin, qu'il allait surgir et lui reprocher de ne pas l'avoir accompagné là-haut, dans sa chambre où dormaient ses trésors.

– Excusez-moi Jules, disait-elle alors. Vous seriez encore là si je vous avais obéi.

Elle n'osait pas parler de ce sentiment de culpabilité à Philippe, lui qui avait toujours ignoré les demandes de son père. Il n'aurait rien compris à cette attitude et l'aurait accusée d'avoir des états d'âme. Philippe vivait replié sur lui-même et Mina le surprenait parfois à parler à haute voix de ses projets et de ses récoltes. Il demandait aussi des avis à Jules, alors qu'il n'avait jamais suivi ses conseils de son vivant.

Mina continuait à aller truffer, matin et soir, à la fraîche, les beaux Tuber aestivum à la chair laiteuse. Mascotte dormait beaucoup et quittait sa niche à contrecœur pour suivre, sur les chemins, l'allure rapide de Mina et de Lionne. Elle souffrait de rhumatismes, gémissait parfois de douleur ou de l'absence de Jules qu'elle continuait à chercher partout. Mina ne l'attachait plus, mais la laissait libre dans la grande cour où la vieille esclave à moustache grise refusait de s'ébattre malgré les propositions de Lionne.

– Il est trop tard ! expliquait Mina à la joueuse. Elle n'a pas eu ton éducation libertaire. Elle a été conditionnée pour mener une vie de labeur où le plaisir est interdit.

Mina lui avait installé de la paille fraîche dans l'ancienne soue à cochons aujourd'hui désaffectée. Elle laissait toujours la porte ouverte pour inciter Mascotte à sortir, mais celle-ci réintégrait invariablement sa vieille niche en bois, près de la chaîne qui l'avait gardée prisonnière pendant douze ans.

– Agis à ta guise, lui disait Mina, à la fois agacée et apitoyée par ses manières dociles.

Philippe partait tôt dans ses terres et Mina pouvait truffer librement. Elle continuait à entreposer ses récoltes dans la jarre en grès, comme Jules le lui avait appris. Elle refermait toujours soigneusement le couvercle, se lavait les mains et se brossait les ongles, craignant toujours les colères de son mari. Mais celui-ci paraissait calme. Il faut dire que les truffes blanches n'avaient pas l'odeur obsédante des truffes d'hiver.

L'été approchait doucement. Mina profitait des longs après-midi pour se reposer un peu avant de reprendre ses activités. Elle accompagnait souvent Philippe sur le domaine et l'aidait à attacher les jeunes pousses de vignes ou à dépamprer.

– Tu pourrais conduire le tracteur, Mina ? Autrefois, c'était Jules le chauffeur pendant que moi je manœuvrais l'outil.

– J'ai juste besoin de quelques cours.

– Nous commencerons demain si tu es d'accord.

C'est ainsi que Mina apprit à remplacer Jules pour tous les petits travaux de la ferme. Elle se mit à seconder Philippe, l'assistant du mieux qu'elle pouvait, s'occupant des courses, réglant les factures et dépouillant les journaux pour y trouver des articles relatifs à la viticulture et aux nouvelles techniques agricoles.

Le samedi était consacré à sa sortie en solitaire. C'était sacré, et ce jour-là, Philippe ne lui demandait pas sa participation. Elle allait vendre ses truffes et visitait plusieurs marchands. Elle s'arrêtait toujours au Domaine de Bramarel et demandait les cours du jour. Si Mina jugeait le prix insuffisant, elle quittait les lieux et ramenait sa récolte. Les leveurs craignaient ses colères et ses mises en garde. Elle avait l'art de les ridiculiser et prenait soin de parler fort afin que chacun puisse l'entendre. Sa timidité l'avait quittée et elle retrouvait sans gêne les amis de Jules au bistrot de la place. Elle était devenue leur protégée et ils s'amusaient de la voir mener les négociations. Dès le premier samedi du marché pour les truffes d'été, elle s'imposa auprès d'eux. Autour d'une tasse de café, ils préparèrent leur stratégie.

– À moins de trois cents francs le kilo, je ne vends pas, expliqua-elle.

– Nous nous alignons, répondit Armand, un vieux paysan pour qui un sou était un sou.

– C'est Georges qui va en faire une tête !

– Sûr, il est habitué à imposer les prix.

– Il est temps d'inverser la vapeur, dit Mina. Il n'y a pas de raison de se laisser exploiter.

Et le groupe la suivit, avec un certain plaisir. Sa jeunesse était un atout. Elle possédait l'espoir de modifier les choses, contrairement à ces quinquagénaires ayant perdu toute illusion face aux lois du marché. Ils se rendirent chez plusieurs acheteurs, s'arrêtant pour marchander, posant des questions.

– Qui est preneur en ce moment ? Les restaurateurs sans doute ?

– Vous voulez devenir courtier, Mina ! se moqua Monsieur Pradal, un marchand venu du Périgord que l'on accusait d'être un trafiquant.

– Et pourquoi pas ! rétorqua-t-elle. Vous n'avez pas l'exclusivité que je sache !

Les amis de Jules pouffèrent de rire. Les transactions d'été n'avaient pas le même sérieux que celles d'hiver lorsque se traitaient longuement des affaires importantes. Tuber aestivum n'était pas d'un gros rapport et ne possédait pas la classe de Tuber melanosporum. Du coup, les marchandages prenaient l'allure d'un moment de rencontre et d'échange. Mina adorait taquiner Monsieur Pradal qu'elle trouvait antipathique et considérait comme un escroc.

– Vous savez qu'il est question de créer un syndicat et des appellations par terroir. Ce jour-là, vous baisserez votre caquet, je vous le garantis.

L'autre blêmit sous l'insulte.

– Dans ce domaine les choses vont bien lentement ! Et ce n'est pas une jeunette qui va me donner des leçons. Car, sans vous offenser, vous avez encore des choses à apprendre.

– J'en suis convaincue. Il n'empêche que vous abusez de vos prérogatives.

– Après ces échanges de politesse, sachez, Madame, que j'achète à deux cent quatre-vingts. Je suis certain que vos locaux ne vous en donnent pas un aussi bon prix !

– Cet énergumène est bien un étranger au pays, remarqua Armand après son départ. Il ne comprend rien à rien. Ses ficelles sont grossières. Il veut nous fidéliser avant de nous arnaquer.

– Les courtiers ont parfois besoin d'une leçon. Ce type, il faut le considérer comme un pion dans un jeu d'échecs. Son rôle est de faire monter les prix. Nous devons nous servir de lui mais garder notre fidélité à nos marchands.

Georges connaissait les évolutions de Mina. Il avait ses informateurs, étudiait les courants, notait les tendances, repérait les meneurs, avec une habileté de détective privé. Il savait qu'invariablement, avant de prendre une décision, le groupe viendrait le consulter. À l'expression du visage de Mina, il savait où il fallait commencer les négociations.

– Deux cent cinquante, aujourd'hui.

– Le brigand du Périgord en donne deux cent quatre-vingts !

– Il ne connaît rien aux affaires !

– Ça dépend de quel côté on se trouve !

– Je vous connais bien, je m'incline.

– Marché conclu.

Georges pesait les truffes, vidait les sacs, payait les lots et le groupe se disloquait, en se donnant rendez-vous le samedi suivant. Seule Mina restait un moment pour bavarder avec lui. Maintenant que Jules n'était plus là, il était en quelque sorte son conseiller. Elle savait pouvoir lui accorder sa confiance. Pourtant, une certaine retenue contraignait encore Mina persuadée qu'il connaissait la clef du mystère des origines de Philippe. Cela restait entre eux comme un nœud palpable et indestructible, dont aucun n'était dupe. Un samedi, il ne put s'empêcher de lâcher :

– Jules serait fier de vous, Mina.

– Pensez-vous ! Il doit se retourner dans sa tombe en me voyant tripoter des aestivum !

– Il sait que vous apprenez les ficelles du métier pour mieux vendre les truffes d'hiver.

– Je veux bien vous croire. Cela me rassure.

Ils rirent. Georges prit des nouvelles de Philippe, parla de son fils Pierre qui commençait une carrière dans l'informatique.

– Je vous inviterai, Philippe et vous, un soir prochain. Nous ferons un repas de reboule.

– C'est quoi, la reboule ?

– Une grande fête pour marquer la fin des travaux agricoles. Autrefois, on fêtait ainsi la fin des moissons, la fin des vendanges. Ce jour-là nous marquerons la fin de la saison des aestivum.

– Je ne sais pas si Philippe acceptera.

– Il n'est pas très bon que vous soyez toujours à la ferme, coupés du monde.

– Je lui en parlerai.

Mina rejoignit Réauville par les petites routes. La proposition de Georges lui réchauffait le cœur. C'était bien la première fois, depuis trois ans qu'elle habitait Champlong, que quelqu'un l'invitait. Il était temps de trouer le manteau de solitude qui se tricotait inexorablement autour du jeune couple. Elle pensa à Louise, à son isolement, à son silence, à son histoire qui paraissait se répéter à travers elle.

– Je refuse de mourir sous les truffiers ! dit-elle à haute voix.

Elle admira les plantations de lavandin qui se hérissaient déjà d'épis naissants. Les vignes d'un vert plus cru étalaient leurs rangées dans un alignement tout militaire. Les chênes blancs, majestueux, ne souffraient pas encore de la sécheresse, épanouissant leur ramure vierge de toute tache d'oïdium. Les chênes verts, eux, semblaient moins hérissés de piquants en ce début d'été, et, à leur extrémité, les branches portaient des tiges neuves.

– Alphonse est mort, comme Jules. C'est seulement après que Louise a été prise au piège des truffiers.

Mina secoua la tête. Incapable de se concentrer sur la beauté du paysage, elle renouait avec les vieux démons qui continuaient à la hanter et se reprochait de ne pas maîtriser ses pensées.

– Je deviens ridicule ! L'histoire ne se reproduit jamais, je devrais pourtant le savoir.

Elle accéléra, traversa une cuvette où poussaient de beaux abricotiers et aborda Réauville, gardé par sa grande maison dont les murs épousaient le rocher et dont le toit dépassait au-dessus de la mousse des chênes. Pompeusement, les gens du cru l'appelaient château. Sur la Place de la Mairie, elle remarqua une nouvelle fois la demeure de Madame Florentin.

– Il faut absolument que je rencontre cette femme.

Cette décision ramena la paix dans l'esprit de Mina.

3

Aux premières lueurs, le concert commençait, tirant Mina doucement vers une nouvelle journée. Elle aimait l'aube. Sous un drap léger, elle se réveillait aux chants des oiseaux. L'énorme tilleul, juste sous la fenêtre de la chambre, se transformait en volière à ciel ouvert. Elle cherchait Philippe à tâtons, se rapprochait de son corps tout chaud et ensommeillé et s'alanguissait un moment contre lui, tandis que montaient les trilles dans la lumière neuve. Elle réveillait doucement son compagnon, passant une main légère sur sa large poitrine où quelques poils s'embroussaillaient entre ses doigts, et descendait vers son ventre. L'aurore montait doucement, jetant à travers le rideau rayé de bleu et de jaune des ombres fantasmagoriques. L'épée de Philippe pointait alors sous la main tiède de Mina et ils s'aimaient doucement, au ralenti, à l'image de cet instant matinal, occupant toute la largeur du lit, laissant leurs membres reposés se rassasier de plaisir.

– Ma Mina devient une érotique du matin, remarquait Philippe depuis quelques jours.

– C'est l'été qui me tourmente, cette chaleur, cette douceur, ces piafs heureux de vivre…

– Je n'ai rien contre. Reste au lit. Je vais te chercher une tasse de café.

Elle replongea dans un demi-sommeil, souvent teinté de projets d'avenir difficiles à mettre en œuvre : ouvrir la chambre de Jules et rendre visite à Madame Florentin. Je dois cesser de repousser, se disait Mina. Aujourd'hui, c'est décidé, je rentre chez Jules, j'aère tout, je classe ses affaires, je démonte le lit, je transforme la pièce en séjour. La lumière devenait insidieusement plus crue et les oiseaux s'apaisaient. Philippe remonta l'escalier pesamment et tapota les oreillers.

– Assise, ma jolie.

Elle obéit et aspira à petites gorgées son café léger. Autour d'eux, c'était comme un puzzle qui se mettait en place avec la salutation du coq dans le lointain, un jappement de Lionne, le lever du soleil.

– Je pars avant la grosse chaleur, dit Philippe. Je serai là vers onze heures. Je vais travailler à la Grenoble, dans la vigne.

– À tout à l'heure.

Mina quitta sa couche à contrecœur. Elle étira ses longs membres, descendit l'escalier et se servit un autre café. Elle prêta l'oreille : on grattait contre la porte du garage.

– Salut ma belle !

Lionne attendait toujours le départ de Philippe pour se manifester. Elle dormait sur une couverture, près de la porte cintrée de l'atelier et gardait la maison d'habitation tandis que Mascotte était plus responsable de la cour et des environs. Comme chaque matin, elle démontra sa joie à sa maîtresse en sautant dans tous les sens et en agitant sa belle tête hirsute. Mina rit, car ce spectacle la réjouissait malgré sa répétition. Lionne saisit l'occasion pour rajouter encore quelques facéties. Puis, elle se posa sur son train arrière, sans bouger et inclina légèrement sa gueule, l'œil interrogateur.

– Quel pitre ! Tu as faim ?

Lionne agita la queue. Dans l'auge étroite qui courait au pied du râtelier, Mina gardait un gros sac de croquettes.

– Si Jules voyait ça, il se retournerait dans sa tombe.

Elle en tendit une poignée à Lionne qui frétillait.

– Juste un peu. Tu sais que ces saletés bouchent les voies urinaires. Après, une vraie soupe : du riz et de la pâtée.

Pendant qu'elle mangeait, Mina remplit l'assiette de Mascotte et la lui apporta devant sa niche. La vieille chienne se leva lentement pour en humer le parfum. Mina la caressa et sentit sous ses doigts sa colonne vertébrale aux os pointus.

– Tu n'es pas grasse, ma pauvre. Mange un peu.

D'un air désolé, Mascotte aspira quelques bouchées puis se recoucha en tournant le dos à Mina. Elle rentra la gamelle puis s'en revint à pas lents vers le clapier où deux mères lapines maternaient des boules de poils soyeux. Elle distribua quelques mesures de granulés, un peu de luzerne et changea l'eau des abreuvoirs. Dans la grande cour, elle arrosa les pots de fleurs et les quelques plates-bandes, où dahlias, zinnias et soucis s'épousaient dans un tableau coloré. Elle aspergea les lianes des courges de Compostelle qui grossissaient à vue d'œil dans une masse de verdure escaladant les grillages. Toujours escortée par Lionne, elle se rendit au jardin et cueillit les haricots verts, s'accroupissant entre les rangées pour protéger son dos.

– Il manque Jules. Le potager laisse à désirer.

Elle avait toujours l'impression qu'il allait surgir, donner des conseils, préconiser de traiter les plants de tomates ou de surveiller les jeunes semis menacés par les escargots. Lionne gémit, comme si elle avait senti les dispositions d'esprit de sa maîtresse.

– Nous devenons superstitieuses !

L'absence de Jules n'était plus aussi pénible pour Mina. Son terrible chagrin du printemps s'était transformé en nostalgie. Elle se souvenait de ses paroles, de ses désapprobations parfois muettes, de ses encouragements discrets et de sa reconnaissance. C'est grâce à lui qu'elle avait réussi son insertion dans la ferme que Louise nommait " du bout du monde ". Toutefois, Mina gardait une impression d'inachevé. Son éducation de campagnarde était loin d'être terminée et le terrible secret de Jules restait entier. Elle se redressa, son panier d'osier plein, et s'assit sous le tilleul pour trier les légumes. Elle avait installé là une table de bistrot au-dessus de marbre gris et trois chaises assorties. C'était une place de choix pour exécuter certains travaux qui paraissaient ainsi moins ennuyeux.

– Il n'est que dix heures, constata-t-elle. J'ai le temps.

Elle rinça les haricots à la pompe disposée sous l'auvent et en même temps donna de l'eau fraîche à Lionne qui ne quittait pas sa maîtresse d'une semelle.

– Tu t'ennuies un peu, ma jolie, en ces temps de chômage forcé !

Lionne bailla avec délectation, comme si elle confirmait les propos de Mina.

– Pourtant, il va falloir que tu viennes me donner un coup de main. On va pénétrer dans l'antre du vieux Jules.

Elle déposa les légumes dans le panier de la cocotte-minute et partit entrouvrir la chambre restée close depuis la mort de Jules. Une senteur de renfermé et de moisissure habitait les lieux. Mina tâtonna vers l'interrupteur et une lumière glauque révéla le désordre de la pièce : les plis de la couverture qui semblait garder l'empreinte du corps, les journaux ouverts, l'étui à lunettes, les pantoufles abandonnées, une tasse aux parois douteuses, la veste bleue usagée accrochée au dossier d'une chaise. Elle respira à fond, repoussant le sanglot qui montait de sa gorge et la nausée qui serrait son estomac. Elle avança d'un pas, encouragea Lionne à la suivre, mais la chienne se contentait de passer un museau craintif dans l'entrebâillement de la porte.

– Tu ne vas quand même pas me laisser tomber !

Cette simple phrase suffit à rassurer Mina. Elle avança d'un pas résolu vers la grande porte-fenêtre et d'un coup repoussa les volets, laissant ainsi entrer un flot de lumière. Lionne trépignait toujours, hésitant à franchir le pas, examinant les lieux d'un air méfiant.

– Tu es une belle lâcheuse !

Mina s'empara rapidement des draps qu'elle glissa dans la machine à laver et des couvertures qu'elle suspendit sur la corde à linge pour en chasser l'haleine de Jules.

– Un bon coup de mistral là-dessus et adieu les traces.

Mais le vent du nord était absent et la chaleur déjà intense. L'herbe commençait à sécher, et sous le soleil accablant, les murailles du château de Grignan, comme une carte postale, se détachaient sous un ciel uniformément bleu. Mina soupira. Elle ne se lassait jamais de contempler le paysage depuis son plateau de Champlong : collines et ravins aux pentes habillées de vert sombre, falaises aux blancs légèrement cassés d'ocre, éternité solennelle de la tour de Chamaret et tapis des vignes de la région de Valréas dont les ceps grignotaient au fil des ans les bois voisins. Lionne, à l'ombre de la haie de cyprès, attendait que Mina revienne sur terre.

– Allez, on retourne.

Les odeurs avaient presque disparu. Mina nettoya la tasse, déposa les journaux dans l'atelier de Philippe qui les utilisait pour allumer des feux, jeta les pantoufles dans la poubelle avec un pincement au cœur.

– Si je m'apitoie, je n'y arriverai jamais.

Elle arrangea soigneusement la veste d'un bleu délavé, posa dessus la casquette dont Jules ne se séparait jamais.

– Que vont devenir tous ces vêtements ?

Elle continuait machinalement à plier chemises et pull-over, pyjamas et tricots de corps.

– Il me faudrait une valise.

Elle en avait cherché une, en vain, voici quelques mois, lorsque Jules avait été hospitalisé. Philippe disait qu'il fallait fouiller dans l'ancien grenier à foin, la fenière, comme on le nommait ici, dans ce français venu tout droit de la langue occitane ; elle était aujourd'hui désaffectée, et il s'y entassait des objets désuets et des choses oubliées.

– Un jour prochain, j'irai farfouiller là-haut.

Mina empila toutes les affaires de Jules dans un carton dont elle replia les rabats. Lionne, couchée en travers de la porte, surveillait Mina, refusant toujours de pénétrer dans la pièce.

– Quelle testarasse !

Elle ne savait comment interpréter cette drôle d'attitude. La chienne, sensible à l'absence de Jules, sentait-elle le parfum de la mort ? Elle ne cessait de renifler, tournait la tête dans tous les sens, comme si elle s'attendait à voir surgir un danger d'une minute à l'autre.

En même temps que le tracteur de Philippe, la voiture jaune du facteur arriva. Mina alla à leur rencontre. Elle avait rarement du courrier personnel. Ses vieux parents lui écrivaient quatre ou cinq fois par an ; ses frères guère plus. Lorsque Philippe lui tendit l'enveloppe, elle réalisa l'importance de cet envoi. Le tampon portait le nom de la poste de Richerenches. L'écriture lui était inconnue. Elle s'adressait à Mina et Philippe.

– Ouvre donc ! dit Philippe, tandis qu'elle restait indécise.

– C'est aussi pour toi.

– De Richerenches ne viennent que des histoires de truffes. Je préfère m'abstenir.

Il y avait de longs mois que Philippe ne parlait plus de truffes. Mina osait presque envisager parfois qu'il avait oublié son allergie à la cueillette et aux fragrances épicées. Elle eut une pensée pour Jules et ouvrit la lettre, sans commentaire. Immobile, son mari l'observait. La jeune femme se sentit presque prise en faute.

– Georges nous invite samedi soir.

– Moi aussi ? demanda Philippe.

– Évidemment !

– Je pensais qu'il ne m'aimait pas !

– Ne sois pas idiot ! Georges est un ami de la famille. Heureusement qu'il était là lors du décès de ton père.

– Il n'empêche que vous avez tous les deux des relations privilégiées.

– J'ai promis à Jules d'entretenir et de cueillir les rabasses. Je tiendrai cette promesse, quoi que tu en penses. Et je continuerai à demander des conseils à Georges, aussi longtemps qu'il le faudra. Dans ce domaine, il est très compétent. Il en connaît aussi long que ton père.

– Bien. D'accord.

Mina transpirait sous le soleil de midi.

– Rentrons, dit Philippe.

Ils traversèrent l'atelier et pénétrèrent dans le hall encombré d'un portemanteau, d'une étagère à chaussures, de paniers en osier et de tout un bric à brac : lampes de poches, bougies, journaux en attente de lecture. Philippe se figea devant la porte ouverte de la chambre de Jules. Une lumière vive arrivait par là, inondant le passage d'ordinaire plongé dans la pénombre. Quelques grosses mouches, attirées par la clarté, bourdonnaient dans cet espace. On entendait seulement le bruit de leur vol maladroit et leur chute contre les vitres de la fenêtre.

– Tu as touché à la pièce de Jules !

– Nous n'allons tout de même pas la condamner. Il était bien entendu que nous en jouirions lorsqu'il ne serait plus là.

– Tout de même. Je n'aurais jamais osé.

– Ma démarche n'a pas été facile, imagine-toi ! Il y a des jours que j'y pense. J'en avais marre de repousser. Ce matin, je me suis décidée.

– Tu as eu raison.

Ils restaient immobiles dans ce recoin.

– Va donc tirer les battants de la porte-fenêtre pour maintenir un peu de fraîcheur. Nous allons être envahis par les bestioles. Pendant ce temps, je vais assaisonner la salade.

Philippe ne bougeait pas, tout comme Lionne, toujours à son poste d'observation.

– Je ne peux pas entrer là-dedans, dit-il d'un air piteux.

– Alors, vous êtes deux. Lionne a la même réaction que toi.

– Merci pour la comparaison !

Mina haussa les épaules et alla clore les volets. En quelques instants, les grosses mouches se faufilèrent vers le soleil. Philippe se pencha et caressa la chienne.

– Vous voilà amis ! se moqua Mina.

Ils étaient toujours immobiles dans l'étroit couloir. Elle les bouscula sans ménagement et s'empara d'un saladier et de l'esquicho-aiet, un objet métallique avec deux poignées qui servait à presser les gousses d'ail. Philippe se décida à venir vers elle.

– Tu pourras me donner un coup de main pour déménager le lit de Jules ?

Il prit le temps de mettre deux assiettes sur la table et d'avaler un verre d'eau.

– Donne-moi quelques jours pour m'habituer, s'il te plaît. J'ai l'impression que mon père est mort une nouvelle fois.

Philippe exprimait rarement ses sentiments et, depuis le décès de Jules, il restait muet sur ce chapitre. Mina n'en fut que plus sensible à sa détresse.

– Je t'accorde une semaine. Ensuite, je commence à aménager. J'ai là-haut un tapis dans les teintes rouges qui fera merveille sous les voûtes.

4

Mina n'aimait pas acheter le pain au village. Elle sentait qu'on la dévisageait et qu'elle échappait aux réactions racistes uniquement parce qu'elle était la belle-fille Polignac. Elle s'efforçait d'ignorer la curiosité suscitée par sa présence, se disant qu'elle était peut-être un peu paranoïaque. Malgré tout, elle se tenait sur ses gardes.

– Si Philippe mange sans pain, c'est la panique. Mon mari mérite bien un effort de ma part.

Le commerce était petit et tout en longueur. Les villageois y trouvaient de quoi se dépanner : derrière la banque réfrigérée, un rayon de boîtes de conserves et dans les encoignures de la pièce les étagères de pâtes, de riz et de biscuits. Ce lieu, par son exiguïté, rappelait à Mina les minuscules boutiques de son Atlas. Dans une corbeille en osier, il y avait toujours quelques baguettes en dépôt dans l'épicerie. Mina attendait son tour derrière une grand-mère portant un cabas noir et mou à la mode d'autrefois.

– Cette grosse chaleur me fatigue, expliquait une cliente en cherchant un billet dans son porte-monnaie. Qu'est ce qu'ils ont dit hier au soir à la météo ?

– Je ne connais pas les prévisions, répondit la patronne, une femme bien en chair et de haute taille dont la coupe impeccable et les vêtements bien repassés indiquaient le soin qu'elle prenait de sa personne, mais je sais que dans quelques mois vous vous plaindrez du froid !

Mina sourit de la répartie bien envoyée. Et elle échangea avec la commerçante un sourire de connivence qui lui réchauffa le cœur.

– Les indications sur le temps sont en train de remplacer les principes religieux ! Le présentateur, tel Dieu le père, dicte à une foule crédule, la conduite à tenir ! Je n'ai jamais vu une science aussi inexacte et pourtant, il suffit au journaliste de *France 2* d'annoncer la pluie pour que des millions de pauvres bougres sortent leurs parapluies ! Moi, je me contente de regarder le ciel le matin en me levant.

Mina apprécia le discours égratignant la sacro-sainte télévision et se retourna vers celle qui s'exprimait avec tant de véhémence.

– Mais, c'est Madame Florentin !

– Moi-même, Mina. Maintenant que je vous tiens, je vous amène boire un verre chez moi.

– Je n'ai pas beaucoup de temps…

– Je n'accepte aucune excuse !

Mina acheta son pain et attendit devant la porte que Madame Florentin termine ses quelques achats. Sur le long banc qui ceinturait le mur de l'église, quelques touristes prenaient le soleil. Les gens du pays se tenaient à l'ombre ou s'abritaient sous des chapeaux de paille. Les volets de la communale étaient fermés pour l'été. De la mairie jaillit Léon Fabre qui vint saluer Mina.

– Avez-vous réfléchi à mes propositions ?

– J'ai d'autres préoccupations en tête en ce moment. Je m'occupe des affaires de mon beau-père.

– Je comprends bien. Mais j'aimerais que vous vous montriez un peu au village. Nous avons une association qui organise des cours de gymnastique, une bibliothèque et deux ou trois fois par an nous invitons un groupe théâtral.

– Je vais informer cette jeune femme des réalités locales, dit Madame Florentin.

De son panier en osier dépassaient des branches de basilic dont l'arôme se distillait dans l'air chaud de cette fin de matinée.

– Je compte sur vous, affirma Léon Fabre. Les Polignac sont nos administrés et je ne veux pas d'exclus dans ma commune.

Madame Florentin sourit malicieusement.

– Je reconnais bien là votre discours populaire.

Après les salutations d'usage, elles s'éloignèrent toutes les deux.

– Avant toute chose, vous allez m'appeler par mon prénom : Paule.

– Je ne sais pas si j'oserai !

– Chassez cette timidité idiote. Je vous appelle bien Mina, moi ! Certes je n'ai plus votre jeunesse. Toutefois, mes cheveux blancs et mes rides ne doivent pas vous impressionner.

Elles montèrent le raidillon qui conduisait vers la maison Florentin, aux volets sang de bœuf presque totalement clos et aux jardinières débordant de couleurs vives. Paule poussa un portillon qui donnait accès au minuscule jardin ceinturé d'une passiflore dont les tiges riches en fleurs odorantes descendaient jusque dans la rue. Mina s'approcha des corolles et admira la délicatesse de la belle bleue dont le pistil en relief formait comme une coupelle ciselée.

– C'est une fleur de la passion. Cette plante d'Amérique Latine donne des fruits qui n'arrivent jamais à maturité sous nos climats trop froids.

– Elle est magnifique.

– Je vous donnerai un plant pour votre jardin. Novembre est le meilleur moment pour la plantation.

– Comme les truffiers.

– Pareil.

Paule guida Mina, l'entraînant dans la fraîcheur d'un grand séjour où étaient disposés un canapé de cuir naturel, une table basse posée sur un grand tapis en rotin et une bibliothèque bien garnie. Des tableaux ornaient les murs. Paule s'enfila par une porte sur la droite jusqu'à la cuisine coquette et fonctionnelle, munie de tous les appareils ménagers ultra modernes. Elle posa son panier sur la table devant la fenêtre et prépara les verres.

– Un apéritif ou un sirop ?

– Sirop désaltérant avec beaucoup d'eau.

Tout en préparant les boissons, Paule examinait Mina, détaillant sa haute silhouette mise en valeur par un pantalon rayé de blanc et bleu et un simple débardeur noir qui laissaient échapper sous la masse des cheveux répandus des épaules halées.

– Venez, nous serons mieux installées à côté.

Mina lorgnait vers les rayonnages de la bibliothèque.

– Vous aimez la lecture ?

Mina se troubla devant l'observation impitoyable de son hôtesse. Paule avait des yeux oscillant entre le bleu et le gris en fonction de la lumière.

– J'en manque souvent là-bas à la ferme.

– Je suis la présidente de l'Association Les Amis de la Lecture. C'est ouvert deux fois par semaine : le mardi et le vendredi de 16 à 19 heures, dans un local juste à côté de l'école primaire. Les prêts sont gratuits pour les habitants du village. Je tiens toujours la permanence du vendredi. Je vous accompagnerai la première fois.

– Je viendrai. C'est promis. Jules m'en avait parlé.

– Les Polignac étaient des lecteurs assidus, autrefois.

– Normalement, ce genre de violon d'Ingres ne s'éteint pas avec les années…

– Jules a en quelque sorte démissionné après la mort de Louise. Il s'est retranché dans la solitude.

– Des choses m'échappent.

– Nous en reparlerons plus longuement. Venez visiter la maison. J'ai un joli jardin où je passe de longues heures.

Paule se comportait comme si elle avait voulu clore avant terme la discussion. Mina sentit sa réticence mais resta impassible.

Ceint de hauts murs de pierre qui le protégeaient des vents dominants, un grand espace vert s'ouvrait à l'est sur l'arrière de la maison.

– C'est un ancien parc, expliqua Paule. J'y séjourne beaucoup dès la belle saison.

Deux grands cèdres, un tilleul, une allée de thuyas bordant un sentier pavé de dalles et un fouillis végétal d'où émergeaient des plantes de toutes sortes peuplaient l'endroit. Une table de fer et ses chaises assorties, réplique de celles du balcon, invitaient à la détente, à l'ombre d'un mûrier au tronc fendu par les ans. Au nord, un cabanon abritait le matériel de jardinage. Le lieu avait une certaine solennité qui intrigua Mina. Elle se pencha vers une belle inconnue.

– C'est du grémil, dit Paule, encore appelé plante aux perles. Après la floraison qui est spectaculaire par ses tonalités de bleu, elle forme des boules blanches. Il reste une fleur attardée.

– Vous en connaissez un rayon !

– L'étude de la botanique est un de mes loisirs préférés. En tant qu'ancienne infirmière, je me suis familiarisée avec la composition des médicaments souvent à base de plantes.

– C'est un domaine qui m'intéresse beaucoup. Je rencontre souvent des espèces dont j'ignore le nom.

– Vous devriez acheter des livres. Ceux-là, il ne faut pas les emprunter mais les garder toujours avec soi. Je vous ferai une liste d'ouvrages simples pour commencer votre apprentissage.

– Jules m'a dit presque exactement la même chose peu de temps avant sa mort.

– Je ne suis pas étonnée. C'était un homme très cultivé pour un paysan.

Elles filèrent vers l'extrémité du parc où croissaient en abondance les millepertuis aux larges corolles jaunes.

– Je fabrique avec ses pétales une huile fameuse contre les brûlures.

Mina admira les valérianes aux longues hampes d'un rose indien.

– Elle, on l'appelle centranthe ou herbe aux chats car elle perturbe nos amis à quatre pattes.

Elles avancèrent jusqu'au cabanon dont la porte entrouverte laissait apercevoir arrosoirs, râteaux, bêches et étagères supportant les produits d'entretien. Plus loin, sous un grand chêne blanc, Mina découvrit un chevalet et une table sur laquelle trônaient une palette, des pinceaux et des tubes de gouache.

– Une de mes autres passions est la peinture, annonça Paule, devançant ainsi la question de Mina. Durant ma vie professionnelle, j'avais peu de temps pour m'y adonner. La retraite me permet désormais ce bonheur.

Le clocher du village égrena ses douze coups.

– Je suis en retard ! Philippe doit se demander où je suis passée.

– Donnons-nous rendez-vous vendredi juste avant d'aller à la bibliothèque. Nous continuerons la visite de ma maison et vous choisirez quelques livres.

– Je ne sais pas comment mon mari va accueillir cette invitation. Il a parfois des réactions un peu emportées.

– Ne vous laissez pas mener par le bout du nez, Mina. À votre âge, vous avez besoin d'avoir des activités. Louise était trop soumise. Ne suivez pas son exemple.

– Vous avez raison. Je viendrai vendredi. C'est promis.

Elle partit en courant vers sa voiture, emportant comme un trésor la dernière phrase de Paule qui lui confirmait ce qu'elle avait toujours pressenti.

5

“Tu conduis, Mina. Je suis fatigué.

– D’accord, mais essaie de ne pas trop me critiquer.

– Tu deviens bien exigeante depuis quelque temps. Est-ce la fréquentation de ton amie Paule qui te rend si indépendante !

– Maintenant que tu ne peux plus accuser Jules, il faut bien trouver un autre coupable, répliqua Mina.

Cet argument, asséné d’une voix glaciale, calma radicalement l’agressivité de Philippe.

– Excuse-moi.

Ce fut le silence dans la voiture. Mina ralentit pour admirer le château de Madame de Sévigné dont elle ne se lassait jamais. Du haut de son promontoire, il veillait sur les maisons bises accrochées sur ses pentes ; ou peut-être étaient-ce les bâtisses pâles qui protégeaient l’enceinte perchée. Philippe soupira bruyamment.

– Tu aimes toujours autant ces vieilles pierres ?

– Le plus bel édifice de la région, qui a abrité des personnages illustres, comment pourrais-je ne pas l’apprécier !

– Moi, j'ai plus de plaisir au spectacle de mes vignes. Je suis un homme de la terre, pas un intellectuel.

– Tu n'as pas à avoir de complexe. Tout s'apprend : l'histoire des lieux, l'amour de la lecture tout comme l'art de couper les lavandes ou de semer les carottes.

Mina roulait doucement dans le soir tombant. Quelques limbes roses et violets restaient accrochés sur la ligne d'horizon. Les jours commençaient à baisser en ce début du mois d'août. Elle traversa Grillon. Philippe méditait les dernières paroles de Mina.

– Ce village de plaines et de vignes contraste avec ses voisins, dit-elle.

– N'exagérons rien. Ici, ils cultivent aussi l'asperge, les truffes et c'est la capitale de l'agneau. Dans le temps, il y avait un abattoir où étaient tuées toutes les bêtes de la région.

– Nous devrions sortir ensemble plus souvent, tu sais. J'ai encore beaucoup de choses à apprendre. Et quelques balades ne feraient de mal à personne.

Mina fila entre les lotissements. Son cœur se serrait à contempler ces pavillons tristement semblables : des maisons crépies d'un orange de mauvais goût, des cours de poupée aux gazons bien tondus, le barbecue dans un angle, la table de jardin sur la terrasse, la corde à linge au nord et des vélos d'enfant abandonnés devant le portillon d'entrée où trônait la même boîte aux lettres exigée par la Poste. Elle soupira.

– Que cet endroit est triste.

– Tu as raison. Je me demande comment on peut vivre serré contre son voisin. D'autant plus que les hectares ne manquent pas. Mais les mairies font des plans d'occupation des sols pour parquer leurs administrés dans des zones bien précises.

– Nous sommes des privilégiés. Champlong est un lieu idyllique.

– Des générations de Polignac ont transpiré pour construire ses murs, épierrer ses champs, combattre les friches et arracher des bois pour en tirer des terres cultivables. Nous sommes plus des travailleurs acharnés que des privilégiés.

– Certes. Vous l'avez méritée, cette ferme.

– Nous l'avons méritée. Elle est autant à toi qu'à moi.

Philippe passa une main câline dans les cheveux de Mina, comme pour confirmer le caractère galant de ses mots. Elle frémit aussitôt lorsqu'il effleura sa nuque. Ce moment était béni. Elle ralentit encore, laissant Philippe fourrager dans sa chevelure.

– Tu as une crinière de lionne aujourd'hui.

– Mes cheveux se mettent à doubler de volume lorsqu'il va pleuvoir.

– Je ne savais pas que ma femme avait un baromètre sur la tête ! Une pluie vers la mi-août serait une bénédiction.

– Elle va tomber dans la semaine qui arrive. Et nous aurons alors une pensée pour Jules qui espérait de l'eau vers le quinze du mois.

C'était l'idéal pour les truffiers. Ils le savaient tous les deux. Ils arrivèrent à Richerenches, le haut lieu du marché aux rabasses. Ses maisons s'étendaient de chaque côté de la rue principale bordée de platanes centenaires. Quelques rares commerces fermaient leur porte après une journée de labeur.

– Il y a des vestiges templiers dans les petites rues, dit Philippe.

– Je l'ai entendu dire. Mais, lorsque je viens ici, je n'ai pas le temps de visiter. En allant acheter du pain, j'ai bien remarqué la grande tour. Nous reviendrons ensemble un dimanche après-midi pour une visite en amoureux.

– D'accord.

La propriété de Georges était située sur la route de Visan, à peine à un kilomètre du carrefour qui conduisait à Valréas et à la Baume de Transit. Son corps de bâtiments tout en longueur veillait sur un grand bassin, un potager et un énorme marronnier sous lequel un banc antique invitait au repos. Les locaux servant à entreposer le matériel agricole avaient été simplement accolés à l'habitation. Ils avaient pris une teinte grisâtre qui atténuait un peu leur côté moderne, sans toutefois dissimuler qu'il s'agissait de moellons et de tôles, assemblés dans les années 1970. Mina se gara sous l'arbre. On entendait les piaillements de la basse-cour un peu plus loin.

– C'est pas bien beau, par ici ! dit Philippe.

– Chut ! Ils vont nous entendre.

La haute silhouette de Georges était adossée à la porte. Il vint à leur rencontre. Par la fenêtre ouverte arrivait un fumet de ratatouille parfumée au basilic.

– Bonsoir. J'allais justement cueillir quelques pêches de vigne pour le dessert. Venez avec moi.

Une treille formait tonnelle au-dessus de l'entrée. Un jeune chien arriva en gémissant et en se tortillant comme un enfant pris en faute. Georges l'attrapa sans ménagement.

– Voici Mustapha. Je l'ai depuis peu et monsieur est si petit qu'il s'échappe du chenil en passant sous les mailles de la clôture. J'ai bien du mal à lui apprendre la discipline.

– Ou avez-vous déniché ce prénom ? s'étonna Mina en caressant l'animal. C'est un nom de chez moi, ça.

– Votre femme a l'art de communiquer avec les chiens, remarqua Georges à l'intention de Philippe. Je l'ai baptisé Mustapha parce que j'ai de la sympathie pour les tribus nomades.

Il déposa Mustapha dans les bras de Mina. Aussitôt, le chien donna un coup de langue sur la joue de la jeune femme et s'alanguit contre son cou en pleurant de bonheur. Intriguée par l'explication de Georges, Mina étudiait sa physionomie, stoïque comme à l'ordinaire. Pour elle, c'était inattendu d'entendre un paysan parler d'un pays lointain ou appeler son chiot autrement que Diane, Pipo ou Tintin.

– Vous êtes trop sévères avec vos bêtes, vous, les rabassiers ! Nous nous disputions souvent avec Jules sur ce sujet. Elles ont besoin d'affection et cela n'enlève rien à leur flair et à leur docilité. Je dirais même qu'ils deviennent encore meilleurs. Cela dit, c'est bien la première fois que je rencontre un chien de rabassier qui porte un nom du Maghreb !

Georges rit.

– Je reconnais bien là l'élève indisciplinée de mon ami Jules ! Je continue à pratiquer les bonnes vieilles recettes ancestrales et j'ai peut-être tort. Mais vu mon âge, il est difficile d'en changer. Qu'en pensez-vous Philippe ?

– Vous savez, moi, vos rabasses ne m'intéressent guère ! Mina agit à sa guise sur ce chapitre et j'essaie de ne pas la contrarier.

Elle lui jeta un regard étonné et s'abstint de commenter sa réplique. Georges ouvrit un portillon à demi dissimulé sous la masse d'une haie de cyprès et ils marchèrent, en lisière d'une terre semée en luzerne, vers quelques rangées de fruitiers. Mustapha s'était endormi, la truffe enfouie dans le cou de Mina. Les deux hommes s'éloignèrent vers les pêchers de vigne, tâtèrent délicatement les fruits et en emplirent un panier d'osier. Elle espérait que naîtrait la sympathie entre Georges et Philippe. Elle se détourna vers l'uniformité de la plaine, où poussait en abondance la vigne, entrecoupée parfois d'un arbre solitaire ou de rangées de truffiers. Non loin, un coq chanta dans une ferme dont le toit apparaissait sous un dôme de verdure.

– Nos plus proches voisins, dit Pierre.

Elle ne l'avait pas entendu s'approcher et perdue dans sa contemplation, elle sursauta.

– Tu m'as fait peur !

– Ce n'était pas mon intention.

– Je le sais bien.

Ils s'embrassèrent comme de vieux amis, se donnèrent des nouvelles. Georges et Philippe les surveillaient du coin de l'œil.

– On a intérêt à se tenir à carreaux !

Mina sourit discrètement.

– Je me demande bien ce qu'ils craignent.

– On prête aux autres ses propres intentions, tu sais. Georges te courtiserait peut-être s'il en avait l'occasion.

– Ne sois pas ridicule. Il pourrait être mon père ! Dis-moi ce que tu deviens ?

– Je travaille dans une usine nucléaire de la Vallée du Rhône. Je ne vais pas rester longtemps. Je gagne bien ma vie, mais je suis toujours enfermé. Je suis un homme de terrain. J'ai besoin d'être dehors.

– Tu habites toujours ici ?

– J'ai pris un appartement à Pierrelatte. Je passe souvent embrasser ma mère qui s'ennuie de moi. Ce soir, je savais que tu étais là et j'avais envie de te voir. Depuis le temps...

– Pourquoi ne pas revenir à la ferme ?

– La cohabitation avec le père risque d'être difficile.

Pierre n'en dit pas plus. Sur son visage angélique, une ride de contrariété apparut à l'arrivée de Georges et de Philippe. Ils s'acheminèrent vers la ferme dont la longue carcasse barrait l'horizon. Cette bâtisse était à l'image de son propriétaire : raide, sévère et sans surprise. Mustapha dormait toujours contre la poitrine de Mina.

– Je vais enfermer le jeune monsieur pour la nuit, dit Georges en s'emparant du chien brun.

Mina eut froid tout à coup lorsque le corps chaud quitta le sien. La nuit était presque installée. Sous la tonnelle, la lumière glauque d'une lanterne se laissait bercer par le vent du soir et créait des formes changeantes de végétation en mouvement. Mina se souvint des lampes à pétrole de l'Atlas dont le halo tremblotant dessinait des fantômes sur le bord des chemins.

– Entrez donc, dit Léonore en posant une bise sonore sur les joues de Mina et de Philippe.

Un escalier monumental conduisait à l'étage où devaient se trouver les chambres. Ils s'installèrent dans la grande pièce qui servait de cuisine. Dans un angle, sur le dossier d'un fauteuil, un ouvrage au tricot avec ses longues aiguilles et sa pelote abandonnée témoignait des activités de Léonore. Une télévision trônait face à la longue table recouverte d'une toile cirée aux motifs de nature morte. Sur le fourneau, mijotait la ratatouille odorante.

– Vous cuisinez au bois ? demanda Mina.

– Georges ne supporte pas le goût des aliments cuits au gaz, répondit Léonore.

Elle avait les yeux bleus comme son fils. Une grande bonté émanait d'elle, proche de la soumission.

– Vous allez goûter à mon vin de noix. Je le fabrique moi-même.

– Laisse-moi m'occuper du service, dit Pierre. Reste assise.

Dans de petits verres, il versa l'apéritif mordoré. Sous l'œil attentif de sa mère, il offrit des amandes grillées. Georges se laissait servir. Mina continuait à observer les lieux : la pièce n'avait pas dû changer depuis plusieurs décennies. Le poids des traditions pesait lourd sur le mobilier parfaitement entretenu mais un peu désuet. Partout, elle sentait l'emprise de Georges et sa poigne autoritaire. La conversation roula sur les futures vendanges dont le cru s'annonçait bon, sur les produits du jardin que Léonore congelait pour l'année et sur l'absence de pluie qui rôtissait la nature.

– Je vais chercher quelques vêtements dans ma chambre, annonça Pierre. Tu viens avec moi, Mina ? J'ai là-haut des livres qui pourraient t'intéresser.

Elle quêta l'approbation de Philippe.

– Vas-y ! Tu n'as pas besoin de mon autorisation.

Ils grimpèrent le majestueux escalier de pierre dont les marches semblaient être celles d'un château. Très bien aménagée, la chambre de Pierre détonnait sur l'ensemble de la maison : des murs barbouillés d'un torchis orangé, un lit bas, une moquette beige et dans une alcôve fermée par un rideau aux motifs africains une grande salle de bain, confortable et immaculée.

– Après l'armée, j'ai tout refait là-dedans. À l'origine c'était une espèce de débarras qui servait à entreposer les vieilleries. Georges ne voulait pas que j'y touche, mais grâce à l'intervention de ma mère, il a fini par accepter.

Tout en parlant, il fouillait dans son armoire. Il sortit quelques pantalons et des ticheurtes qu'il entassa dans un sac de voyage.

– Va visiter mon bureau et choisis des bouquins. C'est la porte à côté. Je te rejoins dans cinq minutes.

Mina obéit. Elle se faufila dans le couloir où régnait une odeur de renfermé et ouvrit la porte. Sur une table à tréteaux, un ordinateur et son imprimante, des dossiers couverts de colonnes de chiffres, quelques posters contre les murs simplement peints en blanc et la grande bibliothèque. Cela sentait le neuf, le cuir et un parfum de lavande. Elle se planta devant les rayons et commença à lire les titres. Il y avait là beaucoup d'ouvrages traitant de politique, d'écologie et de botanique mais aussi plusieurs étagères de romans. Elle parcourut les quatrièmes de couverture pour sélectionner quelques lectures.

– Tu connais Christian Signol ? demanda Pierre.

– Non.

– Prends *La Lumière des Collines* et *Les Vignes de Sainte-Colombe*. Je suis sûr que tu les aimeras. Et aussi la Flore Méditerranéenne pour te familiariser avec les plantes de la garrigue.

– Tu n'as rien sur les truffes ?

– Tout est dans le bureau de mon père. Nous allons lui demander l'autorisation d'y pénétrer. Il a horreur de prêter ses bouquins, mais pour toi je pense qu'il fera une exception.

– Je n'en suis pas certaine ! Tout à l'heure, il m'a traitée d'indisciplinée !

– C'est un compliment. Ne t'y trompe pas.

Il fit une pile de livres de poche.

– Ceux-là, tu pourras les garder ou les donner. Je ne veux pas les conserver.

– Redescendons maintenant. J'ai peur que Philippe s'inquiète si nous restons trop longtemps.

Pierre sourit malicieusement. Son visage s'orna de deux fossettes et ses yeux bleus s'éclaircirent encore. Mina adorait son expression gamine. Quelques boucles commençaient à apparaître sur sa nuque puissante. Il y avait comme une disparité entre son grand corps largement charpenté se dépliant de manière féline et son charme de blond scandinave. Pour Mina, la couleur des blés mûrs était celle de la douceur, de la délicatesse et de la fragilité. Sans doute, parce qu'elle avait l'habitude de fréquenter les gens du sud, aux peaux mates et aux yeux foncés. Elle secoua la tête devant l'étrangeté de sa théorie.

– Allons-y avant que Monsieur Polignac ne fasse une scène de jalousie !

Ils rirent de concert et cela dissipa le malaise de Mina. Georges accepta de montrer sa bibliothèque.

– Dépêchez-vous, dit Léonore. Pendant ce temps, je vais mettre le couvert.

Pour accéder au domaine de Georges, il fallait traverser une salle à manger figée dans une immobilité de musée où les fauteuils étaient recouverts de housses et la belle table en noyer encombrée de cagettes contenant des simples.

– Nous avons perdu l'habitude d'utiliser cette pièce. C'est plus facile pour Léonore de servir dans la cuisine, dit Georges.

– Il faut dire que vous recevez peu… insinua Pierre.

– Nous sommes des barbares. C'est pour cela que notre fils, lui qui aime le monde, refuse de vivre avec nous, se moqua Georges.

Pierre ne répondit pas. Mina et Philippe ressentirent sa gêne. Les relations entre le père et le fils, gâtées par des réflexions aigres-douces, empoisonnaient leur existence. Mina ne comprenait pas pourquoi Georges, capable de contacts faciles, abîmait ainsi le lien avec son unique fils.

– Je vais montrer mon atelier à Philippe, dit Georges.

Les narines de Philippe se rétractèrent. Politesse oblige, il suivit son hôte. Seule Mina savait ce qu'il endurait, mais loin de souffrir pour lui, elle jubila intérieurement.

– Cela lui rappellera que je ne suis pas seule à m'intéresser à ce domaine, murmura-t-elle pour Pierre.

Elle fouilla parmi les ouvrages répartis sur une étagère et choisit de prendre une étude publiée par un chercheur de l'INRA.

– Le vocabulaire des techniciens est parfois un peu rébarbatif pour le commun des mortels, dit Pierre. Mais tu n'es pas obligée de lire tous les chapitres.

Ils entendaient la voix de Georges commenter les équipements du laboratoire, tout proche. Philippe gardait le silence.

Sur une grande table étaient empilés des livres de comptes, un facturier et les revues spécialisées concernant la trufficulture. Quelques photos agrémentaient les murs : des chiens au travail, une vue du marché, une jeune plantation et la silhouette d'un homme enturbanné debout devant une case.

– Celui-ci n'est visiblement pas du pays, remarqua Mina. J'ai déjà vu des gens ainsi vêtus au sud du Maroc.

– Vous êtes toujours aussi curieuse, Mina ! dit Georges en revenant.

– Si ma question est indiscrète, n'y répondez pas ! s'exclama-t-elle.

Sa répartie amusa Pierre. Si lui n'osait pas contrarier son père, Mina ne se gênait pas pour s'exprimer naturellement ; ainsi, il avait l'impression d'être vengé des nombreuses vexations que Georges imposait à sa famille.

– Cette photo est un de mes souvenirs personnels. Imaginez-vous que j'ai fait mon régiment dans le désert.

Pierre eut un sursaut, vite réprimé. Mina sut immédiatement que Georges mentait. Par jeu, elle poursuivit :

– Ce cliché a été pris au Maroc, n'est ce pas ?

– Au sud-est. Du côté d'Agadez, au nord du Niger.

– Effectivement, la végétation n'est pas tout à fait la même que chez moi.

Elle se pencha encore vers la photo, désireuse de bien s'imprégner des détails.

– Ils habitent dans des huttes ?

– Dans les campements, ils vivent dans des cases en palmier doum que les femmes tressent.

Mina suffoquait dans la pièce exiguë et sans fenêtre.

– À table ! cria Léonore. Il est déjà neuf heures !

6

Le ciel resta plombé pendant deux jours comme s'il ruminait une vengeance. L'atmosphère devint irrespirable, les grosses mouches atteintes de folie se cognaient contre les fenêtres et Lionne, excédée par les hautes températures, refusait de quitter le carrelage frais de la cuisine. La pluie de mi-août tomba d'abondance, précédée par un vent violent avec roulement de tambour du tonnerre, éclairs zébrant les cieux devenus couleur de torrent en colère et quelques grêlons que les viticulteurs des alentours essayèrent de chasser avec des fusées anti-grêle.

– Ma vigne… gémissait Philippe.

– Ne t'inquiète pas. Il va pleuvoir maintenant.

– Qu'est ce que tu en sais, Mina ? Tu racontes n'importe quoi pour me rassurer. J'en ai vu souvent des récoltes décimées en une demi-heure, hachées menu par des glaçons de la taille d'un œuf de pigeon ! Le travail d'une année fichu.

Ils étaient sous le grand hangar, à l'abri de l'eau, les yeux fixés sur le ciel en furie. Derrière le château de Grignan, tout juste esquissé à travers son habit de pluie, ils devinaient l'étendue du vignoble des Côtes du Rhône, la plaine de Valréas et les collines environnantes mangées par les ceps.

– C'est fini ! Les gros nuages violacés filent vers le Sud.

– J'admire ton optimisme.

– Ce spectacle est unique en son genre.

– Je m'en passerais bien.

À ce moment, Lionne arriva, glissa un museau discret sous la grande arche du portail et rejoignit Mina.

– Voilà deux jours qu'elle n'a pas mis le nez dehors, celle-là ! Elle aime la pluie, mais déteste ses préparatifs. Lionne t'annonce un bon déluge pour les récoltes.

Philippe haussa les épaules.

– Vous êtes un peu sorcières toutes les deux !

– Simplement à l'écoute des phénomènes naturels.

L'eau tomba longuement, irriguant en profondeur, délicatement, sans raviner les champs pentus disposés sous la ferme. Ils restèrent un moment, silencieux, à écouter les gouttes précieuses crépiter sur les toits et à humer le parfum corsé de la terre mouillée. Mina fronça les sourcils et s'élança vers le portail d'entrée avant que Philippe ait pu tenter un geste pour la retenir.

– Tu vas attraper mal ! cria-t-il.

– Je ne suis pas en sucre. J'aime les bénédictions du ciel.

– Tu dois encore célébrer une de vos coutumes ! Je crois bien que là-bas, ils dansent sous la pluie.

Lionne resta à côté d'un Philippe perdu dans ses pensées. Étonné de cette soudaine vacuité dans son emploi du temps, il s'assit sur une caisse abandonnée et dériva vers le repos compensateur que procure la détente. Au bout d'un moment, la chienne s'agita. Elle regarda dans la direction où Mina avait disparu, gémit, se recoucha et commença des allées et venues entrecoupées de bruits de gorge.

– Tais-toi ! lui ordonna Philippe.

Elle n'obéit pas. Au contraire, elle se contorsionnait, aboyait, et finit par hurler à la mort. Se remémorant les prémonitions de Mina, Philippe commença à se poser des questions.

– Cette chienne n'en fait qu'à sa tête, tout comme Mina.

Lionne se tourna vers Philippe, lança un long jappement lugubre et partit comme une flèche. Maudissant la pluie, il la suivit jusqu'au calabert. Il ne venait jamais dans ce local qui avait servi à élever des générations de porcs nourris par Louise, dont il gardait un vague souvenir. Il avait sept ans lorsque sa mère était morte. Et par un processus sans doute destiné à se protéger de la douleur, il avait tout oublié de la femme aimante qui avait embelli ses premières années. Sous le premier appentis, il ne trouva qu'un silo servant à entreposer le grain, et quelques ballots pour les lapins. L'auge du cochon ouvrait sa gueule béante dans le mur. Ce système permettait de nourrir l'animal sans pénétrer dans son enclos. Dans le deuxième réduit, il trouva Mina près de Mascotte, caressant le poil terne de la vieille chienne. Lionne la surveillait, lui léchant la main de temps en temps. Sans comprendre, Philippe s'approcha. Mina pleurait, mais le fracas de la pluie occultait ses sanglots.

– Elle est morte.

– Elle était malade ? demanda gauchement Philippe.

– Elle était vieille, c'est tout. Si tu étais venu la voir un peu plus souvent, tu aurais remarqué qu'elle dépérissait. Depuis la mort de Jules, elle se laissait aller complètement.

Mina posa sa tête contre le flanc de l'animal, enfouit son visage dans le poil qui sentait la paille et la terre. Maladroitement, Philippe essaya de la consoler.

– Viens. Rentrons. Cela ne sert à rien de rester là.

– Mais il faut l'enterrer.

– La terre est trop mouillée pour creuser un trou. Il faudra attendre qu'elle sèche.

Assise, Lionne tendait l'oreille à leurs propos en inclinant sa tête tantôt vers l'un, tantôt vers l'autre. Un spectateur étranger aurait juré qu'elle avait une idée à exprimer. Philippe eut l'envie de la chasser, mais il n'osa pas.

– J'ai creusé une tranchée à la Grenoble pour planter une haie en novembre, destinée à abriter quelques rangées de lavandin particulièrement exposées au mistral. Nous pourrions la mettre là-bas.

– Elle doit retrouver les truffiers. C'était toute sa vie.

– Tu exagères quand même un peu avec tes histoires de truffe !

– C'est pour Jules.

– Il n'est plus là pour voir.

Philippe comprit qu'il était inutile d'insister. Il entoura les épaules de sa femme, enleva quelques brins de paille entremêlés dans sa chevelure et tenta de l'entraîner vers la maison.

– On ne va tout de même pas la laisser là, toute seule.

– Voyons Mina ! Elle ne craint rien. Ce n'est qu'un chien après tout.

Philippe éprouvait plus de compassion pour la peine de Mina que pour le pauvre corps de Mascotte. Il essaya vainement de se mettre dans sa peau pour mieux comprendre son chagrin. Son émotion refusait d'apparaître. C'était un homme après tout, dur à la tâche et dur aux misères de la vie.

– Il y a bien une espèce d'aven dans la garrigue où nous pourrions mettre son corps. Il doit encore servir de cimetière pour les lapins atteints de myxomatose, les chats écrasés et les brebis gonflées par la luzerne.

Mina tremblait de plus belle en écoutant Philippe.

– C'est hors de question.

– Alors, nous ferons un trou demain lorsque la terre aura un peu séché. Maintenant, rentrons.

Il réussit enfin à l'emmener et Lionne leur emboîta le pas, fermant ce drôle de cortège. Il cueillit deux branches de menthe en passant près du massif où elle croissait d'abondance.

– Tu vas nous concocter un thé à la mode de ton Atlas. Il te soignera bien mieux que mes pauvres mots de réconfort.

Mina fut surprise par cette marque de délicatesse. Elle sécha ses larmes contre la manche de sa chemise et essaya de sourire. Ses longs cheveux dégoulinaient et elle tremblait autant d'émotion que de froid. La pluie tombait toujours régulièrement et la température avait chuté de plusieurs degrés. Elle mit de l'eau à bouillir, jeta les branches de menthe et prépara le thé vert de Chine. Elle avait déniché un magasin discret, dans une vieille rue de Valréas, qui vendait des produits marocains : des galettes de semoule, des épices, de la coriandre fraîche, des sachets de henné et des paquets de thé ornés de la célèbre photo du palais de Marrakech. Elle s'attarda sur l'image désuète à peine ébauchée.

– Arrête de rêver, Mina. Va plutôt te changer. Tu vas attraper mal.

Elle s'exécuta telle un automate, prit l'escalier, quitta ses vêtements à la hâte, se frictionna et enfila une djellaba. Philippe n'aimait pas beaucoup qu'elle s'habille ainsi. Cela signifiait qu'elle avait le mal du pays et il se sentait un peu responsable. Malgré son étonnement il choisit de se taire. Comme pour confirmer sa nostalgie, Mina sortit les verres et servit en tenant très haut la théière pour obtenir un thé mousseux.

– Il y a trop de morts dans cette maison.

– Jules était vieux, Mascotte aussi. C'est fini maintenant.

Mina ne répondit pas. Les yeux dans le vague, elle dégustait le liquide moiré et se chauffait les doigts en tournant son verre entre ses mains. Cela déplaisait à Philippe qui la sentait s'éloigner vers des rivages dont il était exclu. Il aimait la tenir à sa merci, être à l'affût de ses pensées et la sentir partager ses intérêts et rien d'autre.

– Comme il pleut et que je n'ai pas d'activité urgente, je te propose de démonter le lit à côté. Tu pourras aménager à ton goût ensuite.

Mina se mit à rire.

– Je suis vraiment la dernière roue de la charrette ! Ainsi, tu m'accordes l'aumône d'un moment.

– Si tu le prends comme ça, je vais bricoler dans mon atelier.

– J'accepte. Je n'ai pas le choix. Il y a des choses que je ne sais pas réaliser toute seule.

– Tu es compliquée, Mina.

– Et toi, tu n'as aucune sensibilité. J'ai rarement droit à un peu de temps. Tu es toujours par monts et par vaux...

Une larme perça sous sa paupière. La pluie tombait toujours, mais le ciel reprenait ses couleurs claires vers la ligne de l'horizon. Philippe prit la main de Mina.

– Excuse-moi. Je suis un homme de la terre. Je n'ai pas l'habitude.

Elle se ressaisit, essuya ses yeux. Elle gardait toujours un air nostalgique pourtant, et une ride de contrariété plissait son front.

– La mort de Mascotte m'a remuée. J'ai eu l'impression que Jules mourait une seconde fois.

– C'est pour cela qu'il faut enlever les quelques affaires qui restent de lui. Le sort sera ainsi exorcisé.

– Tu as raison. Allons-y.

Craintive, Lionne accepta de les suivre. Mina plia les couvertures et Philippe commença à démonter le lit. Alors, Lionne se pelotonna contre le pétrin en noyer et observa la scène dans ses moindres détails donnant à Mina la sensation d'être protégée.

Plusieurs voyages jusqu'à l'étage furent nécessaires. Mina contemplait sans rien dire l'armoire de Jules qui avait abrité l'énigme de sa vie. Absorbé par son bricolage, Philippe travaillait vite et bien, sans remarquer le trouble de sa femme. Mina enleva les rideaux décolorées par le soleil et la vieillesse.

– Ici, ce sera notre chambre d'amis.

– Nous ne recevons jamais personne !

– Mes frères passeront bien un jour par la Drôme. Nous les logerons ici.

Ils redescendirent main dans la main par le grand escalier en pierre. La pièce paraissait vide sous sa voûte ocre. Seul, le vieux pétrin brillait sous son manteau de cire éclairé par les feux du couchant.

– J'ai une faim de loup, dit Philippe sitôt son travail terminé.

– Alors, je vais nourrir mon grand guerrier.

Mina s'affaira à la cuisine pendant que Philippe consultait le journal local. Attentif à sa lecture, il ne l'entendit pas quitter la pièce discrètement.

Elle alla s'assurer que Mascotte reposait toujours sur son lit de paille, referma soigneusement la porte sur le crépuscule humide et s'en revint à pas lents.

– On dirait que l'automne est en route, dit-elle à son retour.

– Tu as raison. Cette pluie bénéfique annonce les vendanges et les premiers champignons.

– Je monte me laver, dit Mina.

Elle s'étrilla sous la douche. Elle avait encore dans les narines l'odeur de la paille et des vieux poils de Mascotte.

– Dépêche-toi, lui cria Philippe. Je t'ai préparé une couche nuptiale.

Le corps encore humide, elle le rejoignit. Par la fenêtre ouverte, ils bénéficièrent d'un extraordinaire concert d'oiseaux saluant la fraîcheur du début de la nuit.

– Laisse-moi finir ta toilette, dit Philippe.

À coups de langue, il lécha la peau odorante et un peu salée, mordit la naissance du cou, aspira les aréoles brunes et grumeleuses, descendit jusqu'aux cuisses fuselées s'attardant sur le ventre plat et palpitant.

– Je vais craquer… murmura Mina.

– J'espère bien !

Habilement, Philippe s'arrangeait pour l'emmener frôler les limites du plaisir, repoussant les frontières au-delà desquelles elle sombrerait. C'était là le seul moment où il la possédait entièrement : de corps et d'esprit. Il en avait conscience et il en abusait. Il aimait lui faire l'amour, qu'elle soit complètement passive et offerte à son bon vouloir. Mina jouait le jeu à la perfection. Leurs deux corps à l'unisson fusionnaient.

– Prends-moi, implorait alors Mina.

Il la pénétrait sans douceur et ensemble ils criaient de bonheur.

Cette nuit-là, ils n'entendirent pas le mistral se lever. Une véritable tempête, froide et violente, coléreuse et sans pitié pour les branches, les attendait à leur réveil.

– J'espère que les vignes ne vont pas trop pâtir de cette saloperie de bise.

– Moi je vais souffrir ! Je déteste le vent du nord, ses rafales mordantes et ses gémissements perpétuels, dit Mina en frissonnant.

– On en a au moins pour trois jours. Tu n'as qu'à rester dedans.

– Nous devons nous occuper de Mascotte.

– Pas tout de suite.

– Tu vas prendre le temps maintenant. Je te le demande.

Mina lui servit un autre café.

– Ce que femme désire...

– Je vais simplement rajouter un pull et préparer les outils.

Philippe soupira. Il n'avait pas envie de contrarier Mina dès le matin, après tout il pouvait bien céder à ses caprices.

– L'enterrement aurait pu attendre un peu...

– J'aurai l'esprit plus tranquille ensuite.

Philippe roula la chienne dans un morceau de jute et la prit dans ses bras.

– Elle n'est pas bien lourde.

– Elle n'avait plus d'appétit ces derniers temps, et guère le goût de vivre et de gambader.

Mina posa la pelle et la pioche sur son épaule et ouvrit la marche. Intriguée, Lionne les suivit. Dès qu'ils franchirent le portail, le vent du nord les bouscula. Comme par magie, toute trace de la pluie de la veille avait disparu. Le mistral, séchant tout sur son passage, charriait des nuages blancs qui s'effilochaient vers le grand sud. Mina eut une pensée pour le Maroc et le Sahara cher à Georges. L'image de cet homme en djellaba bleue, dont le turban ne laissait échapper qu'un œil farouche lui revint en mémoire. Elle trouvait étrange ce portrait dans le bureau du courtier, et insolite la réaction de Pierre qui avait sursauté en entendant son père parler de son service militaire du côté d'Agadez. Il faudrait qu'elle se renseigne. Perdue dans ses rêves, elle laissa Philippe la devancer. Il posa son fardeau sous le grand chêne blanc, isolé à mi-colline et entouré de pauvres chênes verts rabougris.

– Pas ici, dit Mina en rougissant.

– C'est pourtant l'endroit idéal. Mascotte sera abritée et à côté de tes chères rabasses.

Mina était embarrassée. Elle se troubla et chercha un bon prétexte.

– Là ce n'est pas possible.

– Mais pourquoi ? Il y a même une lauze… L'emplacement est tout trouvé !

Lionne se coucha en gémissant sur le repaire qu'elle connaissait bien.

– Cet arbre-là ne donnait plus. Jules ne l'aimait pas. J'en connais un autre pas loin. Je vais t'y emmener.

– Décidément, je ne te comprends pas. Lionne était d'accord avec moi pour une fois. Et puis, j'ai pas que ça à foutre, moi !

Elle bafouilla une vague explication, reprit les outils et s'éloigna vers la Grenoble. Philippe la suivit en maugréant. Elle choisit un chêne vert.

– Ici, elle sera bien.

– Je croyais que tu voulais un arbre truffier…

– J'ai changé d'avis. Jules aimait bien venir ici. Il s'arrêtait toujours là pour se reposer.

Elle commença à creuser. Ses grands cheveux la cachaient aux yeux inquisiteurs de Philippe.

– Pousse-toi. Ce n'est pas un travail pour toi.

Philippe creusa un trou profond. Mina essaya vainement de calmer les battements de son cœur. La première pelletée de terre cogna contre le cadavre de Mascotte, accentuant son malaise.

– Il y a des renards par là. Ils aiment bien la charogne. Va choisir une pierre un peu plate. Nous la mettrons sur la tombe.

Mina s'empressa d'obéir. Elle se réfugia derrière un rocher et s'appliqua à respirer profondément. Elle revint quelques minutes plus tard.

– Où est la lauze ? demanda Philippe.

– Zut, j'ai oublié.

– Mais, tu trembles !

– C'est ce mistral... Et sans doute la peine aussi.

Elle repartit, trouva une dalle revêtue de mousse vert amande et la positionna sur la terre fraîche. Ses tremblements ne s'atténuèrent pas pour autant. Assise à l'abri d'un chêne, Lionne la surveillait du coin de l'œil.

– Allez, on rentre.

– Je vais rester un moment pour arranger les abords.

– Je ne sais pas si c'est une bonne idée. Tu n'as pas l'air dans ton assiette.

– Ne t'inquiète pas. Va travailler. On se retrouvera à midi.

Philippe l'embrassa.

– Ne reste pas trop longtemps.

– C'est promis.

Enfin, il s'éloigna. La solitude retrouvée permit à Mina de se ressaisir. Les filets de la dissimulation se resserraient autour d'elle. Elle nettoya les alentours de la tombe à coups de pelle maladroits et se promit de planter là quelques rhizomes d'iris. Ces gestes la réchauffaient. Lionne surveillait son manège. Mina la caressa.

– On ne peut rien te cacher, hein ?

La chienne paraissait comprendre.

– En tout cas, on a bien failli vendre la mèche.

Elles s'en revinrent vers la ferme par le chemin sablonneux. Le mistral, en sifflant, se ruait à l'assaut des arbres déjà penchés vers le sud par les assauts répétés du maître vent. Lionne prit la direction du grand chêne et Mina la rappela à l'ordre.

– Non. Pour aujourd'hui ça suffit. J'ai eu assez d'émotions.

Comme toilettés par la pluie de la veille, le château de Grignan et la tour de Chamaret se détachaient nettement à l'horizon. Encore une fois, le Maroc et l'homme bleu en photo dans le bureau de Georges s'imposèrent à Mina.

– Je deviens folle ! dit-elle en haussant les épaules.

7

Mina profitait de la chaleur des débuts d'après-midi pour dormir un moment et lire un peu. Philippe se reposait rarement plus d'une demi-heure et repartait vers ses terres. Les vignes préparaient cette année-là un cru excellent. Ce vendredi après-midi, elle modifia ses habitudes. Elle donna du fourrage aux deux lapines et arrosa les fleurs de la cour, deux tâches qu'elle réservait d'ordinaire pour la tombée de la nuit. Elle prit une longue douche et fouilla dans sa garde-robe. Elle n'avait plus l'usage des beaux habits qu'elle portait lorsqu'elle avait des activités professionnelles.

– Je deviens une vraie paysanne !

Ses mains, autrefois si douces, s'étaient endurcies au contact des pierres, de la terre, de l'eau froide et de l'épluchage des légumes du jardin. Mina les enduisit de crème et les massa longuement. Elle choisit une robe d'été rouge dont les fines bretelles mettaient en valeur sa peau naturellement hâlée et sa silhouette bien faite. Elle s'empara d'une sacoche en toile écrue qui lui rappela de vieux souvenirs, la huma et constata qu'elle gardait encore trace d'une existence lointaine : odeur de tabac et de parfum mêlés. Dans une poche, Mina découvrit un ticket de métro et resta en arrêt devant ce bout de carton.

– C'est loin tout ça.

Elle entassa son carnet de chèques, ses papiers de voiture, son porte-monnaie et un cahier dans le sac, jeta un coup d'œil vers le miroir.

– Je vais ajouter un gilet qui cachera mes épaules nues. Les gens du pays n'ont pas l'habitude de me voir ainsi vêtue ; il ne s'agit pas de les choquer.

" J'ai rendez-vous avec Madame Florentin à quatre heures. Nous allons ensemble à la bibliothèque. À ce soir " nota-t-elle pour Philippe, sur un bout de papier.

– Il ne va sûrement pas apprécier.

Mina préférait le mettre devant le fait accompli et échapper ainsi à toutes ses questions. Son acte pouvait passer pour de la lâcheté, mais elle savait que chez les Polignac, il fallait d'abord agir pour subir un interrogatoire et dicter ensuite ses volontés. Au-delà de cette frontière, les habitudes se créaient.

– J'ai bien imposé à Jules la présence de Lionne dans la maison et à Philippe mes manies de rabassière. Je suis sur la bonne voie.

Elle rejoignait la voiture de Jules qui était devenue la sienne, lorsqu'elle s'aperçut que la chienne la suivait avec entrain.

– Je ne peux pas t'emmener. Tu vas rester là et garder la ferme.

Lionne gémit et refusa de se coucher sur sa couverture tachée de sang.

– Tu es blessée…

Mina palpa les oreilles, les pattes, chercha vainement entre les longs poils. Elle quitta la pénombre de l'atelier sans fenêtre, invita Lionne à la suivre au soleil et éclata de rire.

– Que je suis bête. Mademoiselle a ses règles !

Comme d'habitude, la chienne suivait ses paroles.

– Cela ne change rien au programme. Tu m'attends ici. Je suis déjà en retard.

Mina roula doucement vers le village. Champlong était bien la ferme du bout du monde, comme la dénommait Rose dans ses échanges épistolaires avec sa fille. Le chemin ne menait pas plus loin et il fallait venir exprès dans ce cul-de-sac. À mi-distance de Réauville, une bâtisse voilée d'une haie de cyprès laissait seulement apercevoir de son anatomie quelques pans de mur gris, un toit de tuiles beiges et son parc brouté par quelques brebis laineuses. Derrière le portail d'entrée dépassait un fouillis de végétation. Au bord de la route, un bassin enfoui sous les lierres escaladant le mur murmurait à longueur d'année au chant de sa source. Mina aimait bien ses parois couvertes de mousse et ne manquait jamais d'y tremper ses mains lorsqu'elle passait à pied.

La route étroite grimpait, dessinait un lacet sous les chênes verts pour desservir une autre habitation basse et discrète. Les battants étaient toujours fermés. Mina ignorait qui était le propriétaire.

Dans la garrigue, sur un socle, la statue de Saint-Roch avec son chien dominait la chaussée, puis venait l'entrée du village dont les maisons gardées par la masse du château sur son rocher dormaient, paisibles sous la chaleur encore persistante. Mina se gara, écouta le murmure du lavoir délaissé depuis l'apparition des machines à laver, jeta un coup d'œil à l'épicerie, la mairie et son école. Au troquet, quelques touristes attablés sous la tonnelle sirotaient des boissons fraîches en parlant haut et fort. Ils détaillèrent sans vergogne Mina, tandis que les femmes s'étonnaient de cette silhouette citadine. Les indigènes, quant à eux, se protégeaient à l'ombre des épais murs de pierre et presque tous les volets étaient clos pour conserver la fraîcheur de la nuit. Il en allait de même chez Paule. Mina tira la cloche dont la poignée était dissimulée sous la passiflore.

– Entrez ! lui cria Paule.

Un gros chat roux dormait sous les feuillages. Allongé de tout son long, l'échine calée contre le tronc, il était ainsi en position d'observer tout ennemi pénétrant dans l'enceinte de son royaume. Il entrouvrit un œil, jaugea l'innocence de Mina et accepta la caresse.

– Je vous présente Terzika.

– Ça c'est un prénom original !

– C'est le deuxième Terzika de la famille. Jean avait déjà baptisé ainsi le premier. Il travaillait à cette époque en zone touarègue et il aimait beaucoup les fiers nomades du désert.

Mina établit immédiatement la relation avec la photo de l'homme enturbanné dans le bureau de Georges. Elle choisit de ne rien dire et pas un muscle de son visage ne tressaillit. Elle se dit que les confidences viendraient en leur temps et qu'elle se devait d'être prudente et discrète. Paule était fine mouche, mais Mina avait appris la valeur du silence et de l'attente auprès de Jules.

– Venez. Je vous ai préparé du thé glacé avec de la menthe de mon jardin.

Mina passa encore une main sur le pelage doux de Terzika. Il ronronna et son iris vert émeraude se teinta de curiosité.

– Nous nous reverrons, beau matou.

L'ambiance était fraîche à l'abri des murailles de la demeure de Paule. Une douce odeur de confiture tiède envahissait l'espace.

– Je viens juste de terminer mes provisions de prunes pour l'année. Quelles sont les nouvelles à Champlong ?

– Mascotte, la vieille chienne de Jules est morte. Elle n'a pas supporté son absence. Lionne est en chaleur.

– Vous allez pouvoir lui trouver un mâle, c'est formidable.

– Je n'y avais pas pensé ou alors inconsciemment. Mais, maintenant que vous le dites, je crois bien que je vais vous écouter.

Cela lui réchauffa le cœur. Elle imagina une portée de chiots juste avant la saison des truffes et sourit, toute attendrie. Dans de grands verres, Paule servit son rafraîchissement tout mêlé de feuilles hachées menu et de zestes de citron. Cette femme était, par essence même, distinguée. Son appartement aménagé avec goût lui ressemblait. Tapis, tables, napperons, bouquets de fleurs séchées, bougeoirs, statuettes paraissaient disposés comme dans une revue luxueuse d'ameublement. Vêtue d'une simple robe blanche ornée d'une bande au point de croix, le corps mince, la chevelure immaculée tombant en carré sur la nuque, elle allait pieds nus sur le carrelage. Le moment était à la sérénité.

– Votre mari est toujours en Afrique ? demanda Mina.

Une ombre passa dans les yeux de Paule.

– Je suis veuve depuis vingt ans.

– Excusez mon indiscrétion. Je ne savais pas.

– Vous êtes tout excusée. Je ne me remets pas de la mort de Jean. Je n'ai pas fait mon deuil, comme on dit en langage psychanalytique. C'était un être extraordinaire, unique. Nous avons été heureux ensemble. Il était ingénieur agronome. C'est la raison pour laquelle on l'envoyait souvent en mission à l'étranger. Je l'ai parfois accompagné en tant qu'infirmière.

– C'est comme ça que vous avez connu Agadez.

Paule sursauta.

– Comment savez-vous ?

– Vous venez de me dire que Jean travaillait chez les Touaregs. Agadez est bien leur capitale, non ?

– Bien sûr. Il est si rare de rencontrer des gens qui connaissent ce pays que je suis surprise par votre culture.

– N'oubliez pas mes origines : j'appartiens au grand peuple amazigh.

– Excusez-moi. Je n'avais pas réalisé.

– Ces territoires sont si vastes que le public ignore souvent leur importance géographique et ethnique. Moi, je ne suis jamais allée au Sahara. Mes parents n'avaient pas les moyens de voyager. Toutefois, je connais les frontières de mon pays. Enfin, les frontières que les colonisateurs ont dessinées arbitrairement et qui ne correspondent pas aux vrais limites de notre langue. Vous avez donc eu la chance de voyager dans ces contrées ?

– La chance ou plutôt la malchance. Car c'est aussi là-bas, plus au sud, près du fleuve Niger que Jean a attrapé le paludisme. Cette maladie ne se soigne pas. Les crises de fièvre reviennent, à vie. C'est une saleté et les gouvernements ne font rien pour enrayer ce fléau qui touche les trois quarts de l'Afrique. C'est une histoire de fric et rien d'autre !

L'agressivité prenait maintenant le pas sur la peine.

– J'aimerais bien ne garder que les excellents souvenirs, nos périples dans l'Atlas Marocain, notre escapade dans le sud de l'Inde qui reste pour moi l'image du paradis, notre séjour à Madagascar. Mais c'est l'Afrique qui m'a volé Jean.

– Je voudrais bien retourner au Maroc, dit Mina, pour couper court à l'effusion de Paule.

– Rien ne vous en empêche.

– Je souhaiterais y aller avec Philippe, mais je n'arrive pas à le décider. Il trouve toujours quelques bons prétextes pour se défiler. Avant c'était la maladie de Jules, maintenant les récoltes, ou la ferme qui risque d'être cambriolée.

– Vous avez une drôle de vie. Comment une fille comme vous peut-elle partager l'existence d'un agriculteur ? Je n'ai rien contre les gens de la terre, remarquez, mais Philippe m'a l'air d'être un vrai solitaire !

Paule avait retrouvé sa curiosité. Confortablement installée dans un fauteuil en cuir, Mina se laissait aller à cet instant particulier. Il lui rappelait des moments de détente entre amies.

– J'ai été séduite par Philippe et par la vie à la campagne.

– Comment l'avez-vous rencontré ?

– On ne peut plus bêtement. Mon père travaillait onze mois par an dans les usines Renault et l'été il était embauché par un riche parisien pour restaurer une ferme près de Grignan. Ma mère était réquisitionnée pour la cuisine de la collectivité. Nous n'étions pas riches et cette technique permettait de passer un mois en famille gratuitement dans le sud de la France. Ensuite, il fallait retrouver la banlieue.

– C'est astucieux.

– Une année, avec mon frère Ali, nous avons visité la région et assisté à quelques manifestations. C'était la fête votive à Réauville en ce mois d'août. Philippe m'a invitée à danser et tout de suite nous avons été amoureux. Trente jours plus tard, nous décidions de ne plus nous quitter.

– Une affaire rondement menée !

– Cet instant où j'ai dit oui a modifié le cours de ma vie. Pour moi Philippe, c'était la terre, le soleil, le Sud... Un peu de mon pays d'origine dont je garde la nostalgie.

Elles se turent un moment, désireuses de ne pas s'avancer trop rapidement sur la voie des confidences. Paule remplit les verres à nouveau. Terzika passa par le volet entrebaillé et vint se coucher sur les genoux de Mina.

– Vous voilà avec un nouvel ami dans cette maison.

– Ce chat me plaît beaucoup.

– Venez. Allons visiter l'étage. Ensuite, nous irons à la bibliothèque.

Mina mit Terzika sur son épaule et emboîta le pas de Paule. Le gros chat s'alanguit contre sa poitrine, les pattes arrière posées contre son bras replié. Sa présence chaude et amicale la réconforta. Par un escalier étroit dont les marches de pierre étaient creusées d'usure, elles arrivèrent au premier. Ce niveau était très différent du rez-de-chaussée avec ses murs chaulés aux arêtes adoucies par une truelle compatissante, ses vieux carrelages en terre cuite rouge sombre troués par endroits et son style fin de siècle.

– Ma chambre est là. De mon lit, je vois le soleil se lever derrière le Ventoux et éclairer la plaine couverte de vignes et de lavandes. Cela me donne l'envie de commencer une nouvelle journée.

La solitude pesait à Paule. Mina ne sut comment chasser le voile de tristesse qui venait encore d'apparaître sur son visage.

L'immense pièce, éclairée par une seule ouverture, était très sommairement meublée d'un grand lit à l'ancienne et d'une longue penderie dissimulée par un paravent. Le couvre-lit beige était soigneusement replié et un livre reposait au sol. Deux appliques rondes d'opaline, décorées de perles, détonnaient dans le pauvre décor.

– À côté, ma salle de bains et en face un bureau, expliqua Paule en ouvrant les portes.

Mina visita les pièces toutes aussi monastiques. La grande baignoire avec ses pieds semblables à des pattes de lion, le simple rideau de douche protégeant des éclaboussures, le lavabo surmonté d'un miroir tout simple étincelaient de propreté, mais laissaient une impression d'abandon. Les murs du bureau étaient couverts d'étagères de livres et par terre étaient entassées des piles de dossiers portant des étiquettes : Puits-Mali, Plantation-Madagascar, Jardins et Ecoles-Agadez, Peintures rupestres-Tchad…

– De quoi écrire plusieurs volumes, dit Paule en accomplissant un grand geste fataliste du bras.

– Alors, il faut se mettre à la rédaction.

– Je n'ai ni le courage, ni les aptitudes nécessaires.

C'était le royaume de Jean, sans doute entretenu comme un musée. La détresse de Paule était palpable, maintenant.

– Il y a encore un étage ? demanda Mina qui désirait l'entraîner vers d'autres lieux.

– Le grenier sous les combles. Venez.

Elles escaladèrent encore quelques volées de marches pour parvenir sous les toits. Une solide charpente de chêne couronnait une immense pièce. La toiture venait mourir à un mètre du parquet et des œils-de-bœuf éclairaient d'une lumière rasante cet espace impressionnant. Beaucoup de malles, sans doute remplies de souvenirs, étaient disposées en ligne au milieu.

– Des travaux étaient prévus ici. Jean décédé, j'ai tout laissé tomber.

Paule soupira profondément et Terzika, quittant l'épaule de Mina, se frotta contre elle. Celle-ci avait comme vieilli pendant la visite du grenier chargé de souvenirs. Dans la pénombre, ses yeux passèrent du bleu au gris, témoignant de son émotion.

– Je ne monte presque jamais ici.

– Il est temps d'aller à la bibliothèque.

Ce fut une autre Paule qui accueillit les lecteurs, donna des conseils, remplit les fiches, renseigna patiemment une grand-mère mal voyante et expliqua le fonctionnement du local à Mina. Elle avait repris son visage de tous les jours, d'une gravité proche de la sévérité, et son maintien droit et fier. Mina savait maintenant que cette façade camouflait un profond désarroi.

La présence de Mina fut remarquée. Le public nota l'amitié qui liait les deux femmes. Paule servit en quelque sorte de chaperon à l'unique maghrébine du village, par ailleurs connue comme la belle-fille Polignac.

– À la prochaine assemblée générale, je vous laisserai ma place de gardienne de livres, dit Paule.

– Ne mettons pas la charrue avant les bœufs ! Je suis sûre que vous avez besoin de ces activités pour votre équilibre personnel.

Paule rit.

– J'espérais que j'allais m'occuper de votre éducation et de votre intégration à Réauville. Mais, je me demande si ce n'est pas l'inverse qui va se produire !

– La communication est une arme à double tranchant, répondit Mina avec philosophie.

Elle emprunta “ *Je suis né avec du sable dans les yeux* ” et “ *La tragédie* ” de Mano Dayak, s’étonnant de trouver ces livres dans une aussi petite bibliothèque.

– C’est moi qui propose les titres à acheter, dit simplement Paule.

Mina s’en revint pensivement vers Champlong. Tout se mélangeait dans sa tête : ses souvenirs de famille dans l’Atlas, les dossiers de Jean, la photo de l’homme enturbanné dans le bureau de Georges et le mystère de la naissance de Philippe.

– Vous savez, Jules, on n’est pas encore sorti de l’auberge… murmura-t-elle.

8

Les journées rétrécissaient maintenant. Les légumes du jardin ne mûrissaient plus aussi vite et à la tombée de la nuit Mina ajoutait un pull. L'automne approchait et avec lui le temps des vendanges. Philippe lui dit son désir de récolter la majorité du raisin à la machine.

– Je déteste pourtant la mécanisation. Ces engins secouent les ceps au point de presque les déraciner. J'en ai mal au cœur. Mais les ouvriers se font rares et il faut rentrer d'urgence la vendange avant les premières pluies.

– J'ai vu des cornues dans la remise. C'est avec elles que Jules fabriquait son vin ?

– Oui. Chaque année, il s'obstinait à fabriquer sa provision. Il foulait le raisin aux pieds, le mettait à bouillir et le tirait dans des tonneaux. Un travail pénible mais gratifiant.

– Et si nous fabriquions un peu de vin cette année ?

Philippe rit.

– Je crois que je ne saurais pas ! J'ai simplement observé mon père sans chercher à comprendre. C'est tout un art de vinifier. Je me contentais de l'aider à décharger les lourdes cornues dans les tonneaux. Tous les soirs, il passait au moins une heure à remuer sa préparation et à surveiller l'ébullition.

– Les traditions se perdent.

– En revanche, nous vendangerons nous-mêmes les vignes de la Grenoble. Elles sont plantées en vieux plants français et je ne veux pas de machine dedans. Il faudrait que nous trouvions une ou deux personnes pour nous aider.

– Je pourrais demander à Paule. Elle adore la campagne. L'idéal serait Pierre. Il est costaud et s'ennuie dans son usine.

– Pierre, j'ai toujours l'impression qu'il te tourne autour.

– Ne sois pas bête. Nous avons taillé les truffiers ensemble et il ne s'est rien passé. C'est un compagnon de travail adorable et rien de plus.

– Je n'y tiens pas. Je dois t'avouer que je suis un peu jaloux. Quant à l'infirmière, elle n'est plus très jeune. C'est pas de tout repos, les vendanges.

– Travailler dehors lui ferait du bien. Et puis elle n'est pas si âgée que ça.

– Je la connais mal.

– Pourtant, elle a fréquenté tes parents lorsque tu étais enfant.

– Je n'aime pas qu'on s'entretienne de cette période.

– De quoi as-tu peur ?

– Je n'ai peur de rien ! Jules n'évoquait jamais ma mère. Ce n'est tout de même pas une étrangère qui va m'en parler.

– Paule n'est pas plus étrangère que moi !

– Toi, tu es ma femme. Ce n'est pas pareil. Paule est une orgueilleuse, imbue de sa personne. Tout cela parce que son mari avait un poste élevé et partait en missions dans les pays lointains.

Mina haussa les épaules. Ainsi Philippe portait un jugement sévère sur Madame Florentin.

– Tu n'as pas à avoir de complexes. Je te garantis que Paule est très simple et qu'elle souffre beaucoup de la solitude. Travailler avec nous lui ferait le plus grand bien.

– Propose-lui, si tu le souhaites vraiment. J'ai toujours l'impression que tu veux connaître les antécédents Polignac et que tu cherches n'importe quel alibi pour assouvir ta curiosité.

Mina fut interloquée par cette remarque. Elle se ressaisit pourtant rapidement.

– Il est vrai que je suis curieuse de tout. Ce n'est pas une raison pour me faire un procès d'intention. Tu sais, j'ai surtout besoin de contacts avec l'extérieur.

– Je ne veux pas te persécuter, ma Mina. Simplement te dire que le passé est bien mort. À quoi sert de le ressasser ? J'ai envie d'aller de l'avant, et rien d'autre.

Philippe se doutait de quelque chose. Mina en était certaine maintenant. Lui qui parlait peu en temps ordinaire n'en était pas moins observateur. Mina s'en voulut de porter des jugements hâtifs sur le comportement de son mari et de le considérer parfois comme un individu primaire et sans délicatesse. Elle le fixa tandis qu'il finissait sa deuxième tasse de café. La lumière du matin éclairait la pièce d'une manière impitoyable, ne laissant aucune chance aux toiles d'araignées et aux particules de poussière de passer inaperçues. Quelques fils blancs naissaient dans les cheveux de Philippe. Sur sa peau tannée par la saison d'été, les légères marques du temps s'installaient aux commissures des lèvres, à l'extrémité des paupières et sur le front aux tempes juste assez dégarnies pour ajouter à son charme d'homme mûr. Elle rêva à la blondeur de Pierre, à sa nuque puissante et à ses paroles toujours douces et rassurantes. La robustesse du personnage la troublait. Elle savait aussi qu'elle ne laissait pas Pierre insensible. Philippe n'avait pas tout à fait tort.

– J'ai deux projets d'avenir, dit soudain Mina.

– Je t'écoute.

– D'abord, chercher un mâle reproducteur pour Lionne. Ensuite, programmer notre voyage au Maroc pour le printemps prochain.

Philippe grimaça.

– Tu veux remplacer Mascotte ?

– Pas seulement. Truffer avec deux chiens, c'est plus motivant. Celui-là, je le verrai naître et grandir et je le dresserai selon mes goûts.

– Est-ce que tu sais seulement que les chiennes accouchent parfois de cinq ou six chiots !

– J'avais pas pensé à ça.

– Pour le Maroc, je te promets un effort.

Elle sut, à la tonalité de sa voix, qu'il répondait évasivement pour se débarrasser d'elle.

– Je prendrai donc deux billets. Là-bas, mon père mettra une voiture à notre disposition.

– C'est encore trop tôt ! Il peut se passer beaucoup de choses pendant l'automne ou l'hiver.

Cette manière de tergiverser agaçait Mina. Elle s'efforça de se maîtriser et s'amusa à le pousser dans ses derniers retranchements.

– Les tarifs sont en promotion à l'agence de Valréas. Il faut saisir cette opportunité.

Elle ne s'était pas renseignée, mais désirait acculer Philippe à prendre une décision.

– Je vais réfléchir. Laisse passer les vendanges qui me font du souci. Nous verrons après.

Mina soupira. Le combat était loin d'être gagné. Elle se sentit accablée à l'idée de supplier encore et encore Philippe, de le bousculer, de le harceler. Tel un roc, il subissait les assauts sans broncher. Il agissait comme si rien ni personne ne le touchait. Mina savait que ce n'était qu'une apparence puisqu'il avait des doutes au sujet de son passé. Pourtant, il ne parlait que lorsque Mina le provoquait.

– Avec ou sans toi, je partirai au printemps.

Il fut surpris par une telle détermination.

– Tu ne vas pas me laisser ici tout seul !

– Tu auras Lionne pour te tenir compagnie, répliqua Mina sèchement.

– Tu ne m'aimes pas pour parler ainsi.

– Je n'aime pas ton comportement. Pour mes sentiments, c'est autre chose. Maintenant, tu vas aller travailler. Il est huit heures passées et je sens que cette conversation restera stérile comme toutes celles que nous avons eues à ce sujet depuis des années. J'en ai assez de tes faux-fuyants et de tes promesses jamais tenues.

– Tu ne comprendras jamais qu'avec la responsabilité de la ferme, je ne peux pas me permettre de partir. Je ne suis pas fonctionnaire, moi !

– Tu peux parfaitement t'absenter trois semaines. Je laisse passer les vendanges et je prends mon billet. Je ne te reparlerai plus du Maroc. Tu as jusqu'à la fin du mois de septembre pour te décider.

Elle se leva de table, emporta les tasses jusqu'à l'évier.

– Quel caractère ! dit Philippe en caressant Lionne.

Depuis quelque temps, il essayait de s'en faire une alliée. Il s'était habitué à sa présence et à la complicité qui l'unissait à Mina. Il reconnaissait ses talents de bonne gardienne. De son côté, tout en gardant une certaine retenue, Lionne ne se méfiait plus de lui.

– Rendez-vous à midi, dit Philippe en s'éloignant.

Un pli de contrariété barrait son front. Il venait de comprendre que Mina était vraiment décidée à retrouver son pays. Ce n'était plus un amusement comme ils avaient l'habitude d'en jouer souvent, avec des attaques surprises, des mots couverts pour déjouer les plans, des provocations dans le dessein de pousser le conjoint à la réaction, mais bel et bien un projet sérieux. Philippe avait peur. Il n'avait jamais quitté Champlong, sinon pour un court séjour à Valence chez sa grand-mère lorsqu'il était enfant ou pour quelques jours à la mer ou à la montagne. Il n'avait jamais pris l'avion ou franchi une frontière. Il avait été exempté du service militaire. Il était devenu le gardien de la ferme, et cela le contentait. Dès qu'il s'en éloignait, il sentait des dangers diffus le menacer.

Mina entendit son tracteur démarrer et le bruit du moteur décroître dans le matin calme. Après leur concert de l'aube, les oiseaux s'étaient tus, comme chaque jour. Ils reprendraient leur symphonie le soir pour saluer la fuite du soleil. Elle monta jusqu'au débarras qui gardait encore une odeur de paille malgré sa conversion en lieu de rangement. Là se trouvaient les cartons de son déménagement et quelques affaires de famille que ses parents lui avaient léguées après son mariage. Elle trouva le grand tapis en laine aux rayures vives que sa grand-mère avait acheté au cours de son seul voyage à Kénifra. Il avait longtemps embelli la chambre des invités, baignant dans la lumière douce que filtraient des carreaux bleutés pourvus de fers forgés. Mina le respira, chercha vainement les traces de son enfance. Elle se souvint de l'odeur du pauvre feu de brindilles, le soir, à la veillée et de celui du foyer où sa mère cuisait les galettes de blé tandis que la fumée s'échappait par un simple trou dans le plafond en terre et allait se perdre en longs filaments blanchâtres sur les prés environnants. Deux existences se côtoyaient dans cette fenière : celle de Jules et la sienne. Elle n'avait pas encore osé fouiller les nombreux cartons abritant les souvenirs de sa belle-famille.

– Cet hiver, lorsque le mistral gémira contre les murailles, je prendrai le temps.

Lionne l'avait suivie et reniflait les malles, les objets accumulés, les piles de vieux journaux et les manteaux poussiéreux suspendus à des crochets. Des toiles d'araignée s'étaient prises dans ses longs poils et elle ressemblait à un fantôme dans la pénombre.

– Allez, barrulaïre, on descend.

Lionne interrompit ses furetages et suivit Mina qui glissa le tapis par le grand escalier et l'installa dans la chambre de Jules qu'elle ne se décidait pas à appeler autrement. Il faudrait absolument baptiser cette pièce salon ou boudoir ou encore alcôve pour cesser de toujours s'en référer à Jules. Mais, le pli était pris. Son beau-père continuait à être présent partout, dans la cuisine, dans le jardin, dans les écuries et dans les truffiers.

– Vous mourrez vraiment lorsque j'aurai élucidé le mystère de votre vie, Jules. Alors, je ne garderai de vous que les bons souvenirs : vos conseils éclairés, votre tendresse, votre patience, votre sens inné d'attendre le bon moment pour dire les choses.

Lionne prêtait l'oreille aux paroles de Mina. Elle avait l'habitude de l'entendre parler à voix haute dès qu'elle était seule. Elle aimait la vibration de ses mots et son timbre profond. Mina étala le tapis et la chienne s'y allongea de tout son long.

– Tu deviens un vrai animal de compagnie. Heureusement que Jules n'est plus là pour assister à un tel spectacle.

Encore une allusion à Jules. Décidément, sa forte personnalité restait ancrée dans les murs mais surtout dans l'esprit de Mina. Elle retourna à la fenière, dénicha la table basse, la dépoussiéra et l'installa au centre du tapis. Au Maroc, tous les foyers en possédaient une semblable. Avec ses trois pieds tournés, son plateau de bois brut et son allure toute simple, elle servait à tout : boire le thé, pétrir la pâte à pain, éplucher les légumes, supporter l'outre d'eau, lire. Là-bas, les chaises n'existaient pas et les actes de la vie quotidienne s'exécutaient à croupetons ou en tailleur. À son arrivée en France, Mina avait beaucoup souffert d'être assise sur un banc d'école. Dès la sonnerie de la récréation, elle se défoulait dans la cour puis s'installait en position du lotus sur l'asphalte dur et noir, en regrettant la terre de ses chères montagnes. Encore aujourd'hui, dès qu'elle pouvait, elle adoptait sa position favorite. Mais elle attendait la solitude pour se livrer à cette gymnastique qu'elle jugeait intime, car les Français aimaient sièges et fauteuils et ne comprenaient pas son engouement pour la vie à ras de terre. Elle disposa quelques coussins bariolés et décorés de minuscules pastilles dorées qui étaient dans la pure tradition marocaine, d'un rouge rehaussé de jaune et d'orangé et leur couleur vive égaya la pièce. Le vieux pétrin en noyer ajoutait une touche plus locale à cet ensemble oriental.

– Ainsi, je vais peut-être décider mon cher mari à partir ! À moins qu'il ne soit dégoûté par ma culture. Qu'en penses-tu, Lionne ?

La chienne remua la queue, paraissant savourer la plaisanterie.

– Il faut absolument que j'ajoute une table haute et des sièges ici. N'oublions pas que nous ne sommes pas chez les Berbères. Nous viendrons manger là les soirs de tranquillité. J'achèterai aussi deux fauteuils. Cela incitera Philippe à lire son journal confortablement installé.

Lionne dressa l'oreille. C'était la voiture jaune du facteur.

– Déjà !

Perdue dans ses souvenirs, Mina avait oublié l'heure du repas. Elle laissa l'employé des postes déposer le courrier et repartir avant d'aller jusqu'à la boîte aux lettres. Elle ne tenait pas à le rencontrer. Il était très bavard et trouvait toujours une occasion pour s'attarder plus que nécessaire. Elle reconnut tout de suite l'enveloppe marron, un peu épaisse, avec son papier grumeleux et de mauvaise qualité. Elle formait une bosse ; il y avait un objet à l'intérieur.

– Une lettre du Maroc.

Elle la palpa, la renifla, crut humer une senteur de cumin ou de raz el ahnut, et se traita d'illuminée. Elle étudia l'écriture malhabile de sa mère et son cœur se serra. Elle avait toujours peur d'une mauvaise nouvelle. Ses parents étaient vieux, bien plus que Jules et ils menaient une vie fruste et sans confort avec la modeste retraite du père. Ils ne s'en plaignaient jamais. Leurs vœux étaient exaucés : finir leur jour dans leur pays d'origine. Hafida souffrait de rhumatismes articulaires et dans les maisons souvent humides du Haut Atlas, ses maux avaient dû s'aggraver. Quant à Mohamed, son cœur était fragile et il n'aimait pas consulter les médecins.

– *Inch'Allah*, dit Mina en parodiant son père.

Elle continuait à triturer son enveloppe. De retour dans la cuisine, elle repoussa encore le plaisir de l'ouvrir. Elle mit d'abord le repas en route, coupa les courgettes qu'elle rissola dans l'huile d'olive avant de les lier avec un peu de farine et de les mettre au four.

Puis, elle s'installa sous le tilleul, à l'ombre. L'objet était enveloppé de papier kraft. La lettre donnait simplement quelques nouvelles de la santé, des amis, du village qui s'apprêtait à recevoir l'électricité. L'âne était mort et Mohamed avait dû en acheter un autre pour transporter le bois. Le jardin avait bien donné cette saison et la provision de pois chiches et de lentilles serait suffisante pour passer l'année. Hafida se rendait au hammam plusieurs fois par semaine, malgré la salle de bain rudimentaire construite à côté du puits. Elle continuait à laver le linge au ruisseau par tous les temps. Mina frémit à l'idée des gerçures provoquées par l'eau glacée des torrents. Le couple revenait d'un périple jusqu'à Marrakech, par Tizi-n-Tichka, Ouarzazate, Boumalne du Dadès, Tinerhir et ses célèbres gorges du Todra. L'énumération de ces lieux enchanteurs remua le cœur de Mina. Ils avaient rendu visite à des connaissances qu'ils fréquentaient lorsqu'ils vivaient à Paris. Hafida énumérait la liste des amis, mais Mina en avait oublié beaucoup. Elle était très jeune alors et n'accordait que peu d'importance aux relations de ses parents. Nous languissons de toi, disait sa mère, pour conclure.

– Une lettre, justement aujourd'hui, c'est un signe, dit-elle à Lionne.

Elle déplia lentement le papier, appréciant son froissement, défit une à une les pliures jusqu'à trouver un disque de cuivre martelé et orné d'une croix. Au dos de l'objet, un minuscule crochet permettait de le suspendre au mur, comme un tableau.

Voici la croix du sud, encore nommée la croix d'Agadez, qui symbolise le peuple amazigh, expliquait Mohamed dans une note jointe. Nous l'avons achetée chez un artisan noir, au souk de Skoura. Je suis certain qu'elle te portera bonheur et te décidera à venir nous rendre visite.

– Décidément ! Il n'y a plus à attendre.

En arrivant, Philippe la trouva en pleine contemplation du plateau rond qui miroitait à la lumière. Penchée en avant, elle paraissait vouloir interpréter les signes cabalistiques qui le décoraient. La lettre était abandonnée sur ses genoux. Lionne semblait partager les interrogations muettes de sa patronne.

– De bonnes nouvelles ?

– Mes parents vont bien. Ils espèrent me voir bientôt.

Philippe ne répondit pas. Il se dirigea vers la cuisine en disant :

– Je vais mettre le couvert.

Mina haussa les épaules. Cette nouvelle invitation au voyage n'était pas de sa responsabilité mais le fruit du hasard. Elle entendit le choc des assiettes manipulées sans douceur. Elle entra, ouvrit la porte du four et constata que sa préparation était cuite à point. Dans le nouveau salon, elle accrocha le disque de cuivre à un clou. Philippe la suivit, et, sans un mot, admira le décor.

– Ça te plait ?

– Oui. Mais, je ne peux pas m'asseoir par terre. J'ai des crampes...

– J'ajouterai une table et des chaises. C'est prévu au programme.

– Que signifie ce machin ? demanda-t-il en montrant le disque.

– C'est un cadeau que mes parents m'envoient du sud du Maroc. Au milieu, il y a la croix d'Agadez.

– J'ai déjà entendu parler d'Agadez quelque part.

– L'autre jour, chez Georges, lorsque j'ai posé des questions à propos de cet homme enturbanné qui décore son bureau. Il prétend avoir été incorporé sous les drapeaux là-bas. Je n'en crois pas un mot.

– Ainsi, tu accuses ton ami Georges de mentir ! Tu n'as pas beaucoup d'estime pour ton marchand de truffes.

– Un courtier en rabasses est forcément un peu filou.

– C'est bizarre cette histoire. Je ne connaissais pas l'existence de cette ville et en une semaine j'en entends parler deux fois. Il faut que nous achetions une mappemonde, Mina. Je suis vraiment nul en géographie.

– J'en ai vu de très jolies à la librairie. Lorsque je sortirai, j'en ramènerai une. Si tu veux des informations sur les Touaregs, j'ai pris deux bouquins à la bibliothèque.

Au cours du repas, Philippe annonça la date des vendanges manuelles : dans une semaine. Il devait encore aiguiser les sécateurs, préparer les seaux, les caisses et la remorque.

– J'irai voir Georges cet après-midi. Il a un chien truffier que j'aimerais marier à Lionne.

Le mystère de l'enturbanné

9

Mina ressentait toujours un certain malaise en pénétrant dans la maison de Georges, dont l'austérité rappelait celle de son propriétaire. Les meubles cossus et les lampes de cristal côtoyaient des carrelages usés par endroits et une batterie de cuisine fatiguée. Georges était pourtant riche. Mais il vivait dans un intérieur vieillot, comme s'il était le locataire d'aïeux intransigeants sur le maintien des traditions.

– Entrez, dit Léonore. Mon mari s'est absenté un moment, mais il ne va pas tarder. Nous allons l'attendre ensemble. C'est lui que vous voulez voir n'est ce pas ?

– Vous pourrez peut-être me renseigner, dit Mina, gênée par son air pitoyable.

De cette femme effacée, aux mêmes yeux clairs que son fils, il émanait une sensibilité à fleur de peau visible à mille détails : sa douceur, son sens de l'accueil, sa discrétion proche de la timidité. Mina lui expliqua l'objet de sa visite.

– Je n'ai pas le droit de m'occuper des truffiers. Georges l'interdit.

Mina fut interloquée par la remarque.

– Vous n'allez jamais aux truffes ?

– Mon unique contribution est de cuire la soupe des chiens. Georges prend en charge toute la récolte. Il prétend qu'il est le seul à pouvoir maîtriser ses animaux.

– Il est très autoritaire, n'est ce pas ?

– Vous savez, depuis le temps, je me suis habituée.

Cet aveu murmuré, Léonore rougit de son audace.

– Nous avons Mustapha un mâle tout jeune qui nous vient d'un élevage d'Uzès et Diane âgée d'une dizaine d'années. Notre vieux mâle, Clinton, est un peu fatigué. Il ne truffe plus qu'une ou deux heures par jour. Il est souvent sollicité pour la reproduction.

– Georges pourrait peut-être me le prêter quelques jours ?

– Cela m'étonnerait, Mina. Clinton n'a jamais quitté la ferme sinon pour le travail. Vous verrez cela avec mon mari.

Elles étaient installées dans la grande cuisine. De haute taille, Léonore portait une robe démodée, plutôt une blouse toute droite semée de fleurs marines qui accentuaient son extrême pâleur, déjà mise en valeur par ses yeux bleus et sa peau semée d'un réseau de fines rides : elle respirait une espèce de noblesse ternie par l'absence d'artifice. Elle était à l'image de sa demeure, robuste mais usée. Le téléphone sonna quelque part dans la maison.

– Excusez-moi, dit Léonore, en passant dans la pièce à côté.

– Je vous en prie, répondit Mina.

Comme la propriétaire des lieux s'attardait, Mina décida d'aller la retrouver. Elle savait que son attitude était indiscrète, mais ignorant ses scrupules, elle s'avança dans le séjour aux meubles recouverts de housses, franchit le couloir et frappa doucement à la porte du bureau de Georges. C'est bien de là que venait le bruit de la voix de Léonore. Mina s'engouffra rapidement dans le local, sans attendre la permission. Elle ne vit que la photo de l'homme enturbanné, toujours punaisée contre le mur. Refoulant sa honte, elle l'examina du coin de l'œil, jouant à s'intéresser à d'autres vues. Contre les pans de la hutte en palmier doum, disposée sous les épineux, pendait une calebasse. Sur le sable, un foyer composé de deux pierres soutenait une marmite noirâtre. Au loin, Mina devina un troupeau de chèvres. Avec sa longue djellaba bleue, sous les plis de laquelle dépassait un sarouel assorti, et ses babouches de peau, il avait fière allure. Contre sa poitrine, pendaient de nombreux colliers de cuir usagé. De ses traits, masqués par le turban, on devinait seulement un regard déterminé. Sa peau paraissait claire.

– Je ferai part de votre appel à Georges, dit Léonore en raccrochant le téléphone.

– Je me suis permis de vous suivre. J'aime bien l'odeur de truffe du bureau de Georges.

– Vous avez des points communs tous les deux, dit Léonore en riant. Maintenant, sortons d'ici. Il n'aime pas les visites dans son domaine.

Mina s'attarda encore un peu, observant le décor. Léonore tendait l'oreille, guettant l'arrivée de son mari. Cette femme était visiblement apeurée par son époux. Mina se souvint aussi des craintes de Pierre à l'égard de son père.

– J'ai entendu parler des Touaregs par mon amie Paule Florentin. J'ai même pris de la documentation à la bibliothèque de Réauville. Je suis intriguée par ce personnage enturbanné.

– Vous avez raison. Les gens qui vivent en zone saharienne sont des êtres d'exception.

– Pourquoi avez-vous cette photo ici ?

– Cet homme est de la famille. C'est Antonin, le frère de Georges.

Mina s'appuya un instant contre le dossier du fauteuil. Cette révélation la laissa muette. Elle dévisagea son interlocutrice qui la fixait avec affolement, comme prise en faute d'avoir parlé sans réfléchir. Ainsi, Georges mentait comme elle l'avait pressenti.

– C'est son demi-frère ?

– Pas du tout. Ils ont les mêmes parents, mais il a choisi d'habiter là-bas.

– J'avais bien remarqué qu'il avait la peau claire... Vous le voyez parfois ?

– Georges est allé à Agadez deux ou trois fois. Ils ont visité le pays ensemble, notamment les campements en direction d'Arlit. Aujourd'hui, les deux frères continuent à s'écrire. C'est leur seule relation. Le moment propice pour aller dans ces contrées, c'est l'hiver, lorsque la température est agréable. Et en cette saison, Georges va aux truffes.

– Je comprends dit Mina.

Elle était stupéfaite d'obtenir des réponses sincères à toutes ses questions. Elle ne voulait pas brusquer Léonore, cette nouvelle alliée dans sa quête, et s'efforçait d'agir avec prudence.

– Ces gens ont des troupeaux ?

– Bien sûr. Ce sont des nomades. Ils se nourrissent uniquement de l'élevage. Quelques associations humanitaires tentent de les aider à se sédentariser, mais ils sont hostiles au changement.

– Antonin est berger, alors ?

– Non, il habite en ville, à Agadez où il a un commerce d'épicerie. Georges l'a immortalisé devant une hutte, mais les blancs ne supportent pas les conditions de vie dans les campements. Il faut y être né pour s'y épanouir.

Une lumière, voilée par les volets tirés, pénétrait dans le bureau, suffisante toutefois pour éclairer le visage d'Antonin dont les yeux marron aux nuances de vert paraissaient pétiller.

– Quel âge a-t-il ?

– Un an de plus que Georges. C'est son frère unique et sa seule famille.

– Quand cette photo a-t-elle été prise ?

– Georges avait vingt quatre ans lorsque son frère a quitté la région. C'est dans les années qui ont suivi qu'il est allé voir Antonin.

Mina se livra à un rapide calcul.

– Antonin se trouve là-bas depuis une trentaine d'années ?

– À peu près.

– Ainsi votre fils n'a jamais connu son oncle ?

On entendit le ronflement d'un moteur dans la cour.

– Filons d'ici.

Mina emboîta le pas à Léonore qui sortit en fermant soigneusement la porte.

– Cette conversation restera entre nous Mina.

– N'ayez aucune crainte. Je ne dirai rien à personne.

Georges les trouva dans la cuisine, Mina feuilletant une revue de jardinage et Léonore préparant le café.

– Tiens, une visite surprise de notre amie Mina, dit Georges en entrant.

Il examina les deux femmes de son œil perçant, auquel rien ne semblait échapper. Il avait appris cet art de l'observation sur les marchés, en étudiant les physionomies, en interprétant les intonations de voix et en scrutant les attitudes des hypothétiques clients capricieux. C'était un homme redoutable. Heureusement, Léonore lui tournait le dos et Mina prit son air le plus naturel.

– J'ai un service à vous demander.

– Je vous écoute.

Léonore servit le café dans des tasses en porcelaine décorées de fleurs bleues.

– J'ai besoin d'un reproducteur pour Lionne.

– Qu'à cela ne tienne. Amenez-la en vacances quelques jours dans l'enclos. Cela devrait intéresser Clinton. À moins qu'il ne plaise pas à votre chienne.

– Cela se produit parfois ?

– Bien sûr. Et si elle est aussi exigeante que vous, Mina, il se peut qu'elle refuse Clinton ! Tel maître, tel chien, dit la maxime. Ne l'oubliez pas.

Mina rit de la boutade. Georges se débrouillait toujours pour la provoquer.

– Vous me présentez ce monsieur Clinton ?

– Allons-y.

Le parc, un enclos grillagé situé sous la haie de cyprès, était à la fois abrité du mistral et protégé par la ramure épaisse des arbres. Un cabanon de fortune, de vieilles tôles et des planches, servait de refuge aux bêtes en cas d'intempérie. La paille des litières était fraîche et épaisse, l'abreuvoir rempli d'une eau limpide ; pourtant, Mina sentit la tristesse dans les yeux de Diane. Clinton, un vieux mâle au poil ras, dormait à l'ombre. De même gabarit que Lionne, il paraissait usé, avec ses oreilles aux extrémités pelées et ses yeux éteints. Mustapha sautait contre les jambes de Georges en gémissant. Il se pencha et le caressa distraitement.

– Je n'ai plus assez de patience, avoua-t-il.

Mina le prit dans ses bras et il se mit à geindre de joie comme un nourrisson. Georges apprécia le tableau, hochant la tête, hésitant entre réprobation et amusement.

– Vous allez me le pervertir.

– Mustapha est déjà mon ami. Voyez, il me reconnaît.

– Sacrée Mina ! Après tout, vous avez peut-être raison et vos méthodes sont les bonnes. Mais moi, j'ai de vieilles habitudes, bien trop anciennes pour pouvoir y déroger.

Alangui contre la poitrine de Mina, Mustapha s'endormit en tremblant de bonheur. Il avait juste trois mois, se souvenait de la séparation brutale d'avec sa mère et de son sevrage bien trop rapide. Mina se courba pour passer l'entrée du cabanon et posa délicatement le chien dans la paille. Paisible, il continua à dormir. Georges ne pipa mot, mais admira son savoir-faire.

Clinton s'étira et vint renifler Mina, surveillant Georges d'un air craintif.

– Cet animal m'a fouillé quelques quintaux de truffes au cours de sa longue carrière.

Comprenant qu'il dressait son éloge, Clinton lécha la main du courtier qui lui flatta l'encolure.

– Il a bientôt quinze ans et ne travaille plus qu'une heure par jour en saison. Avec ses rhumatismes, il ne peut pas gratter longtemps. Ah, nous formons une brave équipe tous les deux ! De vrais vieillards !

Mina sourit.

– Je n'en crois pas un mot. Vous êtes encore bien agile et rien ne vous échappe.

– C'est la façade, Mina. Je vous dis que je ressemble à mon Clinton. Ou plutôt, c'est lui qui me ressemble.

Voyant qu'il était l'objet de la conversation, le chien observait les interlocuteurs. Au fond de ses yeux noirs brillait une lueur de bonté. Cet animal avait subi et accepté toutes les brimades nécessaires à l'élevage d'un travailleur irréprochable. Il avait la moustache grise aujourd'hui, et les articulations de ses pattes déformées par l'arthrose.

– Jeune, il était très beau, dit Georges, en constatant l'air condescendant de Mina. Un port fier et une robe noire sans la moindre tache, des oreilles dressées et une docilité naturelle. Je l'avais acheté dans le Périgord, au cours d'un voyage d'agrément avec ma femme. Sur le chemin du retour, il a pleuré sans discontinuer. À l'arrivée, il a sympathisé avec Margot, ma truffière de l'époque, qui lui a servi de mère et de modèle. C'était une sacrée rabassière ! Une bâtarde de loulou et de beagle aux grands poils de toutes les couleurs. Elle ne devait pas peser plus de six kilos et après les cueillettes, elle était si fatiguée d'avoir cavé des heures que je la portais dans mes bras.

Mina fut étonnée par ces révélations, peu habituelles dans la bouche du courtier. Elle sentait que, lorsqu'il parlait des truffes, il se laissait aller à sa véritable nature, perdant du coup son agressivité, sa raideur et son autorité.

– Puis Margot est morte à l'âge de six ans, un soir de printemps. Une vipère l'a mordue et je ne l'ai remarqué que le lendemain matin. Il était trop tard. Malgré les soins, elle est décédée. Clinton est devenu à son tour un champion. Il a une nombreuse descendance dans la région.

– Margot n'a pas eu de petits ?

– Ne m'en parlez pas. Cet animal n'avait qu'un seul défaut. Elle était stérile.

– Tiens ! Comme Mascotte.

– Oh, ce n'est pas un hasard, vous savez. Imaginez-vous qu'elles venaient toutes les deux du même endroit. J'étais avec Jules un soir d'automne, dans une ferme du côté de Sérignan. Nous avons sympathisé avec le patron qui produisait des plants de truffiers soi-disant mycorhizés. Bref, il m'a bradé le chiot car il ne correspondait pas aux critères en vigueur. La vérité, c'est que sa reproductrice avait fauté avec un bâtard. Il ne l'avait pas assez surveillée.

– Quel rapport avec Mascotte ?

– Voyant les capacités de Margot, Jules a acheté Mascotte au même endroit. Elle aussi était stérile, sans doute une tare. Bref, Margot et Mascotte avaient la même mère. C'est pour cela que nous avions choisi, Jules et moi, des prénoms qui commençaient par un M.

– Jules ne m'a jamais raconté cela. Il est vrai que je ne l'ai pas interrogé sur les origines de Mascotte.

– Mon ami était un grand silencieux. Il nous a quittés trop tôt pour vous dire tout ce qu'il savait, Mina.

Ils se turent un instant. Cette réflexion avait sans doute échappé à Georges. Mina sentit qu'ils étaient sur la voie des confidences et comme toujours c'était dans le domaine de la truffe que le vieux courtier se laissait aller. Il se rétracterait si elle posait des questions trop précises. Dans le ciel, le soleil commençait à baisser, entraînant dans sa course des nuages effilochés comme de gigantesques toiles d'araignées. Georges, appuyé contre la cabane soupira :

– La vie passe vite, Mina, ajouta-t-il. Vous êtes encore trop jeune pour le savoir. Jules m'a précédé, mais je ne resterai pas pour graine, comme on dit au pays.

Un moment de silence s'écoula encore, que les bêtes partagèrent.

– Si vous le permettez, je vais emmener Clinton quelques jours à la ferme, le temps qu'il fasse son travail de reproducteur.

– Clinton reste ici ! tonna Georges. Il n'en a jamais bougé, sauf pour aller caver. Il serait tout perturbé de changer d'endroit.

– À mon humble avis, un dépaysement serait bénéfique à ce vieux chien.

– N'insistez pas. Vous n'avez qu'à me laisser Lionne une paire de jours.

– Elle n'a pas l'habitude d'être enfermée...

– Un peu de discipline ne lui fera pas de mal !

Avec humour, il lui avait renvoyé la balle. Mina admira son habileté.

– Votre Lionne sera bien nourrie et je surveillerai les opérations pour vous dresser un compte-rendu précis, dit Léonore qui était venue jusqu'à la clôture, sans bruit.

Les deux femmes échangèrent un regard de connivence qui étonna Georges.

– Dans ce cas, je m'incline. Dès demain, je vous emmène Lionne.

– C'est qu'il faut se dépêcher, Mina. Elle est juste dans le moment propice.

Sur le chemin du retour, Mina ralentit pour admirer le soleil couchant. Elle se sentait bien, apaisée par les révélations de Léonore et intriguée par les sous-entendus de Georges. Il suffirait de presque rien pour que le courtier se livre : un coup de pouce du destin, le désir de satisfaire

Mina ou la prescience d'une mort prochaine. Elle eut honte d'envisager la mort de Georges.

– Nous y arriverons, Jules. Je ne sais pas encore comment. Mais, je réussirai.

10

Le changement de saison était perceptible à certains signes : aurores porteuses de rosée, couchants plus précoces et végétation brûlée par la précédente canicule. Dans la journée, la chaleur pesait sur les vendangeurs, comme en plein été. Philippe avait quitté sa chemise et allait torse nu entre les rangées. Dès que les seaux étaient pleins, il s'en emparait et les transportait jusqu'à la remorque. Sa sueur et le jus du raisin qui poissait ses paumes attiraient une multitude de mouches qu'il chassait d'un revers de main.

– On est à la pluie, dit-il aux deux femmes.

– Pas avant deux jours, répondit Mina. Nous avons le temps de finir.

– Savez-vous, Paule, que Mina est ma station météo ! Elle a tout un tas de combines pour prédire l'arrivée du mistral ou de la pluie.

– Cela ne m'étonne pas. Elle est près de la terre et des êtres vivants. À leur écoute, si vous voulez. Cela est très féminin. Gardiennes de la maison et des enfants, les femmes sont très vigilantes pour prévoir les dangers tant familiaux que météorologiques.

Paule sentit l'incrédulité de Philippe.

– Croyez-moi, Philippe. N'oubliez pas que je vous ai vu naître. Vous pourriez être mon fils. Et avec un fils, la sincérité est de mise.

– Je crois surtout qu'il y a un océan entre les hommes et les femmes.

– Nous sommes simplement complémentaires.

Le travail reprenait, sans hâte. Mina pliait les genoux devant les ceps pour soulager son dos douloureux. Depuis un bon moment, elle travaillait sans s'investir, machinalement, laissant tomber dans sa main en conque les grappes juteuses, à peine entamées par la voracité des abeilles. Elle réfléchissait aux révélations de Léonore, aux évocations de Georges et aux allusions de Paule. Ces trois-là en connaissaient long sur la question qui hantait Mina. Elle finirait bien par recouper les différents témoignages et par les confondre. Cet état d'esprit changeait quelque peu les relations qu'elle avait avec chacun d'eux. Toujours sur ses gardes, à l'affût de la moindre information, elle finissait par devenir nerveuse et son imagination lui jouait des tours. La haute silhouette enturbannée d'Antonin ne cessait de la poursuivre. Qu'un paysan de l'enclave des papes décide soudain de quitter sa famille pour s'exiler aussi loin lui paraissait anormal. Qu'il ne soit pas revenu au pays depuis trente ans l'intriguait. Cette fuite cachait quelque chose, Mina en était certaine. Ce n'était pas sans raison que Georges taisait l'existence de ce frère.

À quatre heures, ils goûtèrent d'un pain d'épices que Paule avait confectionné.

– Un vrai délice, dit Philippe. Mina, tu devrais prendre la recette.

– Ce n'est pas compliqué, il suffit d'ajouter de l'anis étoilé et un peu de cannelle.

– Je suis une piètre patissière, dit Mina. Ma mère ne m'a jamais appris l'art des desserts. Dans le Haut Atlas, les gens sont si pauvres qu'ils se nourrissent de galettes et de légumes. Le couscous est le plat de base. Je suis fâchée avec les sucreries.

– Je vous apprendrai.

Ils reprirent le travail jusqu'au coucher du soleil. Chacun, maintenant, était perdu dans ses pensées. On n'entendait plus que le bruit sec du sécateur qui sectionnait net la queue de la grappe et Philippe foulant à grands pas nerveux la terre sèche. À l'extrémité de la vigne, près des vieux truffiers remis en état par Mina et Pierre, les rangées étaient attaquées par les sangliers.

– Saloperie de bestioles ! cria Philippe.

Les cochons avaient grappillé un peu partout, mordant à belles dents les grains juteux et cassant quelques sarments.

– Vous avez toujours le fusil de Jules, je suppose, dit Paule. Il vous sera facile de les éloigner.

– Je ne sais pas où il est. De toute façon, je n'ai pas mon permis.

– Personne ne viendra vous contrôler dans cette grande propriété. Les gardes fédéraux restent dans des endroits plus civilisés.

– Je ne savais pas que Jules chassait !

– Tous les paysans sont armés, Mina. Perdus dans leurs fermes, ils doivent se défendre contre les renards qui menacent les poulaillers. Dans chaque famille, un homme au moins a connu la guerre. 45, ce n'est pas si vieux que ça.

Les traces de pieds allaient se perdre sous les arbres où on entrevoyait des trous irréguliers fouillés par des museaux friands de vermisseaux et de racines.

– Je vais voir s'il n'y a pas trop de dégâts.

Mina regretta l'absence de Lionne. Elle avait beau entendre le papotage de Paule et de Philippe, cela ne la rassurait pas. Elle ne sortait jamais sans sa fidèle compagne. Son cœur se serra lorsqu'elle se souvint qu'elle avait enfermé la chienne dans l'enclos de Georges. La séparation lui pesait. Ravie de monter en voiture, Lionne s'était d'abord docilement pliée aux ordres. Lorsqu'elles étaient arrivées à la ferme de Richerenches, un concert d'aboiements féroces avait salué l'intruse qui refusait de descendre de l'habitacle. Georges montra alors son autorité en l'empoignant au risque d'être mordu.

– Vos chiens vont me l'étriper, avait gémi Mina.

– Je vais les séparer. Diane passera la nuit dans l'écurie, à côté du poulailler.

Dressée contre le grillage, Lionne poussait des jappements aigus, une vraie lamentation. Elle ne comprenait pas la passivité de Mina qui avait refoulé une larme et déclaré :

– Je ne peux pas vous la laisser. C'est au-dessus de mes forces.

Avec sa crinière, aux tons chocolat et caramel, Lionne tranchait dans cette prison de pacotille. Elle ressemblait à un chien de luxe au milieu d'un troupeau de corniauds. Son désespoir était tel que Clinton se réfugia dans la cabane, comme pour oublier le tintamarre. Diane, apeurée, quêtait un ordre de Georges.

– Rentrez chez vous, avait demandé Léonore. Je vous promets de surveiller les événements.

Elle avait pris Mina par le bras pour l'entraîner vers sa voiture.

– C'est toujours la même chose lorsqu'un étranger pénètre dans le chenil. Il y a beaucoup de raffut puis les choses se calment d'elles-mêmes.

– Je ne l'ai jamais abandonnée à personne.

– Lionne est ici chez elle. Pensez aux beaux chiots que vous allez avoir.

Elle était partie, emportant les gémissements de Lionne. Il y avait deux jours maintenant qu'elles étaient séparées. Et malgré le travail dans les vignes et la présence de Philippe et de Paule, elle trouvait le temps long et s'attendait toujours à voir la chienne surgir d'une rangée.

Elle traversa les truffiers par le milieu de la terre. Sous les grands arbres, se coulait une lumière qui allongeait les ombres des troncs, créant un effet théâtral. Le silence était profond, emprisonné sous le couvert végétal. Les brûlés côtoyaient des zones de végétation envahies de buissons, de thym, de cornouillers sanguins et de petites salades durcies par la chaleur. Les branches, déposées au printemps, avaient séché en perdant leur manteau de feuilles. Cette technique, héritée de Jules, maintenait une certaine humidité.

– En novembre, je récupérerai le bois mort.

Les sangliers avaient fouillé la terre aux endroits dénudés, dérangeant les racines superficielles suivant un scénario sans doute orchestré par les odeurs.

– Les ordures ! dit Mina, repoussant de la pointe de ses tennis quelques mottes. Ils n'ont pas gratté n'importe où.

Les empreintes s'éloignaient vers la lisière du champ, à l'endroit où les pentes se noyaient dans le bon terreau de la combe. On voyait nettement leur draille habituelle se perdre entre les buis rabougris et les genêts d'Espagne dont les cosses s'ouvraient en éventail. Mina adorait ces arbustes qui coloraient la nature de grandes taches jaunes au mois de juin, mais Philippe les détruisait systématiquement lorsqu'ils envahissaient les abords de ses parcelles.

– Ces saletés de plantes sont le symptôme de la mort du pays, disait-il à longueur d'année.

En effet, le genêt était un grand prédateur, capable d'occuper dans des temps record des hectares entiers et d'asphyxier toutes les autres espèces. Son bois ligneux résistait à la main de l'homme et il formait des bosquets impénétrables. Ces colonisateurs prospéraient allégrement depuis la disparition des troupeaux et ils peuplaient des pans entiers de collines drômoises.

Mina suivit un moment le sentier piétiné de nombreuses traces, escalada un rocher et tendit l'oreille. De nombreux grésillements, la stridence des grillons et les chants d'oiseaux masquaient tout autre bruit. Elle revint lentement vers la vigne.

– Demain, nous emmènerons l'arme de Jules.

Philippe eut une grimace.
– En voilà une drôle d'idée. Tu ne sais même pas tirer.
– J'apprendrai. Les sangliers ont attaqué dur dans les truffiers. Paule a raison. Il faut les éloigner.
– Je n'ai jamais vu de fusil à Champlong. Il doit être planqué dans la vieille fénière.
– Je chercherai en arrivant et avec l'aide de Lionne, je devrais bien débusquer le troupeau.
– En attendant, je file à la coopérative de Suze décharger le voyage. J'en ai pour un bon moment. Vous avez congé jusqu'à demain matin, Mesdames.
– À tout à l'heure.
Les deux femmes se dirigèrent tranquillement à pied vers la ferme. Dans les lueurs d'un coucher de soleil orangé, elles firent un détour par les truffiers sauvages, passèrent près de la lauze sous laquelle reposait toujours le courrier de Rose.
– Par bonheur, les sangliers ne sont pas venus jusqu'ici.
Paule ramassa quelques brins de thym.
– Ce n'est pas le moment de cueillir la frigoule, mais je suis en panne de cette plante aux vertus innombrables.
Elle se massait le bas du dos tout en marchant, essayant de s'adapter aux longs pas de Mina.
– Je n'ai plus l'habitude d'exercices physiques.
– Venez boire un verre dans mon salon. J'ai presque terminé la décoration.
Paule s'installa en tailleur sur le tapis. C'était bien la première fois que Mina voyait une Européenne à l'aise dans cette posture. Encore un signe, se dit-elle. Cette femme connaît les pays de sable et la contrée d'Antonin. Elle garda ses remarques et posa le plateau de rafraîchissements à même le sol.
– Demain, nous aurons terminé les vendanges. J'irai chercher Lionne dès le dernier raisin coupé. Je languis.
– Si vous voulez bien, je vous accompagnerai.
– Avec plaisir.

– J'aimerais saluer Georges et son épouse.
– Vous les connaissez ?
– Jean les fréquentait occasionnellement.
Encore une drôle de coïncidence. Décidément, elle était sur une piste. Ses pressentiments ne la trompaient que rarement.
– C'est curieux. Qu'avaient donc à se dire deux hommes aussi différents que Georges et Jean ?
– Jean était ingénieur agronome, ne l'oubliez pas. Le domaine de la truffe l'a toujours passionné. Ce champignon noir et mystérieux qui se récolte en plein milieu de l'hiver l'intriguait, tout comme il passionnait Jules et incite Georges à courir la garrigue.
– Jean a-t-il travaillé sur le sujet ?
– Il faudrait que je fouille les archives et je n'aime pas monter dans son bureau. Il me semble pourtant qu'il s'intéressait à une truffe blanche nommée terfez. Paradoxalement, je connais mieux ses travaux à l'étranger que ses actions locales. Je me souviens surtout de fameuses omelettes baveuses que nous dégustions près de la cheminée.
– Cet hiver, j'en ferai une pour vous. Philippe n'osera pas la refuser en votre présence.
Paule fronça les sourcils.
– Mon mari n'aime pas les truffes. Ni la cueillette ni les préparations. Si je le laissais libre, il aurait tout arraché.
– Tiens, quel étrange comportement pour quelqu'un de la terre.
– J'ai donné ma parole à Jules avant sa mort. J'ai le devoir de garder les truffiers, de les entretenir et d'assurer la récolte. Cela me pose parfois quelques problèmes.
– Je comprends bien. Les Polignac n'ont jamais été des gens simples.
– C'est bien pire que cela. Je pense qu'il y a un mystère dans cette famille.
De ses yeux clairs, Paule l'examina ; Mina prit un air candide soupçonnant l'infirmière de tourner autour du

secret Polignac, d'être comme elle-même sur la défensive et de ne parler qu'à demi-mot. Paule éprouvait une grande tendresse pour Mina, ne cessant de lui donner des conseils, lui proposant son appui dans les situations délicates et écoutant attentivement ses paroles, dont elle paraissait deviner par moments la retenue.

– Je n'étais pas vraiment intime avec Jules, vous savez. J'ai côtoyé Louise pour des raisons professionnelles. C'est moi qui l'ai accouchée de Philippe, ici, à Champlong. C'était une femme extrêmement discrète. J'aurais voulu qu'elle devienne une amie, mais, elle était farouche et répondait rarement à mes propositions. À cette époque, j'étais souvent seule, avec Jean parti en mission pour des mois, et j'aimais les contacts.

– Avez-vous connu la grand-mère maternelle de Philippe ?

– La nommée Rose, j'ai dû la croiser une ou deux fois ici-même. C'était un grand cheval autoritaire et sans douceur qui n'admettait pas que Jules lui ait pris sa fille. Elle méprisait son gendre qui le lui rendait bien.

– Avez-vous assisté aux funérailles de Louise ?

Paule hésita un instant, prit une gorgée de rafraîchissement, compta sur ses doigts.

– Non. J'étais en Afrique cet hiver 1977, au moment de sa mort. J'avais rejoint Jean à Niamey et nous étions revenus en taxi-brousse jusqu'à Agadez. Ces mille kilos, comme disent les gens qui vivent au Niger, furent absolument épouvantables sur les pistes crevassées et avec une chaleur déjà insupportable. Je ne suis rentrée qu'au mois d'avril, après trois mois de vacances. Je suis allée présenter mes condoléances à Jules. Il était très éprouvé par le décès de sa femme. Il avait perdu sa vitalité et ne l'a jamais retrouvée ensuite.

Mina enregistrait les informations, retenant les dates, pour vérifier la cohérence du récit de Paule. Son histoire paraissait sincère.

– C'est l'année suivante que Jean a eu sa première crise de paludisme. Nous avons couru les cabinets médicaux et essayé toutes sortes de thérapeutiques pendant des mois. Je l'ai fait hospitaliser à Marseille dans un service spécialisé pour les soins aux maladies tropicales. J'ai cessé de voir Jules ainsi que pas mal de gens du village. Mon unique préoccupation était la santé de Jean.

– Je comprends, dit Mina.

– Vingt ans se sont écoulés. Vingt ans de solitude, car j'ai choisi de ne plus fréquenter les amis de notre couple. Cela me rappelait trop les bons moments de ma vie. Savez-vous, Mina, que c'est en vous rencontrant, à l'enterrement de Jules, que j'ai eu envie de renouer des contacts avec les habitants du pays ?

– J'aurai au moins servi à quelque chose !

– Si vous voulez me ramener, maintenant. J'aimerais bien me reposer.

Mina alluma les phares pour aller jusqu'au village.

– Les jours ont raccourci. L'automne est là.

Elle déposa son amie devant sa porte et s'en revint rêveuse jusqu'à la ferme. Pendant que le repas cuisait, elle monta à la fénière et chercha, vainement, le fusil de Jules.

11

Lionne reconnut le bruit du moteur de la voiture et se mit aussitôt à sauter contre la clôture en hurlant sa joie et son désir de quitter l'enclos. Oubliant les formules de politesse, Mina se dépêcha de libérer la chienne, sans même saluer les hôtes du domaine. L'animal se précipita dans ses bras et gémit en lui léchant la figure. Émue, Mina enfouit son visage dans les longs poils et respira l'odeur de paille de la toison.

– C'est fini. Je t'emmène.

Lionne remarqua enfin l'inconnue qui assistait aux retrouvailles et renifla timidement la main que celle-ci lui tendait.

– Moi, je suis Paule. Voilà pour les présentations.

Clinton, indifférent aux effusions, assistait à la scène d'un air lointain. La vieillesse lui donnait une allure nonchalante, à demi endormie. Léonore sortit sur le pas de la porte et s'en vint rejoindre le groupe.

– Bonjour Mina. C'était urgent, n'est-ce pas ?

– Excusez-moi. Je ne pouvais plus attendre. De plus, nous avons fini les vendanges.

– Clinton a accompli sa mission. Comme promis, j'ai surveillé de près leurs amours. Dans soixante et un jours, ce sera la naissance.

– Merci pour tout.

Lionne courut plusieurs fois autour de la cour, furetant du côté du poulailler, sans toutefois quitter Mina du regard.

– Je vous présente Paule Florentin.

– Nous nous connaissons déjà. Malgré les années et les épreuves, Paule n'a pas changé.

– Je ne suis pourtant pas à mon avantage ce soir, dit cette dernière en riant. Mina m'a embauchée pour couper le raisin et j'ai besoin d'une bonne douche. Comment va votre époux ?

– Toujours le même. La truffe reste son sujet de préoccupation majeur. Il est parti pour une réunion de la confrérie.

Mina siffla Lionne et l'enferma dans le véhicule. Sa présence turbulente intriguait Diane qui commençait à japper depuis l'écurie où on l'avait enfermée. Léonore et Paule continuaient à échanger des propos et Mina les écoutait d'une oreille attentive, sans toutefois montrer son intérêt. Elle regretta l'absence de Georges s'imaginant qu'une confrontation aurait pu lui apporter des informations nouvelles.

– Venez boire un verre, proposa Léonore.

– Je ne voudrais pas trop m'attarder, expliqua Mina. Philippe risque de me chercher.

– Passez lui un coup de fil.

– Nous n'avons pas le téléphone.

– C'est vrai. J'oubliais que notre ami Jules était allergique à ces engins modernes. Hormis la télévision et la voiture, il a toujours refusé mixers, micro-ondes, sèche-linge et tout ce qui facilite un peu les travaux ménagers. Maintenant qu'il n'est plus là, vous devriez au moins installer le téléphone. Vu votre isolement, c'est indispensable.

– Je vais le proposer dès ce soir à Philippe. Votre soutien me sera précieux. Il est parfois un peu têtu.

Léonore servit un vin de noix accompagné d'amandes grillées au four : deux préparations de sa façon. C'était délicieux et Mina se laissa aller contre le haut dossier de la chaise cannée et se prit à évoquer sa grand-mère, bien que Léonore eût plutôt l'âge de sa mère et surtout fût mieux conservée grâce aux meilleures conditions de vie. À l'écoute des deux femmes, elle se sentit soudain presque confiante, persuadée que leurs réticences au sujet du passé Polignac étaient dictées par un désir de protection envers elle. Sa jeunesse la desservait, mais elle était rassurée par ces aînées, tranquillement installées et devisant de choses et d'autres. Derrière la porte, se trouvait la photo d'Antonin. Mina mourait d'envie d'aller la contempler une nouvelle fois.

– Vous pourriez me donner la recette de votre vin de noix ? demanda Paule.

– Imaginez-vous que je l'ai trouvée dans un livre de recettes du terroir, avec le toast aux truffes, les tians de courgettes, la bohémienne et les oreillettes. Cet ouvrage est dans la bibliothèque de Georges, comme tout ce qui concerne la truffe de près ou de loin. Je vais vous le chercher.

– Ne bougez pas. J'y vais, dit Mina, sans laisser à Léonore la possibilité de répondre.

Elle était déjà au bout du couloir, lorsqu'elle entendit :

– Cette mignonne est intriguée par le bureau de mon mari. Elle ne rate jamais une occasion de s'y rendre.

– Savez-vous qu'elle a promis à Jules de défendre ses truffiers contre les attaques de Philippe qui menaçait de tout arracher après la mort de son père ? Ce n'est pas une position facile à assumer. Je pense qu'elle cherche un secours auprès de Georges.

– En quelque sorte Mina poursuit aussi une enquête pour expliquer le dégoût de son mari pour la truffe. Avec les antécédents de la famille Polignac, elle ne comprend pas l'aversion de Philippe. Elle devrait arriver à résoudre ce mystère. Ce n'est pas la volonté qui lui manque.

Retenant son souffle, Mina hésitait entre écouter la suite de la conversation ou continuer vers les affaires de Georges. Elle opta pour la deuxième solution, sans toutefois cesser de tendre l'oreille. Antonin était toujours là, fier sous ses habits touaregs. La même lumière brillait dans ses pupilles.

– Il me faudrait une photocopie couleur. Mais comment subtiliser la photo quelques heures sans que les habitants de la maison le remarquent ? marmonna Mina. Voler la clef de la porte d'entrée ? Je ne vais pas devenir cambrioleuse, tout de même.

Elle haussa les épaules.

– Je suis ridicule. Tout cela pour un vague pressentiment sans doute injustifié.

Elle observa encore la tente au dos rond, l'épineux au deuxième plan, le foyer improvisé entre deux pierres, le troupeau efflanqué, l'outre pour le lait mais surtout l'homme, grand et intimidant. Elle chercha une ressemblance avec Georges, mais les plis du tissu ne permettaient de voir que les yeux rieurs. Seule, la haute stature était un point commun aux deux frères.

Mina fureta sur l'étagère où étaient rangés les livres et dénicha un manuel de cuisine provençale. Au sommaire, figuraient tous les légumes du sud cuisinés à l'huile d'olive, assaisonnés à l'ail et au basilic. Une bouffée de nostalgie l'assaillit.

– Adieu cumin, coriandre et safran. Adieu couscous, soupe de ramadan et tajine.

Antonin, sur son image en papier, paraissait la dévisager et partager ainsi ses goûts culinaires.

– Il faut que je file, lui dit Mina. On se reverra.

Elle retrouva les deux femmes. Paule promit de rendre le livre rapidement.

– J'en profiterai pour serrer la main à Georges.

Laissant dormir la chienne sur le siège arrière, elles se turent pendant le voyage du retour.

Sa dernière récolte à l'abri, Philippe était apaisé. Lionne le salua bruyamment, comme un vieil ami.

– Satanée Lionne, tu m'as manqué. Personne ne m'avait habitué à vivre avec un chien. Il a fallu que Mina arrive pour que je découvre ce plaisir.

Mina sourit en constatant les progrès de son mari.

– À propos de plaisir, nous pourrions installer le téléphone. Ce serait tout de même plus pratique que d'aller à la cabine. Sais-tu que les gens du pays sont déjà sur internet ? Nous avons un tour de retard !

– Jules disait que cela coûte cher.

– Il n'est plus là pour nous dicter notre conduite. Ton père était un vieux conservateur allergique au progrès. Malgré tout le respect que je lui dois et tout l'amour que je lui ai porté, ses arguments ne tenaient pas la route. Le téléphone est à notre portée. Vu notre isolement, il est indispensable.

– C'est Georges qui t'a embobinée ?

– Je ne l'ai pas vu. Léonore était seule. Oui, c'est elle qui m'a soufflé cette idée. Au fait, Lionne est pleine. En novembre, si tout va bien, nous aurons des chiots.

– Pour le téléphone, je crois bien que tu as raison. J'ai toujours l'impression que mon père est là à prendre les décisions et à mener la ferme. Mine de rien, il m'a bien tenu dans sa poigne. Avec ses airs débonnaires, il dictait sa loi. Le seul point sur lequel je lui résistais, c'était la truffe. Pour le reste, je m'inclinais.

– Raison de plus pour ne pas continuer à embêter ta femme avec les rabasses !

– Tu vois bien que je progresse.

– Je te félicite.

Quand il se laissait aller à quelques confidences, les épaules de Philippe s'arrondissaient et sa voix faiblissait. Loin de ses engins mécaniques, il était différent et Mina savait, à certains indices, que c'était le moment de l'inciter à parler.

– Je m'occuperai des démarches pour le téléphone dans la semaine. En attendant, tu vas t'installer confortablement et m'attendre. Je vais prendre une douche et nous mangerons dans la nouvelle pièce pour l'étrenner. Nous avons deux choses à fêter : les récoltes rentrées et Lionne qui va nous donner des petits.

– D'accord.

Cette brusque docilité enchanta Mina. Elle monta l'escalier en courant. Devant la porte de la fénière, saisie d'une impulsion, elle s'arrêta.

– C'est pas trop le moment, mais tant pis.

Une nouvelle fois, elle parcourut la vaste pièce à l'ossature de poutres recouverte d'un enchevêtrement de toiles d'araignées. La lumière était faible. Elle se souvenait d'une niche dans le mur qu'elle avait oublié d'explorer. Elle avança une main timide, sortit une vieille paire de godasses en cuir parcheminé, continua à fouiller vers les profondeurs. Elle craignait les souris qu'elle entendait fouiner dans la pénombre. Tout au fond de l'abri, elle découvrit une cartouchière et quelques munitions.

– Je suis sur la bonne voie. Le fusil ne doit pas être loin. J'approfondirai mes recherches plus tard.

Elle prit une douche énergique, s'habilla d'une djellaba de satin vert et dénoua ses longs cheveux qu'elle brossa longuement. Elle était fatiguée de toutes ces histoires : de la quête de Jules, du mystérieux Antonin, des cachotteries de Georges et de la discrétion de Paule et Léonore. Elle soupira longuement et retrouva Philippe installé dans un fauteuil dans la chambre de Jules. Affalée à ses pieds, Lionne dormait.

– Cette chienne est fatiguée. Clinton a dû l'embêter.

– Penses-tu. C'est quasiment un vieillard ! Il est complètement inoffensif.

– Tu aurais pu lui trouver un jeune et beau mâle.

Mina sourit.

– Je te signale que la plupart des trufficulteurs ont des femelles pour travailler. La prochaine fois, je ferai mieux.

– En attendant, Lionne a besoin de se reposer. Je ne sais pas si elle pourra faire cette campagne.

– Bien sûr que oui ! Elle accouchera en novembre, juste au début de la saison. La maternité n'a jamais empêché de travailler. Ce n'est pas une maladie. Si tu voyais les femmes de l'Atlas avec leur bébé sur le dos ramassant les pommes de terre, transportant du bois ou lavant le linge dans les ruisseaux glacés…

– Le statut des femmes est heureusement différent chez nous.

– Certes. Mais Lionne ira truffer cet hiver. Elle allaitera au retour des cueillettes et j'emmènerai les chiots dans les truffières en janvier.

Philippe sourit malicieusement.

– Tu verras en temps opportun. Je ne veux pas te contrarier. Mais ils seront fragiles et frileux.

– Tu as peut-être raison. Moi, je n'y connais rien.

Mina se dirigea vers l'armoire et commença à dresser la table ronde qu'elle avait située dans un angle de la pièce, près de la fenêtre, de façon à pouvoir bénéficier de la lumière naturelle. Elle prit un soin maniaque à disposer sets de table en rotin, assiettes blanches, verres à pied, dessous-de-plat à l'ancienne en fer forgé, serviettes brodées des deux lettres L et J qu'elle avait dénichées dans le linge endormi des générations Polignac. Sans bouger, Philippe admirait sa silhouette sous les longs plis de l'habit qui bruissait au moindre mouvement. Il apprécia sa dextérité et son goût sans faille pour les choses bien faites. Elle apporta les pommes de terre en robe des champs encore fumantes et un râble de lapin à la provençale qui brillait sous ses olives et sa sauce tomate.

– Tu as trouvé le temps de mijoter un bon repas.

– Grâce au congélateur. J'ai pris les habitudes de la campagne. Je stocke les plats cuisinés pour les cas où.

– J'ai une femme en or. Et ces serviettes brodées, d'où sortent-elles ?

– Des malles emmagasinées à la fénière. Il se cache là-haut des richesses incroyables : des draps en lin malheureusement un peu trop rêches pour être utilisés, des camisoles de grand-mère, en dentelle, des dessus-de-lit au crochet, des chapeaux… L'ancêtre qui a rangé tout cela a eu la bonne idée de fermer hermétiquement. Sinon, les souris auraient tout rongé.

– C'est Jules, l'ancêtre. À la mort de sa femme, il a mis de côté tout ce qui lui rappelait son amour.

– En revanche, je n'ai pas trouvé le fusil. J'ai mis la main sur la cartouchière. Ce n'est pas normal.

– Il s'est peut-être débarrassé de l'arme… J'ai entendu dire que Jules était devenu neurasthénique après le décès de ma mère.

– Je me renseignerai. Georges doit savoir.

– Ce Georges ne me plaît pas trop. Il est autoritaire tout comme Jules. Il nous prend pour des gamins.

– C'est tout de même le seul qui ait assisté aux événements de cette période, avec Léonore et Paule. Pierre aussi sait des choses. Après tout, c'est le fils Aubanel. Seulement, il craint les foudres de son paternel.

– Tu vas pas me dire que ce grand gaillard redoute les colères d'Aubanel !

– Autant que toi tu craignais celles du tien.

– Il n'a pas choisi de reprendre la ferme, lui. C'est plus facile de s'affirmer loin de la famille.

– Justement, il a choisi volontairement de s'éloigner. Il était tout désigné pour prendre la succession. Même Georges admire son savoir-faire. Ce n'est pas un hasard s'il travaille ailleurs. Il est très réticent à se livrer lorsqu'il s'agit du passé.

– Dis donc, tu le connais bien !

– J'aime bien parler avec lui. C'est un des seuls jeunes de mon entourage. Georges, Léonore ou Paule n'ont pas les mêmes préoccupations que moi.

– En plus il est beau mec, plutôt intelligent et tu n'es pas insensible à son charme. Ça te change de ton paysan. J'ai faim. Si nous continuions cette conversation à table ?

– Il ne manque que le vin, mon beau paysan.

– Je n'ai plus de courage. Je suis comme Lionne.

La chienne dressa l'oreille en entendant son nom et se rendormit aussitôt.

– Je vais m'en occuper.

Dans la cave, Jules avait laissé un stock de bouteilles cachetées, attendant de grandes occasions qu'il ne savait pas susciter. De temps à autre Mina et Philippe puisaient là de quoi pimenter leur repas. Elle choisit un rouge du domaine de Lumian à la robe grenat sous son étiquette sobre. Elle eut une pensée pour Pierre le géant blond. Il faudrait qu'elle l'interroge. Il lui avait laissé ses coordonnées et l'avait chaleureusement invitée. Mina avait un peu peur de se retrouver seule avec lui. Il provoquait en elle un trouble sensuel qu'elle redoutait et recherchait en même temps. Rien qu'à l'idée de son dos puissant et de sa nuque sur laquelle pointaient des bouclettes, elle en avait la chair de poule.

Philippe ouvrit le flacon avec cérémonie.

– J'aimerais bien avoir un bougeoir. Là, au milieu de la table. La lueur de la flamme favorise l'intimité et les confidences.

– Ça c'est le genre de choses que tu ne trouveras pas par ici. Les Polignac avaient plutôt des lampes à pétrole comme tous les gens humbles de cette époque. Ils n'étaient pas riches.

– Encore une idée préconçue ! J'ai vu un article dans la Tribune signalant l'ouverture d'une salle des ventes. J'irai fouiller à l'occasion. Et je trouverai peut-être un bel objet pour quatre sous. À Paris, j'allais souvent me balader dans ce genre d'endroits.

Mina devint rêveuse, comme souvent lorsqu'elle évoquait son passé.

– La ville te manque parfois ?

– Moins que le Maroc.

Philippe soupira. Il sentait qu'ils s'engageaient encore sur une voie sans issue. Il était fatigué et mangeait doucement, appréciant chaque bouchée.

– Et le fusil alors ? demanda Mina pour détourner la conversation de son pays.

– Je t'ai donné mon point de vue. Mais je n'ai pas de preuve de ce que j'avance. Tu sais, j'avais sept ans lorsque Louise est morte. Je me suis arrêté au cimetière l'autre jour pour revoir le visage de ma mère que j'avais presque oublié.

Mina fut surprise. D'ordinaire, ce genre de recherche n'était pas du goût de Philippe.

– J'ai même apporté un bouquet de fleurs. Je t'ai volé trois dahlias et j'ai ajouté quelques branches d'asparagus que j'ai dégotées dans la garrigue. Je t'en bouche un coin, hein ?

– J'avoue que oui. Je découvre que tu es plus sensible que je ne l'imaginais.

– À force de me poser des questions, tu finis par me faire douter de la réalité. Tu me parles du fusil. Pour moi, c'est encore une énigme. Il me semble avoir entendu des allusions sur la fragilité de mon père. Tout cela s'est enregistré dans ma tête de gamin. Maintenant, je suis adulte et je ne sais plus discerner entre le vrai et le faux.

– Seul un témoin de cette époque peut éclairer ta chandelle.

– Tu penses à Georges ?

– Ou à sa femme. Les deux couples étaient très proches. Pierre et toi avez pratiquement le même âge. Vos pères se passionnaient pour la truffe. Sais-tu que Mascotte et

Margot venaient du même élevage et étaient toutes les deux stériles ? Je ne sais pas exactement quelles relations entretenaient Léonore et Louise. Ta mère était plutôt réservée, presque insociable.

– J'ai dû hériter de son penchant pour le silence et la solitude.

– Mais pas de son amour pour la truffe.

– Pourquoi toujours revenir à ce sujet ?

– Parce que la rabasse est la liaison entre tous les personnages. Louise, Jules et Georges en cherchaient. Même Jean, le mari de Paule, s'intéressait au sujet.

Mina avançait prudemment ses arguments, essayant de tester Philippe discrètement. Il ne savait rien du mystère entourant sa naissance, elle en était certaine. Elle lui avait donné le goût de mieux connaître le passé de ses géniteurs. Elle lui avait laissé entendre que peut-être la réalité n'était qu'une apparence. Elle ne pouvait en dire plus sans se dévoiler.

– Paule t'a-t-elle parlé de ma mère ?

– Un peu. C'est elle qui l'a accouchée, ici même. Au grand regret de ta grand-mère qui aurait préféré une clinique de ville. Paule aurait souhaité nouer des relations plus étroites avec Louise, mais celle-ci ignorait les propositions. Lorsqu'elle est décédée, Paule était en Afrique. Je ne sais rien de plus.

– Je me souviens mal de son mari.

– C'était un grand baroudeur. Jean est mort du paludisme qu'il avait contracté lors d'un passage à Niamey, dans le cadre de ses activités professionnelles. Paule ne s'est jamais remise de son absence. Lui aussi enquêtait sur la truffe et il connaissait Jules et Georges.

– Décidément, toujours les mêmes ! Dommage que ma grand-mère Rose ne soit plus de ce monde, elle aurait pu nous raconter des histoires sur cette époque.

– Il doit bien rester à Valence une vague descendance...

– Personne. Rose n'avait qu'une fille et son mari est mort jeune, pendant la guerre.

– Nous pourrions quand même tenter le voyage, consulter les archives. On ne sait jamais.

– Il vaut mieux que tu tires les vers du nez à tes trois vieux copains.

– Je mène l'enquête. Tu peux te reposer sur moi. Que cela ne t'empêche pas de chercher aussi. Nous pourrons ainsi recouper nos informations. Sur ce, je vais chercher le fromage.

À son retour, Philippe paraissait absorbé dans des réflexions profondes. Son front était ridé. Il avait la même position que Jules lorsqu'il se concentrait sur un sujet. Après tout, il avait élevé Philippe, lui inculquant ses notions de droiture, et suscitant aussi ce mimétisme fatal né de l'amour entre deux êtres.

Ils finirent le repas en silence, trinquèrent à Lionne et aux récoltes à l'abri et écoutèrent le mistral naissant dans la nuit d'automne bien installée. Ils n'étaient pas pressés. Ce moment de détente était un moment solennel et rare. Mina frissonna et Philippe la prit dans ses bras pour la réchauffer. Elle se laissa aller contre lui tandis qu'il enlaçait ses épaules et s'appropriait son cou pour y déposer des baisers passionnés.

– Tu n'es plus fatigué ?

– Il me reste encore un peu d'énergie pour m'occuper de ma femme.

Il l'entraîna dans le grand escalier et dévêtit Mina de sa djellaba.

– C'est bien joli tes vêtements du Maroc, mais ça ressemble à des habits de bonne sœur !

Il la contempla, nue et belle, avec sa taille fine, son ventre plat, son bassin aux arrondis semblables à des anses d'amphore, ses longues jambes brunes et sa toison bouclée dont le triangle noir ne cessait de le fasciner.

Mina se sentait fondre sous son désir. Elle aimait sentir Philippe succomber, s'attarder sur les effets particuliers qu'elle voyait naître dans ses yeux. Elle aimait constater qu'elle le séduisait toujours. Elle aimait aussi ses phrases et leurs mots parfois un peu crus. Sur la couche, il la fit jouir comme jamais, l'entraînant jusqu'aux extrêmes limites du plaisir avant de l'abandonner pour revenir achever son œuvre.

Ils sombrèrent, comme des bienheureux, dans un sommeil profond.

12

“ J’ai longtemps hésité à vous écrire. Je m’appelle Mina. Je suis l’épouse de votre petit-fils Philippe et j’aimerais vous connaître. Jules est décédé voici presque huit mois. Nous habitons à Champlong, dans la même ferme que vous avez connue. J’ai appris votre existence par un ami de mon beau-père. Je dois vous avouer que Philippe vous croit morte. Vous comprendrez que je ne sais comment lui apprendre une vérité que moi-même j’entrevois à peine. Je vous demande d’accepter de me rencontrer. Vous seule pouvez m’expliquer le passé des Polignac. Afin de garder à ce courrier son caractère secret, je vous demande de me répondre à l’adresse suivante :

Paule Florentin, Place de la Mairie, 26230, Réauville. ”

Après plusieurs brouillons, lorsque la missive fut recopiée, Mina soupira d’aise. Elle avait soigneusement choisi ses mots, entretenant le mystère, restant discrète sur ses découvertes tout autant que sur ses origines.

– Dans ce milieu, tu comprends, dit-elle à Lionne, on n’aime pas beaucoup les gens du Maghreb.

Elle cacheta son enveloppe et décida d’aller la poster immédiatement. Il n’était que neuf heures et le courrier partait à midi.

– Pas la peine de prendre le risque que Philippe me surprenne. Maintenant, les dés sont jetés. Il ne me reste plus qu'à attendre et à espérer que Rose voudra bien se manifester. J'espère qu'elle n'est ni impotente sur un lit d'hospice, ni réfugiée chez un membre de la famille à cause de son grand âge et qu'elle n'a pas quitté la région.

L'automne roussissait la campagne. De la cour, Mina voyait les chênes blancs aux feuilles tachées de rouille, les érables en sang et les yeuses éternellement vertes.

– Toi, tu gardes, dit-elle à Lionne.

Elle prit la route goudronnée et s'en fut à pied jusqu'au village. À mi-chemin, dans un pré abandonné, quelques peupliers formaient un bosquet. Jules lui avait expliqué qu'ils indiquaient la présence de l'eau peu profonde. En cette saison, leurs longues silhouettes toujours bruissantes, prenaient des teintes d'or.

– Comme chez moi, murmura Mina en s'approchant.

Elle s'installa contre le tronc d'un amandier et prit le temps d'admirer le paysage. Dans sa vallée, là-haut, près d'Imilchil, il y avait un ruisseau dont les abords étaient entretenus par les troupeaux, et le rideau végétal formait, à l'automne, une tenture jaune frisant le ciel. À nouveau, elle songea à Philippe et à sa réticence envers le voyage au Maroc. Elle soupesa la lettre dans sa main et prit les grands arbres à témoin.

– Il lui faudrait un choc pour qu'il accepte de laisser sa ferme. Si je lui annonçais que sa grand-mère est toujours vivante, il comprendrait que Jules était un menteur. Un menteur pieux, un affabulateur par nécessité. Pauvre Jules, me pardonnerez-vous de me servir ainsi de vos histoires secrètes ?

Elle sut qu'elle n'utiliserait pas ces arguments. Elle n'aimait ni les calomnies, ni la vengeance et torturer Philippe n'était pas son but. Au contraire, elle protégeait ce dernier, lui insufflant juste assez de doute pour qu'il s'interroge. Il n'empêche qu'elle s'enlisait elle aussi dans la tromperie, la lettre en était la preuve flagrante.

– Cacher n'est pas mentir, disait toujours ma grand-mère, qui était une philosophe.

Mina s'apaisa à ce souvenir. Aïcha allait souvent au hammam en cachette de son mari, trop autoritaire pour supporter que sa femme s'accorde du plaisir plutôt que de tisser ou de cuisiner. Elle abandonnait son troupeau à une voisine et retrouvait ses amies dans les vapeurs bienfaisantes du bain turc. Il se doutait bien de quelque chose, mais il n'avait jamais pu les prendre sur le fait. Avec leur complicité, Aïcha préférait accommoder la vérité plutôt que de provoquer les foudres de son époux.

– C'est bien plus simple, soupira Mina.

Deux pies bavardes vinrent se poser sur un des peupliers et échangèrent des cris gutturaux qui résonnaient dans l'ambiance paisible de cette matinée. Cela écorcha les oreilles de Mina qui reprit sa route.

Sur son socle, Saint-Roch gardait l'entrée du village. Elle s'arrêta un moment, observa le saint, enveloppé dans les plis d'une grande pèlerine et appuyé à un bâton d'où pendait une courge en forme de calebasse. Sur son épaule gauche était imprimée la coquille des pèlerins de Saint-Jacques de Compostelle. Il soulevait le devant de son manteau pour montrer une jambe atteinte, disait la tradition, par la lèpre. Son chien ressemblait un peu à Lionne et on lui attribuait le mérite d'avoir guéri Saint-Roch en léchant ses plaies.

– C'est grâce à son compagnon à quatre pattes qu'il m'est sympathique. Et puis sa gourde ressemble un peu à celle qui est accrochée devant la tente où pose Antonin.

Sur le chemin goudronné passa une femme, un panier plein de champignons au bras. Elle fut surprise d'entendre parler à voix haute. Mina se troubla et cacha la lettre dans sa poche. La dame s'approcha et salua selon les usages. Bien sûr, elle connaissait Mina, comme tous les villageois.

La petite communauté ne comprenait pas plus de cent cinquante habitants, dont beaucoup étaient des ruraux, et la famille Polignac avait occupé, en son temps, une place importante dans la vie de la cité. Aujourd'hui la démographie galopait à Réauville, comme dans tous les villages alentour. Certains quartiers, classés en zone constructible, se peuplaient de villas aux jardins délimités par des haies.

– Vous ne cueillez pas les champignons, Madame Polignac ?

– Seulement les truffes. Je ne connais pas les autres espèces.

– Votre belle mère était une championne. Il y a beaucoup de grisets par ici et c'est la pleine saison. Avec cet automne doux, c'est un vrai plaisir de courir les bois.

– Je demanderai à Philippe de m'apprendre. Je ne connais pas encore toutes les coutumes de la campagne.

La femme se livra encore à quelques commentaires puis s'éloigna d'un pas alerte.

– Au revoir, Madame Polignac.

Mina fut choquée de s'entendre appeler ainsi. Son nom de jeune fille était Mina Aït Moudzit, et elle continuait à signer de son nom d'état civil, ignorant volontairement qu'elle était devenue Polignac.

– Mademoiselle devient madame lorsqu'elle se marie. Outre sa virginité, elle perd aussi son nom ! dit-elle à Saint-Roch. Monsieur reste monsieur qu'il soit puceau ou non, célibataire ou marié. C'est scandaleux.

Elle s'aperçut qu'elle parlait encore tout haut et rougit. Heureusement, la silhouette de la cueilleuse de champignons avait disparu dans un méandre du chemin. Mina lorgna encore un moment le saint et décida que ce serait son confident.

– Si mon père me voyait, il aurait honte de sa fille décidant de se mettre sous la protection d'un saint de la religion chrétienne !

Mohamed, en effet, priait agenouillé sur son tapis. Dans sa main, il avait une pierre noire symbolisant le tombeau de La Mecque, et il accomplissait ses dévotions en se prosternant du côté du levant. Cette pierre, polie par les usages quotidiens, restait au bord de la fenêtre, dans la chambre des invités. Mina aimait bien la caresser en cachette. Elle savait, tacitement, que cet objet était sacré. Antonin, priait-il lui aussi à la manière des musulmans dont il avait peut-être adopté les coutumes ? Il devait parler couramment le tamacheq dont font usage les Touaregs et qui n'est qu'un des dialectes de la langue berbère. Assaillis par ses questions et ses souvenirs, Mohamed et Antonin finissaient par devenir un seul et même personnage dans l'esprit de Mina. Son père, au Maroc, portait aussi une longue djellaba par-dessus le large pantalon. Lui n'était pas enturbanné.

– Voilà que je perds la tête. À force de me triturer les méninges avec ces histoires, je vais finir par prendre mes rêves pour des réalités.

Elle reprit sa route jusqu'au village paisible, au pied de son rocher où trônait la vierge.

– Décidément, la religion me poursuit.

Il n'y avait pas de bureau de poste à Réauville, seulement une boîte aux lettres nichée dans un angle de mur, sur l'unique place où siégeaient le café des Chasseurs, l'alimentation, l'école, la mairie et l'église. Mina hésita encore une fois, puis laissa tomber la lettre dont elle entendit le léger bruit sur le courrier amassé tout au fond.

– *Inch' Allah*, murmura-t-elle.

Elle contourna le bâtiment imposant de l'église, dont la flèche du clocher, lessivée de neuf, se détachait sur le ciel d'azur, et grimpa jusqu'à la maison de Paule. La température s'était rafraîchie et nul passant ne hantait les rues ventées. Les volets étaient ouverts à nouveau sur toutes les façades, colorant le gris des murailles avec les pastels des tuiles romanes. Terzika, allongé dans une flaque de soleil, se leva avec effort pour venir se frotter contre ses jambes.

Elle prit le gros chat dans ses bras et caressa le museau délicat qui émergeait d'une masse de poils soyeux. Autour du cou, le matou avait comme une collerette qui rappelait à Mina ses cours d'histoire et Henri IV avec sa fraise. La passiflore commençait à perdre ses feuilles tout en continuant à produire encore quelques fleurs magiques.

– Vous allez me servir de boîte aux lettres, Paule. J'ai contacté la grand-mère de Philippe et donné votre adresse pour une éventuelle réponse. J'ai pensé que vous n'y verriez pas d'inconvénient…

– Ainsi, vous me mettez devant le fait accompli ! dit malicieusement Paule.

Elle observa les réactions de Mina, s'amusant à remarquer la rougeur qui envahissait ses joues naturellement colorées.

– Excusez-moi.

– Je vous mène en bateau. Je suis toujours d'accord pour vous rendre service. Comment avez-vous trouvé son adresse ?

– Sur le minitel à la poste de Valréas.

Mina retrouva son sourire.

– Bien sûr, cela restera un secret entre nous.

– Je serai muette comme une tombe. Toujours votre enquête, hein ?

– Avec la bénédiction de Philippe. Il s'interroge aussi. Imaginez-vous qu'il est allé fleurir la tombe de sa mère. Il voulait revoir son portrait. Ce n'est pas son style, habituellement. Je pose tellement de questions sur les Polignac que j'ai fini par lui mettre la puce à l'oreille.

– C'est quand même étonnant que Rose soit toujours vivante. Il y a un peu plus de vingt ans que Louise est morte et, à l'enterrement, elle avait déjà presque la soixantaine.

– Je croyais que vous n'aviez pas assisté aux funérailles ! s'exclama Mina.

Paule se troubla quelques instants.

– Il n'est pas nécessaire d'assister à un événement pour avoir des informations. J'ai lu les coupures de presse et parlé avec Jules. J'étais allée le réconforter à mon retour d'Afrique.

Mina restait sceptique. À son tour, elle étudiait le visage de Paule. Dans le salon, un bouquet de tournesols illuminait de ses derniers feux les boiseries foncées. La lumière, étouffée par les lourds rideaux, ne parvenait pas à repousser les ombres. L'horloge sonna dix coups. Mina se leva.

– Ne mettez pas ma parole en doute. Je ne sais pas mentir, dit Paule.

– Je suis désolée. Je me méfie de tout.

– Venez. Je vais vous donner quelques fleurs.

Mina la suivit jusqu'au cabanon où elle prit un sécateur. Le jardin gardait encore quelques espèces d'été : des reines-marguerites qui mêlaient grenat et violet, des dahlias, des touffes de soucis et des anémones du Japon blotties contre un bloc de pierre et dont les corolles roses illuminaient le gris du calcaire. Sur le chevalet, inachevé, un paysage d'automne séchait, avec une borie esquissée au premier plan et une silhouette de dos s'éloignant dans un sentier.

– J'adore ces couleurs de feu, dit Paule. Les jaunes et les oranges me rappellent toujours les sâdhus qui se promènent sur les bords du Gange et sur les routes d'Inde.

– Qu'est ce que c'est un sâdhu ?

– Un moine renonçant de l'hindouisme. Comme les ermites de la chrétienté, les sâdhus font vœu de chasteté et de pauvreté. Certains vivent entièrement nus, la barbe au vent.

– J'ignorais ces mœurs.

– D'autres sont toujours vêtus de tuniques orangées. Lorsque je vois les soucis ou les tournesols, invariablement, je pense à eux. Je ne peux pas oublier les camions artistiques du Kérala, l'Océan Indien avec ses gros rouleaux traîtres, les banians dont les lianes retombent jusqu'au sol et sous lesquels Bouddha a eu l'illumination, dit la légende. Je me souviens comme si j'y étais des carrelets chinois d'Allepey, des backs waters du Tamil Nadu entre terre et eau, du Taj Mahal de marbre blanc à Agra, de Khajuraho et de ses temples. Varanasi dite aussi Bénarès avec ses gaths bordant le Gange où sont jetés les bébés, les lépreux, les gens mordus par un serpent ou les intouchables qui n'ont pas droit à l'incinération. Et les rickshaws musicaux circulant dans la ville mal éclairée. Je n'ai qu'à fermer les yeux pour les entendre à nouveau.

Paule était intarissable sur ce sujet. Elle s'illuminait en évoquant ses souvenirs.

– Ce peuple a de drôles de coutumes.

– Je me souviens du thé tchaï, des caféiers, des hévéas, des manguiers, des éléphants, des belles Hindoues avec leurs saris colorés, du riz déposé sur les routes pour que les voitures servent de broyeurs…

– Si vous avez des photos, j'aimerais les voir.

– Je ne veux pas fouiller dans mes archives personnelles. J'y ai trop de souvenirs douloureux. Mais nous avons plusieurs ouvrages à la bibliothèque sur l'Inde. Vous pourriez vous documenter. Cela vous changerait de l'Afrique.

Etait-ce un conseil que Paule essayait de prodiguer ou une timide mise en garde ? Mina fut irritée par le sous-entendu. Elle avait une fâcheuse tendance à interpréter le moindre mot touchant à l'histoire qui la taraudait. Et comme par hasard, elle entendait partout des rappels.

– Vous pourriez organiser une exposition avec vos toiles, dit-elle pour créer une diversion.

– Autrefois, lorsque Jean était là, il me forçait à montrer mes créations une fois par an. J'ai continué à peindre en solitaire, accumulant des croûtes qui n'ont pas grand intérêt. Je m'évade, avec ma palette et mes pinceaux, c'est bien le seul avantage.

Cet aveu prononcé d'un air nostalgique eut pour effet de mettre un masque de tristesse sur le visage de Paule.

– Je ne voulais pas vous rappeler de mauvais souvenirs, dit Mina, touchée par le désespoir de son amie.

– Vous n'êtes pas responsable. Jean est un fantôme qui ne cesse de me hanter. Je ne supporte pas son absence. Et puis, il faut être jeune pour organiser des vernissages et accueillir le public.

Elle tendit à Mina le gros bouquet.

– Vous n'êtes pas vieille, Paule. J'aimerais voir tous vos tableaux. Je ne connais de vous que les quelques toiles accrochées au salon.

– Ce sera difficile. J'en ai dans toute la maison. J'ai même dû en oublier certains à la cave ou au grenier... J'ai retrouvé l'autre jour par hasard un portrait de mon père entreposé sous une pile de vieilles revues.

– Nous ferons l'inventaire ensemble.

Paule retrouva son sourire.

– Votre enthousiasme m'amuse. C'est une preuve de jeunesse. Mais, vous savez, je n'ai aucun talent.

– J'en jugerai par moi-même. Je suis fascinée par les peintres, moi qui suis incapable de dessiner correctement.

Paule n'avait pas donné son consentement lorsque Mina prit le départ. Arrivée au lavoir, saisie d'une subite impulsion, elle bifurqua vers une ruelle qui menait au cimetière.

– Jules aimera ces fleurs.

Amplifié par l'ombre des cèdres qui semblait boire les bruits et la lumière, le silence était pesant. Le portail entrouvert intimida Mina. Entre les allées sablonneuses, les tombes de pierre grise montraient leurs stèles gravées de noms et de dates parfois rongés et pâlis par le temps. Celle de Louise et de Jules se trouvait contre le mur nord. Délimitée par une grille en fer forgé ornée de piques et encastrée entre deux autres tombes, elle possédait à son extrémité une pierre indiquant les prénoms des deux disparus. En médaillon, il y avait une reproduction du visage de Louise avec son chignon sur la nuque et son air grave. Mina jeta les fleurs fanées, nettoya le vase et disposa son bouquet dans un angle.

– La promiscuité avec tous ces morts doit vous gêner, Jules. Heureusement, vous avez des chênes pas loin d'ici. Il vous suffit de tourner la tête pour les apercevoir.

Mina sentait le soleil chauffer ses bras encore dénudés. Elle se baissa contre la grille qui la séparait du dernier exil de Jules.

– Votre vraie demeure pour l'éternité est là-bas, sous le grand arbre. Un jour, peut-être, je pourrai y planter quelques fleurs. Nous irons alors nous y recueillir, Philippe et moi. Lorsque je saurai la vérité.

Impressionnée par le silence, elle murmurait en se penchant entre les barreaux de fer.

– Et vous, Louise ? Vous restez muette et figée dans vos secrets. Pourtant, je finirai bien par savoir.

Hébétée, Mina continuait à fixer la terre où poussaient des santolines au feuillage ciselé, taillées en forme de boule et qui exhalaient une odeur de pharmacie ou de droguerie. Onze heures sonnèrent au clocher de Réauville. Le son cristallin tira Mina de sa rêverie.

– À bientôt, dit-elle en reprenant sa route.

13

Le mistral froid avait balayé la cour, poussant les feuilles de tilleul qui tourbillonnaient dans des amoncellements, semblables à des andains ou des toupies. Mina attendait la fin de la tempête pour ramasser ces moissons d'hiver et les brûler dans un recoin de la cour. Le vent du nord avait saccagé les dernières roses trémières, malmené les tiges des rosiers, s'escrimant à tout torturer sur son passage.

– Par cette belle journée, raccourcis les espèces annuelles, rentre les dernières tomates que tu laisseras mûrir dans la maison, conseilla Philippe. Il va bientôt geler.

– Je vais écouter tes conseils.

– Je commence la taille à la Grenoble. Je serai là à la tombée de la nuit.

Il embrassa sa femme tendrement.

Seule, Mina se précipita vers le sécateur et la brouette, coupa, ratissa et prit le temps de s'attarder à son feu qui flambait. Elle adorait les jeux du vent qui entraînaient la fumée dans des danses aériennes et elle s'amusait à éviter les morsures des fumerolles. Elle s'aperçut que Lionne ne l'avait pas suivie. La chienne s'arrondissait de plus en plus et depuis quelques jours elle rechignait à prendre de l'exercice. Mina se moqua d'elle.

– Tu es un peu berbère, comme moi. Alors pense aux femmes de mon pays qui ne se plaignent jamais, accouchent seules à la maison et continuent leurs corvées malgré tout.

Lionne redressa ses oreilles, pencha la tête pour montrer sa compréhension, mais retourna se coucher sur sa carpette. Mina refusa de s'apitoyer.

Les journées avaient raccourci. Déjà à cinq heures le crépuscule se préparait. Mina appela Lionne qui ne répondit pas.

– Bizarre.

Elle alla jusqu'à l'atelier, où, dans une grande corbeille, était installée la couche de Lionne. Allongée, elle gémissait doucement, semblant retenir sa douleur afin de complaire à Mina à qui elle jeta un regard implorant.

– Je devrais peut-être prévenir Paule... S'il y a une complication, elle seule peut intervenir.

Elle caressa la tête hirsute, palpa le ventre qui se tendait et se détendait en longs spasmes.

– Le travail est commencé, pas de doute. Et je suis seule.

Mina était désemparée.

– J'ai deux ou trois bricoles à terminer. Ensuite, je reviens à ton chevet.

Elle avait des picotements dans la gorge et les yeux brûlants. Elle quitta l'atelier sur la pointe des pieds. Elle se comportait comme si Lionne était une femme en couches.

– Je suis ridicule ! Tout va bien se passer.

Elle s'efforça de rassembler les brindilles incandescentes en un tas, rangea ses outils de jardinière et donna quelques poignées de luzerne aux deux lapines.

– Je ne fais pas autant d'histoires lorsque vous accouchez ! dit-elle aux deux mères indifférentes.

Elle essaya de gagner du temps, s'occupant à changer l'eau des abreuvoirs, à vérifier les fermetures des cages et à balayer les débris de luzerne sur le sol dallé de ciment. Comme par un fait exprès, Philippe tardait à rentrer. Au moindre de ses retards, Mina craignait l'accident. Les sécateurs électriques utilisés pour la taille de la vigne étaient dangereux, tout comme les produits de sulfatage et les tracteurs sur les pentes raides. Elle avait toujours en mémoire la mésaventure de Jules avec la tronçonneuse. La nuit était installée maintenant. Le mistral se déchaînait, comme souvent à la naissance des étoiles.

– C'est la pleine lune qui a favorisé l'accouchement. Exactement comme disait Jules.

En marchant sur la pointe des pieds et en tendant l'oreille, Mina revint lentement vers l'atelier. Redoublant de vigueur, le vent du nord l'empêchait d'entendre quoi que ce fût. Elle poussa le battant qui s'ouvrait dans le portail cintré et s'approcha doucement. Enfin, elle surprit un couinement et les coups de langue de Lionne qui toilettait son premier chiot. Elle repoussa délicatement la patte avant de la chienne, jusqu'à apercevoir un corps noirâtre et gluant.

– Il ressemble à son père ! Il est tout noir.

Ayant oublié ses angoisses, Mina s'apprêtait à critiquer et se retint de justesse.

– Cette lumière est trop forte.

Elle prit une lampe électrique, s'installa en tailleur dans la pénombre, décidée à veiller jusqu'à la fin des opérations. De nouvelles contractions arrivaient, balayant comme une houle le ventre bosselé, tandis que le premier né tétait déjà sa mère, indifférent à sa douleur.

– Mina où es-tu ? cria Philippe en arrivant.

Elle ne répondit pas. Il repoussait les portes avec détermination et elle l'entendit quitter ses chaussures poussiéreuses et ranger ses clefs de voiture tout en s'interrogeant à haute voix sur l'absence de sa femme.

– Je l'attends depuis assez longtemps. Pour le punir, on va le laisser chercher un peu, dit-elle à Lionne qui mettait au monde son second rejeton.

Du bas de l'escalier, Philippe vérifia l'absence de lumière à l'étage, passa par la chambre de Jules plongée dans l'obscurité et ouvrit enfin la porte de l'atelier.

– Tu pourrais répondre !

D'un geste, Mina lui intima de se taire.

– C'est une veillée funèbre ?

– Idiot. Lionne accouche. Je t'attends depuis au moins une heure.

– Je ne peux rien de plus pour elle. Imagine-toi que j'ai vu les sangliers. Une mère et quatre marcassins pas effarouchés. J'ai essayé de les suivre… Voilà pourquoi je suis en retard.

Il s'était agenouillé près de Mina.

– Ne parle pas trop fort.

– Ils étaient dans tes truffiers, ces saletés de cochons !

Le ventre de Lionne s'apaisa et elle mit à profit cette accalmie pour lécher son second chiot. Impressionné, Philippe se taisait.

– Celui-ci ressemble aussi à Clinton !

– Il est trop tôt pour le dire. À l'accouchement, ils sont tous foncés. Dans quelques jours, ils auront leurs couleurs définitives. C'est comme les bébés. À leur naissance, ils sont rouges, fripés, plutôt laids.

De ses yeux fiévreux, Lionne dévisagea à tour de rôle Mina et Philippe. Accrochés à ses mamelles, guère plus gros que des lapereaux, les deux petiots tétaient. De leurs pattes frêles, ils pressaient pour que jaillisse le lait. De nouvelles contractions arrivèrent à nouveau. Lionne gémit puis réagit bravement.

– Je voudrais connaître leurs sexes.

– Il ne faut pas les toucher tout de suite. Ton odeur risque de perturber les opérations.

– Comment sais-tu tout cela ?

– J'en ai toujours entendu parler. Jules avait un troupeau autrefois et des chiens de berger. Tu devrais allumer la lumière.

– J'ai peur que ça dérange Lionne.

– Penses-tu !

Mina appuya sur l'interrupteur. L'un près de l'autre, ils assistèrent à deux autres naissances.

– J'ai faim, dit Philippe. Notre présence ici n'est pas indispensable.

Mina quitta à regret l'atelier et servit la soupe. Elle se taisait et continuait à savourer les instants précieux qu'elle venait de vivre.

– Je vais lui préparer une bonne pâtée. Elle a dépensé beaucoup d'énergie notre Lionne.

– Je sais que tu vas crier au secours, mais il ne faudrait pas garder toute la nichée. Ta chienne risque de s'épuiser à allaiter une nombreuse marmaille.

– Comment peux-tu dire une chose pareille.

– Georges m'approuverait ainsi que tous les trufficulteurs qui ont de l'expérience.

– Comment vas-tu procéder ?

– Tout simplement sélectionner les plus beaux et tuer les autres.

Mina frémit.

– C'est complètement barbare !

– Je m'en occuperai moi-même. Je te conseille d'en conserver quatre. C'est largement suffisant pour une première portée.

– Je suis incapable de choisir ! Ils se ressemblent tous.

– C'est bien beau la nature. Seulement, il faut réguler les espèces tant animales que végétales. Si je n'entretenais pas mes terres, ce serait la forêt vierge ! C'est aussi simple que ça.

Philippe prit un morceau de fromage.

– Ces histoires me coupent l'appétit.

– Je reconnais bien là ton côté citadin. Au fait, as-tu trouvé le fusil de Jules ?

– Seulement la cartouchière. J'ai pourtant fouillé le grenier de fond en comble. Un gros objet comme ça n'aurait pas pu m'échapper. Je suis certaine qu'il n'est pas ici.

– Il a dû le confier à un de ses amis après le décès de ma mère.

– J'en parlerai à Georges. La coutume veut que le propriétaire du mâle reçoive en offrande un petit de la portée. Pour lui, je préférerais une femelle.

Tout en parlant, Mina s'activait à débarrasser la table. Elle était obsédée par Lionne et avait du mal à se concentrer sur le sens des paroles de Philippe. Elle chassa la dernière miette d'un geste nerveux et s'en fut vers l'atelier.

– Viens vite ! cria-t-elle. Il y en a six et deux complètement différents.

Avec des robes tachetées, des tailles légèrement inférieures à leurs frères et sœurs, les derniers nés ressemblaient à leur mère. Mina mourait d'envie de les toucher.

– Les deux colorés doivent être des femelles, dit Philippe. Nous reviendrons dans une heure. Laisse Lionne se reposer.

La chienne avait fini la toilette de sa nombreuse famille. Allongée, elle poussa deux longs bâillements en offrant son ventre tiède aux affamés.

– Viens manger, ma belle.

Elle restait sans réaction.

– C'est normal, dit Philippe. La délivrance n'est pas tout à fait finie.

Il entraîna Mina, inquiète, jusqu'à la chambre de Jules. Elle épiait les menus bruits qui lui arrivaient de sa truffière. Il l'installa dans un fauteuil.

– Je t'interdis de bouger d'ici.

Pendant qu'il préparait une tisane, elle essaya de se calmer et tenta de lire. Les paroles de son mari, à propos de la suppression des chiots, avaient progressé dans son esprit.

Ce qui lui avait paru une aberration prenait maintenant des allures de vérité. Connaissant son ignorance en la matière, elle décida de s'en remettre à Philippe. Quittant le siège confortable, elle s'installa à même le tapis, repliant ses longues jambes en tailleur. Cette position avait l'art de l'apaiser. D'ordinaire, elle attendait la parfaite solitude pour l'adopter, jugeant cette posture intimiste et presque indécente. Elle retrouvait ainsi sa culture, son enfance, sa famille, ses chers paysages. Le Maroc lui manquait terriblement, mais elle refusait de le reconnaître. Son corps, lui, savait instinctivement la ramener vers son pays par des voies détournées. Philippe entrevoyait vaguement la nostalgie de Mina à travers ses poses ou ses manies culinaires. Il retenait ses réflexions.

Il servit la tisane sur un plateau de cuivre, ajouta une cuillerée de miel dans chaque tasse. La nervosité de Mina avait disparu. Le lien entre sa position sur le tapis et son calme retrouvé lui parut évident.

– Tu as choisi des noms de baptême ?

– Pas encore. Mais j'aimerais des prénoms de chez moi pour la femelle que je veux garder.

– Il me semble me souvenir que ma mère avait prénommé sa truffière Finette.

– Ce nom-là, je l'ai déjà entendu. Les gens n'ont pas beaucoup d'imagination en la matière. C'est en général une qualité ou un défaut qui déterminent l'appellation. Finette devait avoir les traits fins, si on peut parler de traits pour un animal.

– Agis à ton idée.

À la dérobée, Mina surveillait l'heure. Ses préoccupations revenaient.

– En observant la chienne, je trouverai le nom qui lui correspond, j'en suis sûre.

Philippe buvait sa verveine doucement. Dehors, le mistral soufflait en battant les murailles. Son bruit rappelait le déchaînement de la mer. Mina se souvint de Marseille où sa famille avait séjourné quelques mois en débarquant en terre française. C'est là qu'elle avait appris à parler, adoptant l'accent du pays, les tournures de phrases occitanes, les habitudes culinaires et culturelles. Lorsqu'elle était arrivée à Paris, les gens s'étaient moqués d'elle, la Marocaine méridionale. Elle en gardait un souvenir cuisant. Elle n'aimait pas les gens du nord avec leur parler pointu et leur esprit de supériorité. C'était une fille du sud et de la campagne.

– À quoi penses-tu ?

– J'étais en train de me dire que je suis heureuse à Champlong. Pour rien au monde je ne retournerais dans la capitale. À Paris, les gens sont imbus de leur personne. Ils se croient les maîtres du monde et affichent un mépris pour les populations du sud et leur accent. Ils se moquent de leur manie des jeux de boules et du pastis. En revanche, ils adorent notre soleil provençal.

– En voilà une bonne nouvelle ! J'ai parfois l'impression que tu restes une déracinée.

– Je te dirai ça en revenant du Maroc. Tu sais, j'ai oublié beaucoup de choses de mon pays. Je ne sais pas si je sais encore parler le berbère...

Philippe sentit la nostalgie de Mina s'aviver comme chaque fois qu'ils abordaient ce sujet. Habilement, il dévia la conversation.

– Si nous retournions en salle d'accouchement ?

Perdue dans ses rêveries, Mina avait oublié Lionne. Elle se redressa prestement, comme prise en faute. Lionne se reposait tandis que les six petits bénéficiaient de sa chaleur et de son lait. Elle protesta lorsque Philippe s'empara d'un chiot pour l'examiner.

– C'est un mâle.

Lionne gémissait et essayait de se lever pour le récupérer. Mais toute la portée accrochée à ses mamelles entravait ses mouvements.

– Dépêche-toi, supplia Mina.

Il observa attentivement les trois autres chiots noirs.

– C'est bien ce que je pensais. Tous des mecs.

Il les reposa contre le ventre de leur mère et s'empara des derniers de la nichée, plus colorés et plus minces. D'une main délicate, il entrouvrit les pattes arrière et avec un sourire malicieux les tendit à Mina désemparée.

– Voici tes rabassières. Une pour toi, une pour Georges.

Mina tenait les deux minuscules corps tièdes dans ses mains maladroites. Elle les embrassa et les rendit à Lionne qui gémissait d'inquiétude.

– Tiens, ma belle, je te rends ton bien.

Mina tremblait autant d'émotion que de compassion. Elle admirait le tableau, redoutant le geste fatal de son mari.

– Tu vas cesser de douter de moi, dit Philippe, et m'attendre sagement dans notre chambre. Demain, tu les baptiseras et tu auras loisir de les voir grandir.

Elle caressa la tête de Lionne, la félicita une nouvelle fois et se retira sur la pointe des pieds. Là-haut, incapable d'apaiser son angoisse, elle essaya de percer l'obscurité trouée de quelques reflets de lune et peuplée seulement par la tempête du mistral. Du château de Grignan et de la tour de Chamaret lui parvenait une lumière comme tamisée par les rafales. Elle essayait d'imaginer comment Philippe allait procéder.

– Peu importe. Il sait comment s'y prendre.

Elle se mit au lit et attendit son retour, réfrénant son envie d'aller le retrouver.

– Après tout c'est de Lionne qu'il s'agit. Je devrais être présente.

Incapable de joindre l'acte à la réflexion, elle resta couchée en tendant l'oreille. Sous la couette, bien au chaud, elle lut quelques pages, essayant en vain de se concentrer sur le contenu du livre. Elle avait en tête des images de violence, d'enfance maltraitée, de sang et de souffrance.

Enfin, Philippe revint, discrètement, contrairement à son habitude.

– Tu ne dors pas ?

– En guise de solidarité, je t'ai attendu.

– Alors, chauffe ma place. J'arrive.

Il disparut dans la salle de bains et après des ablutions rapides, en pestant contre le froid, il vint se coller à Mina, bousculant sans merci la couette et provoquant des frissons glacés sur la peau de sa compagne.

– Ne bouge plus.

Il obéit. Leurs membres enlacés se réchauffaient lentement.

– Ta rabassière, tu devrais l'appeler Gari.

– Qu'est-ce que ça veut dire ?

– En occitan, c'est le rat ! Elle en a le museau pointu et le sale caractère !

– C'est pas bien sympathique ta description.

– Tu verras demain. Je suis sûr que tu seras d'accord avec moi.

– Comment les as-tu… ?

Il embrassa Mina d'abord doucement puis avec fougue, fouillant sa bouche, cherchant son cou et la recouvrant de son corps musclé. Elle refoula ses questions. Le message était clair : pas un mot sur la scène qui venait de se dérouler. Philippe pesait contre son ventre, sans délicatesse. Il attrapa ses poignets dans ses pognes robustes.

– Il est des domaines qui me sont réservés, murmura-t-il.

Il avait besoin d'oublier le moment passé. C'était un être sensible désireux de jouer à l'homme fort. Malgré elle, Mina eut une pensée pour Jules Polignac, favori de ce genre de comportement, champion dans l'art d'adoucir les choses graves. Philippe redevint alors tendre et aimant. Mina se plia à tous ses caprices et une sorte de joute amoureuse s'engagea. Le moment n'était plus aux questionnements mais à l'élaboration d'une lente montée du plaisir des sens.

14

Mina étrenna le téléphone en appelant Georges. Elle lui annonça qu'elle avait un cadeau pour lui et l'engagea à passer à la ferme. Depuis que Jules n'était plus là, il fallait toujours le prier pour qu'il vînt à Champlong.

– Cela me ferait vraiment plaisir, insista Mina. Venez avec Léonore. Il y a longtemps que je ne l'ai pas vue.

– Ma femme est très fatiguée. Une sorte d'angine de poitrine lui serre le cœur depuis une bonne semaine. Et la saison des truffes démarre.

– J'ai besoin de votre visite, dit Mina avec autorité. Il s'agit de rabasses.

Le mot fatal prononcé, Georges avait donné son accord pour une visite le lendemain.

– Encore une chose. J'aurais besoin d'une melano. Je sais qu'elles ne sont pas encore bien mûres, mais, c'est sans importance. Je vous la rendrai dès que possible.

Elle entendit rire le courtier.

– Je vous l'offrirai demain, Mina.

Elle l'avait remercié avant de raccrocher l'appareil qu'elle avait installé dans une niche, dans le hall central qui desservait à la fois la cuisine et la chambre de Jules.

Ainsi, sa sonnerie était audible partout. Sur un carnet répertoire, elle avait dressé une liste de fournisseurs à l'attention de Philippe. Elle avait ajouté les numéros des courtiers, ceux de ses frères et de quelques amis oubliés depuis qu'elle vivait dans la ferme du bout du monde. Dans une salle des ventes, elle avait dégoté une lampe de chevet qui éclairait parfaitement ce coin de communication.

– Une petite victoire, dit Mina, que je n'aurais jamais obtenue du vivant de Jules. Tout n'est pas perdu.

Le froid était piquant et les premiers marchés aux truffes à Richerenches démarraient. Les cours, cette année, promettaient d'être à la hausse car la récolte s'annonçait maigre dans les régions où la pluie avait manqué en août. Mina se souvenait du fameux orage de l'été, le jour où Mascotte était morte, et voyait là un bon signe. Afin de ménager Lionne absorbée par sa maternité, elle avait reculé ses cueillettes.

– De toute façon, les rabasses ne sont pas encore à point.

La chienne s'était assagie maintenant qu'elle avait des responsabilités. Elle ne rentrait plus dans la maison et restait fidèlement à son poste près de ses quatre petits. Mina passait des heures en sa compagnie, observant les chiots qui commençaient à s'éloigner de leur mère en trottinant. Folle d'inquiétude, Lionne les rappelait à l'ordre d'un coup de patte ou d'un gémissement. Les deux mâles, noirs et intrépides, n'hésitaient pas à désobéir. Philippe les surnommait Cavale car ils agissaient suivant leur intuition. Ils exploraient leur territoire et ne retrouvaient Lionne que pour les besoins de leur estomac et leurs longues siestes.

– Les Cavale ont intérêt à tomber sur un patron à poigne. Sinon, ils chasseront le lapin et pas la truffe, se moquait Philippe qui passait les voir à chacune de ses arrivées.

– Tu peux compter sur l'autorité des trufficulteurs pour les dresser en bonne et due forme.

Mina le surprenait à jouer avec eux.

– Essaie de ne pas trop t'y attacher, répétait-il tous les jours. La maison risque d'être bien vide le jour où ces deux lascars vont nous quitter.

– Ce sera toi le plus malheureux.

Il avouait alors qu'il adorait les Cavale. Il leur avait donné à chacun un numéro : le premier avait une tache blanche sous le poitrail et le second un ergot supplémentaire aux pattes arrière.

– Cavale numéro deux sera un excellent rabassier.

– Pourquoi ?

– Son ergot est un signe infaillible. Jules le disait toujours. Les chiens de berger sont sélectionnés sur ce critère. En revanche, chez le chien de chasse, l'éperon indique qu'il y a eu croisement. En ce qui concerne Cavale numéro deux, je vois là un bon présage.

– J'ai jamais entendu parler de ça. J'interrogerai Georges. Il doit venir demain.

– J'aimerais qu'en début d'après-midi tu commences à ramasser les sarments dans les vignes de la Grenoble.

– D'accord. Nous pourrions aussi observer les sangliers à la tombée de la nuit. Toute seule j'ai un peu peur.

– Tu n'auras qu'à m'appeler discrètement. Maintenant, je file.

– Je te rejoins à pied dans une heure environ. Pour le retour, tu me serviras de taxi.

Elle fit un brin de ménage et se couvrit chaudement. Elle craignait terriblement le froid. Lionne dormait, tous ses enfants rassemblés contre ses mamelles tièdes. Dans l'atelier, Mina prit son piolet, suspendu à un crochet près de la musette. La chienne dressa la tête, intriguée par ses préparatifs.

– Reste couchée, ma belle. Je veux simplement reconnaître quelques emplacements. J'ai cru remarquer quelques signes sur le serre.

Lionne gémissait, hésitant entre sa famille et Mina. Elle tenta de se lever, mais aussitôt les petits, mécontents, se plaignirent. Elle reprit sa position initiale, sans perdre un des gestes de Mina.

– Je te raconterai au retour.

Elle ferma soigneusement la porte. Le comportement de Lionne indiquait qu'elle était prête à retourner aux truffes.

– Dans quelques jours, je l'emmènerai pour une courte séance.

Dès le sommet de la côte, telles des lames affûtées, les rafales de mistral mordirent ses joues. En toute saison, il y avait à cet endroit une espèce de couloir glacial. Elle accéléra le pas. La silhouette du grand chêne de Jules dépassait nettement ses compagnons plus rabougris. Protégées par une ceinture d'arbres faisant rempart aux assauts du vent, ses racines plongeaient dans une terre riche et bonne nourricière. Mina souleva quelques branches dont ne restait que le squelette de bois mort. Elle eut une pensée pour Jules devant la grosse lauze insolite.

– J'ai tout intérêt à ne pas emmener Georges par ici. Cette pierre alerterait ses sens infaillibles.

Malgré le froid vif, l'air sentait une bonne odeur d'humus. Elle se pencha pour prendre un caillou aux allures peu conventionnelles, dont les veinures rosâtres et la gangue verte l'intriguèrent. Elle mit la pierre, pas plus grosse qu'un œuf dans la poche de son anorak.

– On dirait un morceau de jambon.

Elle allait se remettre en chemin lorsqu'elle remarqua un renflement anormal à quelques mètres de la dalle aux lettres. De la pointe de ses tennis, elle écarta les feuilles mortes et se mit à observer la protubérance. La terre était fendue en forme de croix. Mina mit son nez sur la fente.

– Ça sent la truffe.

Elle fouilla les entrailles noires.

– Dommage que Lionne ne soit pas là.

Puis, à coups de piolet délicat, elle entreprit de creuser à bonne distance de la marque. Elle effleura la peau d'une grosse truffe, presque à fleur de terre, et cessa net son geste.

– Elle n'est pas mûre. Ce serait sacrilège de la cueillir.

Elle reboucha le trou rapidement, ramenant la terre d'un geste sûr autour de l'énorme rabasse.

– Ni vu, ni connu. Je reviendrai en temps opportun. À moins que les cochons ne passent avant moi.

Elle cassa quelques brindilles de chêne vert et masqua la cicatrice fraîche, sans illusion sur la pauvre protection. Reprenant sa route, à travers le chemin de sable bordé de cades, de pistachiers térébinthes et de quelques kermès, elle parvint à la tombe de Mascotte. Des quelques bulbes d'iris qu'elle avait plantés à la fin de l'été ne restaient que de pauvres tiges à demi desséchées. Paule avait expliqué qu'ils démarreraient au printemps pour fleurir l'année suivante. Mina avait délimité son carré de fleurs par des piquets. Rien n'avait bougé.

– Sais-tu, Mascotte, que je viens de découvrir une chose dont Jules pâlirait de jalousie : une énorme truffe de marque. Sa peau était encore rouge. Je l'ai laissé parvenir à maturité. J'espère que je n'ai rien abîmé.

Le soleil avait déjà franchi depuis longtemps son apogée de midi. Mina ne portait jamais de montre.

– Je crois bien que je suis en retard. Heureusement, mon patron n'est pas trop à cheval sur les horaires.

Elle descendit vers la cuvette de la Grenoble, abandonnant le vacarme du vent sur la colline. De Philippe, penché sur les ceps, elle ne vit que la tache rouge de son blouson fourré et commença son travail.

– Je vais mettre les bouchées doubles.

Elle ramassait des brassées de sarments et les entassait un peu plus loin, sur un emplacement où aucune culture ne voulait pousser. La terre argileuse portait des espèces peu courantes comme les prêles, et même les chênes ou les genêts, pourtant peu exigeants, désertaient cet endroit. Dans quelques mois, le tas serait brûlé. Philippe entretenait le vignoble de la Grenoble par des soins traditionnels, contrairement à ses autres parcelles. Il ne tolérait que le sécateur électrique et refusait machine à vendanger et broyeur à sarments.

– Cette terre, c'est un peu son cimetière familial. Une manière de rendre hommage à Alphonse, le planteur, et à Jules, le maître de chais, qui élaborait sa cuvée personnelle tous les automnes.

Mine de rien, Mina avait livré ses observations à Philippe.

– Où vas-tu chercher ces explications ? Cette vieille vigne a besoin d'être entretenue manuellement. De plus, le terrain est trop pentu pour permettre le passage de gros engins.

Il était sincère, refoulant des rites familiaux dont il continuait pourtant à exercer le culte. Philippe était la continuité des Polignac, travaillant comme père et grand-père lui avaient appris, avec une grande conscience professionnelle et sans ménager sa peine. Malgré l'absence de liens de sang entre Jules et lui, l'éducation reçue lui tenait lieu d'héritage.

– À part son allergie à la truffe, il a tout assimilé des enseignements coutumiers, remarqua une nouvelle fois Mina qui exécutait des allées et venues entre les rangées de vigne. La rabasse, c'est mon domaine. Le legs de Jules.

Elle se réchauffa vite et entrouvrit la fermeture éclair de son anorak. Elle aimait beaucoup cette cuvette protégée. La ferme de pierres grises, sous les chênes centenaires, l'attirait comme un aimant et à chacun de ses passages, elle s'arrêtait au pied des murailles, tentant d'interroger ces murs qui avaient assisté à la naissance de Jules. Elle se demandait si Alphonse n'aurait pas pu oublier là quelques archives. C'était peu vraisemblable, et d'ailleurs les propriétaires actuels avaient dû jeter les oripeaux du passé au feu, comme toutes les vieilleries inhérentes à une vie ordinaire.

– Si Alphonse s'était appelé Victor Hugo ou Emile Zola, j'aurais eu des chances de découvrir quelques vestiges.

En face, sur la falaise de calcaire blanc, le village de Chantemerle dominait une plaine où poussaient vignes, céréales, colzas et tournesols aux grandes fleurs jaunes qui marquaient chaque année le début de l'été. Mina se souvint que Jules les nommait tourne soleil, à cause de leur habitude de toujours incliner leur face vers le soleil.

– Une bien jolie appellation. Digne d'un poète.

Plongée dans ses réflexions, Mina travaillait machinalement. Son esprit vagabond reprit pied dans la réalité lorsqu'elle vit des traces de sangliers. Ils s'étaient aventurés là, sans doute cherchant à grappiller quelques raisins trop minuscules pour être cueillis en septembre, et qui se recroquevillaient maintenant sous l'effet du gel.

– La taille les fera fuir vers d'autres territoires.

Le soleil effleurait maintenant la ligne d'horizon. La température redescendait vers le zéro. Brossées par le mistral, et éclairées par le couchant, les collines voisines se dessinaient avec netteté. Au bout d'une rangée, Philippe se déplia, posa son sécateur et héla Mina.

– Je finis ces quelques pieds, cria-t-elle.

Elle accéléra la cadence, charriant deux brassées dans des temps record. Elle avait comme principe d'aller au bout des choses, ignorant la fatigue et refusant de céder au découragement. Ces notions lui avaient été inculquées par Jules et elle les appliquait dans tous les domaines de sa vie. Ainsi, elle ne quittait pas la cuisine, le soir, sans avoir rangé la vaisselle ou ne laissait jamais le linge passer la nuit dehors.

– Un vrai soldat ! se moqua Philippe qui avait remisé son matériel dans la voiture.

– Je ne supporte pas de m'arrêter en plein milieu.

– On va se poster sur le talus. Là-bas, on pourra observer la situation discrètement.

À plat ventre dans les hautes herbes sèches, ils attendirent l'arrivée des sangliers.

– Le vent risque de porter notre odeur. Ils ont le nez fin. Surtout, ne bouge pas.

Le soleil se couchait, dessinant de longues traînées de sang dans le ciel nettoyé par le mistral. L'air était de cristal. Mina se colla contre Philippe.

– J'ai froid.

– Quel drôle de chasseur !

– J'ai pas l'habitude.

Elle glissa ses mains sous le blouson de Philippe. La lune pleine, balayant le paysage de reflets blafards arriva peu après. Les ombres fantasmagoriques des arbres échevelés, et les silhouettes noueuses des ceps taillés apeuraient Mina. Philippe tendait l'oreille, tout en retenant sa respiration. Dans l'immobilité complète, elle entendait les pulsations de son propre cœur et les gargouillis de l'estomac de son mari. D'un geste fataliste, il s'excusa. Le froid gagnait maintenant les pieds de Mina.

Elle se souvint des matins glacials de l'Atlas, lorsqu'elle attendait, avec sa mère, le gros camion Berliet qui faisait office de transport en commun pour acheminer vivres, animaux et voyageurs jusqu'au marché. Elle avait parfois le privilège de monter dans la cabine, mais, souvent, elle était logée à la même enseigne que les adultes vêtus de longs manteaux à capuchon et tassés sur la plate-forme avec les poules aux pattes liées, les chevreaux, les lattes de bois, les jerricans et les couvertures. De ce poste élevé, elle dominait un paysage grandiose : ravins aux profondeurs vertigineuses, cades aux troncs couturés de balafres, falaises brunes arrondies, taches colorées des vêtements féminins se rendant aux champs. Le camion croisait parfois un autre véhicule ou une charrette, sur la voie étroite, et tous les passagers retenaient leur souffle en apercevant les précipices encore noyés de filaments de nuit. Les enfants tassés contre leurs mères, essayaient de récupérer un peu de chaleur au-dessus du vacarme du moteur.

Hafida entraînait ensuite Mina, par les ruelles étroites, jusqu'au marché où elle s'approvisionnait de thé, de pains de sucre, d'épices, de couscous et parfois de quelques oranges qui venaient de Beni Mellal distante d'Imilchil d'un peu plus de cent cinquante kilomètres. La pauvre femme apportait ses théières percées au rétameur qui tenait boutique dans une impasse et recevait ses clients par une étroite ouverture d'où l'on apercevait, dans la pénombre, la masse informe des bouilloires, casseroles, plats à couscous et bouillottes en attente de réparation. Elle achetait parfois un coupon de tissu, d'où elle tirerait, dans les mois à venir, quelques robes pour Mina et un foulard pour elle. En attendant le retour du taxi, elles buvaient un thé, avec leurs amies, assises en tailleur dans l'angle d'un mur qui ceinturait le marché. Préparé à même le sol, sur un brasero de fortune, les femmes y ajoutaient de la menthe à la belle saison et de l'absinthe pendant les mois d'hiver. Cette halte fournissait l'occasion d'échanger les nouvelles, de commenter les naissances et les mariages, de parler de la France, considérée comme un paradis où travail et biens abondaient. Elle fascinait les Berbères qui suivaient de près l'actualité et ne manquaient pas d'échanger des images montrant des chalets savoyards posés sur des pentes recouvertes d'une herbe grasse, ou des pêcheurs sortant des eaux des filets dégorgeant de prises argentées. Les femmes échangeaient des confidences à voix basse, des recettes censées repousser les grossesses, des subtilités pour ramener un mari volage dans le droit chemin et des conseils éprouvés pour garder une belle peau. La petite Mina se laissait bercer par le vacarme, et s'endormait parfois d'épuisement, au milieu du tumulte du marché où les vendeurs à la criée s'égosillaient à vanter leur marchandise et la fraîcheur de leurs produits.

Une tape sur l'épaule la sortit de ses souvenirs. Mina sursauta. Philippe lui signifia de se taire. Son corps était ankylosé et elle éprouvait le besoin de remuer ses orteils transis. Elle bougea et tout de suite l'herbe sèche se mit à crisser. Philippe la rappela à l'ordre d'un haussement de sourcil. Il montrait d'un coup de menton silencieux une forme qui avançait doucement, sur le pied de guerre. Encore éberluée, Mina scruta les alentours, confondant les ombres mouvantes des branches de chênes avec la silhouette en marche.

– Je le vois, dit-elle.

– Chut !

Heureusement, le déchaînement du mistral noya ses paroles. Le jeune sanglier avançait, s'arrêtait souvent pour écouter et flairer, les oreilles dressées.

– Il vient en éclaireur, murmura Philippe. Les autres vont suivre. Observe bien.

L'animal était minuscule et maigre. Mina le sentait prêt à prendre la fuite au moindre bruit suspect. Des carillons de pierres qui roulaient les mirent sur le qui-vive. Philippe tourna la tête doucement, comme si le fait de remuer allait provoquer le grincement de sa colonne vertébrale. Mina était intriguée par ses mimiques. Elle imita son mari, cherchant à capter l'origine des grognements et des craquements de branches cassées qui parvenaient de la colline. Les bêtes se battaient et couinaient ; une mère rappelait ses marcassins, et des courses, brusquement interrompues, reprenaient dans les fourrés tout proches. Mina n'était pas tranquille. Elle craignait que la meute ne déferle sur leurs deux corps allongés.

– Il faut partir. Ils vont nous piétiner.

– N'aie crainte. Nous ne sommes pas sur leur passage.

Un sanglier craintif rejoignit le premier qui s'ébattait en lisière des truffières. Ensemble, ils s'éloignèrent jusqu'à un chêne producteur et commencèrent à fouiller la terre de leur groin destructeur.

– Les salauds, murmura Mina.

Philippe continuait à surveiller le sentier, étudiant de son oreille fine l'évolution du troupeau. Le froid de plus en plus vif contraignit Mina à se redresser doucement. Elle s'aplatit contre un massif de cornouillers sanguins dont les longues tiges, nues de végétation, formaient un rideau. Elle était prête à partir en courant en cas de danger. Philippe l'avait deviné et il rit sans bruit.

Ils percevaient le mâchonnement des deux sangliers qui broyaient de leur denture d'acier des racines mêlées de terre. Mina avait entendu des trufficulteurs parler du cochon comme d'un excellent caveur. Elle en avait la démonstration en direct. Dans les étroits sentiers de montagne, il n'était pas rare que des truies bousculent les rabassiers dont certains avaient un doigt en moins, avalé par la gueule sans délicatesse de leurs grosses associées.

– Si je capturais un de ces sauvages et que je le dressais, je deviendrais célèbre dans toute la région !

D'un geste autoritaire, Philippe lui intima l'ordre de se taire. Derrière les rafales du mistral, ils entendaient la horde se rapprocher. Quelques-uns firent irruption, descendant le sentier à la queue leu leu. Ils jouaient, se déplaçant par bonds successifs, chatouillant leur voisin, libres comme l'air. Mina en compta huit et remarqua que les plus jeunes avaient encore leurs rayures de marcassins.

– Où sont les adultes ?

– Derrière. Ils arrivent.

Effectivement, trois grosses bêtes clôturaient la marche. En quête de nourriture, elles n'en continuaient pas moins à surveiller leur famille et à rappeler à l'ordre les indisciplinés. Avec leur charpente trapue habillée d'une toison noire, elles étaient puissantes et sans doute dangereuses. Loin derrière suivait un solitaire.

– Le dernier a des défenses, remarqua Mina.

– C'est un mâle. Il fait bande à part. Les femelles ont simplement l'incisive un peu plus longue.

Elle se ratatina contre le pied de l'arbuste et retint son souffle. Malgré les dégâts occasionnés, elle ne pourrait jamais tirer sur ces animaux. Elle en était incapable. Elle avait peur et vérifia la présence de Philippe, occupé à suivre le cheminement du groupe qui progressait tranquillement à travers les rangées de truffiers. Les sangliers fouillaient la terre, avalant sans discernement vermines, racines et rabasses. Philippe se redressa et tapa plusieurs fois dans ses mains. Les cochons dressèrent l'oreille et détalèrent vers d'autres contrées.

– Allez, on rentre.

Il n'avait pas besoin de prier Mina pour qu'elle acceptât de quitter les bois.

15

« Venez boire un verre.

Georges la suivit jusqu'à l'ancienne chambre de Jules et s'arrêta sur le seuil, impressionné.

– On se croirait ailleurs.

– J'espère que cela vous rappelle de bons souvenirs.

Il scruta Mina de ses yeux francs qui ne cillaient pas. Elle s'amusa à l'observer, prenant tout son temps pour étudier le trouble du courtier. Enfin, il pénétra dans la pièce.

– Mes rhumatismes m'empêchent de m'asseoir sur le tapis. Autrefois, je savais me tenir en tailleur.

– J'ai ajouté des chaises spécialement pour les gens raides comme Philippe. Seule Paule peut boire un thé sans être gênée.

– Avec son mari, ils vivaient à ras de terre, se souvint Georges. Sans doute une habitude qu'ils avaient ramenée d'Orient.

Il prit place près de la table ronde. Sa grande carcasse ne se voûtait pas et il se tenait toujours très droit. Sous un casque de cheveux blancs immaculés mis en valeur par son teint qu'avait marqué le grand air, son visage était grave.

Dans ses yeux bruns, une pointe de vert égayait la pupille. C'était la première fois que Mina le remarquait, sans doute parce que le soleil du début d'après-midi inondait la pièce. Été comme hiver, il conservait ses pantalons de velours de couleur marron ou noire, dont les genoux brillaient d'usure.

– Café ? demanda Mina. Je peux aussi vous offrir un thé vert à la menthe. Il me reste encore quelques feuilles dans un massif bien abrité.

– Allons-y pour le thé, mais je le préférerais nature et bien infusé.

Mina mit l'eau à bouillir, ajouta les feuilles et mit le sucre avant de reprendre l'ébullition. Lorsqu'elle revint, son plateau à la main, Georges observait le médaillon de cuivre orné de la croix du sud.

– Un cadeau de mes parents.

Il s'abstint de commentaire. Mina remplit les verres, en inclinant le plus haut possible le bec de la théière. Dans un silence religieux, le courtier écouta le murmure du liquide.

– Pas une seule goutte à côté. C'est un principe de chez nous.

– Chez les Touaregs aussi. Je me souviens de soirées sur une natte, ou chaque participant officiait à tour de rôle. Ce cérémonial nous occupait une bonne partie de la nuit. Un feu brûlait, sans hautes flammes, pour économiser le bois, rare dans ces contrées. La lune, telle une grosse calebasse posée au levant, nous éclairait. Parfois, les femmes jouaient du tindé et les hommes dansaient sous un ciel rempli d'étoiles, d'une immensité à couper le souffle.

Mina était tout oreilles. Il avait suffi d'un simple geste pour émouvoir Georges. Elle n'osait l'interrompre ni lui poser des questions. Elle laissa passer quelques minutes de silence, puis demanda :

– Qu'est-ce que le tindé ?

– Une simple peau de chèvre mouillée qui est tendue sur le mortier. Celui-ci a servi toute la journée à piler le mil. Les soirs de fête, il se transforme en tam tam.

Le courtier regarda encore une fois le mobilier, le tapis et les coussins épars autour de la table basse. Il puisait là de quoi se remémorer un pan de sa vie.

– Très tôt, les troupeaux partaient dans des pâturages lointains, ne revenant que le soir tombé. Les chevreaux, entravés, restaient au campement, et bêlaient de désespoir en attendant leur mère. Les femmes ne leur laissaient qu'un peu de lait et gardaient précieusement le reste pour les besoins quotidiens du campement. Elles fabriquaient aussi des fromages, carrés et plats, qu'elles laissaient sécher sur de la paille. Ils pouvaient se conserver des mois.

Georges but une gorgée de thé et claqua de la langue en connaisseur. Elle le resservit, répétant le geste qui avait ouvert la voie à sa mémoire.

– Chez moi, passée la porte du désert, commencent les cultures de palmiers. On voit les premiers chameaux, les dunes de sable, quelques tentes nomades... Malheureusement, je connais peu le grand sud. J'irai un jour avec ou sans Philippe.

– Vous avez raison. C'est un pays pour les jeunes. Les conditions de vie sont trop pénibles pour quelqu'un de mon âge. Je ne peux garder que des souvenirs.

– Venez donc me montrer où vous avez vécu, demanda Mina. J'ai quelques cartes de géographie.

– C'est que les choses ont bien changé. Je vous parle d'un temps bien ancien.

– Le Sahara est toujours au même endroit. Agadez et Niamey n'ont pas changé de place !

Mina déplia une grande carte qu'elle étala sans vergogne sous les yeux du courtier. D'une poche de sa chemise, il sortit son étui à lunettes.

– Je suis persuadé que vous en savez aussi long que moi, ma petite Mina.

– Vous voulez rire. Je suis complètement ignorante. À force de me parler de ses voyages, Paule a fini par m'intriguer. J'ai simplement lu quelques ouvrages pour mieux comprendre ce peuple si proche du mien.

– Ainsi, vous fréquentez un peu Paule ?

– Nous nous voyons régulièrement à la bibliothèque. Elle nous a même aidés à vendanger la vigne de la Grenoble.

– Paule est une femme solide. C'est vrai que Jean a longtemps séjourné là-bas, dit pensivement Georges. Il voulait parfaire une étude sur les truffes des sables et ramassait des informations sur ce sujet.

– Avez-vous consulté le résultat de ses recherches ?

– Non. Nous n'étions pas vraiment amis, vous savez. Il venait souvent me poser des questions de détail, mais gardait toujours une certaine distance. Nous n'étions pas du même monde. La mort l'a fauché avant qu'il ne finisse ses travaux. Paule doit avoir des documents.

– Elle n'aime pas fouiller les archives.

– Je comprends bien. Cela doit lui rappeler ses moments de bonheur. Vous n'apprendrez pas grand-chose là-dedans en admettant que vous arriviez à mettre la main dessus.

– Je n'ose pas insister auprès de Paule. C'est une femme très sensible et la moindre allusion au désert ou à l'Inde la rend malheureuse.

Georges se leva subitement.

– Il faut que je me rentre. Léonore ne va pas bien et je ne veux pas m'absenter trop longtemps.

Du fond de sa poche, enveloppée dans un sac plastique, il sortit la truffe commandée.

– Combien je vous dois ?

– C'est un cadeau.

– Merci Georges. Moi aussi j'ai un présent pour vous. Mais avant, montrez-moi où vous avez vécu en Afrique.

Il se pencha à contrecœur sur le rose de l'Algérie et le jaune de la Mauritanie, traçant des moulinets peu précis avec l'index.

– Tiens, voici la Haute-Volta devenue le Burkina-Faso. Paule y allait souvent lorsqu'elle rejoignait son mari à

Niamey. Il paraît que là-bas, ils mangent du chien qu'ils capturent dans les rues et qu'ils font griller sans autre forme de procès. Ils le ligotent, lui ferment l'anus, l'amarrent à des pieux et en cuisant, l'animal se met à enfler jusqu'à expulser naturellement le contenu de son intestin !

Mina eut une expression de dégoût. Georges riait. Il avait réussi à échapper encore un peu à ses questions précises.

– Paule en a mangé une fois à son insu. Ensuite, elle ne consommait plus que du poisson.

– Il y a même des cannibales dans certaines ethnies, paraît-il. À quel endroit vos femmes jouaient-elles du… Comment déjà ?

– Du tindé. C'est là, dit-il en dessinant sur la carte, un cercle vague autour d'Agadez. Dans le nord du Niger, à plus de huit cents kilos de Tamanrasset. Là-bas, ils disent toujours kilos. Ils mélangent dans une même appellation les unités de poids et de longueur. Lorsque je parle de cette époque, ça me revient. Excusez-moi.

Son gros doigt aux ongles durcis par la terre se promenait maintenant autour de la ville magique.

– Tenez, voici Timia, là, au nord-est. Entourée de falaises déchiquetées, elle est au bout du monde. C'est une oasis où poussent les tomates et les pamplemousses, à peine une ville, où les maisons construites en banco sont veillées par le fort que les soldats français de Jacques Massu ont construit dans les années cinquante.

Perdu dans ses souvenirs, le courtier rêvait. Mina n'osait rompre le charme.

– Et Tahoua, vous connaissez ? Ce doit être une grande ville. Elle est notée en gras.

Georges se leva soudain.

– Il est déjà tard.

Il quittait ainsi les rives magiques. Mina n'insista pas. Elle savait qu'elle devrait s'armer de patience pour dérouler l'écheveau embrouillé des fils reliant tous ces personnages dont Philippe était le centre. Georges avait réussi à l'entraîner dans une échappée d'un moment et elle avait, temporairement, oublié l'énigme.

– Avant de partir, je vais vous montrer quelque chose.

Elle le conduisit jusqu'à la couche où Lionne somnolait. Elle avait pris l'habitude de laisser ses chiots s'éloigner, mais elle ne les quittait jamais des yeux. Georges admira la portée et saisit une chienne entre ses grosses mains.

– Les deux noirs ressemblent à Clinton comme deux gouttes d'eau. Celle-ci a un bel avenir, je le sens.

– Elle est pour vous, Georges.

– C'est gentil Mina, mais, je ne peux accepter. Mustapha sera le dernier que je dresserai. Je n'ai plus assez de patience.

Lionne vint flairer le pantalon du courtier et quémander le retour de sa fille. Georges l'éleva au bout de son bras tendu.

– Très jolie demoiselle avec sa robe bariolée. Sa sœur est du même acabit.

Il la déposa au pied de Lionne.

– Je vous la donnerai toute prête à l'emploi si vous le désirez, dit Mina.

– C'est un non catégorique. Je suis trop vieux. J'approche des soixante. Je n'arrive plus à me baisser comme un jeunot pour ramasser mes truffes. Dans mon laboratoire, je me débrouille. La température est douce et je suis souvent assis. En revanche, dans les plantations, je commence à peiner. Et puis Mustapha est tout jeune. Il a de nombreuses années de cavage devant lui, et un chien me suffit désormais.

– Votre fils pourrait vous remplacer ?

– Il n'en prend guère la direction. Le bougre en est capable pourtant. Il a hérité de moi la facilité des contacts. Pierre ferait un excellent courtier, mais Léonore ne l'a jamais incité à reprendre l'affaire. Elle a toujours rêvé pour son fils unique d'une carrière de bureaucrate ou de fonctionnaire.

Mina ouvrit un battant du grand portail et les quatre chiots sortirent à l'air libre, suivis par Lionne. Les boules de poils se précipitèrent sous les romarins, chahutant et se bousculant.

– Je vous vendrai sans difficulté vos chiens, dit Georges en s'acheminant vers la grande entrée où il avait garé sa voiture.

– Un des Cavale a un double ergot sur les pattes arrière. Est-ce là un signe ?

– La légende dit que les éperonnés sont plus intelligents que les autres. Personnellement, je ne m'y fie pas trop. Où avez-vous trouvé ce prénom, plus digne du cheval que du truffier ?

– Les deux mâles n'en font qu'à leur tête et Philippe a eu l'idée de les baptiser ainsi. Vous avez remarqué, Cavale et Clinton, ça commence par la même lettre, tout comme Mascotte et Margot.

– Vous avez une bonne mémoire.

Mina tapa dans ses mains.

– Je viens de trouver le nom de ma rabassière. Je vais l'appeler Tindé.

Georges se mit à rire.

– Pourquoi pas ? Je suis fier de vous avoir aidé à la baptiser.

– Je ne sais pas si je pourrai trouver un acquéreur pour l'autre femelle.

– Vous n'avez qu'à la garder.

– Ce n'est pas possible. Deux chiens me suffisent amplement. Il faudrait lui trouver une bonne maison. J'aimerais qu'elle dorme au chaud, qu'elle soit nourrie correctement et qu'elle ne manque de rien.

– Je connais de jeunes trufficulteurs qui vous l'achèteront. Vous savez, ces novices, versés dans les méthodes soi-disant scientifiques et qui s'imaginent qu'ils vont révolutionner le monde rural !

– Ah oui, les pionniers, partisans de l'arrosage automatique en période de sécheresse, qui veulent créer des appellations par région. J'en ai entendu parler. Dans ce monde, la chienne ne serait pas malheureuse.

– Je m'en occupe, dit Georges. Vous, vous garderez Tindé et je vous aiderai à vous débarrasser de l'autre.

Il se pencha et attrapa Tindé aux poils mêlés de roux et d'argent.

– Regardez, là, sous son museau, elle a un grain de beauté avec trois poils.

– Et alors ?

– C'est un signe infaillible indiquant une bonne truffière. Suivez mes conseils. Elle sera une excellente rabassière.

– J'ai encore une question, dit Mina.

– Alors, dépêchez-vous.

– Les sangliers attaquent les truffières et nous sommes à la recherche du fusil de Jules.

– Placez des clôtures électriques, c'est pratique.

Mina ignora la remarque.

– Dans le grenier, j'ai trouvé une cartouchière. Philippe se souvient avoir entendu dire que Jules était dépressif après le décès de Louise. Serait-il possible qu'il se soit débarrassé de l'arme pour éviter la tentation de la retourner contre lui ?

Le courtier réfléchit un moment. Il s'adossa à la portière de sa voiture dont l'arrière de l'habitacle était encombré de sacs de jute, de seaux en plastique, de piolets, de rouleaux de corde et d'un sac de sulfate. Il se plongea dans l'observation du château de Grignan dont les murailles barraient l'horizon.

– C'est qu'il y a vingt-cinq ans de cela...

– Je le sais bien. Mais vous seul pouvez nous renseigner. Philippe avait sept ans. Il était trop jeune pour comprendre la situation.

Georges fixa Mina droit dans les yeux. À nouveau, la lueur verte s'alluma dans sa prunelle. La même flamme que dans les yeux d'Antonin et de Philippe. Mina se plongea dans la contemplation de la tour de Chamaret, dont la silhouette lui rappelait toujours les mosquées de son pays. Elle puisa là de quoi attendre patiemment que Georges se décide à répondre.

– Vous continuez à fouiner dans le passé des Polignac, hein ?

Nullement impressionnée, Mina fixa le courtier.

– Oui. Mais avec la collaboration de mon mari. Lui aussi s'interroge.

– Alors, sachez qu'effectivement Jules a traversé une très mauvaise période. Ses quelques amis, dont moi, avons veillé sur lui. Bien entendu, j'ai enlevé le douze dont la crosse, gravée d'une plaque, indiquait le nom d'un ancêtre Polignac. Il est resté chez moi quelques années. Mais je ne supportais plus de le voir, posé dans le râtelier, au milieu des carabines de chasse de mon père ; je croyais voir Louise et Jules. Alors, je m'en suis débarrassé.

Un grand silence suivit ces révélations. Mina attendait la suite.

– Philippe aurait besoin de le récupérer.

– Achetez donc un fusil neuf. Ou mieux : posez des clôtures électriques. Je vous l'ai déjà dit, tous les trufficulteurs ont adopté cette méthode pour protéger leurs cultures.

Georges n'en dirait pas plus. Elle le vit se buter, le visage crispé, la bouche prenant un pli amer.

– Où est-il ? osa Mina.

– Vous vous souvenez que vous m'aviez promis de ne plus m'importuner avec ces histoires. Laissez dormir le passé en paix. Au revoir.

Pour la première fois, il l'embrassa, comme un père aurait embrassé sa fille. Mina fut décontenancée par son geste et subit sans comprendre cette soudaine marque d'affection dans laquelle elle croyait entrevoir un sens caché.

– Venez dire bonjour à Léonore. Elle vous aime beaucoup et votre visite lui fera passer un moment agréable.

Georges démarra. Elle suivit la course de la voiture jusqu'au grand virage où elle disparut, frissonna dans l'air frais et rejoignit Lionne qui jouait avec ses chiots. Tindé vint renifler ses tennis et elle la prit contre elle, cherchant dans ce corps chaud, une fuite à son malaise.

– Ta sœur, je vais la nommer Timia, du nom de la palmeraie où poussent les pamplemousses et les tomates. Ainsi vous serez toutes deux filles des sables et vos prénoms commenceront par la même lettre. Vous deviendrez d'excellentes truffières, j'en suis sûre.

Elle coupa en deux la grosse melano que lui avait offerte Georges, et en huma l'odeur qui manquait encore de son vrai parfum de maturité. Elle appela les chiots, les enferma et dès que Lionne fut couchée, elle lui frictionna les mamelles avec la demi truffe. Celle-ci, inclinant la tête, se demanda ce que tramait Mina en gaspillant ainsi une précieuse denrée.

– Couillon de la lune, je familiarise tes gamins avec les rabasses. On recommencera l'opération deux fois par jour. Il est temps de s'y mettre.

Timia et Tindé tétèrent gloutonnement, nullement importunées par la forte odeur. Les deux Cavales grognèrent en signe de mécontentement et changèrent plusieurs fois de tétines en bousculant leurs sœurs. Finalement, ils durent s'incliner. Depuis quelques jours, Mina donnait à la nichée du pain trempé dans du lait. Elle prépara la pâtée, y ajouta quelques morceaux de truffes broyés et observa le manège des Cavale qui rechignaient. Lionne s'était levée. Elle n'avait plus assez de lait pour nourrir ses enfants qui pompaient sur des tétons chaque jour un peu plus vides.

– Ils sont grands maintenant. Demain, nous irons aux truffes.

Lionne lécha la main de Mina. L'accord parfait entre elles continuait à fonctionner.

16

La sonnerie prit Philippe au dépourvu. Il sursauta et quitta son fauteuil en maugréant.

– Mon père avait raison. Saloperie de téléphone qui se manifeste quand on s'y attend le moins ! Plus moyen d'être tranquille.

C'était Paule.

– Mina est partie je ne sais où : donner à ses lapins, chercher du persil ou jouer avec ses chiens. Elle est toujours par monts et par vaux. Je peux lui laisser un message si vous voulez.

À son ton embarrassé, il comprit que l'infirmière avait une information pour sa femme qu'elle ne voulait pas partager avec lui.

– J'ai quelques nouveaux ouvrages qui vont sûrement lui plaire. Dites-lui de passer demain à la bibliothèque.

– Je lui ferai la commission.

Philippe raccrocha.

– Ces deux-là doivent préparer un coup ensemble. Dans quelles recherches Mina s'est-elle encore lancée ?

Il reprit la lecture de son journal. En entrant, Mina crut un instant voir Jules, penché sur la rubrique locale. Figée, elle s'arrêta. Philippe avait exactement la même position, le buste légèrement incliné et l'air appliqué. Depuis quelques semaines, il portait des lunettes pour lire et cela accentuait encore la ressemblance avec son père. Mina avala sa salive et sourit à son mari. Elle n'aimait pas être victime de ces visions qui revenaient souvent, à l'improviste, la surprendre.

– Tu as vu un fantôme ?

Mina bredouilla.

– Que vas-tu chercher là ?

– Tu as l'air complètement hallucinée.

– J'ai été surprise de te voir. Tu es rentré bien tôt.

– Voyons, Mina. La nuit est tombée depuis longtemps. Où étais-tu encore passée ?

– Je m'occupais de ma petite famille. Lionne n'a presque plus de lait et je les nourris avec de la pâtée. Les Cavale sont de vrais morfales. Si je les laisse sans surveillance, ils curent la casserole en moins de deux, sans rien laisser à leurs frangines.

– Paule a téléphoné. Elle aimerait te voir demain à la bibliothèque.

Mina avait renouvelé son stock de livres la semaine précédente. Elle sut ainsi que Paule lui envoyait un signe.

– Demain, j'envisageais d'aller aux truffes.

– Tu as bien le temps.

Elle retourna à ses fourneaux, désireuse de s'isoler un peu. Le simple fait de passer dans la pièce à côté suffisait à cacher sa perplexité. Il n'était que six heures et déjà la nuit envahissait la cour où roulaient des rafales de mistral. N'eût été la présence de Philippe, elle serait partie immédiatement voir son amie Paule. Mais il rentrait plus tôt afin de plaire à sa femme et s'installait pour quelques moments tranquilles avant le repas du soir. C'est Mina qui avait demandé à Philippe de faire un effort, de se détendre, de privilégier la vie de couple. Elle ne pouvait décemment s'absenter maintenant, sans s'attirer les foudres de son mari.

Elle réduisit le feu sous les légumes qui embaumaient la cuisine. Elle cherchait un moyen de repousser toutes les suppositions se bousculant dans son esprit. Ce matin, elle avait reçu une nouvelle lettre d'Hafida, accompagnée d'un mot de Mohamed. Sa mère se laissait aller à parler du froid, des difficultés de la vie de tous les jours, des réticences du père à se soigner correctement. Mina se sentit coupable. Elle ne pensait plus beaucoup à ses vieux parents depuis quelque temps.

– Tu surveilles la marmite, Philippe. Je vais écrire un courrier.

Il marmonna une vague réponse qui semblait autant un oui qu'un non. Il avait l'art de s'investir complètement dans ses activités, qu'elles touchent à sa profession ou à ses loisirs, et Mina admirait toujours sa ténacité, elle qui avait tendance à l'étourderie et à la rêverie.

– Tu as entendu ?

– Message enregistré. Je t'appellerai dans un moment.

Elle monta dans leur chambre où elle avait installé une table, son nécessaire d'écriture et ses livres de bibliothèque. Elle tira les lourds rideaux, alluma la lampe de chevet et se lança dans une longue lettre où elle narrait la vie à Champlong, la naissance des chiens et la saison des truffes qui commençait. Elle parla de l'attente du printemps qui la ramènerait sans doute sur le sol marocain. À demi-mot, elle tenta d'excuser Philippe bousculé par ses activités à la ferme. Elle avait quelques mois pour préparer ses parents à une visite en solitaire. En effet, septembre était déjà loin et Philippe, malgré sa promesse, n'avait toujours pas pris sa décision.

– Il ne quittera jamais sa ferme. Même pour quelques semaines.

Mina sentit la rancœur la gagner. Elle s'était décidée à ne plus aborder le sujet et elle avait tenu bon, refusant de supplier, de subir ses faux-fuyants et de pousser Philippe dans ses derniers retranchements. Sa vie lui parut soudain d'une extrême pauvreté. Elle avait soigneusement refoulé ses envies de sorties, de balades, de voyages et de contacts. Son mari avait l'art de toujours repousser les projets les plus simples, prétextant du travail urgent ou une soudaine envie de repos. Mina avait pris l'habitude de ne plus demander pour ne pas se heurter à ses refus déguisés. La ferme du bout du monde me retient prisonnière, écrivit-elle à ses parents. J'ai parfois l'impression d'être une chienne au bout de sa chaîne dont la liberté de mouvement est réduite. Hafida allait s'inquiéter en lisant ces lignes.

– Tant pis, dit Mina. Il faut que quelqu'un sache dans quelle solitude j'évolue.

Elle se souvint du courrier échangé entre Rose et Louise et des mises en garde de la mère à la fille. Elle se souvint de la persévérance de Louise pour affronter le dénuement de son existence.

– À trente ans de distance, on se ressemble étrangement. Tout se passe comme s'il y avait une malédiction sur les femmes de cette maison.

Mina salua ses parents, signa sa lettre et la cacheta. Puis, elle resta devant sa table de travail, les yeux dans le vide, ruminant la monotonie de ses jours. Sa seule distraction, c'était la cueillette des truffes.

– Dès demain, j'y retourne. Le matin, je passerai chez Paule.

La curiosité, à nouveau, vint la chatouiller. L'infirmière avait sans doute trouvé quelque chose d'important. Toujours discrète, elle ne se manifestait pas sans motif. Perdue dans ses pensées, Mina n'entendit pas Philippe qui l'appelait. Il finit par monter et découvrit sa femme, immobile, sous le halo de la lampe de chevet.

– Tu es devenue sourde ?

– Pas plus que toi qui entends seulement ce qui t'intéresse.

– Voilà une gentillesse.
– Une vérité plutôt.
– Que se passe-t-il ?
– Je m'étouffe un peu à Champlong parfois. Voilà ce qui se passe !

Philippe alluma ; il supportait mal les ambiances douces et les éclairages tamisés. Sans transition, il passait de la nuit au jour, semblant ignorer toute la palette des situations intermédiaires. Mina haussa les épaules. Philippe revint vers elle. Elle savait d'avance ce qu'il allait dire.

– Ma Mina, il ne faut pas rester dans la pénombre comme ça. Ça donne des idées noires. Allez viens. On descend.

Passivement, elle se laissa entraîner dans le grand escalier. Son découragement ne voulait pas céder. Elle prit place à table, laissant à Philippe le soin de servir le repas.

– Tu écrivais à ta famille ?
– Oui. Et ça m'a donné le blues.

Comme d'habitude, Philippe refusait d'engager la conversation sur ce terrain. Il prit un air de gamin innocent pour dire :

– Je te sers, Mina. Mange.

Elle soupira.

– Parfois j'ai l'impression que je finirai comme ta mère, que je mourrai jeune, dans un abandon complet et sous un...

Mina avait failli dire truffier. Elle se retint de justesse.

– Sous un quoi ?
– Sous un accablement total, sans espoir de rien, seule.
– Louise avait son mari et son fils. Je ne pense pas qu'elle souffrait de solitude.

Mina soupira de lassitude. Encore une fois, elle protégeait Philippe, refusant de le perturber en lui apprenant une vérité trop crue. Comment avait-il réussi à passer entre les mailles du filet ? À échapper à une discussion houleuse avec des camarades de classe où chaque gamin balance sa flèche empoisonnée ? À éviter les querelles de famille, où, immanquablement, la brebis galeuse vide son sac ? Philippe ne savait rien ou ne voulait rien savoir.

– Peux-tu comprendre sa situation, toi qui as toujours vécu dans ta ferme, sans autre horizon que tes vignes et tes lavandes ? Louise venait de Valence et j'imagine que son adaptation à Champlong n'a pas été simple.

– En quelque sorte je suis un péquenot sans imagination.

– Ce n'est pas ce que j'ai voulu dire. Tu ne connais sans doute pas les méandres de la vie de ta mère, ses relations avec Jules, les pressions de Rose.

– Et alors ? Cela ne changerait rien à mon existence de pauvre paysan.

Philippe était accablé. Mina éprouva pour lui un sentiment proche de la pitié. Elle s'en voulut de sa maladresse. Elle devrait peut-être tout lui dire une bonne fois pour toute, même au risque de le déstabiliser. Pourtant, elle ne pouvait pas vaincre ses réticences. Elle avait peur que le solide Philippe au bon sens de terrien ne s'écroule devant ses révélations trop brutales. Il ne lui restait plus qu'à continuer à adoucir la réalité.

– Tu n'es pas un pauvre paysan. Tu mènes une vie tranquille, sans plaisir et sans originalité. Et je suis obligée de subir la routine. Tu m'avais proposé des balades, une sortie parfois le dimanche après-midi. Tu as oublié ?

Philippe chipotait dans son assiette, repoussant les carottes, écrasant les pommes de terre et émiettant son pain.

– Je n'ai plus faim.

– Tu n'as pas l'habitude que je conteste, c'est cela qui te coupe l'appétit.

Il se leva et mit son assiette dans l'évier.

– Je vais passer un moment dans la chambre de Jules.

Il quitta la cuisine et le silence pesant retomba. Mina avait au moins réussi à ce qu'il goûte le confort de la nouvelle pièce et l'usage du téléphone.

– Pour le reste, laisser mûrir les choses.

Sa voix résonna. Encore une fois, elle se surprenait à parler seule. Découragée, elle débarrassa la table, rangea la vaisselle et ramassa machinalement les quelques miettes. Elle ne montait jamais se coucher sans passer voir Lionne et ses enfants. Elle s'installa un moment à côté de la corbeille et caressa Tindé et Timia qui dormaient contre le flanc de leur mère. Les deux Cavale menaient leur vie indépendante depuis quelques jours et avaient élu domicile sur la peau d'agneau qui servait de paillasson à l'entrée. Ils ne se quittaient pas et Mina redoutait le moment où il faudrait les séparer. Enlacés, ils gémissaient parfois dans leur sommeil et elle sourit devant ce spectacle attendrissant.

– Et vous, mes jumelles, comment vais-je choisir entre vous deux ? Si seulement Georges avait accepté ma proposition, j'aurais pu continuer à vous voir grandir. Mais ce vieil original est inflexible.

Tindé et Timia se ressemblaient comme deux gouttes d'eau. Elles avaient le même caractère espiègle que leur mère et craignaient l'autorité. Il faudrait s'armer de beaucoup de patience et de douceur pour les dresser. Elles redoutaient le bruit, et les ordres de Philippe, souvent criés par-dessus le moteur du tracteur, les effarouchaient.

– Je ne vois qu'une solution. Vous emmener aux truffes et étudier vos réactions pour voir si les pronostics de Georges sont bons.

Mina crut entendre Philippe. En général, il la rejoignait après chaque dispute, s'approchant sans effort pour le premier pas. Ce n'était que le mistral qui conversait à grand bruit avec le tas de bûches, réussissant à culbuter quelques morceaux de bois qui s'écroulaient avec un bruit sourd. Elle eut une dernière caresse pour les deux boules mêlées de rouille, de blanc et d'argent et revint vers la cuisine.

– Je monte, dit-elle à Philippe.
– À tout à l'heure, répondit-il.
Il ne paraissait pas lui en vouloir de ses propos agressifs. Sur le pas de la porte, Mina resta un moment à l'épier. Penché sur un article de vulgarisation agricole, il lisait. Elle ne savait pas ce qu'il avait dans la tête. Elle avait une seule certitude : il ne s'intéressait qu'à sa ferme et à ses cultures.
– Pauvre Philippe, marmotta-t-elle en montant l'escalier.
Elle s'en voulut de porter un jugement et médita un moment ses états d'âme. Elle prit un livre sans arriver à comprendre le sens des mots qu'elle lisait, et parcourut plusieurs pages avant de renoncer à son plaisir favori. Elle éteignit la lumière, s'enfouit sous la couette, remontant les plis autour de ses épaules et s'endormit rapidement. Plus tard, Philippe posa un baiser délicat sur sa tempe, sans la réveiller.
Comme tous les matins, il lui apporta un café au lit.
– Excuse-moi pour les mots blessants que j'ai prononcés hier.
– Si tu t'ennuies, je préfère le savoir. Je sais que je ne suis pas toujours très drôle. Dimanche, nous irons nous balader. Je te le promets.
– Alors, je ne t'ai pas secoué les puces pour des prunes. Je ne regrette rien.
Le mistral était tombé pendant la nuit.
– Je vais profiter de cette accalmie pour commencer la taille des vignes des Eygardettes. La température affiche moins cinq ce matin, mais sans vent c'est tout à fait supportable. À tout à l'heure.
Philippe s'arrêta dans le garage et distribua du lait tiède aux chiens. Il joua un moment avec les Cavale.
– Si Mina me voyait, je me ferais engueuler. C'est qu'elle a tendance à reprendre certains arguments de Jules. On ne joue pas avec les truffiers. Cela pervertit leur ins-

tinct. Ils ont tout un rituel ces fouilleurs de rabasses ! J'ai toujours dit que c'était des gens bizarres.

Mina lut quelques pages, savourant la chaleur du lit, repoussant le moment d'affronter le froid.

Sur la ligne d'horizon, une barre d'ivoire teintée de rose maquillait les rondeurs des collines. La tour de Chamaret ressemblait à une simple flèche et le château de Grignan se confondait avec le gris environnant. Sous le gel, le paysage avait une couleur de mare aux eaux glauques. Mina frissonna. Les abreuvoirs des lapins étaient figés sous une mince couche de glace. Les quatre truffiers l'escortaient, ignorant les rigueurs du matin. Les Cavale, dressés sur leurs pattes arrière, observaient les lapereaux, une lueur de convoitise au fond des yeux.

– Vous êtes des coquins. Va falloir vous mettre au travail sans tarder.

Timia et Tindé, comme des répliques l'une de l'autre, ne perdaient pas un geste de Mina. Dans un tel moment, Lionne jouissait de sa solitude retrouvée. Elle était excédée par les jeux incessants de ses enfants qui lui mordillaient les oreilles et ne lui laissaient que peu de répit.

– On va bientôt se débarrasser des Cavale, ma Lionne. Tu pourras éduquer tes deux filles tranquillement.

Elle lécha la main de Mina pour lui manifester sa reconnaissance.

– Maintenant, je file chez Paule.

Elle conduisit tout doucement, jouissant, dans le cocon protégé de son véhicule, du paysage d'hiver. Les chênes blancs, bousculés par le mistral, commençaient à perdre leurs feuilles. Les lavandes, aux nuances de bronze, supportaient sans broncher les rigueurs hivernales. Elle croisa la voiture jaune du facteur, s'accorda une halte au pied de Saint-Roch et se gara près de l'église. Terzika guettait, alangui derrière la fenêtre du séjour. C'est lui qui donna l'alerte à Paule.

– J'ai un chat de garde, dit l'infirmière en riant. Et aussi du courrier pour vous.

Le cœur de Mina bondit dans sa poitrine. Terzika se frotta contre ses jambes. L'animal semblait vouloir apaiser son trouble. Elle le prit dans ses bras et s'assit dans le canapé. Paule l'observait.

– Montrez-moi vite cette lettre.

Paule lui tendit une simple enveloppe blanche. Mina reconnut l'écriture de Rose, peut-être un peu vieillie, à la calligraphie démodée formant des arabesques sur la tête des majuscules. Elle tournait et retournait entre ses mains nerveuses le carré de papier, étudiait le timbre, s'assurait de sa bonne fermeture.

– Vous ne l'ouvrez pas ?

– Je la lirai avec Jules.

Intriguée, Paule ouvrit la bouche, hésita puis se tut.

– Vous me prenez pour une folle, n'est ce pas ? Rassurez-vous. Je sais bien que Jules n'est plus de ce monde.

– Je me demande parfois quelles relations vous entreteniez avec votre beau-père...

Paule laissa sa phrase en suspens et passa dans la cuisine d'où elle revint avec une cafetière fumante. Terzika ronronnait dans les bras de Mina.

– Jules était comme un père pour moi. Mon père du terroir occitan. L'autre, le Berbère du sud, le vrai, je ne l'ai plus vu depuis dix ans. Ne voyez rien d'équivoque dans les liens que nous entretenions. Il m'a appris beaucoup et je lui ai promis certaines choses.

– Mais enfin, Jules est mort

– Je le sais bien. Ce n'est pas une raison pour ne pas tenir mes engagements.

Paule servit le café dans des mazagrans en terre cuite joliment décorés. Mina, sa lettre posée contre sa poitrine, continuait à caresser Terzika.

– Vous avez promis à Jules d'entretenir ses truffiers. Vous n'avez rien à vous reprocher. L'esprit humain est fragile, Mina. Ne vous mettez pas martel en tête pour ces histoires.

– Il y a un secret dans la famille Polignac. Je vous en ai parlé à mots couverts. Je suis décidée à élucider ce mystère.

Paule ajouta du sucre et remua longuement, comme si elle voulait gagner du temps. À nouveau, Mina sentit que l'infirmière pouvait l'aider si elle acceptait de soulever le voile de silence qui dissimulait un passé trop difficile à affronter.

– Je ne comprends rien à vos sous-entendus.

– Contentez-vous de me raconter ce que vous savez de l'histoire des Polignac. Je ne peux rien vous dire d'autre pour le moment.

Maîtresse d'elle, Mina se sentait prête à affronter la situation. Elle but son café sans se presser. Paule continuait à l'observer. Sa maison, parfaitement tenue, embaumait la cire et l'essence de lavande. Un bouquet de petit houx, posé sur le tapis et quelques aiguilles de sapin piquées de gui ornaient les murs.

– J'ai commencé les décorations de Noël, dit-elle comme pour l'entraîner vers un autre sujet de conversation.

– C'est joli, répondit Mina.

– Je vous ferai une couronne pour accrocher contre votre porte d'entrée.

– C'est gentil. Mais pour les musulmans, Noël ne représente pas grand-chose. Je suis toujours étonnée par l'orgie de consommation des Français à cette époque.

– Vous devez quand même fêter l'événement, ne serait-ce que pour Philippe. D'ailleurs, je projetais de vous inviter tous les deux à partager un repas. À ce moment, je me sens toujours très seule.

Paule devint triste. Sans doute se rappelait-elle de soirées d'hiver avec son mari, dans la douce intimité d'un feu de bois.

– Noël, c'est la fête des enfants. Et je n'ai jamais pu en avoir. C'est la désolation de ma vie.

Mina ne s'était jamais posé de question au sujet des héritiers Florentin. Elle s'en voulut de son manque de curiosité et remarqua une nouvelle fois qu'elle était obnubilée par l'histoire des Polignac, ce qui la rendait aveugle aux misères des autres.

– Je ne savais pas, balbutia-t-elle.

Ainsi, Jules et Paule avaient un point commun. Mais, de cela, Mina ne pouvait pas parler.

– C'est normal. Vous ne savez pas encore tout de moi, de ma vie, de mes hantises, de mes souffrances.

Elle servit à nouveau du café. Terzika quitta les genoux de Mina pour ceux de Paule et posa ses pattes contre son cou, avec une grande tendresse.

– Cet animal a l'art de sentir les situations.

– Pourquoi ne pas avoir adopté un enfant ? demanda Mina.

– Nous y avons pensé. Mais nous continuions à espérer un miracle. J'aurais pu ramener un jeune Touareg ou une jeune Hindoue. À l'époque, c'était facile. Il n'y avait pas toutes ces démarches que l'on demande maintenant aux candidats à l'adoption.

Paule se remémorait des situations dont elle seule détenait les clefs. Mina respecta son silence. Elle glissa la lettre dans sa poche.

– Le petit houx est bien le seul ornement d'hiver ? Où puis-je en cueillir ?

– Il s'appelle fragon et on en trouve au bord des sentiers. Il aime bien s'abriter au pied des vieux murs. Ses baies deviennent vermillon en hiver. Prenez des gants, ça pique.

– Effectivement, je me souviens en avoir vu en allant aux truffes. Il me faudrait un bouquet pour Jules et Louise.

– Je suppose que c'est urgent. Je vais vous en donner. J'en ai un stock à la cave.

C'était là, au rez-de-chaussée, sous la maison d'habitation que Paule fabriquait ses bouquets secs. Sur une table à tréteaux, des branches de genévriers et d'églantiers aux cynorrhodons rouges, des pommes de pin et des fleurs sèches attendaient le bon vouloir de l'artiste.

– J'aime travailler avec mes mains, dit Paule, anticipant les questions de Mina.

Gants, sécateurs, bombes de peinture, rouleaux de fil de fer et de ficelle, ciseaux éparpillés donnaient un caractère bohème à cet atelier.

– Et cette plante-là que je ne connais pas ?

– C'est du gui, un parasite des arbres. Je le cueille sur les amandiers, mais il pousse aussi sur les pommiers et les poiriers. C'est une plante sacrée très utilisée dans la magie et la thérapeutique. La légende dit que les druides le récoltaient sur les chênes avec une faucille d'or et le portaient suspendu autour du cou, ou l'accrochaient devant leurs huttes pour éloigner le mauvais sort. Je connais quelques bons producteurs que je visite chaque année.

– J'en voudrais bien un peu. Jules aimera.

Paule semblait douter de son équilibre mental.

– Normalement, on le suspend au plafond. Les anciens disent qu'il faut s'embrasser lorsqu'on passe dessous.

– Je l'accrocherai contre les grilles.

– Ce n'est pas très orthodoxe, mais si vous y tenez…

Mina quitta la maison, son bouquet à la main. Elle avait pris aussi un bout de ficelle. Elle était pressée maintenant. La lettre posée sur le siège du passager la narguait. Elle renonça à l'ouvrir tout de suite.

À l'ombre des grands cèdres, quelques plaques de gel refusaient de fondre. La ferraille du grand portail d'entrée grinça. Un rayon de soleil éclairait la muraille sud du cimetière.

– Vous êtes un peu abrité, Jules. Je vous ai apporté du gui, dit-elle en accrochant les tiges contre les montants de fer forgé qui délimitaient l'emplacement de la tombe.

Le mistral sifflait au-dessus du mur d'enceinte. Mina se tapit au soleil et décacheta l'enveloppe.

– Je n'ai pas pu résister à la tentation d'écrire à Rose. Et elle m'a répondu. Excusez-moi Jules. Je veux savoir.

" Ma chère Mina, J'ai encore quelques informateurs dans la région et je connaissais votre existence. En bientôt trente ans, ma haine pour Jules s'est estompée. D'autant plus que le pauvre bougre est mort. "

Mina s'interrompit, s'attendant à ce que Jules se manifeste.

" Je ne vais pas tarder à le rejoindre car j'ai passé les quatre-vingts ans. Ma santé est précaire. J'ai toujours refusé de quitter mon appartement où bien des pièces sont condamnées. La chambre de Louise et celle de Philippe sont toujours là, intactes. Une assistante s'occupe du ménage, de la poussière et des courses. C'est avec un grand plaisir que je vous recevrai. N'oubliez pas de prendre rendez-vous et apportez-moi une photo de Philippe. " Rose donnait un numéro de téléphone où la joindre.

– Vous voyez Jules, elle n'est pas si méchante. Elle aurait voulu savoir, tout comme vous.

Elle regarda l'effigie de Louise à la mine sévère sous son chignon. Repliée sur son secret, la mère de Philippe semblait en vouloir à Mina pour ses recherches indiscrètes.

– Je mettrai votre portrait à côté de celui de votre épouse. Ainsi, nous collaborerons au même projet et je pourrai vous rendre compte de mes trouvailles.

Onze heures trente sonnèrent au clocher du village. Mina prit le chemin du retour. Elle rangea la lettre sur l'étagère de l'armoire de Jules, exactement à l'endroit où il gardait la correspondance de sa belle-mère et où restaient encore les carnets remplis de notes sur les truffes.

17

Il avait une silhouette mince et n'accusait pas plus de la cinquantaine malgré ses tempes dégarnies. Georges l'avait recommandé à Mina.

– Olivier Lefebvre poursuit des recherches au sujet du mystère de la truffe. Pour moi, c'est un rigolo. Il cherche un jeune chien truffier et passera vous voir ce soir, à la tombée de la nuit, avait-il expliqué au téléphone.

D'emblée, Mina avait refoulé son antipathie. Lefebvre avait un fort accent du nord et des manières quasi aristocratiques.

– J'adore les animaux et je vous garantis que cette bête ne manquera de rien. Néanmoins, je préfère la robe fauve de son voisin.

– Ce n'est pas un voisin, c'est une voisine. Et les deux femelles sont déjà retenues. Je ne vends que les deux noirs.

Lionne montrait les dents, ses deux filles à ses côtés. Insouciants, les Cavale se bousculaient. En vain, leur mère les rappela.

– Ils sont inséparables, nota l'étranger, en lorgnant sans vergogne Mina.

Les deux Cavale vinrent flairer le pantalon de l'acheteur et mordiller ses lacets de chaussure.

– Raison pour laquelle je ne veux pas prolonger leur cohabitation.

– Vous êtes bien dure, dit-il en se penchant pour caresser les museaux aux jeunes dents agressives.

– J'exerce correctement mon travail de trufficultrice. Rien de plus. Mes chiens sont sevrés. Il est temps de les séparer.

– Très bien. Dans ce cas, je vais acheter les deux. Ils me plaisent bien tout compte fait.

– Vous allez vous ruiner.

– Pensez donc. Un pour moi, un pour un collègue qui poursuit les mêmes travaux.

Mina le toisa.

– Je vous accorde un rabais si vous prenez le lot. Six mille pour les deux.

– Vous n'y allez pas de main morte, jeune fille !

– Madame.

– Excusez-moi.

Mina rigola intérieurement. Elle s'amusait à jouer de son état civil, en fonction de son intérêt. Philippe n'était pas encore rentré. Elle voulait traiter ce marché seule et efficacement.

– Ont-ils un nom ?

– Nous les appelons les Cavale. En occitan, cela signifie ceux qui vadrouillent.

– Pas génial pour des truffiers !

– Certes. Mais cette appellation leur convient parfaitement. Sachez que père et mère sont d'excellents rabassiers.

– Rabassier ! ironisa Olivier Lefebvre. Vous vous inspirez des marchés à Richerenches et des coutumes locales.

– Absolument. Ce n'est pas dans le Nord qu'on apprend à fouiller des melanos. Les trufficulteurs locaux ne sont pas des novices. Ils en connaissent un brin dans le domaine. Et ce sont mes partenaires. Le marché est à prendre ou à laisser. J'ai des tas d'autres demandes.

Surpris par la rudesse du ton, il s'amusa toutefois à marchander. Il réagissait au comportement déterminé et franc de Mina

– Je vous propose cinq mille. Vous n'aurez pas tous les jours un acquéreur pour deux chiots.

– Ce n'est pas assez. Il me faut au moins cinq mille cinq.

– Bien. Je m'incline. Votre charme n'y est pas étranger… Vous n'êtes pas d'ici, n'est-ce pas ?

– Je suis de l'Atlas marocain.

– Je connais Marrakech.

– Comme tous les touristes, se moqua Mina. C'est bien la ville la plus visitée du pays. Les Arabes s'amusent sur la Place Jmaa El Fna à charmer leur serpent et à arnaquer les gens avec des bijoux soi-disant en argent véritable.

– Vous n'aimez pas les Arabes ?

– Ils ont colonisé mon peuple, imposé leur langue, leur façon de penser, leur religion et volé toutes les bonnes terres.

– Comment une jeune marocaine peut-elle aller aux truffes ? Ce n'est pas dans vos coutumes.

– J'ai adopté en partie celles du midi où je vis.

Mina glissa un œil discret à sa montre. Olivier Lefebvre sortit son portefeuille. Sans relâcher sa garde, Lionne le surveillait. Ses deux filles imitaient ses mimiques, têtes légèrement penchées et sourcils froncés. Par politesse, Mina l'invita à entrer dans la chambre de Jules dont il admira la décoration. Elle lui offrit un verre pendant qu'il détaillait la croix d'Agadez qui ornait le mur et le tapis coloré.

– Vous avez beaucoup de truffes cette année ?

– Je n'ai pas commencé la saison. Lionne, ma fidèle compagne, était trop occupée par sa portée. Je ne vais pas tarder à m'y mettre. La campagne s'annonce morose.

Il essayait de lui tirer les vers du nez et elle restait sur ses gardes. Les vols, tant de truffes que de chiens truffiers, étaient fréquents. Il était de mise d'en dire le moins possible sur ses rendements et ses méthodes personnelles. Lefebvre sentit ses réticences.

– Les gens du métier ne sont guère bavards. Heureusement qu'il y a les livres pour se documenter.

Il compta les billets sous l'œil attentif de Mina.

– Le monde de la truffe est mystérieux et chacun a son savoir-faire qu'il garde jalousement.

– Si les prix n'étaient pas aussi exorbitants, personne ne s'amuserait à aller déterrer le fameux diamant noir.

– Il est certain que ça vaut le coup de se geler et de s'abîmer les mains.

Il s'apprêta à partir. Mina redoutait cet instant où il emmènerait les deux Cavale. Elle craignait aussi l'arrivée de Philippe. Elle enferma Lionne et ses filles dans la cuisine. Tous ses sens aux aguets, la chienne rechigna et tenta de mordre Lefebvre. Mina éleva la voix pour maîtriser sa protégée.

– Les Cavale ne sont jamais montés dans une voiture.

– Ne vous inquiétez pas. J'ai des panières pour les transporter.

Ils traversèrent la grande cour côte à côte, chacun tenant un chien dans ses bras. Le courage de Mina commençait à faiblir.

– Ils vont sans doute pleurer toute la nuit.

– Je le sais.

Mina embrassait la tête noire en retenant son souffle. Le museau tiède attrapa une mèche de ses cheveux et s'amusa à tirer dessus. Le nouveau propriétaire enferma son bien dans une mallette d'osier et tendit les bras vers le second chiot.

– Je préfère partir tout de suite, bafouilla Mina en retenant ses larmes.

Elle planta là Olivier Lefebvre sans plus d'explication.

– Ainsi, cette charmante créature n'est pas dénuée de sentiment, se dit-il. J'ai oublié de lui demander son prénom. Tant pis. Je la croiserai bien un jour sur un marché.

Mina se précipita vers Lionne. Apeurée, elle s'était réfugiée sous la table de la cuisine. Le poil hérissé et la colère aux yeux, elle tendait l'oreille. Lorsque le moteur de la voiture démarra, elle se calma et sortit de sa cachette pour gratter contre la porte de l'atelier.

– Lionne, il faut que je te dise… commença Mina.

Elle se pencha pour une caresse que la chienne ignora. Elle ouvrit la porte et Lionne se précipita en flairant tous les recoins de la pièce. Intriguées par les agissements de leur mère, Tindé et Timia observaient la scène, sagement assises sur leur train arrière. Lionne pleurait, tout en continuant sa quête, reniflant à grands coups bruyants. Elle voulait sortir.

– Je ne pouvais quand même pas garder toute ta famille ! Moi aussi, j'ai de la peine.

Le discours de Mina n'apaisa en rien son agitation.

– C'est bien la première fois que tu n'obéis pas.

Lionne commença à aboyer. Elle était sur la trace de ses disparus et bondissait sur le grand portail.

Mina avait oublié sa tristesse. Désemparée, elle cherchait un moyen pour calmer la furie de Lionne. Elle souhaita l'arrivée de Philippe tout en sachant qu'il allait lui aussi chercher les Cavale.

– Merde ! C'est une situation sans issue.

Elle retourna vers Tindé et Timia, pelotonnées l'une contre l'autre sur leur carpette et les caressa. Leurs poils commençaient à boucler sous les doigts de Mina et les têtes s'inclinaient sous la pression de ses mains. Si Timia était bariolée, Tindé restait rousse et argentée. Lionne s'approcha pour surveiller le manège de Mina et tenta de s'interposer entre elle et ses enfants. La chienne avait l'air agressive.

– J'ai perdu ton estime, ma belle. Je te présente mes excuses. Il faut oublier.

Lionne se lamentait maintenant avec des gémissements incoercibles qu'elle tenta d'étouffer en reprenant sa place contre ses deux rejetons. Elle digérait sa peine. Mina préférait encore les caprices à cette soudaine passivité.

– Je me demande si dans l'avenir je te ferai encore reproduire.

Recroquevillée, Lionne ne réagit pas.

– Demain, on se met sérieusement au boulot. C'est le seul moyen de tourner la page.

Elle revint lentement vers la cuisine et entreprit de couper des oignons en fines lamelles. Elle se sentait l'âme d'un traîtresse.

– Je n'aurais jamais pensé que ce soit aussi difficile. Pourvu que Lionne me pardonne.

Philippe arriva peu après, portant une odeur de grand air, de froid et de fumée.

– Je suis en retard. J'ai brûlé des genêts et j'ai attendu que mon feu soit bien éteint avant de rentrer. Ces saletés bouffent les achances. Je crois bien que je vais passer au désherbant comme les autres. Ça sent bon ici.

Mina demanda :

– Qu'est-ce que c'est les achances ?

– En français, on dit les fourrières. Ce sont les lisières du champ. L'endroit où les engins peuvent manœuvrer avant de prendre une nouvelle rangée.

Elle dosait, à l'aide d'une minuscule cuillère, le filfil ahar, des épices composées de poivron et de piment, qu'elle utilisait pour le poisson.

– Je commence la soupe des chiens pendant que tu termines ta préparation. Il n'y a presque plus de lait. Il faudra en racheter.

– Un demi-litre suffira.

– Tu veux les mettre au régime ?

– Obéis-moi, s'il te plaît, Philippe. Ne pose pas de question.

Intrigué, il s'exécuta.

– Ce que femme désire…

Mina l'entendit appeler les Cavale avant que ne tombe un silence troublé par les lapements des deux futures truffières. Elle s'approcha doucement. Adossé contre le mur, Philippe ouvrit la bouche pour des reproches, mais, devant l'air triste de sa femme, il la referma.

– Tu as agi comme il le fallait, Mina. J'aime autant ne pas les avoir vus partir. Je préfère garder le souvenir.

Elle se jeta dans ses bras et étouffa ses sanglots dans le creux de son épaule.

– C'était très dur. J'ai bien cru que j'allais les garder. Le type qui les a achetés était un orgueilleux, imbu de sa personne, une espèce de mec qui croit tout savoir et méprise les gens du coin.

– Tu les as bien vendus ?

– Cinq mille cinq.

– Félicitations. Moi, je dois monnayer au moins deux cent cinquante bouteilles de Coteaux du Tricastin pour obtenir la même somme !

Il malaxait le dos de Mina et la pression des mains contre ses épaules gommait l'amertume de la jeune femme. Elle se laissait aller contre lui, tandis que s'envolait sa culpabilité.

– Merci pour ta compréhension.

– Il te reste encore les deux merdeuses. Mais tu ne devrais pas tarder à vendre Timia.

– Je le sais bien. Georges cherche un acquéreur.

Ils se séparèrent. Lionne couvait ses filles d'un œil possessif. Philippe se pencha vers elle et elle sursauta.

– Tu es bien nerveuse. Mina t'a contrariée. Il faut lui pardonner.

Elle accepta de remuer la queue.

– Tout le monde n'a pas la chance de garder ses enfants, tu sais. Allez, signez la paix.

Mina admira sa diplomatie. Elle effleura d'une main timide la tête de Lionne qui ne se rebella pas, mais lui signifia en se détournant qu'elle n'avait pas oublié la trahison. Tindé et Timia ne perdaient pas de vue la scène. Elles quémandaient de temps à autre une caresse qu'ils leur offraient d'abondance.

– Viens. Demain, ce sera du passé.

Philippe sut balayer les problèmes de conscience de Mina.

– N'exagérons rien. Les Cavale seront heureux dans leurs nouvelles familles.

Ils s'aimèrent longuement, Philippe s'amusant à jouer avec la patience de Mina, à taquiner ses sens, à l'obliger à des supplications. Il adorait dominer toutes les situations, amoureuses aussi bien que matérielles. Il savait au fond de lui que cela renforçait sa virilité et qu'il avait besoin de se rassurer sans doute parce que son père l'avait toujours tenu en laisse. Mina cria longuement avant qu'il ne s'abandonne à son propre plaisir. Elle s'endormit contre son épaule pour une longue nuit.

Les jours suivants, le thermomètre, à l'abri contre la porte, affichait six degrés au-dessous de zéro. Depuis une semaine, ces températures avaient réussi à emprisonner la terre dans un étau de glace que même le soleil de midi ne réussissait pas à fondre. Un vent glacial sifflait, créant des tourbillons de feuilles mortes et arrachant des larmes aux yeux de Mina. Son piolet et sa musette sur l'épaule, elle partit pourtant aux truffes. Lionne avait récupéré sa bonne humeur. Tindé et Timia suivaient leur mère.

– Pour la première fois, on va y aller doucement, dit-elle.

Elle s'était munie d'un vieux sac de toile et d'un pull-over usagé pour transporter les chiennes dont elle craignait la fatigue. Lionne allait tout doucement, surveillant leur marche. Elle mena le groupe jusqu'au grand chêne blanc abritant le courrier de Jules. C'était pour elle un rituel auquel elle ne dérogeait jamais. Elle feignit de renifler autour de la lauze : la truffe que Mina avait déjà détectée ne l'inspirait pas outre mesure. Peut-être saluait-elle le disparu. À l'ombre épaisse du pied de l'arbre demeuraient encore quelques traces de gelée blanche qui miroitaient sur le sol en étoiles argentées. Mina se recueillit pendant que Lionne reniflait. Puis elles prirent la descente vers la Grenoble. Dans les truffiers, Lionne marqua un premier emplacement. La terre solidifiée sur une dizaine de centimètres l'empêchait de creuser et Mina dut l'aider. Elle trouva une truffe guère plus grosse qu'une noix, prise dans une gangue dure. Mina tapa dessus pour la dégager et la rabasse se cassa en deux.

– La saison commence mal.

Tindé et Timia, intriguées par les gestes de Mina, s'étaient approchées. Mina leur mit sous le nez la truffe dont les marbrures blanches étaient imparfaites dans une chair couleur chocolat.

– Bizarre. On dirait une brumale.

Lionne n'était guère enthousiasmée. Son flair, trompé par le froid vif, n'arrivait pas à percer la croûte de la terre. Elle partait sur une piste, le nez au vent, revenait sur ses traces, découragée. Elle repassa ainsi plusieurs rangées, tandis que les chiennes, commençant à peiner, restaient à côté de Mina.

Le second trou resta vide. Lionne trépignait d'impatience en s'abîmant griffes et coussinets sur l'amoncellement de mottes dures.

– Arrête, lui ordonna Mina. On va le laisser ouvert. On reviendra lorsqu'il fera meilleur.

C'était la méthode préconisée par Jules. Ces marques permettaient de vérifier lors d'une prochaine sortie. En gémissant, Lionne s'obstinait.

– Ça suffit. On n'arrivera à rien.

Mina dut la bousculer pour la forcer à lâcher prise. Elle partit sur une autre piste et déterra, à fleur de terre, une belle truffe de la taille d'un œuf. Mina frotta doucement pour la dégager. Ses mains rougies par le froid commençaient à se paralyser. Tindé mordilla la truffe et réussit à entamer son péridium.

– Pas mal pour un début. Mais c'est interdit de manger, Mademoiselle. Je t'apprendrai cela plus tard.

Mina distribua des morceaux de biscuits et reboucha l'ouverture avant de rejoindre Lionne qui prenait le chemin du retour.

– Tu as raison. On s'en va.

Elle marchait d'un pas alerte, ignorant ses deux filles qui restaient fidèlement à côté de Mina. Tindé se faufila sous un cornouiller sanguin et s'apprêta à dormir, aussitôt rejointe par sa sœur.

– Me voilà dans de beaux draps.

Elle siffla Lionne qui continua sa route sans broncher.

– Elle devient rebelle. On dirait que la maternité la perturbe. Ou alors, elle n'a pas digéré l'absence des Cavale.

Mina décida de ne pas la corriger.

– Les choses rentreront dans l'ordre prochainement. Faut dire qu'il n'y a guère de rabasses. Ce n'est pas encourageant pour elle.

Elle mit son sac autour du cou et glissa les deux chiennes dans le pull-over. Elles s'endormirent aussitôt, bercées par le pas de Mina. La besace pesait contre sa nuque et entravait sa marche.

Lionne rejoignit Philippe en grattant contre la porte de l'atelier. Il attendit Mina puis commença à s'affoler.

– Mais, où est-elle donc passée ? Faudrait pas qu'il lui soit arrivé quelque chose.

Il se remémora immédiatement l'accident de son père avec la tronçonneuse. Lionne remuait la queue, ravie d'entendre Philippe lui parler.

– Si seulement, tu pouvais me répondre !

Elle se frotta contre lui à la recherche de caresses.

– Voilà que moi aussi je parle aux chiens. On aura tout vu. Et tes enfants, où sont-ils ? Tu n'as pas honte de les avoir abandonnés ?

Philippe essayait de se calmer. Le soir tombait. Il sortit dans la cour, ouvrit le grand portail et ignorant la bise mordante prit le chemin du serre. Il vit Mina qui arrivait d'un pas vif, son sac autour du cou.

– Tu as bon air comme ça ! On dirait un kangourou. Tu m'as fichu une belle trouille.

– Lionne devient une vraie rebelle. Elle n'obéit plus à mes ordres.

Philippe la soulagea de sa sacoche.

–Je ne sais pas si c'est une bonne idée d'aller truffer avec les deux jeunes.

Mina se massa la nuque.

– Je voulais tenter une expérience. Tindé a goûté sa première rabasse. Je dois l'éduquer le plus tôt possible. Surtout avec cette saison qui s'annonce minable. J'ai pas trouvé grand chose.

Elle rangea sa maigre récolte dans une jarre en grès. Philippe pinça le nez sous l'effluve des diamants noirs et s'éloigna sans rien dire. Sa répulsion persistait. Mina se lava les mains soigneusement pendant que Philippe nourrissait les chiennes. Elle vérifia qu'aucune odeur n'imprègnât ses longs cheveux, mais le mistral s'était chargé de jouer le rôle de déodorant. Elle prit une douche bien chaude et enfila sa djellaba.

– Me voilà bien présentable et aseptisée. Aucun parfum de truffe.

Elle dressa les couverts dans la chambre de Jules, pour un cérémonial dont elle offrait régulièrement la surprise à Philippe. Cela lui permettait de l'apprivoiser peu à peu et de rompre avec la monotonie des jours.

– Je vais me changer, dit Philippe en rentrant.

Plus tard, propre et détendu, il confia :

– Je te préfère en femme d'intérieur plutôt qu'en rabassière.

– Il faudra bien que tu finisses par accepter mes autres rôles. J'ai contracté le virus de la truffe. Maintenant, il est trop tard pour enrayer le phénomène.

– Je t'avais prévenue ! triompha-t-il.

– Et je n'ai pas écouté. Aujourd'hui je suis contaminée. Tout comme tes deux parents. La nature s'est trompée de partenaire. Normalement, l'hérédité se transmet par les géniteurs...

Philippe appréhendait l'ironie de sa femme et il coupa court.

– Demain c'est dimanche. Je t'emmène au restaurant. Ensuite, nous irons nous balader où tu voudras.

– J'aimerais voir la mer, me promener sur une plage et entendre le bruit de la marée.

– C'est loin.

– Deux heures de route, tu plaisantes.

– Dans ce cas-là, au lit. Demain, départ aux aurores.

Couchée contre lui, Mina lui caressa le torse. Elle aimait sentir les poils de sa poitrine chatouiller les paumes de ses mains. Elle aimait mêler sa chaleur à la sienne, prendre son temps, laisser venir le désir. Souvent Philippe la prenait de court, l'entraînant dans un tourbillon des sens qu'elle n'avait pas le temps de voir venir. Elle descendit vers la bête chaude qui palpitait entre ses cuisses, s'amusant à titiller sa verge.

– Ce soir, on inverse les rôles.

– Les traditions me rassurent. Toi, tu es une révolutionnaire.

– N'exagérons rien, dit-elle en s'allongeant sur lui.

Philippe n'aimait pas qu'elle prenne d'initiative amoureuse. Cela le blessait dans sa virilité. Toutefois, il resta passif. Il encercla Mina dans ses bras et accepta volontiers ses assauts.

– Je t'aime, lui murmura-t-il. C'est pourquoi je t'accorde beaucoup de choses.

– Encore un effort et tu accepteras mes différences.

Philippe la bouscula et la pénétra sans préambule avant de peaufiner ses gestes d'amant expert.

18

Les maisons aux façades colorées, les ruelles presque vides, le port et ses cargos aux flancs fatigués, Mina voulut tout voir. Elle humait les senteurs d'iode et se saoulait d'images tandis que les pêcheurs lui proposaient en riant un tour en mer. Philippe imaginait la convoitise chez ces hommes qui lorgnaient sa femme. À la fois fier et contrarié, il poursuivait sa route, Mina accrochée à son bras. Cette journée d'hiver était froide, avec un beau ciel bleu sur une mer grise et houleuse. Angoissé par cette soudaine liberté et ce changement de cadre, Philippe se laissait entraîner par une Mina étrangère et curieuse qui abordait les gens, posait des questions, touchait les filets et se laissait vraiment aller à la détente. Ils marchèrent sur la plage, respirant à pleins poumons l'odeur de l'eau mêlée de sable et d'algue.

– Dommage qu'il fasse trop froid pour se baigner. J'adore nager dans cette immensité.

– Nous reviendrons un jour de printemps ou d'été.

Mina se souvint de Larache, au nord du Maroc, dont toutes les maisons blanches aux volets bleus s'étageaient autour d'étroites venelles massées en demi-cercle au-dessus de son port grouillant de monde. C'était presque exclusivement des hommes qui travaillaient à réparer les filets, ouvrir et nettoyer les poissons, entretenir les bateaux et diriger les usines de mise en boîtes des sardines. D'immenses plages quasiment désertes bordaient la route de Tanger jusqu'à Essaouira. Les Marocains n'avaient pas pour habitude les bains de mer. C'est seulement en arrivant à Marseille que Mina avait découvert les joies de la baignade, d'abord avec appréhension puis avec délectation. Elle adorait la sensation de l'eau sur sa peau nue et la terrible liberté ressentie, lorsque, immergée dans l'immensité, le corps libéré de toute entrave et les yeux dans le ciel, elle dérivait, portée dans un berceau liquide. Absorbée par ses pensées, elle marchait vite, s'amusant à zigzaguer contre la frange des vagues ourlées d'écume.

– On dirait une enfant, marmonna Philippe.

Dans le sable qui entravait ses pas, il peinait pour la suivre. Il ne comprenait pas très bien le plaisir de sa femme. Le vent du large engourdissait ses mains. Il se retourna et aperçut, au loin, les maisons des Saintes-Maries brouillées par un nuage opaque. Il appela Mina puis courut pour la rejoindre.

– On va se retrouver à Marseille si tu marches encore un peu !

– Excuse-moi. J'étais ailleurs.

Ils prirent le chemin du retour, bras dessus, bras dessous. Philippe ne la lâchait plus. Elle eut envie de se libérer de cette tutelle envahissante puis se retint par égard pour son mari. Elle avait réussi à le soustraire à sa ferme pour une journée et elle se devait de l'assister dans cette liberté toute nouvelle.

– C'est pas comme chez nous, dit timidement Philippe.

– Certes. Oublie ton Champlong et imprègne-toi du paysage. Moi, les truffes ne me manquent pas.

– J'ai pas l'habitude.

– Je vais t'apprendre, cria-t-elle par-dessus le bruit des vagues.

Quelques familles se promenaient à l'abri des dunes pour leur sortie dominicale. Les enfants couraient et se chamaillaient. Des pères de famille construisaient des châteaux de sable sous l'œil ébahi de leur progéniture. Une femme lisait, le dos contre un tamaris. Un paquebot longeait les côtes, sa carcasse blanche buvant le soleil. Mina s'arrêta pour l'admirer. Toujours accroché à elle, Philippe se retint de maugréer.

– Tu vois, expliqua-t-elle, ce bateau me rappelle le Mansour, le paquebot qui va d'Algésiras à Tanger, là-bas, de l'autre côté de la Méditerranée. Dans son ventre, on charge les voitures et même les camions. En guère plus de deux heures, il t'emmène, par le détroit de Gibraltar, à Tanger la blanche, posée sur sa colline, au confluent de deux mers. Au cours de la traversée, tu peux t'installer sur le pont et suivre la ligne des terres.

Ainsi, il avait suffi d'une image pour l'emmener ailleurs. Philippe la voyait partir et se sentait abandonné. Il se serra encore plus contre Mina.

– Les touristes suivent la côte par Rabat, Casablanca puis bifurquent vers Beni-Mellal, Kasba Tadla, El Ksiba pour rejoindre l'Atlas. Je préfère la route des terres par Chefchaoen, Meknés, Azrou, Khenifra et le raccourci jusqu'à Aghbala. Là, je suis chez moi.

Elle suivait l'oiseau de mer, ignorant son mari. Philippe la crut ensorcelée.

– Viens. Je n'aime pas te voir rêver.

– Je me souviens de mon pays. Le printemps sera bientôt là. Je partirai en avril ou en mai lorsque la température sera plus douce et que les lauriers seront fleuris le long des oueds. J'ai écrit à Ali, mon frère qui vit à Lyon. Nous irons sûrement en voiture par le Mansour.

– C'est sérieux ?

– Très sérieux. Je sais qu'il est impossible de compter sur toi. Je vais donc m'organiser autrement. J'ai le temps de finir ma campagne de truffes d'hiver, de tailler les arbres et de voyager avant que ne commencent les blanches.

– Tu vas me laisser seul ?

– Je veux revoir mes vieux parents et l'Atlas. Puisque tu n'envisages pas de m'accompagner, j'irai avec Ali.

Immobile contre Mina, Philippe se sentait déchiré. Il ne pouvait pas interdire à sa femme de retourner au Maroc et il ne se décidait pas à partir avec elle. Il s'imagina à Champlong souffrant de solitude. Il l'entraîna vers le village de pêcheurs. Elle se laissa conduire docilement.

– Combien de temps seras-tu absente ?

– Au moins un mois. Peut-être plus. Ali dispose de longues vacances au printemps.

Philippe déglutit avec difficulté.

– Je n'accepte pas de vivre sans toi aussi longtemps.

– Alors, tu n'as qu'à venir. Il reste une place dans la voiture.

– Laisser la ferme un mois, c'est impossible.

– Tu rentreras en avion après une semaine ou quinze jours.

– Je vais réfléchir.

Il resterait passif comme d'habitude, Mina le savait. Sans doute était-il sincère et souffrait-il de cette situation. Il était incapable de prendre une décision. Elle avait escompté sur la mort de son père pour qu'il devienne volontaire et déterminé. Depuis cet événement, il était seul à régenter Champlong. Pourtant, Philippe n'avait pas changé. Il se comportait comme un gamin immature.

– Allons manger un plat de poissons. J'adore ça.

– Je n'ai pas très faim.

Il s'installa pourtant à une table dans le restaurant coquet d'où l'on dominait la Méditerranée. Sa bouche avait pris un air boudeur. Mina n'éprouvait aucun regret.

Elle savoura sa soupe avec gourmandise. Elle n'avait jamais écrit à son frère, ni arrêté de date fixe pour son voyage. Elle inventait une histoire qui pouvait devenir réalité du jour au lendemain. Philippe chipotait dans son assiette, absorbé par le spectacle d'un voilier qui partait vers le large.

– Je t'ai presque forcé à venir jusqu'ici. Est-ce que je dois aussi te violenter pour t'emmener en voyage ?

Il adopta un air suppliant. Dans ses yeux noisette miroitaient des paillettes vertes.

– N'en parlons plus. Je n'ai pas envie de gâcher cette journée de détente.

Il ignora son dessert et contempla les vagues d'un air maussade pendant que Mina mangeait sa crème brûlée. Il était mal à l'aise dans ce restaurant inconnu, loin de sa ferme, face à une Mina rebelle qui s'amusait à le provoquer.

– Allons marcher encore un peu.

– Pas sur la plage. Le sable me gêne.

Mina soupira.

– Nous prendrons un chemin à l'ouest du village, juste après le port. Passons d'abord par l'église dire bonjour aux trois Marie. Ensuite, je voudrais suivre la piste qui conduit à la Camargue.

– Nous n'avons pas le temps de tout voir.

– Au moins les Marie et le port, supplia Mina.

– Je me demande comment tu es au courant des mystères de ce bled que tu n'as jamais vu.

– Par la lecture, rigolo ! C'est ainsi que je sais que les Saintes Marie-Jacobé et Marie-Salomé sont venues évangéliser cette région. Elles fuyaient la persécution des juifs de Palestine et ont pris la mer avec leur servante Sara. Leur barque les a conduites en Provence, ici même. Sara, la noire, est vénérée par les gitans et, bien entendu, l'église chrétienne n'a jamais voulu la reconnaître. Elle a été persécutée, comme les Berbères. C'est sans doute pour cela que Sara est installée dans la pénombre de la crypte.

Révoltée par l'inertie de Philippe, Mina laissait aller sa mauvaise humeur en tenant des discours enragés. Plus que par l'attitude de l'église à l'égard de Sara, elle était ulcérée par le peu d'intérêt de son mari pour la culture locale. Elle, la berbère, connaissait mieux les méandres de l'histoire et les saveurs des légendes que lui, né dans cette région.

– Je suis ignare.

– Ça se corrige avec un peu de bonne volonté, répondit Mina en pénétrant sous le porche de l'église.

Philippe manifesta sa mauvaise humeur tout l'après-midi. Replié sur lui-même, il ne répondait qu'à demi-mot et refusait le plaisir de flâner dans les rues. Il suivait Mina en maugréant. Elle s'arrêta pour parler à un gardian chapeauté, qui portait fièrement une chemise provençale et une cordelle en guise de cravate. Il la détailla effrontément, répondit à ses questions et l'invita à visiter son ranch. Philippe refusa tout net. Ils rentrèrent tôt par des routes tranquilles. Le paysage, surtout les chevaux et les taureaux, occupait Mina mais la présence hostile de son mari la contrariait.

– Tu vas t'en payer une tranche dans ton Atlas, hein ? dit soudain Philippe.

– Qu'est-ce que tu racontes ?

– J'ai bien vu comment ce type te reluquait.

– Ce n'est pas de ma faute si les hommes me reluquent, comme tu dis. Tu aurais dû épouser un laideron sans charme. Ainsi, tu aurais pu lui dicter ta loi, lui interdire d'aller aux truffes et la séquestrer dans ton domaine.

– Tu sais bien que je t'aime.

– Tu m'aimes en femme soumise à tes caprices. Dès que je m'exprime ou que j'agis à ma guise, tu te mets en colère. C'est invivable.

– Excuse-moi.

Le reste du trajet fut silencieux, chacun muré dans ses pensées.

Les trois chiennes se précipitèrent vers eux dès leur arrivée. Elles avaient besoin d'exercice.

– Une journée entière enfermées, c'est trop long pour elles, grogna Philippe.

– On ne sortira plus. On passera notre existence dans cette ferme du bout du monde, sans voir personne et en travaillant sans cesse. Tout comme Jules.

– Ce n'est pas ce que j'ai voulu dire. Tu interprètes tout.

Mina haussa les épaules avec dédain et monta dans la chambre. Elle avait besoin d'un moment d'isolement.

– Il va falloir que j'apprenne à me taire sinon les relations vont devenir infernales. Seulement voilà, ce n'est pas mon style. J'ai besoin d'être moi-même et le silence m'étouffe.

Cette journée était résolument gâchée.

– Pas la peine de se voiler la face. Philippe ne me comprend pas. Je ne sais pas en quoi je suis responsable. On dirait que nous ne parlons pas la même langue et mes origines n'y sont pour rien. Avant que les choses s'enveniment, je devrais peut-être chercher du boulot, m'absenter toute la journée et ne retrouver mon cher et tendre que le soir. L'idéal, ce serait un mi-temps et le reste pour les truffes.

La nuit s'était installée. Dans le halo de la lampe de chevet, Mina réfléchissait, les deux mains posées à plat sur son bureau. Philippe l'appela et elle pesta.

– S'il ne me trouve pas, il me cherche partout. Et si nous sommes ensemble, il est désagréable. C'est un comble.

Par provocation, elle attendit qu'il renouvelle ses appels plusieurs fois. Il dut monter la chercher.

– Tu pourrais répondre. On te demande au téléphone.

– Qui est-ce ?

– Qui veux-tu que ce soit ? Ton ami Georges, pardi. Moi, jamais personne ne me réclame.

Le courtier avait trouvé un acquéreur pour Timia et donnait rendez-vous à Mina le lendemain après-midi.

– Les transactions se feront à mon domicile. La dame habite loin et ne veut pas venir jusqu'à Réauville. De plus, elle est issue d'une famille de maquignons très durs en affaire. J'ai peur que vous vous fassiez rouler.

Mina donna son accord.

– Les choses seront plus simples chez vous. Lionne ne verra pas sa fille partir. Je trouverai bien un subterfuge pour kidnapper Timia lorsqu'elle aura le dos tourné. Comment va Léonore ?

– Ce n'est pas fameux. J'ai embauché une femme qui vient tous les jours faire le ménage et la cuisine ; elle lui tient aussi un peu compagnie. J'ai beaucoup de travail comme tous les hivers. Et je peine.

C'était bien la première fois que Mina entendait Georges se plaindre de son sort. Il avait l'air démoralisé. Elle lui dit un mot d'encouragement avant de raccrocher.

Philippe s'était installé devant la télévision avec les trois chiennes. Lionne reposait sur le tapis avec Tindé, tandis que sa sœur s'était endormie sur les genoux de Philippe. Les yeux fixés sur l'écran, il la caressait. En grandissant, les jumelles s'affirmaient, affichant des caractères et un physique différents. Tindé, réplique de sa mère, imitait tous ses comportements. Timia, d'une nature plus nonchalante, rechignait aux ordres et quémandait sans arrêt des flatteries.

– Quel beau tableau ! Comme dirait Jules, tu vas me pervertir les deux jeunettes.

– J'ai pensé qu'elles pouvaient bien rentrer un peu.

– Ça n'a pas d'importance. Demain, il ne restera que Tindé à la maison.

– On pourrait garder Timia. Elle est affectueuse. Je l'emmènerais travailler avec moi. Lorsque je taille ou que je bine, je n'entends rien, et elle me préviendrait en cas de danger.

Mina n'en croyait pas ses oreilles. Ainsi son mari se laissait apitoyer par le sort de la truffière.

– Timia est une chienne de truffes. Elle a besoin d'un bon trufficulteur qui la dresse correctement. Demain, je la vends. Si tu veux un compagnon, tu n'as qu'à acheter un berger allemand. Surtout pas un labrador car je serais capable de le dresser aux rabasses. Beaucoup travaillent avec cette race et il paraît qu'ils font des merveilles. Sur ce, je remonte. J'ai envie de lire un peu tranquillement.

– Mais, Mina…

– Il n'y a pas de mais Mina. En ce qui concerne les loisirs, je ne te demanderai plus jamais rien, mais pour la truffe, c'est moi qui décide. Si tu as faim, il y a du fromage dans le frigidaire. Bonsoir.

Elle quittait la pièce d'un air déterminé lorsque Lionne et Tindé se levèrent d'un bond pour venir la saluer. Sous l'œil ahuri de son mari, elle s'agenouilla pour les caresser et leur murmurer un mot gentil. Timia dormait toujours dans les bras de Philippe. Mina sut que la séparation se ferait demain sans trop d'émotion.

19

Cet après-midi de décembre, Mina partit tôt. Le temps était beau malgré le froid persistant. D'un coup de piolet, elle testa la rigidité du sol qui restait gelé à l'ombre. Pendant qu'elle effectuait cette opération de routine, Lionne l'attendait en réfrénant son impatience. Puis elle mena le groupe vers la tombe aux lettres où Lionne marqua une grosse melano mûre à point. Tindé, repoussant sa mère, essaya pour la première fois de gratter. De ses pattes encore malhabiles, elle envoya quelques poignées de terre hors du trou et son flair la guida vers la truffe.

– Tu vas t'abîmer les coussinets, ma jolie. Je vais t'aider.

D'un battement de queue, elle accepta la proposition. Mina écarta sans ménagement Lionne, qui se mit à gémir de mécontentement devant cette concurrence déloyale.

– On aura tout vu. J'ai droit à une scène de jalousie ! Tu devrais être fière d'avoir une fille aussi intelligente.

Mina surveillait le manège de Tindé, s'arrangeant pour lui faciliter le travail. Lorsque le dos rond de la truffe apparut, elle la découvrit d'un coup de piolet circulaire et empêcha la chienne de la manger. Elle lui tendit un morceau de biscuit, récupéra le diamant noir dans la paume de sa main et entrouvrit légèrement les doigts, juste pour laisser passer l'odeur musquée.

– C'est la règle du jeu, expliqua-t-elle. Une sorte de troc entre toi et moi.

En guise de protestation Lionne aboyait.

– Plutôt que de contester, tu ferais mieux de m'appuyer. Tu es le chef autant que moi.

Mina rangea la truffe dans un compartiment de sa musette, puis s'approcha de Lionne et la caressa en lui murmurant des mots tendres.

– Quelle mauvaise tête. Tu sais bien que nous sommes liées d'une amitié infaillible. C'est toi la reine. Toutefois, Tindé est promise à un bel avenir.

Sa tête hirsute penchée d'un air appliqué, Lionne l'écoutait. Depuis quelque temps, elle était moins préoccupée par ses rejetons et retrouvait la vitalité de sa jeunesse. Tindé observait la scène. Elle ne savait encore rien des comportements de la Mina rabassière.

– Et puis tu sais, ces novices, faut bien leur expliquer le métier. Elles ne connaissent rien à l'affaire. Alors tu es ma collaboratrice. Cette mise au point effectuée, on continue.

Après une ultime caresse, Lionne repartit, aussitôt suivie par Tindé. Mina leur emboîtait le pas.

– Je dois bien être une des seules trufficultrices de la région à ne pas tenir mes chiennes en laisse.

Elle avait remisé les cordes et les ficelles que Jules utilisait. Avec horreur, elle avait découvert un objet pourvu de lanières de cuir. Philippe lui avait expliqué qu'il s'agissait d'une muselière. Lionne fouilla encore une truffe, peu profonde, juste au bord du chemin qui conduisait à la Grenoble. Cette fois, Tindé se contenta d'examiner les techniques de sa mère. Décidée à la laisser aller à son rythme, Mina ne voulait pas la brusquer, sachant instinctivement que ce ne serait pas utile d'employer la manière forte. Elle nettoya sommairement la melano, laissant toujours un peu de terre pour le transport dans la musette, le balancement de sa marche à travers bois achevant le travail de nettoyage. Comme elle s'apprêtait à repartir, Mina s'aperçut de l'absence de Timia.

– Où est donc passée cette étourdie ?

Lionne était déjà loin, le nez au vent, tout entière mobilisée par son travail. Mina siffla puis cria pour rappeler son monde.

– Retournons sur nos pas. Il ne faudrait pas que quelqu'un me l'ait volée.

Il ne passait jamais beaucoup de monde sur le serre sablonneux qui appartenait aux Polignac. Toutefois, la voie communale qui le traversait pour rejoindre Valaurie en serpentant sur les terres argileuses était parfois empruntée par marcheurs et chasseurs qui ignoraient les limites de propriété. Ces derniers n'hésitaient pas à piller champignons, raisins et petit houx. Plutôt que de cueillir raisonnablement un kilo de grisets, ils ramassaient sans retenue toute la production, piétinaient la terre et déracinaient le fragon.

– Sans morale et sans limite, l'humain est le plus gros prédateur de la planète. Depuis la nuit des temps, il amasse coûte que coûte. Ça me rappelle l'histoire de Moïse lorsqu'il ramenait sa tribu depuis l'Egypte jusqu'à Israël. Affamés, les gens pleuraient en se souvenant des poissons, des concombres et des pastèques des rives du Nil. Pour seule subsistance, ils avaient la manne du désert. Excédé par les lamentations, Dieu demanda au vent de la mer de se lever et des milliers de cailles s'abattirent sur le sol. Les Hébreux mangèrent jusqu'à l'indigestion et beaucoup furent malades.

Mina rebroussa chemin et s'amusant de ses élucubrations bibliques, elle termina :

– Je prétends que la manne du désert, c'était la truffe.

Dans la région, beaucoup de chiens avaient été enlevés dans les chenils. Certains voleurs, munis de téléphones cellulaires, arpentaient les truffières les nuits de pleine lune pour dérober quelques rabasses. Les plus fainéants de ces racailles s'emparaient des sacs dans les voitures au marché de Richerenches. Les gros producteurs parlaient de s'organiser en commando pour défendre leurs biens.

Lionne et Tindé avaient disparu dans un méandre du sentier. Mina les ignora et rebroussa chemin. Elle savait qu'elles finiraient par revenir.

– Timia n'est pas bien courageuse. Si en plus elle est fugueuse, son nouveau propriétaire va bien s'amuser pour faire son éducation.

Mina refit en sens inverse la distance parcourue, fouillant les abords, appelant sans cesse jusqu'au retour de Lionne.

– Mère indigne. Où est ta seconde fille ?

Prise en faute, elle partit à toute allure en direction de la tombe aux lettres. Mina prit Tindé dans ses bras et accéléra le pas. Timia dormait, d'un sommeil profond, contre une touffe de pistachier térébinthe. D'un museau agacé, Lionne la bouscula.

– Je sais bien que tu n'y es pour rien, ma belle. On aura tout vu. C'est une bonne à rien. Il est temps de s'en débarrasser.

Elle se souvint des paroles de Jules lorsqu'il dressait Lionne et la punissait d'une soupe claire de pain et de rognures de truffes.

– Je ne vais quand même pas employer les méthodes de Jules, affamer et gronder.

Timia, ignorant le mouvement autour d'elle, continuait sa sieste. Mina la repoussa du bout de sa chaussure. Elle ouvrit un œil étonné, s'étira, soupira d'aise et s'apprêta à reprendre son somme. Excédée, Mina eut envie de la frapper, mais se contenta de la mettre sur pied.

– On repart, les filles.

Timia titubait comme une enfant sortant du sommeil. Mina la surveillait, craignant encore une incartade. Lionne fouilla encore quelques truffes, secondée par Tindé. La maigre récolte ne dépassa pas les cent cinquante grammes.

– La saison est décidément mauvaise. J'espère que nous ferons mieux en janvier et février, commenta Mina en nourrissant les chiennes.

Jules disait toujours que le meilleur moment c'était le début de l'année, l'époque ou la melano, au meilleur de sa maturité et de son parfum, développait vraiment toutes ses qualités. Il expliquait à sa belle-fille, d'un air dégoûté :

– Tu comprends, l'humanité est malade. Pardi, aujourd'hui, on mange des tomates et du raisin en toutes saisons et l'on consomme des truffes pour Noël. Les riches achètent à n'importe quel prix la truffe dite du Périgord et se délectent d'un produit immature. Ils y comprennent rien, ces pauvres bougres. Certains ignorent que la pomme pousse sur un pommier et recherchent des fruits sans la moindre éraflure. Ils pensent sans doute que la pomme est fabriquée en usine, ces citadins de malheur !

Mina avait trouvé ces propos bien mauvais à l'époque. Maintenant qu'elle était en contact avec les clients elle n'était pas loin de partager le point de vue de Jules. Au marché, elle avait vu des vieilles liftées portant vison et parlant pointu acheter des truffes. Elles étaient la risée des courtiers qui les entubaient sans vergogne. Ces femmes du nord détonnaient dans la foule des gens du pays. La truffe s'était médiatisée et les leveurs n'appréciaient pas les fureteurs de tous poils qui posaient des questions, prenaient des notes et photographiaient à tout va.

Lionne et sa fille allèrent se coucher tandis que la rebelle Timia se dirigea vers la cour. La demoiselle avait sans doute besoin d'exercice. Mina la suivit et l'attrapa pour l'enfermer dans la voiture. Il fallait la surveiller de près, mais elle avait un caractère débonnaire.

– Maintenant, dépêchons-nous pendant que Lionne dort.

Elle prit ses papiers, laissa un mot à Philippe pour indiquer qu'elle risquait de rentrer tard et démarra vers la ferme de Georges. Il y avait un moment qu'elle n'avait pas rencontré Léonore. Elle attendait l'instant propice pour se trouver en tête en tête et poser des questions. Elle redoutait la perspicacité du courtier et avait décidé de jouer de discrétion pour endormir les soupçons.

– Parler de truffes, se plaindre de la mauvaise récolte, se débarrasser de Timia en vantant ses qualités et rien d'autre, se recommanda-t-elle tout en conduisant.

Bercée par le ronronnement du moteur, la chienne s'était endormie sur le siège du passager. Comme d'habitude Mina ralentit devant le château de Grignan. Le soleil se couchait, allongeant les ombres, effleurant les terres encore nues, noyant les imperfections sous des roses et des orangés. Elle prit la longue ligne droite qui conduisait à Chamaret parmi les chênes touffus. Elle passait par là uniquement pour contempler la tour qui lui rappelait son pays.

– Mon emmerdeur de mari absent, je prends mon raccourci préféré.

En effet, Philippe ne supportait pas ces routes de campagne étroites et souvent mal goudronnées. Résolument tourné vers l'avenir sur ce point, il préférait les grandes voies asphaltées et matérialisées. Pour éviter ce sujet de discorde, Mina attendait d'être seule pour se livrer à ses plaisirs favoris. Elle descendit vers Colonzelle, bifurqua à la croix, s'enfonça dans la plaine où croissaient dans une terre souple aux reflets d'argent vignes et truffiers. Richerenches était vide dans la lueur de ses phares. Seule une lumière brillait devant la porte de Georges. Elle frappa et entra, Timia dans ses bras.

– Je suis au labo, cria Georges.

Elle suivit le dédale des couloirs et de la salle à manger abandonnée. La porte du bureau était ouverte. Elle ralentit, le temps de constater que l'enturbanné de bleu posait toujours devant sa tente.

– Bonjour, Georges.

Il lança un regard mauvais à la chienne.

– Pas d'animal dans ma maison.

– Je le sais bien. Où puis-je me débarrasser de Timia ?

– Enfermez-la dans la cave. La porte juste à côté de la cuisine. Je n'ai pas le temps de vous accompagner. J'ai une commande à traiter d'urgence.

– Je m'en occupe.

Mina emprisonna sa truffière nullement impressionnée par ces locaux inconnus. Elle se mit à flairer le tas de pommes de terre, les cagettes entassées dans un coin, les grandes jarres contenant des olives qui macéraient et les tonneaux de vin.

– Le travail te fatigue vite mais tu as un bon caractère. Cela devrait séduire ta future patronne.

Elle rejoignit le courtier dans la grande pièce rectangulaire dont une longue table occupait le centre. Dans des caisses de plastique, reposaient les truffes qui avaient subi un premier tri sommaire.

– Presque que des saletés au marché aujourd'hui. L'année est catastrophique. La sécheresse de la fin de l'automne a bloqué la maturation. On dirait des pécoules de lapin ! dit-il en montrant des rabasses semblables à des noisettes.

– Des pécoules ? interrogea Mina.

– En patois, c'est les pettes de lapin.

– Des pettes ?

– Des crottes, voyons !

Mina aimait le parfum de la melano, mais, dans cet endroit fermé, elle s'asphyxiait, tant l'odeur était puissante. Georges remua vigoureusement une caisse et la terre s'échappa par les interstices. Il la balaya et la jeta dans une bassine posée sur la balance.

– J'en ai déjà retiré dix kilos en brossant les truffes. À cinq mille francs le kilo, elle vaut de l'or !

Mina ouvrait de grands yeux, consciente d'assister à un spectacle réservé aux initiés.

– Mais, je la garde pour faciliter l'inoculation de mes glands, expliqua-t-il, seulement la terre ayant épousé la melano. L'autre, celle qui a fréquenté la brumale, je la jette.

Muni d'un canif, il prenait les truffes une à une, les entaillait légèrement, observait la couleur de la chair et les déposait dans différents récipients.

– Dans les lots, les producteurs s'amusent à mélanger les espèces. Ce sont des filous. Et ils font monter les prix. Il faudrait étaler la marchandise pour juger de sa valeur avant de l'acheter. Seulement, voilà, sur les marchés, les transactions se font dans la discrétion.

Elle posa son sac dans un coin, s'approcha timidement et plongea le nez dans une caisse.

– Je ne savais pas que vous utilisiez un couteau.

– Ça s'appelle canifer, répondit Georges. Tenez, si vous voulez essayer.

Il lui tendit son canif. Elle était intimidée comme lorsqu'elle avait fouillé sa première truffe avec Jules. Le courtier l'observait. Elle refréna son embarras et entailla délicatement la chair d'une rabasse.

– Encore une brumale couleur chocolat. Elle ne vaut rien. Juste bonne pour les pâtés et encore. Allez, continuez, l'encouragea-t-il.

C'est ainsi qu'elle canifa, d'une main de plus en plus experte, le contenu de toute la corbeille. Elle n'avait plus peur maintenant. Elle coordonnait ses mouvements avec ceux de Georges, lui tendant une à une les truffes, et il s'amusait à lui apprendre les différentes espèces. En bonne élève, Mina suivait de son mieux, s'appliquant à observer la glèbe de ces drôles de champignons.

– Je vais emballer un bon kilo pour un restaurant spécialisé. Je le posterai en colissimo. C'est une méthode rapide et fiable. Je préfère livrer moi-même la marchandise lorsque j'ai le temps. Rien ne vaut le contact pour fidéliser le client. Les gens ont la mémoire courte ; ils oublient facilement. En ce moment, je suis bousculé. J'envisage d'embaucher quelqu'un pour me donner un coup de main.

Mina ne voulut pas proposer sa candidature. Il était trop tôt.

– Et ces brumales, que vont-elles devenir ?

– Elles partiront à la conserverie. Les débris de melano, je les garde pour les charcutiers. Ce sera mon travail pour demain matin, avant de partir au marché. L'après-midi, j'irai visiter mes plantations.

– Vous avez un emploi du temps bien rempli.

– C'est pour cela que j'ai employé une femme pour soutenir un peu Léonore.

– Comment va-t-elle ?

– Il faut qu'elle se repose. J'ai bien du mal à la maintenir à la maison sans activité. Elle n'a pas l'habitude de fainéanter. Vous irez lui dire bonjour tout à l'heure, lorsque nous aurons vendu votre chienne.

Comme à l'accoutumée, Georges organisait le programme, sans demander à Mina son avis. Indulgente, elle sourit. Cette manière d'être caractérisait le courtier avec son charme bourru et autoritaire.

– Vous savez, Timia est gentille et de bonne composition mais un peu paresseuse.

– Taisez-vous, malheureuse ! Surtout, n'allez pas tenir des discours pareils à Madame Tambourin.

– Je voulais juste vous prévenir.

– La mère Tambourin est une championne dans le dressage des chiens. Elle en a déjà toute une flopée qu'elle mène à la baguette. Imaginez-vous qu'elle possède cinquante hectares de truffiers. Elle cueille tous les jours et ses bêtes travaillent par cycle de deux heures, jamais plus. Elle considère qu'après ce laps de temps, elles sont trop fatiguées pour détecter le diamant noir. Son mari et son fils sont courtiers à Carpentras.

– Je suis un peu intimidée.

– Vous ne répondrez qu'aux questions qu'elle vous posera. Je ferai le reste. Je la connais, cette fine mouche. Mine de rien, elle a l'art de tirer les vers du nez.

Georges éteignit la lumière du laboratoire et passa par son bureau.

– J'ai juste un détail à noter dans mon livre de compte, dit-il à Mina.

Pendant qu'il écrivait, elle toisa Antonin, figé dans sa longue djellaba et dissimulé sous son turban. Ses yeux ne lui apprirent rien de nouveau, sinon qu'ils brillaient de la même lueur verte que ceux de Georges et de Philippe. Cette soudaine révélation la laissa pantoise. Les paillettes d'émeraude dans les pupilles des trois hommes étaient-elles un fait du hasard ?

– Elle arrive, dit le courtier. Tournez trois fois votre langue dans votre bouche avant de parler.

Il poussa Mina hors de la pièce.

– Allez chercher Timia et laissez-la se défouler un moment dans la cour. Ensuite, vous nous rejoindrez.

Georges fit les présentations sous la lumière glauque du perron de l'entrée, puis il invita la visiteuse à entrer dans la cuisine. Mina devina une femme d'un certain âge, à la taille imposante et au timbre autoritaire. Timia ne s'était pas endormie et devinait que quelque chose se tramait. Elle gémit en entendant la voix familière :

– Ce passage par la ferme du courtier te fera un intermède entre Champlong et ta nouvelle demeure où tu seras heureuse, j'en suis certaine, lui murmura Mina.

Timia ne broncha pas. Elle semblait douter, l'œil sceptique et le sourcil froncé. Cette mimique lui venait de sa mère.

– C'est pas le moment de se dégonfler. Viens courir un peu.

Timia ne voulut rien savoir ; adossée contre un tonneau, elle refusait de quitter sa planque et se mit à pleurer. Mina la prit dans ses bras et sa gorge se serra. Elle songea à la proposition de Philippe qui voulait la garder.

– Mais non. Philippe n'y connaît rien. Je dois écouter Georges.

Avec détermination, elle quitta la cave, posa Timia au pied du grand tilleul et l'incita à jouer. Elle n'obéit pas, immobile, un air de reproche au fond des yeux. Heureusement, la nuit était tombée et la lumière du pauvre lampion était insuffisante pour capter la gamme d'émotions qui tapissaient les yeux de la chienne. Elle attendit patiemment que le temps joue son rôle, mais, têtue, Timia se contentait de pousser de temps à autre un cri rageur. Alors, elle rejoignit Georges et son invitée en pleine discussion.

– Voici Mina et sa truffière, dit le courtier.

– Vous avez un bien joli prénom. De quelle origine est-il ?

– Je viens des montagnes de l'Atlas marocain et je vis à Réauville où j'ai épousé Philippe Polignac.

– Jules était donc votre beau-père. Je l'ai bien connu. Il était dur en affaire mais très compétent dans le domaine de la truffe.

– Mina a pris sa succession.

– Avec votre mari, je suppose ?

– Philippe n'aime pas beaucoup les truffes. Il préfère cultiver vignes et lavandins.

Timia, couchée dans les bras de Mina, relevait fièrement la tête. Le sommeil l'avait abandonnée et elle examinait les deux personnes autour de la table. Madame Tambourin la dévisageait, tout en répondant aux questions de Georges.

– Je suis bien d'accord avec vous. C'est une année minable, encore pire que la saison 1983-84. Vous vous souvenez ? La récolte n'avait pas excédé les sept à huit tonnes maxi ! Et les prix avaient flambé. Nous sommes dans la même situation. Je pense que pour Noël, les cours vont dépasser les cinq mille francs le kilo avec une marchandise sans valeur.

Georges servit l'apéritif. Mina écoutait attentivement les propos échangés.

– Il y a bien quelques petits malins qui ont griffonné plusieurs fois et réussi à repousser un peu l'effet de la sécheresse. À Chamaret, j'ai un client qui récolte à peu près normalement sur des parcelles hersées peu profond. Ses voisins n'ont rien et sont jaloux. Le pauvre bougre n'ose plus venir au marché. Il vient directement chez moi, discrètement.

– Je connais aussi des gens qui observent les signes de la nature et étudient la météo. Ces rares-là ont su prévoir.

Grande et forte, Madame Tambourin avait un visage naturellement buriné où roulaient des yeux vifs et malicieux, sous un casque de cheveux gris coupés au carré. Ses attitudes étaient toutes masculines et elle portait pataugas, pantalons de velours et un grand pull à col roulé. Ses larges mains, aux ongles coupés ras, étaient gercées par le contact de la terre. Nullement impressionnée par la présence de Georges, dont elle avait à peu près le même âge, elle discourait tranquillement. Mina savait que les affaires se traitaient sans précipitation, souvent après avoir abordé des sujets banals et sans intérêt, qui permettaient de préparer le terrain et de sonder les interlocuteurs.

– Ramassiez-vous les truffes dans vos montagnes, Mina ?

– Pas du tout. Jules m'a appris. Là-bas, dans le Haut Atlas, les gens font surtout de l'élevage, un peu de blé et du charbon de bois. Il y a des immensités quasi-désertiques et des paysages magnifiques, des ruisseaux au pied de montagnes qui peuvent dépasser les trois mille cinq cents mètres. Les gens sont très pauvres.

– Il n'empêche que mon ami Jules a formé Mina à la bonne école, insista Georges.

Madame Tambourin, dérangée dans son interrogatoire, reprit :

– Pourtant il y a la truffe des sables, un peu plus au sud.

– La terfez. Je la connais par les livres, mais je ne l'ai jamais vue. J'ai malheureusement peu voyagé dans mon pays. J'en suis partie toute jeune pour suivre mes parents sur le continent.

La visiteuse tendit la main vers Timia qui la renifla longuement, tout en se ratatinant contre la poitrine de Mina.

– Comment l'avez-vous baptisée ?

– Timia.

– Quel drôle de nom !

– Georges est un peu responsable. Un jour que nous parlions, il m'a raconté l'histoire d'une oasis, où poussent les pamplemousses et les grenades. Elle s'appelle Timia.

– Mina me pose toujours des questions insolites, sourit le courtier.

– J'avais oublié que vous connaissiez l'Afrique, dit Madame Tambourin.

– Vous pouvez toujours l'appeler Diane ou Belle, si Timia ne vous plaît pas, ajouta Georges précipitamment.

Ainsi, son passage au Niger n'était pas un secret, nota Mina. Elle enregistra la précieuse information.

– En général, je respecte le choix du prénom. Le chien est habitué à répondre à ses sonorités propres et je n'ai guère envie de le traumatiser en changeant. Elle restera donc Timia. En l'appelant, j'aurai ainsi l'impression de voyager.

La chienne releva la tête et dressa les oreilles. Elle était à son avantage dans cette posture.

– Elle est bien sûr trop jeune pour que vous l'ayez dressée ?

– Disons que je l'ai initiée en l'emmenant aux truffes avec sa mère.

– J'aime autant l'éduquer moi-même. En tant que vieille caveuse, j'ai quelques ficelles.

Mina eut une lueur au fond des yeux. Madame Tambourin ajouta :

– Bien entendu, je ne dirai rien à personne !

– Je vous avais prévenue, dit Georges. Vous avez affaire à forte tête.

– Laissez-moi rire. Je ne vais pas apprendre à un vieux singe à faire des grimaces, s'esclaffa-t-elle.

Ils se connaissaient bien et cela leur permettait de se lancer des plaisanteries et de se moquer l'un de l'autre tout en gardant un vernis de convenance. Maintenant habituée à la maison, Timia sauta par terre. Madame Tambourin sembla évaluer son poids et déterminer son flair. Elle se déplaça, la caressa, et palpa sa colonne vertébrale.

– Juste un peu grasse.

Georges, d'un haussement de sourcil, obligea Mina à se taire. L'horloge sonna sept heures dans le silence. La porte s'ouvrit sur une femme rousse.

– Excusez-moi de vous interrompre, dit-elle d'une voix timide. Je m'en vais, Monsieur Aubanel. Léonore lit tranquillement dans sa chambre. Elle a dressé une liste de courses que je ramènerai demain matin.

Il la raccompagna jusqu'à son véhicule. Madame Tambourin souleva le menton de Timia et fouilla dans sa toison. Elle cherchait les trois poils, signe de la bonne truffière. Mina joua à l'innocente, semblant ne rien remarquer.

– Je ne pense pas que cette bête ait des qualités extraordinaires. Elle manque de tonus. Mais je me charge de réveiller ses ardeurs. J'ai les techniques qu'il faut.

Elle allait sans doute la punir, l'affamer et peut-être la battre, songea Mina. Elle était sur le point d'interrompre la discussion et de rentrer chez elle avec sa protégée lorsque Georges revint. Immédiatement, il sentit les réticences de Mina. Madame Tambourin avait préparé le terrain pendant sa courte absence. Elle allait maintenant négocier à un prix dérisoire. Il posa une main sur l'épaule de Mina et retrouva sa chaise ; ce simple geste suffit à lui redonner confiance.

– Quel est votre prix ? tonna Madame Tambourin.

Incommodée par les palpations, Timia s'était recroquevillée contre la cuisinière.

– Huit mille, répondit Georges.

– Je n'aime pas les intermédiaires et vous n'êtes pas le propriétaire.

– Mina est en quelque sorte mon élève. Je défends aujourd'hui ses intérêts car elle est novice en la matière. Je connais bien la mère de Timia et je vous garantis la valeur de la chienne.

Madame Tambourin hocha la tête et toisa Mina avec commisération. Visiblement, elle méprisait sa timidité.

– Je traiterai donc avec votre tuteur. Huit mille, c'est le prix d'une bête dressée. Or, cette chienne ne travaillera pas cette année. J'ai tout l'hiver pour tenter de lui apprendre quelque chose. Je n'irai pas au-delà de cinq mille.

– Avec un kilo de truffes, vous rentabiliserez son prix en huit jours ! se moqua Mina.

Elle avait décidé de relever la tête et de cesser de s'en référer toujours au courtier. Jules, Philippe, Georges : il y avait toujours un homme sur sa route pour lui laisser croire qu'elle était une incapable et qu'elle avait besoin d'une béquille.

– Mina a raison, appuya Georges. Surtout que la vente des truffes n'est pas déclarée. C'est tout au noir. C'est pas comme les courtiers qui sont surveillés de près.

– Encore un peu et je vais pleurer, mon pauvre Georges.

Les transactions risquaient de traîner en longueur et Mina décida de hâter le processus.

– Ce n'est pas un problème si vous ne voulez pas de Timia. Je vous ai simplement laissé la priorité par égard pour Georges dont vous êtes l'amie. J'ai un acquéreur prêt à me donner le prix demandé.

Elle se leva sous l'œil médusé du courtier. Elle siffla la chienne qui frétillait de la queue.

– À mon avis, dit fermement Madame Tambourin, cette jeune personne n'a pas besoin d'intermédiaire pour traiter ses affaires. J'irai jusqu'à six mille francs.

– Marché conclu, dit Mina.

Madame Tambourin sortit les liasses de son sac et commença à compter. En silence, Georges dévisageait les deux femmes, une lueur d'admiration au fond des yeux. Mina empocha la somme, tandis que la visiteuse prenait congé.

– Allez dire bonjour à Léonore. Elle est dans sa chambre, en haut de l'escalier. Je vais raccompagner Madame Tambourin.

C'était une manière élégante de lui éviter les souffrances de la séparation. Mina ne fut pas dupe, mais n'en montra rien. Elle serra la main de la nouvelle propriétaire de Timia puis se pencha vers la chienne.

– Bonne chance, ma belle, lui murmura-t-elle.

Droite et fière, elle se dirigea vers l'escalier. Elle venait de prendre une leçon.

Léonore lisait, le dos appuyé contre ses oreillers. Pâle et amaigrie, elle lui adressa un pauvre sourire.

– Venez m'embrasser, Mina.

Elle s'exécuta, puis lui raconta la vente de la chienne et les dernières nouvelles. Elle entendit la voiture de Madame Tambourin démarrer. Elle ne s'attarda pas car il était tard.

– Je reviendrai la semaine prochaine passer un après-midi avec vous.

– Je vous attendrai le jeudi. Ce jour-là, je n'ai pas ma garde-malade. Nous pourrons discuter tranquillement.

20

“Il me faudrait une photo de Philippe.

– Ce n’est pas difficile.

– Je n’ai pas d’appareil et j’ai peur de lui mettre la puce à l’oreille si je me mets tout à coup à prendre des photos. Je voudrais que vous la fassiez vous-même.

Paule se mit à rire.

– Puis je savoir ce qui se passe ?

– C’est très simple. Rose voudrait un portrait de son petit-fils.

– Les fêtes de Noël seront un bon motif pour vous inviter. J’ai une pellicule en cours que je terminerai ce soir-là. Ce sera mon alibi.

– Merci, dit Mina.

– Je photographie régulièrement mes tableaux. C’est Jean qui m’a donné cette habitude et je continue malgré son absence. S’il m’arrive parfois de vendre une toile, j’en garde ainsi une trace.

Paule posa la théière chinoise sur la table du salon. Elle était lourde, avec un ventre rond gravé de motifs stylisés et diffusait des effluves d’épices inconnues de Mina.

– C'est du tchaï, un thé noir de Ceylan avec de l'eau et du lait, de la cannelle, du gingembre, de la noix muscade, du poivre noir, un clou de girofle et de la cardamone. J'ai appris cette recette en Inde.

Mina enregistra la recette. Le salon, toujours impeccable, était faiblement éclairé. Paule avait préparé la crèche sur le rebord de la cheminée et une guirlande lançait des lueurs vertes et roses par intermittence.

– J'aimerais bien voir les images de vos aventures.

Paule s'approcha des rayons de la bibliothèque et sortit un album épais relié de cuir rouge.

– Voilà toute ma collection, dit-elle en riant. Il y a là des photos de voyages et des clichés de mes tableaux.

Mina feuilleta lentement. Elle était assise en tailleur sur le tapis, le dos confortablement calé contre les montants du canapé. Elle aimait cette pièce à l'odeur d'encens et à la pénombre douce. Natures mortes, chats, paysages d'ici et d'ailleurs, peu de personnages et souvent vus de dos, comme cette jeune fille marchant sur un sentier, la silhouette d'un vagabond escaladant une butte conduisant à un château délabré ou ce trufficulteur en compagnie de son chien.

– On dirait Jules.

– C'est lui. Je l'avais observé quittant la ferme avec sa chienne Mascotte.

– Je l'aurais préféré de face.

– Le portrait, c'est un art que je maîtrise mal. J'ai envisagé de prendre des cours pour apprendre la technique. Et puis Jean est mort et j'ai renoncé.

– Il n'est pas trop tard.

– Vous plaisantez, Mina. J'ai passé l'âge maintenant. Continuez à feuilleter. J'ai quelques toiles situées en pays touareg.

Il y avait la période indienne, avec des représentations du Gange, des éléphants à la toilette, des femmes en saris colorés, des zébus errant dans des rues jonchées de détritus et, dans les rizières, des travailleuses portant des voiles roses, jaunes lumineux, drapés orange, pourpres assortis aux couchers de soleil.

– C'est beau, dit Mina. Toute cette eau et ces fleurs d'hibiscus en plein hiver me mettent du baume au cœur.

Des hommes en dothi circulaient sur des mobylettes qui traînaient des carrioles servant de taxi.

– Ce sont les rickshaws, expliqua Paule. À Bénarès, ils occupent toutes les rues. La nuit est peuplée de la musique des grelots qu'ils agitent sans cesse pour signaler leur présence. Lorsque j'ai du mal à m'endormir, je les écoute.

Mina rêvait devant ces paysages hauts en couleur, tandis que Paule évoquait ses souvenirs et commentait les vues en resservant une nouvelle fois du thé.

– Continuez, s'il vous plaît, demanda Mina. Ce pays me rappelle trop de bonnes choses.

Toute une partie de sa vie défilait devant Paule dont le visage, penché sur l'album, était empreint de gravité. Ses yeux clairs, comme embués par la souffrance, avaient perdu leur éclat habituel. Sa mélancolie était en harmonie avec son pull à col roulé noir qui mettait en valeur ses cheveux blancs attachés en catogan. Après qu'elle eurent bu leur thé, Mina, souhaitant abréger la tristesse de son amie, reprit son étude.

Un troupeau, gardé par une vieille bergère, broutait, à côté d'un lac d'où des pêcheurs retiraient leurs filets. Les brebis à la toison fournie avaient toutes une tête noire et fine.

– Ici, nous sommes au barrage de Sidi Salem en Tunisie. Avez-vous remarqué la queue des moutons en forme de coussinet, un peu comme celle des castors ? Les bêtes ont là leur réserve de graisse et c'est le morceau préféré des Arabes pour les brochettes. Moi-même, à demi végétarienne, j'y ai goûté et j'avoue que c'est excellent.

– Alors vous connaissez aussi la Tunisie ?

– Je suis allée une fois au Niger en voiture tout terrain. Nous avons pris le bateau à Gênes, traversé la Tunisie et une partie de l'Algérie pour rejoindre Arlit.

– Quelle expédition !

– Vous pouvez le dire. Je suis partie avec l'équipe des chercheurs. Ces baroudeurs connaissaient bien le pays. On ne s'aventure pas dans ces contrées sans préparation. J'étais en sécurité avec eux. Je n'ai jamais eu peur. Je me souviendrai toute ma vie de ce voyage. Nous avions chacun notre rôle bien défini. Moi, je soignais comme je pouvais. Chef de mission, convoyeur, responsable du chargement, de la cuisine, de la route, préposé au compte-rendu, chacun a assumé sa tâche en oubliant la fatigue ou la chaleur.

Paule avait cette particularité de se dévoiler au fil du hasard. Sur tous les sujets, elle avait quelque chose à raconter et Mina buvait ses paroles.

– Les puits aux dos arrondis, c'est dans le nord de l'Algérie, à El-Oued. Ils ressemblent un peu à nos bories. Dans cette région, l'eau coule brûlante des robinets et les gens ont des citernes dans leur cour pour la refroidir. Juste avant Touggourt, des dunes blondes abritent des palmeraies nichées au fond des cuvettes.

Mina tournait les pages doucement et les propos de son amie s'harmonisaient avec les vues.

– À Tamanrasset, nous avons dormi chez Yssouf, dans une maison au couloir à ciel ouvert où poussaient piments, basilic et plantes grasses. Le carrelage était recouvert de sable.

Mina se mit à rire. Paule poursuivit :

– Ces nomades ont besoin d'éléments naturels pour s'épanouir : le grand air, les dunes et les animaux. La maison, pour eux, n'est que le tombeau des vivants. Ils ont quitté leurs dunes et rejoint la ville pour ne pas mourir de faim, apportant avec eux le sable et les chèvres nourries de son et du contenu des poubelles du quartier.

Une caravane de chameaux, avec son guide au turban bleu, se dépliait sur l'immensité des sables. Des carcasses de voitures polies par les vents finissaient de mourir en lisière de la piste.

– Il y a de la ferraille dans ces contrées vierges ?

– Sur la Transsaharienne, nous avons trouvé des vestiges automobiles de toutes nationalités. De tout temps, les baroudeurs du monde entier ont emprunté cette voie, surtout après mai 68. Les véhicules en panne étaient simplement incendiés pour demander remboursement à l'assurance. Cela permettait à ces hippies de rentrer chez eux en avion.

– Ce n'est pas honnête, mais c'est astucieux.

– Dans le désert, la probité ne compte pas. D'autres règles sont de mise : la solidarité entre voyageurs et l'entraide. On se partage l'eau même si on en a peu et on dépanne les malchanceux. Le temps là-bas n'a aucune valeur.

– Vous aimez autant le Sahara que l'Inde ?

– Hormis pour la pauvreté, ces deux pays sont à l'opposé. Je dois vous avouer que je préfère le continent indien. Mais Jean a su me donner l'amour de l'Afrique du Nord. Les blancs qui vont là-bas, on les appelle des ikoufars, sont des passionnés, et, à leur contact, j'ai partagé un peu de leur flamme. Toutefois, je n'aurais pas pu vivre à Agadez.

Le mot fatal était prononcé. Tous les sens en alerte, Mina écoutait attentivement. L'histoire des truffes et des Polignac était liée à ce nom d'Agadez, elle en avait l'intime conviction.

– Pourtant des étrangers y résident.

– Il y a les fous, ceux qui abandonnent tout et ne reviennent jamais. Je me souviens d'un jeune homme enrôlé dans les compagnies sahariennes. À la fin de son engagement, il a choisi de rester. Inquiète, sa famille a mené des recherches et a voulu le rapatrier. Il s'est caché dans les campements où il doit toujours vivre aujourd'hui.

Sur une nouvelle page de l'album relié de rouge, Mina découvrit Arlit et son bidonville : des cabanes composées de plaques de ferraille et de nattes, toutes munies d'un enclos d'épineux abritant quelques chèvres.

– Les conditions de vie doivent être rudes.

– C'est la misère. J'ai soigné des malades victimes d'angine, de muguet, de polio, d'infections dûes à des circoncisions bâclées par des marabouts... Sur la plaie, les guérisseurs appliquent des champignons séchés et broyés ! J'ai vu des femmes mourir en couches et assisté, impuissante, à leur agonie, faute de matériel et de médicaments.

Mina continuait à feuilleter. À ses côtés, Paule se laissait porter par ses souvenirs.

– À propos de champignons, les populations locales disent que c'est le tabac des hyènes et que l'endroit où ils poussent, juste après la saison des pluies, abrite des diables.

– Pourtant, ils mangent bien les terfez ?

– À part le mil, le lait de chamelles et de chèvres et les dattes, les Touaregs ne consomment pas grand-chose. Ils cueillent les champignons uniquement pour fabriquer des potions.

Mina continuait sa progression. Paule alla chercher une carte du pays et indiqua un point précis au nord d'Agadez.

– C'est ici, au campement de Sikérat que Jean travaillait. Afin de susciter la sédentarisation des populations, son équipe avait créé des jardins potagers et une école.

Mina retrouvait le paysage du bureau de Georges : les épineux, les tentes en palmier doum et le foyer à même le sable. Afin de ne pas rompre le charme, elle se retint de poser les questions qui lui brûlaient les lèvres.

– Je croyais que Sikérat était un village.

– C'est ça qu'ils appellent village, ces quelques bâtiments en banco dont l'école, les magasins et la maison du chef. Tout autour, derrière les barrières d'épineux, il y a les potagers et plus loin les puits où sont abreuvés les troupeaux et où les femmes viennent tous les matins puiser de l'eau. Les nomades vivent dans des campements itinérants qu'ils déplacent en fonction de l'état des pâturages. Si l'herbe vient à manquer, après une mauvaise saison des pluies, ils partent avec leurs animaux parfois jusqu'à Maradi, Zinder ou même Tahoua. Le voyageur de passage vient alors se renseigner au village où tout se sait malgré les distances géographiques. Le chef est capable d'expliquer où se trouvent l'oncle, la tante, le cousin : droit au sud, à six kilos du puits de Tarenkit ou bien en direction de Tegguidda-n'Tessoum, sous les épineux du kori.

– Il y a aussi des magasins ?

– Ce sont les endroits où sont stockés les sacs de mil, de riz et les provisions de pâtes, de tabac et de thé, expliqua Paule en riant. La modeste épicerie de Réauville ferait figure de supermarché dans ces contrées.

Mina tourna une page délicatement.

– Nous étions hébergés dans ces tentes que les femmes avaient montées pour la mission. Je recevais là les malades et j'essayais de les soulager avec mes pauvres moyens. Mon cabinet ne désemplissait pas de la journée ! Maux de tête, rhumatismes, plaies infectées, accouchements difficiles, j'ai même soigné une vache peule dont l'oreille macérait dans le pus. Je vous garantis que je n'en menais pas large. Ces bêtes ont de longues cornes pointues et doivent peser plus d'une tonne.

Paule s'empara d'un album de format différent.

– Voici le bétail. À gauche, vous avez les Touaregs et à droite les Peuls.

Mina observa la scène avec de nombreux animaux massés autour du point d'eau. Le chameau tirait sur une corde et ramenait ainsi la puisette d'eau que les éleveurs allaient vider dans un abreuvoir. Les vaches touarègues attendaient en piétinant dans la boue.

– Les Touaregs ont toujours le visage voilé et portent des tissus noirs ou bleu indigo. C'est pourquoi la légende les nomme hommes bleus. Les Peuls, avec leurs grands chapeaux de cuir, leurs vêtements bariolés et leurs cheveux nattés sont mes préférés.

Mina s'attarda sur cette image des Peuls qui n'avaient que la force de leurs bras pour tirer l'eau, et dont les enfants, chargés d'imposer la discipline, maniaient le bâton contre les centaines de mufles assoiffés. Ils évoluaient pieds nus dans la boue, le sourire aux lèvres. Majestueux, leur troupeau les encerclait d'une masse noire.

– Ces deux populations sont complètement différentes. Cela n'empêche pas la cohabitation ?

– Disons qu'ils se tolèrent. Cette année-là, le chef du village avait provoqué une grande réunion, car des déjections d'animaux avaient été jetées dans le puits réservé aux Peuls. Cela empoisonne le bétail.

– Alors là-bas aussi les gens se chamaillent. Les querelles de pouvoir ne seraient-elles donc pas l'apanage de nos sociétés dites évoluées ?

– Non. Les conditions de vie sont rudes. Pour assurer leur survie les nomades se battent souvent. Le chef a donné une leçon à ses administrés et les actes de vandalisme ont cessé. Les Peuls n'ont ni territoire propre, ni maison. Ils se promènent avec leurs grands troupeaux jusqu'à Zinder et parfois jusqu'au lac Tchad. C'est un des peuples errants de la planète. C'était avant qu'il y ait les frontières, avant les indépendances. Je crois qu'aujourd'hui certains commencent à se sédentariser.

Terzika vint se coucher contre Mina. Sur la photo suivante, on voyait des danseurs maquillés.

– Là, nous sommes à In Gall, une bonne centaine de kilomètres à l'ouest d'Agadez et les éleveurs nomades se rassemblent à la fin de la saison des pluies pour la cure salée. C'est un très beau spectacle, dit Paule. D'après mes informations, il paraîtrait qu'aujourd'hui ce rassemblement est institutionnalisé et organisé par l'administration.

Visages peints d'ocre ou de rouge rehaussés de motifs, lèvres blanches, turbans colorés surmontés d'une plume d'autruche, colliers de coquillages et longs pagnes, les danseurs évoluaient en ligne.

– Le Gerewol est à la fois une fête et une danse des Peuls Wodaabé qui réunit deux clans et se termine par le choix du plus bel homme du groupe. C'est un culte à la beauté des corps. Hommes et femmes se courtisent à cette occasion.

N'osant pas brusquer Paule, Mina lui accordait toute son attention. Dans le carnet de Paule figuraient des portraits de femmes ornés d'un simple foulard, lobes d'oreilles déformés par des anneaux d'argent, poignets envahis de bracelets et décolletés agrémentés de colliers de pierres multicolores. Toutes portaient une espèce de camisole flottante bleue.

– Elles glissent la tête de leur bébé sous leur tunique et l'allaitent ainsi facilement.

Un coup discret fut frappé à la porte. Paule alla ouvrir pendant que Mina continuait à feuilleter. C'est alors qu'elle reconnut Antonin. Sous la fente du turban, la lueur verte animait ses prunelles. Djellaba bleue, haute taille, petit sac autour du cou, babouches de cuir, la photo était la réplique de celle du bureau de Georges. Les épineux rongés par les chameaux, la calebasse contre les parois de la tente, le foyer dans le sable, et dans le lointain le troupeau de chèvres.

– C'était ma livraison de surgelés, dit Paule en revenant. Cela m'évite d'aller trop souvent me ravitailler en ville.

– Vous connaissez cet homme ?

– Vous savez, rien ne ressemble plus à un Touareg qu'un autre Touareg. Je n'ai jamais réussi à les reconnaître lorsqu'ils portent leur chèche.

– Celui-là, avec son teint clair et ses yeux verts n'est pas comme les autres. Dans le bureau de Georges, j'ai vu la même photo.

– Vous devez confondre…

Elle essaya de changer de sujet, mais, malgré l'heure tardive, Mina insista :

– Je suis sûre de moi. J'ai longuement examiné ce cliché. D'ailleurs, Georges prétend avoir séjourné sous les drapeaux au Niger. Ce n'est un secret pour personne qu'il a séjourné là-bas. Même Madame Tambourin qui a acheté ma chienne sait qu'il connaît l'Afrique.

– Vous devriez l'interroger.

– Il refuse de répondre et me traite d'indiscrète lorsque je lui pose des questions.

– Pour moi cet individu est un anonyme comme la plupart de ceux qui sont représentés ici.

Elle mentait, c'était visible. Son regard, d'ordinaire franc, fuyait les yeux de Mina. Le téléphone sonna. Philippe s'étonnait de l'absence de sa femme.

– Elle ne va pas tarder, lui répondit Paule.

Mina maudit cette malencontreuse coupure.

– Pouvez-vous me prêter ce cliché ?

– J'y tiens beaucoup, vous savez.

– Je ne le perdrai pas.

Elle ignorait pour quelle obscure raison Paule hésitait.

– Il est de Jean et jamais rien de tout ce qui le concerne n'a quitté ma maison.

Mina décida de tenter le tout pour le tout et de pousser son amie dans ses derniers retranchements. Tandis qu'elle glissait la photo en dehors de son enveloppe de plastique, elle affirma :

– Jean le connaissait. Lui m'aurait donné son identité. Par égard pour votre mari, vous pourriez me répondre.

Les yeux de Paule se voilèrent. Elle parut hésiter un moment puis se contenta de dire :

– Je vous répète que je ne le connais pas. Je n'apprécie pas du tout votre comportement.

Mina enfouit la photo dans sa poche.

– Excusez ma maladresse.

– Vous devriez partir. Philippe vous attend.

Elle prit congé. Terzika se frotta contre les jambes de sa maîtresse, dédaignant les salutations d'usage. Visiblement, son départ fut un soulagement pour Paule. Oubliant son culot, Mina salua d'un clin d'œil le mystérieux Antonin avant de démarrer.

21

Mina rangea la photo d'Antonin près du courrier de Rose, sur l'étagère du haut de l'armoire.

– Ces deux-là vont s'expliquer.

Elle laissa passer quelques jours, essayant d'oublier la gêne de Paule et sa propre inconvenance.

– Elle finira par me pardonner. Elle est assez intelligente pour cela.

Mina se consacra entièrement aux truffes qu'elle cavait en début d'après-midi, lorsque la terre était dégelée. Elle emmenait Tindé de plus en plus loin, l'obligeant à de longues marches. Sous la houlette de Lionne, elle progressait vite. Si elle savait maintenant détecter le parfum de la melano, et indiquer l'emplacement, elle n'avait pas encore suffisamment de force pour gratter, et Lionne l'aidait sans rechigner. Elle avait compris la leçon, se comportait comme la partenaire de Mina dans l'éducation de Tindé et avait oublié la jalousie des débuts.

– Allez, ma fidèle collaboratrice, lui disait Mina, au boulot.

Elle préparait la musette, le piolet et les deux chiennes tourbillonnaient autour d'elle. Selon le rite, venaient d'abord les exercices ludiques consistant à se défouler et à se dégourdir les pattes. Lionne menait la danse et entraînait sa fille dans une course-poursuite dont Tindé essayait vainement de tenir le rythme. Elles passaient ensuite aux choses sérieuses. Lionne décidait de la direction à prendre en quêtant l'approbation de Mina puis elle filait sans se presser, attentive aux différents bruits dans les fourrés, aux présences animales et aux divers fumets surgis de la nature. Elle dénichait parfois une truffe sous un arbre isolé. Mina marquait l'endroit en cassant une branche.

– Au printemps, je reviendrai élaguer.

Elle savait qu'elle n'en ferait rien. Elle n'avait pas la force de scier les grosses branches à la main et Philippe refuserait catégoriquement de lui prêter la tronçonneuse. Mina ne voulait pas lui demander sa contribution et risquer ainsi des réflexions blessantes alimentées par son horreur de la truffe.

– J'aimerais bien être un mec ! Je nettoierais alors toute cette colline.

Dans ces moments-là, elle maudissait sa féminité qui l'obligeait à se mettre en position d'infériorité et à quémander des services. Tout autre que Philippe aurait approuvé son choix et apporté son aide.

– Mon pauvre Jules, je suis désolée. Les arbres sauvages resteront sauvages et bientôt ensevelis sous la broussaille, ils ne produiront plus.

Lionne et Tindé l'écoutaient en hochant la tête et paraissaient partager son point de vue. Sur le serre sablonneux, Jules avait entretenu les producteurs dans la limite de ses forces, sans demander la participation de quiconque et surtout pas d'un fils sur qui il ne comptait guère. Le troupeau avait longtemps été son précieux allié, broutant les jeunes pousses, empêchant les broussailles de se développer et ouvrant le milieu.

– Je devrais prendre une vingtaine de brebis.

Elle rit à cette évocation, imaginant la drôle de tête que ferait Philippe si elle annonçait son désir, qu'il ne manquerait pas de qualifier de caprice. Lionne dénicha une melano au pied d'une touffe qui escaladait un cade mort. Mina s'abîma les doigts contre la végétation acide et figée de l'hiver. Elle se redressa, les cheveux couverts de feuilles de garance voyageuse. Cette plante, cousine de la garance des teinturiers dont on utilisait autrefois la racine pour la couleur rouge des pantalons de l'infanterie, avait la propriété de s'attacher aux vêtements. Après la Grenoble, Mina revint par les terres de Charavin qui étaient comme semées de minuscules pierres rondes et trouées. Les grosses avaient été ramassées par des générations de Polignac et dessinaient la géométrie des murs gris. Parfois, le dimanche après-midi, Philippe surprenait un résident nouveau venu collectionnant de gros cailloux troués pour agrémenter les massifs de son jardin. Ces ignorants contribuaient à la démolition en choisissant ceux du bas des murailles. Le propriétaire de Champlong commençait par insulter ces citadins sans scrupule avant de les jeter dehors.

Sur le sentier qui conduisait à la ruine, elle s'arrêta près d'une nouvelle plantation de truffiers. Chênes verts et blancs alternaient, mais le propriétaire avait cédé aux caprices de la mode en intercalant quelques noisetiers réputés pour leur rapidité à produire. On disait dans le milieu de la trufficulture que ces arbustes avaient la fâcheuse habitude de se développer par drageons qu'il fallait supprimer sous peine d'être envahi. On disait aussi que leurs noisettes avaient le goût de la truffe. En lisière de la terre, sur les talus pentus, le pionnier avait aligné quelques pins mycorhizés.

– Ces saletés sont juste bonnes à attirer les chenilles, se moqua Mina.

Dans le monde de la truffe, toutes sortes de légendes couraient et chacun tentait ses propres expériences dans le secret le plus absolu. Mina ouvrait grand ses oreilles au marché de Richerenches et surprenait parfois une conversation à mi-voix entre deux passionnés. Un pépiniériste de la région avait lancé la mode du tilleul et même du cèdre soi-disant ensemencé et tous l'avaient imité.

– Bientôt on trouvera dans le commerce du géranium producteur de rabasses pour les gens de la ville !

Tindé commençait à fatiguer et Mina s'arrêta un moment près des murs à demi écroulés de la maison de berger. C'était là sa halte favorite malgré les recommandations de Jules qui disait toujours :

– Malheureuse, vous n'êtes plus chez les Polignac ! Si quelqu'un vous surprend vous serez accusée d'être une voleuse de truffes.

Roulée en boule contre la hanche de Mina, Tindé s'endormit. D'un de ses coussinets blessés s'échappaient quelques gouttes de sang. Malgré le froid, la rabassière se laissa charmer par le coucher du soleil auréolé de rares touches mauves. Cela annonçait une nuit glaciale et des lendemains sans grand changement. Sa musette était presque vide. La récolte restait médiocre tant en quantité qu'en qualité. Les effets de la pluie d'août sur lesquels avait compté Mina avaient été gommés par un automne trop chaud et trop sec. Les trufficulteurs qui avaient arrosé copieusement leurs truffières cet été étaient logés à la même enseigne. La logique n'existait pas dans ce monde étrange et mystérieux et les pronostics des rabassiers s'avéraient souvent complètement faux. Sous les fourrés régnait déjà la pénombre.

– On y va, les filles.

Profondément endormie, Tindé ne réagit pas. Exercer son flair pendant des heures l'épuisait. Même Lionne, qui avait plus d'endurance, allait se coucher après ses séances de travail. Mina chargea Tindé sur son épaule et ramena son fardeau jusqu'à la ferme. Elle nourrit les chiennes et enferma sa pauvre récolte dans la jarre en grès sous le chiffon légèrement humide. Philippe ne se plaignait plus des odeurs nauséabondes. Elle ne savait pas s'il s'était habitué, ou si la mauvaise qualité des rabasses de cette année était responsable de son indifférence.

Sur la table basse de la chambre de Jules, s'entassaient les journaux, le courricr et quelques livres. En fin de journée, lorsque le soleil disparaissait vers cinq heures, Mina aimait s'installer là, pour lire un moment en compagnie de Lionne et de Tindé. Le couple n'avait jamais réussi à nommer cette pièce séjour, salon ou salle à manger. Maintenant l'habitude était prise ; il était trop tard. Ce lieu demeurerait à jamais la chambre de Jules et c'était une forme d'hommage qu'ils rendaient ainsi à leur disparu, jour après jour. Il n'avait pas complètement déserté, il était encore présent dans ses truffières et dans les murailles de la ferme.

Mina prépara des toasts à la tapenade et une bouteille de vin blanc pour l'apéritif.

– Je ferais bien des amuse-gueule à la rabasse, mais il est trop tôt. Philippe n'est pas encore suffisamment apprivoisé.

Dans une cocotte en fonte, elle roussit des oignons, ajouta les morceaux d'agneau et les pommes de terre coupées fin. L'odeur de thym et de sarriette parfuma la maison. Mina avait pris les habitudes culinaires de la région. Elle aimait la légende de la bombine, considérée comme le plat du pauvre et c'était un de ses mets préférés.

Elle se lava longuement, massa son corps avec une crème hydratante et natta ses longs cheveux. Elle enfila une djellaba de couleur crème dont le décolleté soulignait la naissance de ses seins et se contempla dans le grand miroir. Elle adorait passer ce vêtement ample et évoluer nue sous la douceur du tissu dont le contact lui rappelait l'eau. Elle fouilla dans son coffre à bijoux et dénicha une fibule qu'elle noua autour de sa taille fine. Avec deux têtes d'argent finement ciselé et des anneaux reliés par une épaisse chaîne, cet objet était destiné à maintenir le châle des femmes de la montagne. Le bijou appartenait à sa grand-mère. Un bout d'étoffe accroché à une épingle à nourrice restait suspendu à ses anneaux ; c'est là qu'Aïcha portait les clefs de la maison. Mina admirait souvent ce souvenir, mais elle n'avait jamais osé le porter.

– Ce n'est pas très orthodoxe, mais tant pis. Ce soir est un grand soir. Je sors la photo d'Antonin.

Elle ajouta une touche de parfum derrière son oreille. C'étaient là ses seuls soins de beauté. Mina ne se maquillait jamais. Elle avait la chance d'avoir le teint mat hiver comme été.

Philippe la trouva sagement attablée devant un livre. Il admira sa tenue et se saisit de la tresse brune. Il n'aimait pas qu'elle emprisonne ses longs cheveux et se mit à défaire la coiffure tout en titillant sa nuque. Il avait les doigts rugueux à force de manier son sécateur, de porter des pierres et de saisir les sarments. La peau de Mina en fut électrisée. Il lui massa les épaules sans douceur et elle gémit d'un mélange de douleur et de plaisir. Sous sa poigne robuste, elle se laissa aller.

– Je vais me changer un peu, histoire d'être propre.

Elle rectifia l'assaisonnement de sa bombine et mit le couvert. Elle avait posé un bouquet de fragon au beau milieu de la table basse et la photo d'Antonin bien en évidence sur la pile des journaux.

Ce soir était un soir d'amour et de confidences. Le protocole de l'apéritif, du repas servi lentement, des bougeoirs dessinant de grandes ombres étaient le préambule d'une soirée réussie. C'était devenu une sorte de code intime au couple. Souvent, Mina menait la danse. Son rituel donnait toujours les mêmes résultats et Philippe succombait avec bonne volonté.

Elle posa les verres sur un joli plateau en bois décoré qu'elle avait dégoté dans une salle des ventes et installa son mari dans un fauteuil confortable.

– On dit que la saison de truffes est mauvaise cette année. J'ai entendu une conversation chez le marchand de tronçonneuses.

– Oui. C'est très maigre et de mauvaise qualité.

– Tu disais pourtant que la pluie du mois d'août aurait dû favoriser une bonne sortie.

– Je me suis trompée. L'automne a été trop sec et trop chaud. Les conditions ont changé, l'environnement a changé, tout a changé. Je me demande si on n'a pas perdu les connaissances des anciens. Les forestiers le savent : le bois croît beaucoup plus vite qu'autrefois, il augmente en volume. En absorbant le gaz carbonique qui est dans l'atmosphère, il est comme dopé. Il monte et grossit à toute allure. Mais le système racinaire ne suit pas, c'est pourquoi, à la moindre tempête, les arbres s'arrachent. Ils sont fragilisés.

– J'ai l'impression d'entendre parler un technicien agricole mais pas ma Mina.

– Qu'est-ce que tu t'imagines ! Je sais ouvrir mes oreilles. Songe que tailler en lune nouvelle de juin ou de juillet, c'est la nouvelle mode. Autrefois, toucher à une truffière en été c'était la mort des arbres.

– Malgré tes discours, tu n'as donc pas encore trouvé le secret.

– Ma foi, non. Chacun cultive un peu comme il le sent. Bien des trufficulteurs ont cessé de herser même peu profond et laissent pousser l'herbe qu'ils fauchent avec des petits engins pour ne pas tasser la terre.

Elle resservit un verre à Philippe. Installé dans son fauteuil, il écoutait Mina, oubliant les tracas et la fatigue de sa journée.

– Je connais un jeune Gardois qui travaille sur le rôle des insectes et des rongeurs. Il mélange de la farine, du son ou de la repasse à un hachis de melano pourri et il dispose cette pâtée entre ses arbres. Les rats s'en nourrissent, les sucs gastriques attaquent les spores et les activent en passant par le tube digestif. Le rat coupe aussi des racines provoquant de nouvelles radicelles. C'est un très bon auxiliaire : il creuse des trous de partout et la truffe adore les cavités. En revanche, lorsque la population devient trop importante, faut réguler, faut tout tuer sinon ils te bousillent la plantation.

– C'est du discours de charlatan !

– Moi, j'adore écouter ce genre d'histoires. Il ne faut pas juger trop vite. Tu sais, depuis la nuit des temps, les hommes s'intéressent aux truffes et à leur mystère. Les Romains importaient déjà des terfez de Libye et de Carthage.

– Dans tous les domaines, il y a des originaux qui s'imaginent qu'ils vont révolutionner le monde. Tu sais que certains viticulteurs se mettent à produire du vin bio ! Moi, je continue la tradition comme on m'a appris à l'école d'agriculture.

– Toutefois l'enseignement des autres n'est jamais mauvais. Je suis à la lettre les conseils que ton père a notés tout au long de sa vie, mais j'écoute les tendances.

– Jules a écrit sur la truffe ! Première nouvelle.

– J'ai trouvé un cahier dans son armoire. Il transcrivait fidèlement la date des plantations et de la taille, les cours des marchés, les traitements effectués…

– C'est vrai que je le trouvais souvent penché sur des carnets. Dès que j'arrivais, il rangeait tout.

– Il connaissait ton aversion pour la truffe.

– Aversion. C'est un bien grand mot. Je refuse de compter sur une hypothétique récolte pour me nourrir. N'empêche, j'aimerais bien jeter un coup d'œil sur les écrits de mon père.

– Je te montrerai.

Tout en mangeant, Mina se réjouissait de cette conversation sereine.

– Puisque tu aimes les histoires, je me souviens avoir entendu dire que mon arrière-grand-père remplissait des bariottes entières de truffes.

– Des bariottes ?
– Une brouette, si tu préfères.
– Des brouettées de truffes ?
– Il allait caver avec deux chiens et accumulait sa récolte en plusieurs tas sous les arbres. Le soir, il remplissait sa bariotte. Les paysans mangeaient des salades de rabasses. Simplement brossées et coupées en lamelles, assaisonnées avec une vinaigrette, c'était leur ordinaire.
– Je ne savais pas tout ça.
– Paraît qu'à l'époque, au début du siècle, les récoltes étaient très importantes et donc les prix de vente très faibles.
– J'ai jamais entendu dire pareille chose.
– Ça m'étonne que Jules ne te l'ait pas raconté.
– Alphonse et Jules se sont contentés de parler de leurs expériences personnelles.
– Le Papet aussi a participé à la rédaction ?
– C'est même lui qui a lancé la mode.
Le repas terminé, ils débarrassèrent la table puis Philippe prépara une tisane de sarriette. Mina l'attendait près de la table basse, assise sur le tapis marocain. Elle était bien, loin du mistral dont elle entendait seulement les rugissements.
– Tu sais, la sarriette est interdite dans les couvents. Elle a la réputation d'être aphrodisiaque.
Mina rit. Philippe déplaça la pile de journaux pour poser son plateau.
– Qui c'est ce mec déguisé ?
– Il est pas déguisé. Là-bas, ils s'habillent comme cela.
– C'est un Arabe ?
– Malheureux ! Tu l'insultes. C'est un Touareg.
– Qu'est-ce qu'il fout là ?
– Tu te souviens dans le bureau de Georges, il y a cette photo. J'ai trouvé la même chez Paule et je la lui ai empruntée en essayant de lui soutirer des renseignements.
– En quoi cela t'intéresse ?

Mina prit le temps de déguster sa tisane, usant habilement la patience de Philippe.

– Ce Touareg a trempé dans le passé Polignac.

– Ma pauvre Mina, tu délires.

Elle observa encore un moment de silence. Lionne se réveilla et bailla bruyamment. Recroquevillée contre elle, Tindé dormait d'un sommeil profond.

– Cet homme a connu Georges, Jean et Paule. Il a fatalement fréquenté Jules. Tous se taisent lorsque je pose des questions. J'en déduis que le bonhomme trempe dans le mystère de la famille.

Philippe se pencha sur Antonin.

– Si j'avais vu ce type ici à Champlong, je ne l'aurais pas oublié. T'as vu sa dégaine !

– Tu étais trop petit pour t'en souvenir. Je pense que ce cliché a une bonne trentaine d'années.

– Tu as l'art d'échafauder des théories bizarres. Tu devrais écrire des romans policiers.

– Toi, tu es naïf. Ça amuse Paule et Georges de présenter ce mec pour un Touareg. Tu vois bien qu'il a la peau claire comme toi.

Philippe prit le temps de regarder l'enturbanné, la tente, le troupeau de chèvres efflanquées et le foyer dans le sable.

– Cet énergumène est peut-être allé se réfugier là-bas pour fuir sa famille ou la police. Dans ce cas, tu penses bien que tes amis ne vont pas te mettre dans la confidence. C'est peut-être simplement un aventurier. Je ne vois toujours pas le rapport avec les Polignac.

– Pourtant il y en a un.

– Où vas-tu chercher toutes tes histoires ?

Mina resservit de la tisane. Elle se laissa apaiser par la vue des robes colorées des chiennes alanguies sur le tapis. Lionne capta son intérêt et fronça ses sourcils selon une mimique unique.

– Plusieurs coïncidences prouvent que j'ai raison. C'est Georges qui a indirectement baptisé mes chiennes. Elle porte le nom du mortier que les touarègues utilisent pour piler le mil et qu'elles revêtent d'une peau de chèvre pour les cérémonies.

– Et alors ?

– Ce jour-là, il m'avait raconté l'histoire d'une oasis nommée Timia. Il m'avait expliqué qu'il avait vécu au Niger et connu la célèbre Agadez, considérée autrefois comme la porte du Soudan. J'ai voulu en savoir plus et il s'est fermé. Tout comme Paule lorsque je lui ai emprunté la photo.

– Je ne peux pas t'aider. Il aurait fallu interroger Jules.

Philippe examina encore une fois Antonin, s'attarda sur la haute silhouette et les plis du vêtement.

– Je me demande comment on peut vivre avec ce voile autour de la tête. Moi, je m'étoufferais.

– Ils se protègent ainsi des vents de sable. La légende dit qu'il est de mise de cacher son visage par pudeur. Les femmes, elles, vont le visage découvert.

– Drôle de pays, dit Philippe en baillant.

Il était presque minuit. Mina sortit les chiennes qui dormaient dans l'atelier et donnaient l'alerte au moindre bruit suspect.

Dans la chambre, Philippe enleva la djellaba de sa femme en murmurant :

– Tu ressembles un peu à ton Touareg avec cet accoutrement. Je te préfère toute nue.

– Nous sommes cousins germains, lui et moi, des Berbères.

– Moi je me demande s'il n'aurait pas un lien de parenté avec les Aït Moudzit plutôt qu'avec les Polignac.

– Je n'avais jamais pensé à ça ! Tu as plus d'imagination que moi.

Mina se fourra sous la couette en frissonnant. Philippe la réchauffa avec tendresse. Il avait la tête embrumée par les révélations de sa femme et oubliait son dynamisme habituel. Elle oscillait sous ses caresses comme un arbre ployé sous le vent. Elle avait oublié Antonin et ses propres élucubrations. Elle défaillait sous les assauts du plaisir que les grandes mains de Philippe lui procuraient.

– Ce soir, je te fabrique un enfant, murmura-t-il à son oreille, tandis qu'il la couvrait de son poids.

– Fais-moi tout ce que tu veux, hoqueta Mina avant de succomber au tourbillon qui l'emportait.

Le corps et l'esprit totalement détendus, elle allait sombrer dans le sommeil lorsque Philippe lui dit à l'oreille :

– Nous sommes mariés depuis plusieurs années et nous n'avons pas été capables de concevoir un gosse. Je me demande si l'un de nous n'est pas stérile. À moins que tu ne prennes des drogues en douce.

Comme une vague qui se retire vers le large après avoir battu la côte, le sommeil fuit immédiatement Mina. Cet aveu lui rappela le courrier de Rose et la sentence de la stérilité de Jules. Philippe en serait-il atteint ? Pour la première fois, Mina le sentit angoissé par un sujet non professionnel. Il n'était donc pas aussi égoïste qu'elle le soupçonnait.

– Je ne prends pas de moyen de contraception, tu le sais bien. Nous ferons des tests pour savoir ce qui se passe.

– J'ai un peu peur.

– Si jamais tu avais raison, nous pourrions toujours recourir à l'adoption. Il y a tellement de malheureux sur la planète.

– Je veux un descendant de toi, Mina. Pas d'une étrangère.

Elle prit conscience qu'ils abordaient un moment décisif. Elle s'en voulut de n'avoir pas prévu cette répétition de l'histoire, et plutôt que de chercher midi à quatorze heures avec ses élucubrations sur le fameux Antonin, elle se dit qu'elle aurait bien dû soupçonner que la fatalité s'acharnait sur la famille Polignac. Mais Jules n'était pas le père de Philippe et il n'y avait donc rien d'héréditaire. Cependant pour Mina, Philippe était le seul responsable.

– Tu devrais te reposer, Philippe. Il est deux heures du matin et tu as une grande journée de travail demain. Ne te tracasse pas. Cela ne sert à rien.

Lui d'ordinaire si paisible dormit d'un sommeil agité et haché de cauchemars d'où émergeaient des mots incompréhensibles. Plus que jamais, Mina était décidée à élucider le mystère de sa naissance.

L'ambassadrice de la truffe

22

Mina s'arrêta à la librairie et choisit un livre pour Léonore. Malgré le temps froid, elle flâna un peu dans les rues. Le ciel, balayé de gros nuages gris, envoyait parcimonieusement quelques rares rayons de soleil qu'elle recherchait en louvoyant entre les boutiques. Noël approchait et une foule de consommateurs se pressait, en pestant contre les files d'attente. Ce rituel suscitait l'ironie de Mina.

– La fête des enfants, tu parles ! Une orgie commerciale, oui, dit-elle à voix haute.

Heureusement, ses paroles passèrent inaperçues, car un haut-parleur diffusait de la musique. Elle s'installa dans un bar, juste derrière la façade vitrée, commanda un café puis s'amusa du piétinement de familles chargées de cadeaux : les gosses houspillés par leurs parents, les vieux traînant la jambe, tous couraient achever leurs derniers préparatifs. En retrouvant sa voiture, elle remarqua dans une vitrine un pantalon qui lui plaisait et ouvrit la porte du magasin. Des femmes, pépiant comme des perruches, se bousculaient dans les allées et, saisie par la chaleur excessive, elle suffoqua, s'enfuit et démarra.

– J'ai perdu l'habitude de la ville et du bruit. Je vais devenir une vraie paysanne comme Jules et Philippe.

Elle prit la route qui sillonnait entre les vignes. Dans ces contrées où les vins des Côtes du Rhône étaient rois, les agriculteurs avaient défriché jusqu'à la moindre colline, supprimant d'un même élan les murets de pierre, les coins de taillis et les allées de mûriers. Quelques rares truffières trouaient cet univers plat et aseptisé. Mina eut une moue dédaigneuse.

– Ils sont riches par ici, comme dit Philippe. Mais je préfère mes bois de Réauville.

Elle aborda la ferme de Georges. Elle s'était accoutumée à son volume sans grâce jusqu'à presque l'aimer. Elle s'approcha du chenil où Diane et Clinton l'accueillirent par des aboiements bruyants. Elle frappa, entra dans la pièce vide puis se dirigea vers le laboratoire. À sa manière bourrue, Georges la salua puis lui annonça directement :

– Mina, pourriez-vous me donner un coup de main ?

– Maintenant ?

– Immédiatement. Je suis débordé. Depuis trois jours, je n'ai pas repassé mes truffiers. J'ai promis une commande à livrer demain à Valence.

À l'évocation de Valence, Mina pensa tout de suite à Rose, et inconsciemment elle se préparait déjà à une ruse pour accompagner Georges.

– Je venais passer un moment avec Léonore. Vous voyez bien que je ne suis pas en tenue pour travailler.

– En effet, vous êtes bien élégante.

Mina avait passé une longue jupe noire en lainage épais et un pull-over jaune échancré en pointe.

– Je suis une femme. Il m'arrive parfois de l'oublier là-haut dans ma ferme.

– Vous êtes ravissante comme ça. Je vais vous prêter une blouse et vous m'aiderez. Une heure suffira. Allez prévenir Léonore. Elle se repose dans sa chambre. Pendant que j'irai aux truffes, vous pourrez bavarder toutes les deux.

Mina sourit. Il lui était décidément impossible de passer outre à ses ordres. Il eut une moue d'enfant malicieux et sous sa crinière blanche, elle remarqua cette drôle de lueur verte qu'elle avait déjà observée dans les yeux d'Antonin et de Philippe. Elle ouvrit discrètement la porte du bureau pour vérifier la présence de l'enturbanné. Il était toujours là. Georges n'était pas du style à refaire sa décoration tous les jours. Depuis qu'elle le visitait, Mina avait noté l'immuabilité des lieux, comme l'invariable tenue vestimentaire et les habitudes fixes du courtier. Antonin passait sans aucun doute pour un dissident dans cette famille traditionnelle. Elle ne pouvait pas aborder ce sujet avec Georges. Mais elle savait que, d'une manière ou d'une autre, elle finirait par avoir une réponse.

Elle promit à Léonore de revenir dans un moment, enfila une blouse et commença à trier les truffes. Dans le laboratoire clos, l'odeur l'enivra très vite. Autant elle aimait humer la truffe fraîchement sortie de terre, autant elle suffoquait entre ces quatre murs.

– C'est pareil pour moi, dit Georges, en voyant qu'elle pinçait les narines. Ces diablesses dégagent un gaz difficilement supportable. Je ne peux pas aérer à cause du froid.

– J'irai prendre l'air tout à l'heure.

Georges avait les traits tirés et il fronçait les sourcils tout en maniant le canif d'un geste habile.

– Je veux des rabasses impeccables pour ce restaurant. Je n'en avais pas suffisamment au marché pour honorer cette commande, j'ai dû visiter plusieurs gros trufficulteurs à domicile. J'ai perdu beaucoup de temps.

Tout en bavardant, il mettait de côté quelques belles pièces, mûres à point. Après sa première leçon, Mina savait reconnaître la chair chocolatée de la brumale.

– Nous allons les brosser à sec, dit Georges lorsqu'il eut choisi. C'est un bon client et je ne veux pas lui vendre de la terre.

Il s'installa sous une lampe puissante, invita Mina à l'imiter et lui tendit une brosse.

– Et si on les passait sous l'eau pour simplifier le travail.

– Malheureuse ! Jamais de la vie.

Avec des gestes minutieux, ils nettoyèrent les tubercules. Georges poussa le zèle jusqu'à évider, de la pointe de son canif, les galeries creusées par les liodès, pour les débarrasser des impuretés. Tant de délicatesse dans une aussi grosse poigne étonna Mina.

– J'ai des doigts de fée quand je veux, dit-il, souriant.

Quoique concentré sur ses gestes, rien des sentiments de Mina ne lui échappait.

– Vous savez, j'ai été à bonne école. Mon père m'a appris le métier et m'a toujours traité comme le pire de ses ouvriers. À l'époque, nous stérilisions. Nous avions des flacons dont le fond possédait une alvéole. Il fallait trouver les truffes s'insérant au millimètre près dans le récipient, le but du jeu étant de ne pas gaspiller de place.

Tout en parlant, il continuait son travail de précision, sans perdre de temps mais sans se bousculer. D'un accord tacite, Mina brossait et Georges peaufinait les infimes détails.

– Fermés avec un bouchon de liège, puis scellés à la cire, ces flacons permettaient de conserver indéfiniment les truffes.

– Vous pourrez me montrer ?

– Il m'en reste une dizaine. Imaginez vous qu'aujourd'hui ils sont revenus à la mode. On les trouve chez les antiquaires qui les négocient jusqu'à mille francs ! Les bourgeoises mettent là-dedans une rose et c'est considéré comme le nec plus ultra.

Georges se dirigea vers la balance.

– Encore une et je vous libère, Mina. On va lui mettre un bon kilo. C'est que dans la nuit, elles vont perdre un peu de poids.

Elle reprit ses mouvements répétitifs.

– Pourquoi ces bouteilles ne sont-elles plus utilisées ?

– La boîte de conserve les a remplacées. Mon père en a brisé et jeté des centaines.

– C'est bien dommage.

– Les gens étaient à l'affût des nouvelles techniques censées simplifier la vie. Ainsi, certaines femmes ont mis à l'écurie leurs beaux chaudrons en cuivre que des générations de grands-mères utilisaient pour mijoter les confitures ! J'ai vu des chèvres boire là-dedans.

Georges se leva, signifiant que le travail était terminé. Mina enleva sa blouse et le suivit. Comme d'habitude, le courtier passa dans son bureau et nota quelques lignes dans son agenda. À la dérobée, elle s'attarda encore une fois sur la photo de l'enturbanné, essayant de deviner un infime détail qui l'aurait mise sur une piste. C'était bien la même qu'elle avait empruntée à Paule. Georges enregistra son intérêt sans piper mot.

– Vous voulez que je vous accompagne aux truffes ?

– Non. J'ai besoin de respirer un peu, tranquillement, avec mes chiens. Ils n'ont l'habitude de travailler qu'avec moi.

Elle l'escorta jusqu'à la remise où il rangeait son matériel et où toutes sortes d'outils étaient disposés par catégorie. Il y avait là de quoi percer, forer, poncer, peindre, moudre et réparer.

– C'est une vraie caverne d'Ali Baba que vous avez là !

– Je ne jette jamais rien malgré les remontrances de ma femme et de mon fils. Et il semblerait que j'aie raison. Je pourrais ouvrir un musée avec mon bric-à-brac.

Mina explora la pièce pendant que Georges préparait sa musette. Il hésita entre un piochon et un outil plus léger, qui ressemblait à une canne miniature.

– Voici deux ans qu'un de mes clients m'a offert ce foudji. J'ai eu du mal à m'y habituer, mais aujourd'hui, je ne peux plus m'en passer.

Mina attrapa la simple tige de fer dont une des extrémités était taillée en pointe, tandis que l'autre possédait un bec recourbé destiné à s'accrocher à l'épaule.

– Moi je cave avec le vieux piolet de Jules. Il est un peu lourd.

– Vu sa finesse, celui-ci a l'avantage de ne pas abîmer les truffes.

– Quel est son nom ?

– Moi, je dis foudji mais certains l'appellent aussi truffadou, picon ou cavadou.

Il souleva un morceau de tissu recouvrant une cagette.

– Venez voir mes vestiges.

D'un beau verre soufflé, une dizaine de bouteilles dormaient, séparées par du papier journal. Georges s'agenouilla et avec des gestes d'une extrême précision, étala sa collection près de la porte, bien au soleil.

– Je suis arrivé trop tard pour sauver les autres. Sur ordre de mon père, les ouvriers ont tout fracassé à coups de masse.

Ces simples flacons de verre suffisaient à matérialiser des ombres surgies d'autrefois.

– Il aurait pu les vendre au lieu de les détruire.

– Avec l'arrivée de la stérilisation, il redoutait le déclin de son entreprise. Il a dû licencier tout le personnel féminin, spécialiste de l'embouteillage. Un beau jour il a décidé de supprimer ces vestiges du temps jadis.

– Vous n'avez pas pu intervenir ?

– Mon paternel n'admettait pas la contestation. Un ordre était un ordre. Il avait un caractère de cochon et personne n'osait s'opposer à lui.

– Vous avez eu une enfance difficile ?

– Je me suis toujours incliné devant lui. Il m'a donné des leçons qui ont formé l'homme que je suis aujourd'hui.

Ma mère était là pour adoucir un peu la vie de tous les jours.

– Quel était son nom ?

– Aubanel, pardi ! Comme moi.

– Je voulais dire son prénom.

– Georges comme moi. Il était de tradition que l'aîné prenne le nom du chef de famille.

Ainsi l'occasion rêvée d'aborder le passé du courtier se présentait subitement. Mina ne s'y attendait pas. Elle demanda naïvement :

– Vous avez donc des frères et sœurs ?

Immédiatement, Georges se redressa, comme si la position accroupie le rendait vulnérable. Son visage, qui s'était détendu au cours de la conversation, reprit son expression sévère et sur la défensive.

– Voilà que je traîne à vous raconter des histoires. Il faut que je me dépêche d'aller aux truffes avant la nuit.

La magie du moment s'était dissipée. Toujours agenouillée, elle l'observait.

– Choisissez un bocal à truffes, Mina.

Elle ne se pressa pas, essaya de reprendre la discussion, mais il restait impassible. Elle hésita entre deux récipients de tailles un peu différentes.

– Prenez le grand. Il sera parfait pour mettre une rose.

Il rangea ses précieux souvenirs.

Elle savait l'importance du cadeau. Sans doute le courtier voulait-il la dédommager.

– Je vous remercie.

– Vous l'avez largement mérité. Je connais votre intérêt pour la truffe.

Il ouvrit la porte du chenil et Mustapha s'approcha de Mina, quêtant une caresse. En retrouvant le grand air, Georges aspira une goulée de vent et se détendit un peu.

– Accepteriez-vous de travailler quelques jours par semaine avec moi ?

Mina sentit son pouls s'accélérer.

– Je ne sais pas si j'en suis capable.
– Ne dites pas de bêtises. Vous avez encore des choses à apprendre, mais vous ferez une bonne élève.
– J'en parlerai avec Philippe.
– Vous n'avez qu'un défaut, c'est votre manie de toujours poser des questions.
Mina rit.
– C'est uniquement une preuve d'intérêt.
– Une preuve d'intérêt pour mon passé, oui. Je ne suis qu'un homme au soir de sa vie, Mina. Vous continuez à escornifler, hein ?
– Escornifler ?
– Mettre votre nez où il ne faut pas.
– Certaines choses m'intriguent.
Georges attacha Mustapha. Diane s'impatientait près de la haie de cyprès ; habituée à la rigueur de Georges, elle s'énervait à le voir traîner à des bavardages.
– Si vous pouviez venir deux ou trois après-midi par semaine au laboratoire et livrer quelques clients, ce serait parfait.
Comme d'habitude, Georges avait dévié le sujet. À son contact, Mina passait d'un état d'excitation à un stade de grande lassitude.
– Les livraisons, je connais pas.
– C'est un jeu d'enfant. Il suffit d'avoir le sourire, d'être poli, de déposer le colis et de prendre l'argent, sans toutefois omettre de répondre aux questions. Vous êtes la femme de la situation. C'est vous qui irez à Valence demain.
Mina retint son souffle sous l'effet de la surprise.
– Ainsi vous avez tout prévu ! Même ma réponse positive.
– J'ai un peu outrepassé mes droits, je le reconnais. Venez dans la matinée, je vous expliquerai en détail.
Le courtier s'éloigna d'un bon pas et rejoignit sa truffière qui trépignait. Sa bouteille à la main, Mina ne bou-

geait pas. Elle avait des sueurs froides. Elle suivit la haute silhouette qui disparut derrière la haie de cyprès.

– Il manque pas de culot !

Elle s'aperçut qu'elle avait froid, s'ébroua et marcha un peu dans la cour. Elle respira à fond plusieurs fois en essayant de calmer sa fébrilité. Elle avait envie de rentrer à la ferme et de retrouver sa solitude.

Derrière les plis du rideau, Léonore cogna contre la vitre pour l'inviter à la rejoindre. Elle avait préparé du thé et des biscuits. Mina lui tendit le paquet qu'elle avait préparé.

– Il ne fallait pas, dit-elle pour le principe.

Elle feuilleta l'ouvrage.

– *Antonin Maillefer*, je ne connais pas.

– J'ai découvert Jean-Claude Libourel, récemment. Je suis sûre que vous l'aimerez.

– D'autant que je suis en manque de lecture. Georges supporte mal d'aller à la bibliothèque.

Les yeux bleus mangeaient la moitié du visage de Léonore. Son teint, habituellement clair, avait encore pâli et un réseau de fines rides étendait ses craquelures sur les pommettes et le front. Elle se leva péniblement.

– Restez assise, dit Mina.

Intriguée, Léonore lorgnait l'emballage entouré de papier journal. Mina servit le thé puis l'ouvrit.

– Georges m'a fait un cadeau.

Léonore resta sans voix. D'une main tremblante, elle saisit sa tasse. Elle était obnubilée par le flacon à truffes.

– Cet événement est historique. Je n'ai jamais vu mon mari se départir des choses de son passé. Il est incapable de jeter ou de donner. Il garde toutes sortes de saletés qui encombrent les étagères et ont chacune une histoire. Savez-vous que les armoires contiennent encore les costumes et les chapeaux de son père ! Si j'étais une jeune femme de votre âge, je vous ferais une crise de jalousie, dit malicieusement Léonore.

– Il a simplement voulu me payer les quelques coups de main que je lui ai donnés.

– Ces vieux vases parlent de truffes. Et, pour Georges c'est sacré. Il en a refusé un à Pierre. On dirait qu'avec vous, il s'adoucit un peu.

– Je suis étrangère à la famille. Cela facilite peut-être les relations. Pourtant Georges est toujours aussi autoritaire avec moi. Il vient à l'instant de me reprocher mes indiscrétions alors que je l'interrogeais sur son père.

La pénombre commençait à gagner la pièce. Mina se leva pour appuyer sur l'interrupteur.

– N'allumez pas la grande lumière. Cela me fatigue les yeux. Dans le coin, il y a une lampe de chevet.

Dans cette simple phrase perçait le désarroi d'une personne diminuée par la maladie. Mina ne sut que dire et s'exécuta.

– Vous avez un traitement ?

– J'ai tout le nécessaire : un tas de médicaments, une garde-malade et une maison bien chaude. Je n'ai plus qu'à attendre la fin.

La soumission de Léonore révolta Mina. Elle eut envie de la bousculer.

– Ne dites pas de bêtises. Il y a ce qu'il faut pour se soigner ici. Ce n'est pas comme dans certains pays démunis de tout.

– Je le sais bien. Simplement, j'ai envie d'en finir.

Elle s'exprimait avec une grande franchise.

– Vous m'attristez.

– Je ne suis plus bonne à rien. Seul Pierre mettait un peu de joie dans mon existence. Maintenant qu'il a disparu…

– Il a disparu ? Qu'est-ce que vous me racontez là ?

– Georges et Pierre se sont sérieusement accrochés. Il est parti sans laisser d'adresse. Depuis quelque temps les relations entre le père et le fils s'envenimaient.

Les yeux de Léonore d'un bleu déjà pâle se délavèrent encore un peu. Mina crut y voir une larme. Pas seulement cardiaque, sa maladie était aussi d'ordre dépressif. Elle réchauffa le reste de thé et laissa s'installer un moment de silence. Les épaules de Léonore s'affaissèrent sous le poids du souvenir. La nuit approchait.

– Mon mari prend de l'âge et il a besoin d'un équipier. Je vois bien qu'il peine pour affronter le travail. Or Pierre refuse de se plier aux exigences de son père. Il a une conception des choses plus moderne.

– Je comprends maintenant pourquoi il m'a embauchée ! Bien entendu, il ne m'a pas donné d'explication.

Léonore se fit suppliante :

– Acceptez. Une présence jeune dans cette maison fera du bien à tous.

– Votre mari m'a mise devant le fait accompli. Je dois livrer demain un restaurant à Valence. Je me demande comment Philippe va réagir.

– Je suppose que vous êtes une championne pour lui annoncer les choses en douceur.

À la tombée de la nuit, Georges revint. Sa musette aux flancs pendants contenait une maigre récolte. Il alla dans son laboratoire ranger ses quelques trouvailles.

– J'aurais voulu que vous me parliez d'Antonin, dit Mina.

– Ce sujet me fatigue.

– Vous êtes la seule à pouvoir m'éclairer.

– Un jour que nous serons seules, je vous expliquerai. Le moment n'est pas encore venu.

Georges revint en maugréant.

– Alors, on murmure des cachotteries ?

Les deux femmes ne répondirent pas à cette pique coutumière. Mina prit congé. Sur le chemin du retour, elle songea à une stratégie pour annoncer sa subite embauche à Philippe, mais bien vite son esprit s'envola vers Pierre. Tout de suite, ce fut son corps qu'elle se représenta, cette masse musculaire et athlétique qui la fascinait et la troublait au point de lui avoir dicté de renoncer à une visite à son studio.

23

Avec un peu d'appréhension, Mina avait téléphoné à Rose. La vieille dame avait répondu immédiatement qu'elle se tenait prête à la recevoir. Afin de disposer de tout son temps, elle prit le train et gagna en taxi le célèbre restaurant. Georges avait soigneusement emballé les truffes, mais, malgré plusieurs couches de plastique elle sentait encore leur forte odeur. Elle avait peur qu'on la remarquât. Le patron l'accueillit en personne, la remercia chaleureusement pour la qualité du produit et lui offrit un café tout en préparant ses billets. La grande salle était très spacieuse avec les alcôves aménagées pour préserver l'intimité des dîneurs. Les lourds rideaux ornaient des fenêtres aux verres dépolis, chaque table, dressée avec une nappe brodée, était fleurie d'un bouquet de fleurs fraîches. Les clients attablés étaient des gens discrets, sans doute chefs d'entreprise, banquiers, ou gens d'affaires. L'établissement était renommé pour sa haute gastronomie et la qualité de son service. Mina n'aimait pas ce genre d'endroit.

– Je suppose que vous êtes membre de la famille de Monsieur Aubanel ?

– Pas du tout. Je lui donne occasionnellement un coup de main.

– Il me semblait bien aussi que vous aviez des origines étrangères.

Mina expliqua encore une fois qu'elle était berbère de l'Atlas Marocain. Et, devant l'étonnement du patron, elle révéla qu'elle vivait depuis longtemps au pays des truffes.

Georges lui avait bien recommandé de prendre son temps et de répondre poliment à toutes les questions.

– Vous êtes jolie, élégante, et vous avez le sens du commerce. Vous serez l'ambassadrice de la maison Aubanel, avait-il affirmé le matin même.

Cette flatterie l'avait touchée.

– Expliquez- moi comment vous préparez vos plats de truffes, demanda encore le chef avant de la libérer.

Il voulait sans doute la tester. Il était visiblement sensible à son charme, mais son origine magrébine le laissait méfiant. Mina décida de lui en mettre plein la vue.

Avec assurance, elle proféra :

– D'abord, il ne faut pas trop chauffer la truffe. Son arôme est parfaitement développé lorsqu'on la déguste crue. Fabriquez un hachis de melanosporum avec un peu de beurre et un soupçon de sel et tartinez cela sur du pain blanc ou du pain de seigle. En toasts pour l'apéritif, c'est un régal.

– En restauration, ça revient beaucoup trop cher.

– Alors, il vous reste la traditionnelle omelette. Enfermez vos œufs et votre truffe dans un bocal hermétique pendant deux jours. Battez les œufs, coupez la truffe en lamelles, salez légèrement et jetez dans la poêle bien chaude. Servez comme des petites crêpes, après complet refroidissement, et à température ambiante. Il n'est même pas utile de mettre la truffe dans l'omelette. Avec sa coquille poreuse, l'œuf s'imprègne naturellement de l'odeur. Vous pouvez garder la truffe pour une autre préparation. Ainsi font les radins.

– Vous êtes très drôle. Je croyais qu'il fallait servir l'omelette bien chaude !

– Chacun a sa manière de procéder. Je viens de vous livrer ma recette personnelle, affirma Mina avec un aplomb sans faille.

– Je vais suivre vos conseils.

– Je vous recommande également l'huile truffée. C'est très à la mode en ce moment.

– Je vous écoute.

– Hachez un tiers de melano et deux tiers de brumale que vous mettez dans un flacon et remplissez d'huile de tournesol, de pépin de raisin ou d'olive. Ça dépend des goûts. Ce mélange s'utilise pour les sauces à salade ou pour huiler une volaille ou un gigot. Il faut l'utiliser rapidement sinon le hachis moisit. Pour une meilleure conservation, il vaut mieux le pasteuriser.

Un marmiton appela le patron et elle prit congé.

– Merci beaucoup, Mademoiselle. J'espère que j'aurai le plaisir de vous revoir.

Elle omit de signaler qu'elle était mariée et jouit un instant du fait de paraître aussi jeune.

– Mission accomplie, dit-elle à haute voix.

Elle avait gagné la partie, tranquillisant le restaurateur avec des boniments entendus sur le marché. Elle était fière d'elle. Elle progressait dans l'art de la médiation et de la sagesse, réussissant d'une pirouette à réduire à néant ses impulsions et sa spontanéité. Elle sourit à l'idée qu'elle n'avait jamais préparé une omelette aux truffes et ignorait ce qu'était une brouillade.

– Je jure que Philippe avalera de la truffe lorsque nous connaîtrons la vérité.

Elle parlait seule en arpentant la grande rue bordée de magasins luxueux. Ce défaut, tolérable à Champlong, devenait en ville un handicap. Un passant entre deux âges s'attarda sur sa personne puis se détourna, dégoûté, en remarquant que ses lèvres remuaient.

Décorées d'éléments en fibre naturelle, de boules végétales et de racines simplement teintées, les boutiques grouillaient de monde, en ce début d'après-midi. Mina songea à Louise et au dépaysement qu'elle devait ressentir en quittant la ferme pour se plonger dans un bain de foule. Pour affronter le froid, Mina avait enfilé un long manteau noir en laine fourrée et des bottines de cuir. Elle fouilla dans son sac, dénicha une paire de gants et fila d'un bon pas jusqu'au plan de la ville accroché contre le mur de l'hôtel de ville. La rue où habitait Rose n'était pas très loin. Mina n'avait pas pensé à ce qu'elle allait dire à la vieille dame. Depuis la veille, toute son énergie, s'était concentrée pour calmer un Philippe angoissé par les nouvelles activités de sa femme.

– Je ne peux tout de même pas refuser un service à Georges, avait-elle expliqué. Il m'achète toute ma production et c'est lui qui m'a aidée pour vendre les chiens.

– Et bien sûr, il s'agit encore de rabasses !

– J'adore les truffes et tu n'y changeras rien. Voir un peu des têtes nouvelles me fera du bien. Je ne vais pas passer ma vie enfermée à Champlong.

Il avait continué à geindre, mais Mina demeurait inflexible. Il avait peur, peur de ne plus la trouver fidèlement aux fourneaux lorsqu'il rentrait des terres, peur qu'elle ne collabore plus dans les vignes, peur qu'elle ait un accident, peur qu'elle rencontre un homme qui la séduise. Pour lui une femme d'agriculteur se devait de seconder son mari.

– Tu es complètement rétrograde, s'était emportée Mina. Tu es un macho de première et si tu n'y prends pas garde tu deviendras pire que Jules qui refusait tout, jusqu'au téléphone et au four à micro-ondes ! Je ne suis pas un objet. J'ai des besoins personnels que tu le veuilles ou non. Tu ne m'apportes pas tout ce qu'il me faut. Tu n'es pas le pain et le sel.

– Mais, je t'aime, avait déclamé Philippe.

C'était son maître mot, celui par lequel il finissait toutes ses tirades.

Mina avait pouffé de rire devant ses enfantillages et l'incompréhension de Philippe s'était métamorphosée en colère. Les voix étaient montées d'un ton, chacun refusant de se plier aux exigences de l'autre.

– L'amour, c'est le respect. Tu te comportes comme un mari trompé. Je ne cherche pas un amant. Je me dévoue pour mon ami Georges. Et ça m'amuse d'aller à Valence demain. Je suis jeune. J'ai envie de vivre. Pas de rester toujours confinée à la ferme.

La discussion les avait occupés jusqu'à minuit passé et comme toujours les choses s'étaient arrangées sur l'oreiller.

Marchant d'un bon pas, Mina dépassa l'embranchement qu'elle cherchait. Elle dut demander sa route et rebrousser chemin. Elle chassa ses préoccupations.

– Satané Philippe.

La plaque de cuivre de Rose Chevalier brillait contre un portillon muni d'une sonnette. À travers les barreaux de fer, Mina aperçut une allée pavée conduisant à la porte d'entrée dotée d'un heurtoir en bronze. Dans ce quartier résidentiel, en pleine ville, tous avaient un bout de jardin soigneusement entretenu. Son cœur battait. Elle redoutait ce qui allait suivre.

– Je ne vais pas me dégonfler maintenant, tout de même.

Elle arrangea ses longs cheveux malmenés par le vent, inspira à plusieurs reprises et appuya sur le bouton. Immédiatement, une femme sèche s'approcha. Sur sa jupe en tweed, elle portait un tablier blanc orné de dentelle.

– Madame Polignac ? Je vous en prie, entrez.

Le cérémonial amusa Mina. Elle se souvint du courrier de Rose à sa fille, des allusions à de nouvelles toilettes, des descriptions de réceptions, de sa vie mondaine. Elle pénétra dans un hall immense d'où partait un escalier bordé d'une rampe en fer forgé. Des tableaux d'ancêtres ornaient les murs. La femme ouvrit une porte sur la droite. Installée dans un fauteuil voltaire, près de la fenêtre, Rose attendait. Un instant, Mina s'arrêta, soudain intimidée.

– Approchez-vous.

Mina avança et tendit la main.

– Embrassez-moi.

Elle s'exécuta gauchement. La peau de Rose était toute ridée, comme une vieille pomme qui aurait séjourné tout un hiver dans un cellier. Son menton tremblait un peu. Elle avait des cheveux permanentés d'un blanc bleuté, le regard noir d'un juge en exercice et le buste redressé.

– Mettez-vous à la lumière. J'y vois mal.

Elle obéit et Rose la détailla sans discrétion. Mina avait heureusement soigné sa mise.

– Installez mon invitée et préparez le thé, Madame Manini.

La domestique obtempéra puis s'éloigna discrètement. Mina prit place du bout des fesses sur un siège. L'inspection de Rose était terminée.

– Comment va mon Philippe ?

Mina choisit la sincérité.

– La vie à Champlong l'a rendu renfermé et méfiant.

– Ce lieu est maudit. Il m'a pris ma fille. Comment avez-vous appris la vérité ?

– Jules avait conservé votre courrier à Louise. Je l'ai trouvé par hasard en cherchant quelques affaires pour mon beau-père lorsqu'il a été hospitalisé d'urgence après son accident avec la tronçonneuse.

Rose guettait les réactions de Mina. Celle-ci hésita.

– Vous pouvez tout me dire.

– La révélation de la stérilité de Jules m'a laissé abasourdie. Depuis je mène l'enquête sans grand succès. Georges se dérobe lorsque je pose des questions. Paule Florentin reste très discrète. Philippe ne sait rien.

Rose reposa sa nuque contre le dossier du fauteuil.

– Cette histoire a gâché ma vie. Depuis près de trente ans, je cherche le géniteur de Philippe. Je m'en veux de ne pas avoir plus insisté auprès de Louise. Je m'en veux de ne pas avoir embauché un détective privé. Perdre son enfant unique est une souffrance terrible.

Rose se voûtait à présent. Elle avait oublié son maintien. Dans ses prunelles, une buée se dessinait. Mina fut touchée par sa détresse. Madame Manini frappa et sans attendre la réponse roula une table sur laquelle se trouvait le nécessaire à thé. Comme une ombre, elle repartit.

– Avez-vous un doute ? demanda Mina.

– J'ai longtemps pensé à Georges, mais je ne suis pas sûre d'avoir raison. Il avait beaucoup d'admiration pour Louise. Ces maudites truffes étaient un point commun entre eux. Jules s'occupait surtout des vignes et des lavandes. Au fil des années, il avait laissé la responsabilité du cavage à ma fille. Il a vraiment repris les truffières en main après sa mort. Avez-vous une photo de Philippe ?

– Je l'aurai après les fêtes de Noël. J'ai demandé à Paule Florentin d'en prendre à cette occasion où nous serons réunis.

Mina servit le thé. Abattue, Rose n'avait plus rien du personnage sévère et sans indulgence du début de l'entretien. Elle accusait maintenant son grand âge et sa peine.

– Je n'aurais pas dû venir vous voir, dit Mina piteusement.

Rose se redressa avec brusquerie.

– Vous avez très bien agi. J'attends un signe depuis un quart de siècle. Ce signe, c'est vous, Mina. Ce que je n'ai pas réussi, vous le réussirez. Je vois dans vos yeux une grande détermination et beaucoup de force.

Mina fut sensible à cette marque de considération.

– J'agis toujours dans l'ombre. Je suis à Valence aujourd'hui pour livrer les truffes de la maison Aubanel. J'ai prétendu mal connaître la ville et j'ai pris le train pour justifier de deux heures de détente. J'ai pris un billet pour

18 heures en disant que c'était le dernier train. Ces dissimulations m'empoisonnent la vie. Tout cela pour protéger Philippe.

– Il est des mensonges que l'on dit pieux. Ne vous torturez pas. Tout cela, c'est pour la bonne cause.

Pendant qu'elles buvaient le thé, la main de Rose cessa de trembler.

– Avez-vous connu Jean, le mari de Paule ?

– J'ai dû le croiser au cours d'un de mes séjours. Il rendait parfois visite à Jules et parlait de truffes avec Louise. Dès qu'ils abordaient ce sujet, je me retirais de la scène. Je supportais mal cette espèce de tubercule qui avait ensorcelé ma fille. Vous imaginez bien que mon horreur n'a cessé de croître après la mort de Louise. Je redoute les fêtes de Noël et la traditionnelle dinde truffée.

À l'évocation de la melano, les narines de Rose se pincèrent de dégoût. Mina eut un sourire.

– Sachez que votre petit-fils exècre la rabasse. À mes retours de cueillette, je dois soigneusement me laver les mains et même me changer. Comme vous, il refuse d'en consommer.

– Voilà un garçon bien ! ironisa Rose. Vous aussi, vous dites rabasse, comme Jules et Georges ?

– C'est Jules qui m'a formée et j'utilise tout naturellement ses expressions.

– Philippe a dû probablement souffrir de vous voir adopter les méthodes de Polignac ?

– Il l'admet très mal. Nous avons eu une scène violente hier au soir. Il ne voulait pas que je collabore avec Georges.

– Il n'a peut-être pas tort. Prenez garde à vous, Mina.

– Il me semble parfois que ma vie ressemble à celle de Louise. J'ai un peu peur. Mais les choses ne se reproduisent pas, n'est-ce pas ?

– Avez-vous des enfants ? demanda abruptement Rose.

Mina n'avait cessé de ruminer la stérilité de Philippe. Son désir de maternité, qui ne s'était jamais manifesté depuis son mariage, commençait à poindre de temps à autre. Elle s'était, l'autre jour, surprise en train d'imaginer qu'elle emmènerait son enfant aux truffes, parachevant ainsi l'œuvre de Louise, de Jules, et la sienne propre.

Intriguée par son silence, Rose attendait. Elle ne perdait pas une miette des attitudes de Mina, l'observant sans retenue de ses yeux noirs.

– Nous n'avons pas d'enfant et nous commençons à nous poser des questions.

– Vous voyez bien que les choses se reproduisent, insinua perfidement Rose.

– Philippe n'est pas le fils de Jules.

– C'est peut-être vous la responsable.

– Je suis sûre que non. Ma mère a une nombreuse progéniture, se défendit Mina, bien que sa preuve n'en soit pas une.

Habilement, Rose mania une clochette posée à ses pieds. C'était sans doute sa manière de se manifester dans la grande maison. Madame Manini arriva immédiatement.

– Dans la commode de la chambre d'amis, vous trouverez un album photos. Veuillez me l'apporter s'il vous plaît.

Elle était redevenue la grande dame du début, dominant la situation. Plus rien de sa peine ne transparaissait. Mina était ébranlée. Pour la première fois, elle avait un doute sur sa propre fécondité. Elle eut envie de fuir. L'horloge affichait cinq heures passées.

– Restez encore un peu. Je vais vous montrer les photos de Louise. Je ferai venir un taxi pour vous conduire à la gare. La nuit est déjà tombée.

Elle avait l'art de mettre les gens devant le fait accompli, tout comme Georges. Par politesse, Mina se retint de protester. La phrase de Rose l'avait fragilisée. Son bel aplomb s'envolait. Tout d'un coup, elle se sentait épuisée par cette longue journée chargée d'événements inhabituels.

Elle se ratatina dans son siège et se prit à languir de Philippe et de Champlong. L'image de Lionne et de Tindé l'apaisa un peu. Sur son visage expressif, Rose suivait l'évolution de sa pensée. Mina se trouva comme prise en défaut.

Madame Manini posa l'album sur les genoux de Rose et tira les grands rideaux d'épais velours. La pièce prit une allure de musée. Mina se sentit prisonnière dans cette ambiance confinée.

– Détendez-vous, dit Rose qui ne perdait rien du désarroi de sa visiteuse. Venez à côté de moi.

Soigneusement classées par ordre chronologique, les photos retraçaient l'existence de la famille Chevalier : les parents de Rose dans leurs habits démodés ; son mari en longue robe et toge d'avocat ; la petite Louise sagement assise dans un salon, marchant dans un parc, découvrant ses cadeaux, gracieuse avec ses camarades de classe, puis épousant Jules. Au cours de la noce, le photographe avait immortalisé l'assistance sur le perron de la mairie. Ces clichés noirs et blancs avaient presque une quarantaine d'années. Mina porta beaucoup d'intérêt aux visages souriants et reconnut Georges et Léonore, mais pas les autres.

– Je ne connais presque personne.

– Les Polignac avaient très peu d'invités. Hormis Georges et Léonore, l'infirmière et son mari et le vieil Alphonse, les autres sont des relations des Chevalier.

– Georges est-il fils unique ? demanda Mina.

La vieille dame parut se concentrer quelques instants et finit par s'exclamer :

– Bien entendu. C'est ce qui explique le fichu caractère du courtier.

Ainsi, elle ne savait rien de l'existence d'Antonin. Mina s'en étonna un peu mais passa sous silence ses propres découvertes.

– Nous avions pour notre fille d'autres prétentions qu'un paysan de la Drôme, vous savez ! Louise était courtisée par des jeunes gens de notre milieu, dont un garçon de bonne famille avec une fortune personnelle et des ambitions professionnelles. Mais, elle s'est entichée de ce Jules Polignac.

– Comment se sont-ils rencontrés ?

– À une réunion sur la truffe, pardi ! Louise avait à traiter de la ruralité dans le cadre d'un exposé à la Faculté. Elle a choisi la rabasse, comme vous dites. Dès lors, elle nous a complètement échappé.

Il était temps de partir. Madame Manini trouva un taxi. Mina enfila son manteau.

– Il faudra revenir me voir, je sais si peu de choses de vous.

– À mon prochain passage, je vous apporterai la photo de Philippe.

En frissonnant, Mina traversa la cour fermée et sauta dans le taxi. Des zones d'ombre marquaient quelques rues imparfaitement éclairées. Une prostituée arpentait le trottoir. Quelques étudiants désœuvrés patientaient devant un cinéma.

Mina se détendit, s'assit dans le train et la pauvre lumière de la triste banlieue de Valence aiguisa son désir de retrouver au plus vite Champlong. Sa visite à Rose ne lui avait apporté aucun élément nouveau. Elle ne pouvait pas compter sur la vieille femme plutôt rébarbative pour progresser dans son enquête.

Installé dans la chambre de Jules en compagnie des deux chiennes, Philippe l'attendait depuis longtemps. Il avait décidé de se montrer sous un bon jour.

– Tu as l'air fatiguée, ma Mina.

– Je n'ai plus l'habitude de la ville et de la cohue. Avant les fêtes de Noël, c'est l'horreur. Je préfère travailler au laboratoire avec Georges.

Il avait réchauffé un reste de gratin et mis le couvert. C'est lui qui apporta les plats.

– Paule Florentin a téléphoné pour nous inviter à souper la veille de Noël. J'ai accepté en supposant que ça te ferait plaisir.

– C'est très bien, dit Mina. Il faudra lui apporter un cadeau.

Désireuse de réfléchir, elle monta se coucher tôt. Bien au chaud sous sa couette, elle retrouva enfin le silence et la paix et finit par s'endormir bercée par les rafales du mistral qui emplissaient cette nuit d'hiver.

24

Avant Noël, la maison Aubanel connut une recrudescence de travail. Tout le monde voulait des rabasses. Manger la dinde truffée pour les fêtes de fin d'année restait un rite incontournable. Sur le marché, les chalands discutaient le prix pour le principe, mais finissaient par emporter la marchandise. Mina comprenait mieux Georges en butte aux idioties des citadins affamés de produits dits du terroir. Ils n'avaient aucune idée, les pauvres bougres, de la culture de la truffe et se pâmaient d'aise autant devant la brumale que devant la melano.

– Tu te rends compte du salaire de ces paysans ! chuchotait une dame élégante à l'oreille de son amie.

C'était sûrement une bourgeoise de la ville qui avait une maison secondaire dans la région. Une qui croyait tout savoir sur les coutumes du midi, arpentait d'un pas décidé les marchés locaux et achetait bio. Elle se croyait dans un souk au Maroc et marchandait sans scrupule ses cent grammes de truffes. Elle s'arrêta à plusieurs stands. Mina suivait ses déambulations et l'attendait d'un pied ferme. Elle sentait que cette prétentieuse traitait les gens du terroir avec mépris et les considérait comme des ploucs et des illettrés, sans doute des fainéants, amateurs de pétanque, de pastis et adonnés à la sieste quotidienne.

Révoltée, Mina la toisa. Elle était de la grande famille des trufficulteurs dont elle se sentait solidaire, malgré la fâcheuse impression d'être victime, en tant que femme, d'une situation de minorité. Elle soupira bruyamment et accepta le café chaud que lui tendait son voisin de stand.

Sa présence près de la voiture laissait à Georges la possibilité d'arpenter librement la rue et d'aborder les clients réticents. C'était là une stratégie propre aux courtiers. Au cours de ses va-et-vient, le leveur prenait la température, écoutait les rumeurs, remettait parfois à sa place un trufficulteur fauteur de troubles et attirait les vendeurs vers sa camionnette. Il connaissait les producteurs sérieux, ceux qui apportaient une marchandise impeccable, dépourvue de pourriture, de truffes trop petites ou collantes de terre. Il surveillait Mina du coin de l'œil, ne s'éloignant jamais trop longtemps. Il la mettait à l'épreuve et elle le savait. De son côté, elle le repérait à sa haute silhouette chapeautée d'un béret. Ainsi, ils se complétaient. Mina assistait aux transactions, savait où elle devait intervenir pour soutenir Georges ou donner un coup de pouce pour sauver l'honneur d'un client. Parmi eux, certains voulaient traiter uniquement avec Mina et Georges voyait ses prérogatives mises à mal.

– Vous allez me reléguer dans l'ombre si ça continue.

Il affirmait cela de l'air dubitatif d'un grand acteur et Mina ne pouvait s'empêcher de rire.

– Nous n'avons pas assez de marchandise pour honorer les commandes, répliqua-t-elle. Il est déjà onze heures et demie.

– Je le sais bien. J'ai rendez-vous avec un gros client à l'heure de l'apéritif. Vous commencerez à brosser pendant que j'irai au ravitaillement.

– J'ai promis à Philippe de rentrer pour le repas de midi.

– Il faut annuler. C'est le plus gros moment de la saison. J'ai besoin de vous.

Mina craignait encore une scène de la part de son mari.

– Je ne resterai pas longtemps. Je dois aller en ville pour quelques achats de dernière minute.

– Deux ou trois heures suffiront, Mina.

– Vous finissez toujours par avoir gain de cause.

– Il faut que j'achète le lot de Joseph Perdrigau. Il en a au moins dix kilos. Je connais sa stratégie. Il laisse son sac dans sa voiture garée dans une cour fermée et vient aux renseignements. C'est un malin. Il sait qu'il a de la bonne qualité et exige une somme rondelette. J'ai besoin de ses truffes.

Joseph n'était pas grand ; coiffé d'une casquette, il déambulait tranquillement, les mains dans les poches mais l'oreille aux aguets. Il s'arrêtait tous les dix mètres pour saluer une connaissance et demander le cours du jour.

Mina acheta les truffes d'une paysanne de la Drôme qui était devenue une de ses fidèles. Une femme déterminée et très naturelle qui affichait haut et fort son amour de la rabasse.

– Surveillez bien Joseph, dit Georges avant de se retirer discrètement.

– Vous êtes drôle ! Je ne peux pas avoir les yeux partout.

Mina pesa, avec la balance romaine, le lot odorant. Georges s'entêtait à refuser la balance électronique dont étaient pourvus quelques rares courtiers.

Elle se souvint de leur première conversation sur le sujet ; Georges lui avait dit :

– Mon père a toujours procédé comme ça et mon grand-père avant lui, s'énervait-il. Ces engins modernes ne me plaisent pas. Ils fonctionnent avec des piles et la moindre panne suffit pour rater une affaire. Il m'arrive d'aller dans les terres, figurez-vous. Avec mon briquet, je suis paré dans toutes les circonstances.

Mina avait buté sur le mot briquet et Georges lui avait expliqué que c'était le nom de la balance romaine. Sa démonstration lui ayant paru convaincante, elle avait adopté le briquet.

Elle compta les billets à l'abri des regards indiscrets.

– Avec cet argent, je vais acheter un vélo à ma petite-fille. J'en ai vu de jolis en vitrine à Valréas.

La grand-mère s'éloigna, souriante. Mina se déplaça jusqu'à l'abri du véhicule. Les rafales de mistral qui balayaient l'avenue en sifflant lui paralysaient les doigts, malgré ses gants épais. Ce froid subit et persistant n'arrangeait guère les affaires. Déjà perturbées par un automne sec, les truffes étaient maintenant victimes du gel qui les emprisonnait chaque jour davantage dans une couche de glace de plus en plus profonde.

– Les chiens ne veulent plus travailler, expliqua un rabassier, en tendant quelques centaines de grammes de truffes guère plus grosses que des noix. La terre est trop gelée. Ils ne sentent plus rien. Leur flair est trompé. Pas moyen de caver. On dirait du béton.

– Je vous les prends à trois mille, dit Mina. C'est juste bon pour des pâtés, et encore…

– Vous êtes pire que le père Aubanel !

– J'ai des ordres stricts. Il me faut de la bonne qualité.

– Allez, zou, donnez-moi mes sous et qu'on n'en parle plus. Cette année sera une mauvaise année, comme l'hiver soixante-dix-neuf où les courtiers ont payé jusqu'à cinq mille le kilo.

– Je le sais bien. Je suis productrice aussi. Je connais le problème. Je suis logée à la même enseigne que les autres. Je n'ai presque rien.

– On m'a dit que vous étiez la belle-fille Polignac, c'est vrai ?

– C'est exact.

– J'ai connu Jules. Je l'aimais bien malgré son fichu caractère.

– C'est lui qui m'a appris à aller aux truffes. Maintenant, je donne un coup de main à Georges Aubanel.

– Il doit pas être un patron bien facile ?

– Il est un peu autoritaire et exigeant. C'est sans doute pour cela qu'il a tenu le coup.

– J'étais à l'école avec lui, ici même à Richerenches. Je vous parle d'il y a bien longtemps. Fallait pas lui chercher noise. Il vous rabrouait pour un oui ou un non. Faut dire qu'il sortait d'une famille où l'on rigolait pas avec la discipline.

Mina préparait les billets tout en écoutant d'une oreille distraite les propos de son nouveau client. Il empocha son argent tandis que Georges revenait en compagnie de Joseph Perdrigau.

– Passez me voir, ça me fera plaisir. J'habite sur la route entre Grignan et Taulignan. Après les dernières maisons, juste au début de la longue ligne droite, vous tournez au grand chêne vert et vous filez pendant cinq cents mètres, sur une route bordée de lavandes et de truffiers. Je m'appelle Carrière, Ulysse Carrière.

À voix basse, Georges tenait une discussion animée avec Perdrigau. Ses grands gestes démontraient sa ténacité et il fixait son interlocuteur qui gardait son sourire débonnaire. Le marché se vidait. Certains commençaient à ranger leurs stands. Les deux cafés débordaient de monde.

– Je ne vous promets rien, dit Mina à son acheteur. Entre mes truffes et mon travail, je n'ai plus beaucoup de temps. Mais, à l'occasion, je viendrai vous dire bonjour.

– Allez, Ulysse, laisse-nous traiter les affaires, dit Georges, en tenant fermement par le bras Perdrigau qu'il dépassait d'une bonne tête.

Ulysse s'éloigna, apparemment imperturbable face au froid qui ne relâchait pas son emprise malgré un pâle soleil de midi.

– Carrière est un barjaque de première. Faut s'en débarrasser au plus vite, sinon il vous tient le crachoir pendant une heure.

Mina ouvrait de grands yeux.

– Un barjaque, c'est un bavard, dit Perdrigau qui avait saisi en un instant son ignorance.

– Merci pour l'explication, répondit Mina.

Georges fut troublé par cette connivence soudaine et naturelle.

– Alors, vous les voulez mes truffes ? reprit Joseph Perdrigau pour bien montrer que le fil n'était pas rompu malgré l'apparté.

– Il nous les faut, dit Mina avec autorité.

Georges faillit montrer son mécontentement, mais s'abstint de tout commentaire devant son vendeur qui s'exclama :

– Voilà qui est bien parlé. Combien ?

– Six mille si elles sont de premier choix, asséna Mina.

Georges suffoqua, mais se tut. Les deux interlocuteurs l'avaient rejeté hors de la transaction. Sa jalousie se doublait d'admiration pour cette rabassière nouvellement convertie et qui agissait selon son bon vouloir.

– C'est plus agréable de traiter avec vous qu'avec Aubanel, ironisa Joseph.

– Je voudrais bien les voir, ces fameuses rabasses.

– Attendez-moi. Je vais les chercher.

Joseph Perdrigau s'en fut à travers l'avenue maintenant presque vide de monde.

– Vous n'y allez pas de main morte, lâcha Georges. Il va encore marchander, je le connais. Ne lui donnez pas un centime de plus.

– Ce matin un courtier a payé sept mille un lot exceptionnel : dix kilos de belles melanos triées sur le volet. Je vais donc envoyer Joseph là-bas.

Georges soupira.

– Vous manquez d'expérience.

– Évidemment ! Je suis une pauvre débutante. Toutefois, vous avez besoin de marchandise. Alors, à vous de jouer. Débrouillez-vous. Moi j'ai froid et je m'en vais.

Georges prit le bras de Mina, geste dont il était coutumier lorsqu'il voulait l'amadouer.

– Excusez ma grossièreté. Restez. Vous voyez bien qu'il veut traiter avec vous. Moi, je n'arriverai à rien.

– Alors, laissez- moi mener la barque.

Il hocha la tête en guise de consentement. Joseph s'approchait face au mistral auquel il paraissait indifférent. La bretelle d'un sac apparaissait par-dessus sa grosse parka fourrée. Un leveur s'approcha de lui et il le repoussa d'un geste sans équivoque.

– Il va nous faire faux-bond, geignit Georges.

– Il n'a qu'une parole, rétorqua Mina.

– Comment le savez-vous ? Vous le connaissez depuis à peine dix minutes.

– Je le sens et mon instinct me trompe rarement. Joseph est honnête. Il veut tirer un bon prix de sa camelote et il a raison. À sa place, j'en ferais autant.

Comme l'avait prévu Mina, Perdrigau revint. Il épiait les alentours, attentif aux furetages des quelques rares passants encore attardés et posa méticuleusement son trésor dans le coffre du véhicule. Adossé contre un platane, Georges étudiait la scène. Mina déballa un baluchon de toile fermé par une ficelle. À l'odeur, elle sut que la marchandise était irréprochable. Elle retint de justesse un compliment afin de ne pas froisser la susceptibilité de Georges. Elle se débarrassa de ses gants et pesa soigneusement le lot. Les deux hommes passaient en revue tous ses gestes. Un brin de fierté redressa sa nuque. Elle nota la coquette somme sur un bout de papier. Joseph acquiesça d'un simple mouvement des paupières. Elle tendit la note à Georges qui sortit une liasse sans un mot.

– Pour sceller le marché, je vous offre un verre, dit Joseph.

Georges eut envie de refuser, mais les convenances exigeaient qu'il s'exécute. Il gara la voiture à proximité du bistrot, barricada toutes les fermetures et s'attabla sans la quitter des yeux. Il n'était pas rare que les leveurs soient attaqués au retour des marchés. Pour éviter ce genre de désagréments, ils circulaient souvent à deux et certains étaient armés d'une bombe lacrymogène.

– Quel est votre secret ? demanda Mina. Vous avez arrosé cet été ?

– Je n'ai pas de secret, simplement quelque savoir-faire hérité de mes observations. Je vis avec mes arbres toute l'année. Ainsi, lorsque j'ai vu s'installer la grosse sécheresse, j'ai aéré un peu la terre. Vous le savez, un binage égale deux arrosages.

– Félicitations.

– Les gens me font rire. Ils font les travaux obligatoires comme la taille et le griffonnage et puis oublient leurs arbres jusqu'à la récolte. Moi, je les surveille toute l'année, je les entends se plaindre du manque d'eau, j'étudie leurs réactions, et lorsqu'ils souffrent, je les soigne. Je suis le docteur des truffiers, leur confident et leur ami.

Georges retint un sourire devant ces confidences. Mina le foudroya des yeux et il baissa la tête vers son verre de pastis.

– Les gens se foutent de moi lorsqu'ils me voient arpenter les rangées en toutes saisons. Ils me prennent pour un innocent. Au moment de la récolte, ils sont jaloux. Pour apaiser les mauvaises langues, je vends souvent directement à la ferme. Se promener actuellement sur un marché avec dix kilos de rabasses sur le dos, j'aime pas trop.

Mina tendait l'oreille par-dessus le brouhaha du bar. Elle venait de découvrir un nouvel ami. Joseph parlait sans retenue de son expérience. C'était chose rare. Dans ce monde, chacun était persuadé être détenteur de secrets qu'il gardait jalousement. Georges consulta sa montre. Il commençait à s'impatienter. Joseph retira de son portefeuille une carte de visite qu'il tendit à Mina.

– Passez donc me voir un de ces jours. Je vous montrerai mes truffières.

– Avec plaisir. J'aime beaucoup Chamaret avec sa tour que je vois de Champlong.

Ils quittèrent le bar et prirent la route pour retrouver la ferme de Georges. L'habitacle de la voiture était irrespirable. Malgré le froid persistant, Mina ouvrit légèrement la fenêtre pour chasser les émanations de melano.

25

Ils déchargèrent les gros sacs. Lorsqu'ils furent en sécurité dans le laboratoire, Georges poussa un soupir de soulagement.

– Allez dire à Léonore de rajouter une assiette. Nous avons besoin d'énergie pour traiter ce stock.

Mina rejoignit la cuisine. Une bonne odeur de feu de bois arrivait du fourneau où mijotait une préparation inconnue de ses narines. Léonore préparait l'assaisonnement d'une salade frisée. Mina l'embrassa.

– Je vais d'abord téléphoner à Philippe. Il doit m'attendre depuis une bonne heure.

Elle frappa avant d'entrer dans le bureau de Georges qui s'était attablé pour noter dans son cahier les achats du matin. En composant le numéro, elle sonda encore la photo de l'enturbanné figé sur le mur. À nouveau, dans les yeux, cette lueur verte s'échappant des plis du voile lui réchauffa le cœur. Elle expliqua en quelques mots à Philippe les raisons de son contretemps.

– C'est pas sérieux, Mina. J'avais prévu de ne pas travailler pour passer l'après-midi avec toi. Où es-tu ?

– Chez Georges, voyons. Nous avons toutes les commandes à traiter. La marchandise n'attend pas.

– Mais moi, j'attends !

– Je ferai au plus vite. En quittant le labo, je passerai en ville pour quelques achats et je te rejoindrai vers cinq ou six heures.

Il se plaignit encore un peu pour le principe. Mina lui dit quelques douceurs pour l'amadouer. Tout en parlant, elle continuait à observer la photo du bel Antonin qu'elle connaissait pourtant par cœur. Impressionnante sous la robe, sa carrure lui rappela la taille de Pierre, sa nuque épaisse et ses larges épaules. Elle soupira.

– Dépêche-toi de rentrer, Mina. Je languis de toi.

– À ce soir, dit-elle en raccrochant.

Elle avait oublié la présence de Georges toujours penché sur son livre de comptes. Il parut navré pour le contretemps qu'il lui infligeait, c'était encore une de ses ficelles de comédien. Au fond, il se moquait bien des problèmes de son employée ; seul comptait son intérêt.

Elle passa par le laboratoire où le courtier avait vidé les truffes dans les grands bacs. À l'idée du nombre de rabasses à brosser et à emballer, Mina se sentit découragée. Elle rejoignit Léonore qui avait meilleure mine.

– Vous en faites une tête !

– On en a au moins pour trois heures à nettoyer et calibrer les achats du marché. Philippe n'apprécie pas.

– Je vous donnerais bien un coup de main…

– Mais votre mari l'interdit.

Léonore prit un air piteux. Elle alla jusqu'au fourneau où cuisait une omelette et la retourna à l'aide d'un couvercle.

– Excusez-moi pour cette méchanceté, dit Mina.

– Ce n'est pas une méchanceté, répondit-elle avec un haussement d'épaules fataliste, c'est la vérité. Je n'ai pas su imposer mes volontés. Maintenant, il est trop tard.

Elle paraissait ne pas en vouloir pour sa brusquerie à Mina qui, encore une fois, frissonna face à la résignation de Léonore. Partagée entre un sentiment de révolte et de pitié, elle se tut. Elle comprit les difficultés de Pierre à trouver sa place dans cette drôle de famille où l'un régnait en despote pendant que l'autre se pliait à tous les ordres. Qu'il ait choisi de partir sans laisser d'adresse était tout naturel. Entre un père tyrannique et une mère soumise, son combat était voué à l'échec.

Mina alla jusqu'à l'évier pour s'y laver les mains. Un parfum la prit par surprise. Ce qui lui avait d'abord semblé une odeur de bois émanant du fourneau se dégageait de l'omelette, en volutes d'humus et de forêt. Intriguée, elle se pencha sur la préparation et inspira profondément.

– Quels sont ces champignons que je ne connais pas ? Je croyais que c'était des cèpes.

Léonore ne répondit pas.

Mina mit le nez sur la poêle : cela ressemblait à des petits carrés de gruyère translucides, l'arôme de feuilles mortes persistait. Léonore hachait du persil en prenant tout son temps.

– C'est une brouillade aux truffes, lâcha-t-elle.

Mina éclata de rire. Sans doute, voulait-elle la punir de ses impertinences de tout à l'heure.

– C'est pourtant très sérieux. Vous ne connaissez pas encore cette truffe. Elle s'appelle terfez, ou truffe du désert. Elle est blanche ou rosée, parfois noire.

Mina resta bouche bée et refusa d'admettre cette soudaine révélation. Les yeux bleus de Léonore l'observaient sans ciller. Cette femme était pourtant incapable de plaisanter.

– D'où viennent-elles ?

– D'Afrique.

– Je n'en ai jamais vu sur les marchés.

– Elles sont très peu commercialisées chez nous. On en trouve un peu dans les grandes surfaces de la capitale. Les

Espagnols en consomment beaucoup. Autrefois les caravaniers les desséchaient pour les conserver toute l'année. C'était aussi la truffe que les Romains importaient de Carthage.

– Vous n'êtes tout de même pas montée à Paris acheter ces champignons ?

– Bien sûr que non. Je n'ai jamais mis les pieds là-haut.

– Alors ?

– C'est un interrogatoire en bonne et due forme ! Si j'avais su que vous mangiez avec nous, j'aurais cuisiné un plat de pâtes… Écoutez-moi bien avant que Georges n'arrive. Nous recevons des terfez chaque année par la poste. Elles nous sont envoyées par un ami que nous avons là-bas.

– S'agirait-il d'Antonin ?

Léonore mit son doigt sur sa bouche et vérifia l'absence du courtier.

– N'employez jamais ce prénom devant mon mari.

Encore une fois, Mina se heurta au silence et au mystère de la famille Aubanel. Encore une fois, il s'agissait de truffes.

– Je ne comprends rien à vos cachotteries.

– N'essayez pas de comprendre, dit Léonore doucement. Je vous expliquerai un jour.

– Il n'empêche que je m'imagine des tas de choses. Il vaudrait mieux me dire la vérité. Je sais tenir ma langue s'il le faut.

– Je sais que je peux vous accorder ma confiance, Mina. S'il s'agissait seulement de moi, je vous aurais déjà expliqué. Mais, je suis liée par un secret.

– Les secrets bien gardés sont enfouis dans la conscience, répondit Mina en haussant les épaules.

– Vous êtes encore bien jeune…

– Je vous vois venir. Vous allez me dire, comme Georges, que je manque d'expérience.

– Il est des choses qu'il vaut mieux ignorer. Elles peuvent bouleverser le cours de votre vie.

Cette remarque, prononcée avec solennité, intrigua encore plus Mina. Toute trace de soumission avait maintenant disparu du comportement déterminé de Léonore. Une force intérieure émanait d'elle. Elle avait les mêmes yeux délavés que son fils et dedans y brillait une conviction bien ancrée. Mina respecta son silence.

– Allez chercher Georges, s'il vous plaît, avant que mon omelette ne soit immangeable.

Le courtier arriva immédiatement.

– Je meurs de faim, tonna-t-il en s'installant. Servez-vous, Mina. Priorité aux invités.

Elle dégusta sa portion doucement, essayant de deviner les propriétés de ce drôle de tubercule d'outre-Méditerranée. Léonore prit deux cachets. Georges avala sa première bouchée et contrarié demanda :

– Tu as cuisiné les terfez ?

– Je ne pouvais pas les garder plus longtemps au frigidaire.

Il se tourna vers Mina et, avec surprise :

– Vous voilà atteinte de mutisme ?

– Si je pose des questions, vous me houspillez, dit-elle malicieusement. Alors, j'ai choisi de me taire.

Décontenancé par sa réponse, le courtier hésita sur la conduite à tenir. Il jeta un coup d'œil à sa femme.

– Mina était intriguée par l'odeur de ma cuisine. Je lui ai expliqué que nous mangerions des terfez à midi.

– Comment les trouvez-vous ? demanda le courtier.

– Ils ressemblent plus à des champignons qu'à des rabasses. Je suis sans doute de parti pris. J'ai le nez déformé par notre melano.

– Je suis bien d'accord avec vous. Toutefois, cet arôme de sous-bois est bien agréable.

Mina étudia le vieux couple, attablé côte à côte. La disposition des chaises, les serviettes dans leurs anneaux d'argent, la carafe de verre surannée, la coupe à fruits à portée de main, tout trahissait de vieilles habitudes. Leurs sentiments réciproques avaient sans doute subi, eux aussi, les assauts des années. Elle eut froid dans le dos en songeant que Georges ne souhaitait plus l'anniversaire de Léonore et voyait en elle uniquement la gardienne du foyer, l'immuable épouse sans état d'âme. Ils cohabitaient, elle, apeurée par tant d'années de servitude, lui, veillant à chasser tout intrus capable de l'inciter à renoncer à son corset de routine. Le courtier continuait à mener une activité débordante pour oublier ses inquiétudes, son fils disparu et, visiblement, quelque chose du passé.

Léonore partagea les dernières portions du plat et les répartit dans les assiettes. Mina mangea sans appétit ces truffes qui la ramenaient pourtant à Antonin l'enturbanné dont il ne fallait pas prononcer le prénom dans la maison Aubanel. Chacun se servit d'une salade verte fortement relevée de croûtons frottés à l'ail. Sur un simple geste de son mari, Léonore se leva pour aller chercher le plateau de fromages. Georges sortit.

Mina était fatiguée de se taire. Elle avait choisi de brider sa curiosité naturelle pour essayer une nouvelle stratégie et cela paraissait réussir bien mieux que ses incessantes questions. Elle rassembla les assiettes sales et les porta jusqu'à l'évier où Léonore s'apprêtait à laver la vaisselle. Cueillant une éponge, elle ramassa les quelques miettes rescapées du repas de midi.

– Où est la poubelle ?

– Dans le meuble à côté du fourneau. Vous avez un bac pour les chiens et un autre pour le reste des déchets.

Dans un souci d'économie sans doute hérité de son enfance, Georges poussait le zèle jusqu'à trier la moindre peau de saucisson. Mina haussa les épaules. Rien d'étonnant à ce que ses chiens soient craintifs et habitués à la dure tant sur le plan de l'alimentation que sur le plan affectif. Elle jeta les croûtes de pain dans la bassine et tria les pelures de pomme pour les envoyer dans l'autre compartiment d'où dépassait l'angle d'un emballage. C'était exactement le même emballage que sa mère utilisait pour lui envoyer des paquets du Maroc. Intriguée, Mina fouilla dans les ordures jusqu'à lire l'adresse de Léonore et Georges en grosses capitales. Le bruit de l'eau s'écoulant du robinet de l'évier masqua le bruit de papier froissé. Le tampon de la poste indiquait Rabat au Maroc. Léonore achevait sa vaisselle. D'un geste prompt, Mina mit sa trouvaille en boule et l'enfouit dans sa poche.

Elle disposa les tasses et servit le café.

– Il faut y aller, Mina.

– Je suis prête.

– Je vais me reposer un moment, dit Léonore. À tout à l'heure.

Prétextant la recherche d'un mouchoir en papier, Mina glissa discrètement sa trouvaille dans la poche de son sac, puis s'installa devant la longue table du laboratoire. Il fallait d'abord procéder à un premier tri par taille. Georges avait mis de côté le lot de Joseph et Mina l'examina de plus près.

– Il connaît bien son boulot. Il n'y a quasiment aucun déchet dans sa marchandise.

Elle commença à brosser les grosses melanos dont certaines étaient rondes. Elle n'utilisait pas le canif comme Georges le lui avait appris mais une technique personnelle et inédite : elle entaillait la chair du tubercule avec l'ongle de son petit doigt qu'elle gardait toujours long. Le courtier avait poussé des hauts cris devant cette originalité. Maintenant, il ne trouvait plus rien à redire à cette nouvelle façon de procéder.

– J'irai tout à l'heure poster mes derniers colis. Le marché de la semaine prochaine sera calme. Tout repartira début janvier. Les cours devraient être plus stables.

– Je pense que la production est bien compromise.

– À la fin de la vague de froid, il pourrait y avoir une sortie. À moins que le redoux ne les fasse pourrir.

Ils ne perdaient pas de temps, bavardant tout en travaillant. Naturellement, chacun avait son rôle. Georges ne surveillait plus les gestes de Mina et la laissait agir à sa guise.

– Où passez-vous la Noël ? demanda Georges.

– Paule nous a invités demain soir pour un réveillon intime. Il faut d'ailleurs que je me dépêche d'aller acheter un cadeau pour elle.

– Je peux vous donner une boîte de truffes stérilisées.

– Je crains que Philippe n'apprécie pas trop.

– Comme vous voulez.

Tout en emballant les premiers choix, Mina se renseigna sur les activités du courtier pendant les fêtes. Il se rembrunit.

– Nous restons ici tranquillement. Pierre ne sera pas là cette année. Léonore risque de très mal le prendre.

– Invitez donc votre fils. Cela la rendra heureuse et participera à sa guérison.

– Encore faudrait-il que je sache où il est. Monsieur a rompu les ponts avec sa famille.

Il ne l'aurait avoué pour rien au monde, mais cette constatation l'accabla. Il se voûta davantage et serra les lèvres.

– Il faut bien que jeunesse se passe, n'est-ce pas ?

D'un geste rageur, qui ne lui était pas coutumier lorsqu'il s'agissait de truffes, il jeta sur la balance un lot destiné à un restaurateur du nord. Mina ne dit rien et continua tranquillement son ouvrage. Elle se voulait insensible à la détresse de Georges. Après tout, il n'avait que ce qu'il méritait.

– Ça vous laisse indifférente, remarqua-t-il vexé.

– Mes questions et mes remarques ont l'art de vous exaspérer, alors, ma foi, je vous laisse parler.

Il la regarda comme s'il paraissait la découvrir.

– Dommage que vous ne soyez pas ma fille.

– Nous nous serions déjà étripés, si c'était le cas ! Je vous supporte parce que vous m'êtes étranger. J'essaie de ne pas vous juger.

– Et vous vous taisez comme je vous l'ai demandé. Je l'ai bien remarqué.

– N'exagérons rien. C'est un vrai plaisir parfois de travailler avec vous.

Sous le compliment, le courtier se raidit. Il se méfiait.

– Je ne suis pas une cliente désireuse de vous vendre un lot de truffes, ajouta Mina. Nos relations ne sont pas marchandes. Je ne vous flatte pas pour vous extorquer quelque chose. Cessez donc de toujours voir dans les gens des fourbes et des hypocrites.

– Voilà des paroles bien philosophiques qui échappent à mon bon sens de terrien.

Mina sourit.

– Ne vous faites pas plus bête que vous ne l'êtes.

Georges vagabondait d'une activité à l'autre, sans discipline. Omettant de fermer un colis prêt pour l'expédition, il pesa la terre destinée à mycorhizer des jeunes plants. Il avait l'esprit ailleurs. Mina rectifia son erreur en se demandant quels démons s'agitaient dans son esprit d'ordinaire imperturbable. Il était presque quatre heures. Elle donna un coup de balai et accrocha la blouse qu'elle revêtait toujours pour travailler au portemanteau fiché contre la porte d'entrée. Elle se lava soigneusement les mains et prit son sac dont l'entrebâillement laissait apercevoir le papier d'emballage qu'elle avait récupéré dans la poubelle.

– Ne venez pas la semaine prochaine, Mina. Nous nous retrouverons début janvier. Je compte sur vous pour m'aider à passer l'euro. Encore une brave connerie de nos politiques.

– Je suis bien d'accord avec vous. Personne ne va s'y reconnaître.

La main sur la poignée de la porte, Mina salua le courtier.

– Embrassez-moi. C'est que vous allez me manquer pendant une semaine.

Elle posa deux bises sonores sur les joues râpeuses du leveur et s'échappa rapidement.

26

Mina retrouva Champlong avec infiniment de plaisir. Elle avait l'impression que cette journée avait duré une semaine. Après avoir salué Lionne et Tindé, cérémonial de toutes ses arrivées, elle déposa ses achats sur la table de la cuisine et prit une douche à l'eau très chaude. Comme d'habitude, son effet fut immédiatement ressenti et elle perçut le relâchement de ses muscles. Toute sa fatigue s'envola. Elle enfila un pyjama en laine polaire qui était son compagnon favori pour les soirées froides et se concocta un thé brûlant qu'elle but sur le tapis de la chambre de Jules. Elle lut plus attentivement l'enveloppe qui encombrait toujours son sac. À son dos, elle portait deux expéditeurs : A. et P. Aubanel, Agadez, Niger.

– Je ne comprends rien. Le tampon de la poste indique Rabat.

L'adresse de Léonore et Georges figurait en grosses lettres capitales.

– Ainsi Pierre a rejoint son oncle ! Cela me confirme que les Aubanel sont de sacrés cachottiers.

Elle triturait l'enveloppe, la reniflait, essayait d'imaginer son parcours. Elle gardait encore un peu, dans ses coins, l'odeur des terfez avec ses composantes d'humus et de feuilles.

– Cette pièce à conviction va rejoindre le courrier là-haut. Elle sera en sécurité.

Lionne vint mettre son nez sur l'objet qui intriguait tant Mina et tourna la tête, dégoûtée.

– Je suis bien d'accord avec toi. Ça ne sent pas vraiment bon comme une melano bien mûre. Toutefois, c'est bien de truffe qu'il s'agit.

La chienne leva une oreille intéressée, fronça les sourcils, reprit sa quête d'odeurs puis retourna se coucher. Elle semblait douter de la bonne santé de Mina.

– Je tiens avec ça un élément capital que tu le veuilles ou non. Et je suis fière de mon mutisme. Comme dit Georges, il faut espincher et escornifler. Avec ces gens-là, fouiner et surtout se taire : telle est la bonne politique.

Elle se resservit une tasse de thé et continua à étudier le carré froissé. Elle déplia la carte et compta la distance entre Rabat et Agadez.

– C'est pas la porte à côté. Je me demande bien ce qu'ils fabriquent au Maroc. Il faudrait que je m'intéresse de plus près à cette truffe des sables dont je ne connais rien. Une chose est sûre : c'est la période de la cueillette.

Elle alla déposer son papier en haut, dans l'armoire, avec les écrits d'Alphonse et de Jules et la lettre de Rose. Pensive, elle songea qu'ils constituaient une piste vers la résolution du mystère Polignac. Philippe ne venait jamais dans cette chambre que Mina appelait la chambre des invités et qui restait désespérément vide. Elle l'aérait régulièrement et donnait un coup de chiffon sur les meubles, s'imaginant qu'un jour, un ami de passage y dormirait.

– Je me raconte des histoires, murmura-t-elle. J'ai pris, moi aussi, les habitudes de solitude des Polignac. Rien qu'à entendre les propos échangés au marché, j'en ai assez du monde. Je ne fréquente personne, je n'invite personne, je suis une véritable ourse.

Elle se souvint de la citadine du matin, de son air prétentieux, de ses mimiques sans attraits et de sa profonde banalité. Elle s'exprimait comme un présentateur de télévision avec son langage codé : l'éternel “ bonne journée ”, qui pouvait se transformer en “ bonne fin de journée à vous ” et les “ ils ont dit qu'il allait pleuvoir ”. Elle appartenait au clan des intoxiqués de la boîte à images qui ne savaient plus dire bonjour ou au revoir tout simplement, ou observer le ciel, pour prévoir le temps à venir. Et cette manière de parler débile était en train de se répandre dans tout l'hexagone, depuis la capitale, jusqu'au pays basque en passant par la Bretagne et le Comtat Venaissin. Tout comme l'uniformité vestimentaire qui s'étendait comme un linceul sur tous les pays européens. Il était impossible de différencier une Anglaise, d'une Danoise ou d'une Italienne : même jean, même pull noir et même sac à dos.

– Pour le moment, les peuples ont abandonné une bonne partie de leurs coutumes. Bientôt, ils parleront anglais et mangeront des hamburgers, les pauvres ! C'est bien les trufficulteurs mes préférés. Eux au moins ont gardé leur originalité. Ils ne sont pas encore rentrés dans le moule.

Mina opposait une résistance viscérale aux Américains et à tout ce qui venait de leur empire, en particulier leur langue et leur mode de vie. Leurs habitudes se répandaient comme une traînée de poudre jusqu'au vieux continent français : la violence, l'obésité, le mysticisme, le terrorisme, lui inspiraient une sainte horreur. Son visage eut une expression excédée.

– Ici l'insécurité, elle concerne les courtiers qui se font agresser et les trufficulteurs à qui l'on vole les récoltes ! Les gens du pays sont davantage menacés par une pluie de grêle que par des bandes de terroristes !

Sa réaction était épidermique. Elle en voulait aux médias de montrer toujours les mêmes peaux basanées comme des malfrats en puissance. Elle ne supportait pas les rabâchages, repris en écho par toutes les radios, d'un sujet qu'on semblait découvrir et qui était vieux comme le monde. En ce moment, on avait oublié la maltraitance et la pédophilie pour aborder le terrorisme international.

– Je suis impuissante à changer le monde. Heureusement que j'habite au fond des bois, loin des foules en délire et des métros.

Elle soupira et avant de refermer l'armoire, elle s'empara des cahiers des ancêtres et les descendit pour les montrer à Philippe. La nuit était tombée depuis longtemps, une nuit glaciale et étoilée, sans un souffle de vent, annonçant des températures sibériennes. Après leur soupe, Lionne et Tindé mirent le nez par l'échancrure de la porte et reculèrent immédiatement pour se remettre au chaud.

– Vous allez devenir des chiennes de salon, mes chéries. Pratiquement au chômage, bien nourries et bien chauffées... Quand je pense que Mascotte a toujours dormi dehors, par n'importe quel temps.

Mina était confiante quant aux capacités d'adaptation de ses deux femelles. Elle savait que les saisons se suivaient et ne se ressemblaient pas, et que les trufficulteurs et leurs fidèles compagnons composaient avec les réalités du moment.

Elle éplucha oignons, carottes et navets pour le couscous, prépara ses pots à épices et songea que Philippe n'était pas au rendez-vous qu'il lui avait fixé.

– Bizarre. Ce n'est pas son style.

Curcuma, cumin, safran et coriandre répandirent leur fumet dans la cuisine, mettant l'eau à la bouche de Mina. Pendant que sa préparation cuisait à gros bouillons, elle rejoignit le salon où dormaient Lionne et sa fille. Les images du Maroc, portées par les ailes du parfum, se bousculaient dans sa tête. Elle revit Aïcha pétrir sans ménagement la pâte à pain, l'aplatir en forme de galette, la laisser reposer sous un linge. C'était souvent les enfants et en particulier les fillettes qui emmenaient la corbeille contenant les pâtons jusqu'au four du boulanger. Il n'était pas rare de voir, dans les rues, juste avant l'heure du repas, des processions de jeunes silhouettes colorées, chacune chapeautée d'un grand plateau d'osier recouvert d'un torchon protégeant le pain. Souvent, un âne lançait son braiment et son père disait invariablement :

– Il a entendu Satan.

Mina adorait cette expression immuable et rassurante. Mohammed fixait alors son unique fille, une lueur de malice au bord de la pupille. Leur démonstration de tendresse s'arrêtait là : à quelques regards mouillés de bienveillance. Il n'était pas de mise de démontrer publiquement ses sentiments tant filiaux qu'amoureux. Les hommes se permettaient quelques familiarités, se donnaient l'accolade et se promenaient en se tenant la main. Les femmes formaient une communauté étanche, partageant le hammam et les embarras quotidiens, s'entraidant pour les accouchements, riant comme des gamines en se teignant les cheveux au henné ou en se massant dans le bain public. Au cours des festivités, les deux sexes se séparaient, chacun mangeant dans le lieu qui lui était dévolu, selon une coutume sans doute ancestrale. Mina n'avait jamais vu Mohamed serrer sa femme dans ses bras. Lorsqu'ils étaient arrivés en France, les Aït Moudzit avaient subi comme une honte le spectacle des amoureux sur les bancs publics et dans le métro et les affiches racoleuses des publicités avilissant le corps des femmes. Ils avaient continué à parler leur langue maternelle, le berbère, à pratiquer le ramadan et les cinq prières rituelles de tous les jours, discrètement, comme en se cachant, pour conserver le lien précieux avec le pays. Leur séjour chez les chrétiens, comme disait Mohamed avec une moue de mépris, devait être le plus court possible, juste le temps de gagner l'argent nécessaire pour se renflouer et retourner dans l'Atlas. Il ne savait pas alors, qu'il passerait vingt ans de sa vie dans la capitale française et y laisserait tous ses enfants. Aujourd'hui, Mina n'entendait plus parler berbère sinon lorsqu'un de ses frères lui téléphonait et le ramadan était pour elle un rite lointain.

– Je suis presque devenue occitane. Mes enfants, eux, le seront à part entière.

À cette pensée, l'angoisse, comme un acide, lui mordit l'estomac. Elle avait un mauvais pressentiment depuis sa visite à Rose.

– Cette vieille sorcière me rend fragile. J'aurais dû écouter Georges et ne pas essayer de retrouver cette maudite grand-mère.

Mina se leva autant pour surveiller le couscous que pour chasser ses préoccupations. Elle rectifia l'assaisonnement du bouillon, humecta la graine et y ajouta quelques noisettes de beurre avant de la rouler entre ses mains et de la mettre dans le couscoussier. Par ses gestes, rejaillis du passé, elle atteignait à nouveau les rives de son pays.

– Si Pierre est là-bas, il m'aidera, c'est le seul sur qui compter. Avec lui, je pourrai enfin parler librement.

Elle baissa le feu, machinalement, retourna dans la chambre de Jules et reprit sa position en tailleur sur le tapis. Tindé entrouvrit un œil pour contrôler sa présence et se rendormit aussitôt. Dans son dos, Mina cala un gros coussin et laissa aller sa nuque contre la masse un peu rugueuse du tissu. Elle se souvint des soirées froides autour du poêle alimenté par quelques touffes de pauvres végétaux semblables à de la frigoule sèche. Ce feu ne chauffait pas, tout au plus en donnait-il l'impression. Les membres de la famille se groupaient autour du grand plat rond et mangeaient, à l'aide de morceaux de galette, le couscous ou le tajine. Mina se rapprochait toujours de son frère Ali jusqu'à bénéficier de sa chaleur. Parfois, elle s'endormait, blottie contre lui. Dans sa divagation, elle s'imagina contre les épaules robustes de Pierre, dans une chambre des invités aux multiples tapis entassés, avec les couleurs du crépuscule tamisées par les verres jaunes et bleus. Ils étaient seuls. La température était clémente. Pierre caressait le bras de Mina, remontait jusqu'à ses épaules sous le tissu de sa djellaba et elle mourait d'envie de se déshabiller, de se débarrasser de ses tissus et de sa pudeur. Elle avait peur de Mohamed et d'Antonin, les guetteurs de l'ombre. Elle retenait un gémissement tandis que Pierre progressait vers sa taille. Ses mains étaient chaudes et douces, ses mouvements d'une précision toute délicate d'horloger, ses yeux assortis aux bleus des vitraux. Dans sa longue robe, avec ses cheveux blonds, Pierre avait fière allure. Mina le contemplait intensément. Il fouillait dans sa poche et en sortait une truffe des sables qui avait exactement la forme de la pierre de prière de Mohammed. Il expliquait que le tubercule la protégerait de la punition infligée aux femmes infidèles et il enlevait un à un les voiles de Mina. Elle osait enfin toucher cette nuque large et vivante, descendre vers le dos, effleurer la poitrine large et presque imberbe. Sa peau était blanche comme le lait, fragile, presque enfantine et inconnue de ses paumes. Il allait lentement, maîtrisant l'art amoureux, et elle succombait. Ils s'aimaient sur le tapis tandis que la lumière du soir allongeait les ombres et composait des dessins géométriques en se cognant contre le fer forgé des fenêtres. Mina jouissait longuement en enlaçant le corps tant convoité.

– Mina, tu t'es endormie.

Elle se réveilla en sursaut et balbutia quelques mots incohérents tandis que Philippe s'étonnait.

– J'ai fait un rêve étrange…

– Raconte-moi.

Mina rougit, se mit debout et s'étira.

– Mon couscous, vite.

Elle rejoignit la cuisine, entrouvrit le couvercle de la marmite et remua la sauce qui n'en avait nul besoin. Respirant à fond, elle tenta d'oublier le songe érotique. Elle se sentait coupable, comme si elle avait vraiment trompé Philippe, et encore très excitée par les images surgies de son inconscient. Le souffle court, elle but un verre d'eau. Il était huit heures.

– Tu as un drôle d'air, remarqua Philippe. On dirait que tu es hallucinée... De quoi il parlait ton rêve ?

– Comme d'habitude, du Maroc. Et comme c'est un sujet tabou, on n'en parlera pas. Pourquoi est-ce que tu rentres aussi tard ?

– Imagine-toi que Paule à téléphoné. Elle voulait une truffe pour le repas de demain soir. Et comme tu n'étais pas là, j'ai livré à ta place.

Mina se débattait pour échapper à son malaise. Elle avait les muscles en flanelle et l'esprit incapable de se fixer sur les paroles de son mari. Elle prit un grand plat, faillit le laisser tomber et le rattrapa de justesse.

– Tu es bien maladroite ce soir. Pousse-toi.

Reprenant ses esprits, elle dressa le couvert pendant que Philippe posait le plat.

– Tu as donc apporté une rabasse à Paule ?

– J'étais bien obligé. J'ai fouillé dans ta jarre et j'ai essayé d'en trouver une belle, bien ronde et pas abîmée.

– C'est bien.

– Tu parles. Je m'en serais bien passé, dit-il avec un air désabusé. Je ne pouvais quand même pas expliquer à Paule que je déteste les rabasses.

– Elle aurait pourtant compris ton aversion. Lorsqu'elle sera cuisinée, elle n'aura pas la même odeur.

– Je le sais bien. Ma mère préparait parfois une omelette aux truffes. Je crois bien que j'en ai oublié le parfum, depuis le temps...

Ainsi, Philippe n'était plus aussi hostile au sujet. Mina ne jugea pas utile de commenter ce progrès.

– Moi aussi j'ai mangé des truffes aujourd'hui. Des choses bizarres qui viennent d'Afrique et qu'on appelle des terfez. Elles ont un goût de champignons des bois.

– Je ne savais pas qu'il y en avait aussi là-bas.

– Je suis à peu près aussi ignorante que toi. Je vais essayer de trouver des informations à la bibliothèque. Les Aubanel ne sont pas bavards sur ce sujet.

Mina chipotait dans son assiette. Encore troublée, elle s'appliquait pour cacher sa déroute. Philippe dévorait, tout en étudiant le comportement de sa femme.

– Je n'ai jamais dégusté de couscous aussi bon.

– Il ne vient que de bonnes choses de mon pays, tu le sais bien.

Il eut un air attristé.

– Tu me provoques…

– C'était sans malice aucune. La langue, les coutumes et la cuisine marocaine me manquent terriblement. J'ai besoin de les évoquer pour ne pas m'étouffer. Avec qui puis-je en parler sinon avec toi ?

Il ne trouva rien à répliquer.

– Tu as l'air fatigué.

– J'ai une semaine de vacances. Je vais retourner un peu dans mes truffiers que j'ai bien négligés ces temps derniers.

Mina réfréna un bâillement. Philippe débarrassa le couvert tandis qu'elle installait dans l'atelier les chiennes pour la nuit. Mina abrégea les salutations du soir. Elle était lasse. Tindé se plaignit de ce traitement peu habituel.

– On fera mieux demain, lui dit Mina, en caressant la tête ébouriffée.

Devant un western à la télé, Philippe s'était alangui dans un fauteuil. Mina s'apprêta à monter.

– Ne tarde pas trop. Je t'attends.

– Je suis là dans un quart d'heure.

Elle s'enfouit sous la couette et prit un livre, machinalement. Elle reprenait souvent quelques pages lues la veille pour se remémorer l'histoire avant de continuer sa lecture. Elle agit comme d'habitude, mais, ce soir, le mécanisme refusait de fonctionner. Elle était hantée par Pierre au point d'en oublier le sens des phrases.

– Pauvre de moi. C'est sans doute les terfez qui m'ont ensorcelée.

Elle savait qu'il n'en était rien, mais cela la rassura de trouver, en quelque sorte, un responsable. Elle éteignit la grande lumière et ne laissa que la lampe de chevet qui dispensait une clarté toute douce. Elle se débarrassa de son pyjama pour sentir sur la peau la finesse de la couette. Fermant les yeux, elle reprit ses divagations, incapable de maîtriser le cours de ses pensées. Son corps était comme un brasier et elle eut honte de sa sensualité débridée. Le Maroc, les truffes du désert et la silhouette du grand blond se mélangeaient à des clichés d'un homme enturbanné debout devant sa tente et dont la prunelle verte essayait de capter son attention. Elle marchait dans le sable, donnant la main à Pierre, tandis qu'Antonin suivait avec Lionne et Tindé, une musette et un piolet à l'épaule. Georges les attendait sous un arbre portant des fruits étranges. Depuis les territoires frontaliers du sommeil où le corps s'apaise après une journée d'agitation et où l'esprit déambule librement, elle entendit le faible déclic de la porte annonçant l'arrivée de Philippe. Immobile, elle le laissa venir. Son visage était à demi dissimulé sous les plis du drap et elle songea que c'était une bénédiction de pouvoir cacher son trouble. Elle se sentait malhonnête envers Philippe, mais, après tout, ses pensées lui appartenaient en propre. Rien ne l'obligeait à tout dire. Elle se blottit contre son mari et il se réchauffa à sa chaleur.

– Ma chatte est bien amoureuse ce soir, remarqua-t-il.

Décidément, elle était mauvaise comédienne. Les cachotteries ne lui valaient rien de bon.

– Chut. Ne dis rien.

Il obéit et comme d'habitude satisfit le plaisir de sa femme avant le sien. Mina s'abandonna totalement aux bras vigoureux de Philippe repoussant timidement l'image de Pierre qui continuait à la poursuivre.

Elle passa une nuit agitée, tournant et retournant sur sa couche, en proie à des visions mêlées de terfez, de silhouettes vêtues de djellaba, de dos courbés s'acharnant sur la pâte à pain. Philippe subit ses coups de pieds et ses mots incohérents, tenta vainement de la rassurer puis lâcha :

– Je crois bien que tes marchés aux truffes te perturbent l'esprit, ma chérie.

27

Elle partit en début d'après-midi dans les truffiers. Le gel avait légèrement desserré son emprise, mais continuait à perturber l'odorat des chiennes. Tindé abîma un de ses coussinets contre la terre dure. Lionne s'énervait, allant et venant le nez au vent, sans pouvoir saisir les fumets emprisonnés dans la couche cristallisée par le froid. Elle finit par se lasser et révéla à Mina son impuissance.

– Je comprends bien ta fureur, ma toute belle. On va quand même terminer la promenade. On rentrera sûrement la musette vide, mais on vérifiera l'état des bois.

Mina fit son tour habituel, laissant les deux chiennes vagabonder à leur guise. Elle avait besoin d'exercice et de solitude, et la marche comblait ses désirs. Un panache de fumée montait du toit de la Grenoble.

– Les propriétaires ont dû venir passer Noël ici.

Elle subit comme une agression cette présence dans le domaine Polignac. Elle passa loin de la ferme, sifflant Lionne pour la rappeler à l'ordre.

– T'as rien à foutre là-bas. Tu sais bien qu'Alphonse a vendu à des étrangers.

Elle s'engagea sous le couvert des chênes blancs, en lisière de la vigne, suivant un sentier sans doute ouvert par les sangliers. Elle était intriguée, mais refusait de le montrer à Tindé qui pointait un museau curieux vers ces odeurs inconnues. Elle fila d'un bon pas vers Charavin où elle cueillit difficilement trois truffes. D'une main, elle repoussait Tindé pour l'empêcher de gratter tandis que de l'autre elle maniait son piolet qui butait contre la terre compacte. Elle réussit à extirper les tubercules de leur motte raide.

– Elles dégèleront à la ferme. Allez, on rentre.

Elle se reposa au cabanon à demi écroulé. C'est là qu'elle avait trouvé sa première muse à l'odeur d'éther et à la chair blanche légèrement veinée. Semblant s'en souvenir, Lionne fila vers l'arbre producteur, entraînant sa fille.

– C'est pas la peine d'apprendre les mauvaises manières à Tindé.

Mina aimait toujours autant cet endroit insolite. Les sapins et les romarins abandonnés indiquaient un sol différent.

– Il faudra que je contacte le propriétaire. Jules disait qu'il était difficile en affaire, mais je peux toujours essayer de le convaincre de vendre.

La courte journée d'hiver s'achevait déjà. Sur la ligne d'horizon, un blanc laiteux teinté de mauve annonçait le coucher du soleil. Malgré le froid, Mina ne se décidait pas à rentrer. Elle avait décidé de mettre à profit cette marche, qu'elle savait d'avance improductive, pour prendre des décisions au sujet de son enquête. Elle s'assit à l'entrée de la ruine et sondant le ciel, se mit à réfléchir. Habituées à ses caprices, les deux chiennes se couchèrent à ses côtés, attendant les ordres.

– Je vais écrire à Pierre. C'est le seul moyen. Où pourra-t-il me répondre ? Je ne peux pas demander à Paule, encore moins à Georges. Je trouverai bien une solution.

Mina enfouit ses mains sous son anorak puis les glissa sous ses aisselles. Elle ne prenait jamais ses gants pour aller truffer.

– Saleté de temps !

Tindé se leva, croyant arrivée l'heure du départ.

– Attends encore cinq minutes.

Docile, elle vint se recoucher contre la rabassière qui caressa le poil soyeux.

– Voilà ce que je lui dirai : Pierre, j'ai besoin de toi et de tes lumières. Ton père m'a embauchée comme apprenti courtier. Par un drôle de hasard, j'étais présente lorsque Léonore a cuisiné les terfez. J'ai dérobé l'enveloppe qui les avait contenues et c'est ainsi que je t'ai retrouvé. Je sais que tu as rejoint l'homme enturbanné dont la photo est dans le bureau de Georges. J'ai appris qu'il est ton oncle. Tes parents prétendent que tu as disparu sans laisser d'adresse. Que signifient tous ces mystères ? Toi seul peut m'expliquer. S'il te plaît, réponds-moi. Mina.

Lionne commençait à s'impatienter. Elle prit le chemin du départ. Tindé sembla hésiter.

– C'est ta mère qui a raison. Il ne fait pas un temps à rester dehors.

Elles retrouvèrent la ferme dans la nuit tombante. Philippe bricolait dans son atelier.

– Tu as l'air frigorifiée. Prépare-nous un thé.

Il avait mis du temps à s'habituer au breuvage favori de Mina, mais, maintenant, c'est lui qui le réclamait.

– Je nourris d'abord les chiennes.

Philippe ne se lassait pas de l'admirer lorsqu'elle maniait ses ustensiles et surtout servait le liquide moiré qui moussait.

– Il faudra que tu m'apprennes.

– C'est impossible. C'est une coutume berbère que les enfants connaissent d'instinct.

– Tu l'apprendras à nos enfants, alors ?

Mina reçut cette réflexion comme un coup de poignard. Elle se remémora les prédictions de Rose. Sentant son désarroi, Philippe lui prit la main.

– J'ai trente-deux ans bientôt, Mina. Je ne peux plus attendre. Dans quelques heures, c'est Noël. En cadeau, je veux un héritier.

– Je veux, je veux, c'est bien gentil...

– Si tu as un problème, j'aimerais bien le savoir.

Mina prit son verre d'une main tremblante. Elle se comportait comme si elle était coupable. Elle avala une gorgée, manqua de s'étouffer.

– Dis-moi la vérité, je t'en supplie.

Elle se dégagea d'un mouvement brutal.

– Ça suffit ce chantage. Je n'ai rien à cacher. Si je suis stérile, je l'ignore. On baise ensemble depuis longtemps sans résultat, c'est vrai. Je n'ai que vingt-cinq ans après tout. Et si c'était toi le responsable ? Tu n'as pas envisagé cette hypothèse ?

– J'ai pensé à tout. Tu sais, dans mes terres, j'ai le temps de réfléchir...

– Je prendrai rendez-vous chez un médecin. C'est le seul moyen de connaître la vérité.

– J'ai peur du résultat.

– Il faut savoir ce que tu veux vraiment. Je supporte mal d'être accusée injustement.

Mina baissa la tête. Elle se sentait accablée. Elle s'empara de la théière et écouta le bruit rassurant.

– Excuse-moi, dit Philippe. C'est toi qui as raison, comme d'habitude.

Mina songeait que son mari ne connaissait rien de son histoire et que peut-être ces analyses à venir le feraient réfléchir, l'amèneraient à s'interroger sur son passé.

– *Inch'Allah*, comme on dit chez nous. Maintenant, on devrait peut-être se préparer.

Philippe soupira.

– J'aimerais autant rester ici avec toi.

– Paule nous attend. Tu as promis.

Elle se mit debout et s'étira. La chaleur de la pièce, après sa longue marche dans l'air froid, lui donnait une irrésistible envie dc dormir.

Elle sortit de l'armoire un pantalon en velours bien repassé et une chemise beige pour Philippe. Hormis ses jeans, il supportait mal de s'habiller.

– Mets tes habits du dimanche, comme disait ton père.

Il s'exécuta de mauvaise grâce.

– Je ressemble à un bureaucrate, accoutré comme ça.

– Ils ne sont pas forcément en costard-cravate et ils n'ont pas ton teint mat. Je te trouve bien séduisant, moi.

Elle fouilla dans ses vêtements, hésita entre un tailleur ou une robe. Chaque fois qu'elle sortait ses habits de ville qui évoquaient pour Philippe une Mina inconnue, il ouvrait de grands yeux tout en l'admirant. Il essaya de l'attirer contre lui et elle lui échappa. Elle enfila une culotte en satin noir bordé de dentelle.

– C'est toute nue que je te préfère.

Mina le savait mais aimait se l'entendre répéter. Philippe avança une main vers le tissu soyeux.

– Pas maintenant.

Elle opta finalement pour une longue jupe noire fendue sur le côté et un pull moulant en laine jaune qui laissait deviner sa taille bien dessinée. Elle ajouta un collier de son pays, en argent.

– Je te prendrais bien en photo dans cette tenue.

– C'est une bonne idée. Seulement, tu n'as pas d'appareil. On demandera à Paule.

Mina enfouit dans son sac une enveloppe et deux paquets recouverts de papier cadeau.

– Il y a quelque chose pour moi ? demanda-t-il les yeux brillants.

– On ne peut rien te cacher. On verra ça tout à l'heure.

Paule les attendait dans son séjour illuminé de guirlandes. Elle avait dressé la table minutieusement, sorti les bougeoirs, une nappe damassée et avait décoré chaque assiette d'un brin de fragon dont les feuilles vernissées paraissaient factices. Terzika ronronnait près de la cheminée. Autant que sa décoration Paule avait soigné sa mise ; elle était vêtue d'un ensemble en lin écru : une veste à col mao avec des parements brodés et un pantalon aux revers assortis. Un triangle rouge enchâssé dans un carré d'argent flamboyait contre son cou. Mina la félicita pour sa tenue.

– D'où vient votre collier ?

– C'est une croix d'Agadez.

Et devant l'étonnement de Mina, elle ajouta :

– Cette pointe rouge caractérise In Gall, une localité du nord Niger. Les Touaregs fabriquent au moins une vingtaine de croix. Je vous en ai déjà parlé. Celle-là, c'est ma préférée. Jean me l'a offerte pour un anniversaire.

Relevant ses cheveux, elle montra les lobes de ses oreilles où pendait le même bijou en miniature.

– Ils en font aussi des bagues.

– Je me demande si Georges lui aussi ne m'a pas parlé de votre In Gall.

– C'est bien possible.

Philippe furetait dans la grande pièce, admirant quelques détails de décoration. Il se pencha pour caresser Terzika et s'assit contre le matou, près de la cheminée.

– Je vous ai ramené le Touareg, dit Mina en tendant le cliché d'Antonin. J'ai fait une photocopie couleur pour en garder une trace.

– Mina s'est mis dans la tête que ce personnage voilé était une relation de mon père et de Georges Aubanel, expliqua Philippe. Pourtant, je ne me souviens pas de l'avoir croisé.

– Tu n'étais sans doute pas né, rétorqua Mina.

Prétextant une urgence, Paule passa dans la cuisine pour arrêter la minuterie du four. Des odeurs délicieuses de viande rôtie parvinrent au nez de Philippe qui saliva. Elle revint, une bouteille de champagne à la main puis s'empara de l'album pour y ranger la photo dans l'emplacement laissé vide. Ce goût du détail et cette manie de l'ordre agacèrent Mina. Son geste accompli, l'infirmière se détendit. Ils trinquèrent à la santé, à l'amour, aux Touaregs et même aux truffes. Paule servit des toasts tièdes dont Philippe se régala.

– Maintenant à table. Je vous ai préparé quelque chose d'inédit.

Avec la dinde, elle apporta un plat qui ressemblait à un gratin dauphinois. Mina remarqua immédiatement les particules noires dispersées dans son assiette. L'œil de Paule brillait de malice ; ainsi, elle s'était tacitement alliée à elle pour vaincre la répulsion de Philippe. Sans doute Paule désirait-elle qu'elle lui pardonne son silence au sujet du personnage au turban. Parfaitement détendu, Philippe mangeait de bon appétit, ignorant la connivence établie entre les deux femmes. Paule prit quelques photos, puis cédant à la curiosité interrogea Philippe.

– Est-ce bon ?

– La truffe hachée donne un parfum bien délicat à votre préparation. Félicitations.

Cette réflexion assénée sur un ton très calme laissa Mina abasourdie. Visiblement, Philippe ne jouait pas la comédie. Il évoluait tout doucement et Mina se reprocha son impatience. Devant le silence de ses interlocutrices, il leva la tête, intrigué.

– Vous m'avez tendu un piège ? Vous pensiez que j'allais crier au scandale.

– Je n'y suis pour rien, dit Mina.

– Tu as tout de même rapporté à Paule mon aversion pour les rabasses.

– Ne vous disputez pas. Je ne voudrais pas être responsable d'une scène de ménage, surtout le soir de Noël, s'excusa Paule.

– Ne craignez rien. Je reprendrai volontiers encore un peu de ce délicieux gratin. Je n'ai qu'un reproche. Le vin ne se marie pas exactement avec lui. Je choisirais plutôt un Tricastin.

– J'en ai à la cave. Je vais en chercher.

Elle quitta la pièce laissant le couple en tête-à-tête. Ce Philippe inconnu, parfaitement impassible, avec ses attitudes de grand seigneur, intrigua Mina.

–Je dois t'avouer que tu m'en bouches un coin.

– Je sais me comporter en homme du monde lorsqu'il le faut.

Toute trace de timidité avait disparu de son attitude. D'ordinaire peu sûr de lui, il se montrait tout à coup presque insolent. Il déboucha d'un geste autoritaire la bouteille que lui tendait Paule et servit l'infirmière et Mina.

– Ce nectar se marie à souhait.

– Vous avez raison, Philippe. J'aime les gens de votre trempe qui n'hésitent pas à donner leur avis.

Mina savourait son repas, tout en s'interrogeant sur la versatilité de Philippe qui pavanait devant Paule. Cette dernière, appréciant une présence masculine dans sa maison, l'interrogeait sur ses cultures et ses projets. Il répondait de bonne grâce. Il poussa le zèle jusqu'à l'aider à débarrasser la table. Elle les entendait bavarder dans la cuisine toute proche alors qu'ils préparaient les assiettes à dessert. Mina haussa les épaules et se réfugia dans ses pensées. Encore une fois ce fut Pierre qui surgit, et encore une fois elle se perdit dans sa contemplation. Une irrésistible envie de le voir, de lui parler, de le toucher s'empara d'elle. Elle ne maîtrisait plus ses vagabondages qui la surprenaient de plus en plus souvent à n'importe quelle heure du jour ou de la nuit. Elle repassa dans sa mémoire la lettre qu'elle allait envoyer.

– Mina, tu rêves encore.

Elle secoua la tête et accepta le nougat glacé que lui tendait Paule ; celle-ci était de bonne humeur et le vin avait coloré ses pommettes d'ordinaire pâles. Ils se rassemblèrent autour du feu pour boire le café. Les yeux dans les flammes dansantes, Mina reprit le cours de ses déambulations. Elle avait l'art de s'extraire de toute situation monotone en se réfugiant dans son monde personnel. Seule la fixité de son regard indiquait qu'elle échappait au moment présent.

– C'est pour vous, Mina, dit Paule en tendant un paquet.

Elle bafouilla un merci de circonstance et défit ficelle et papier pour découvrir un magnifique livre de botanique.

– J'ai choisi celui-là car il a le mérite de raconter l'histoire de chaque plante, comment on l'utilise, ses vertus, ses légendes, sa réputation parfois injustifiée.

Mina embrassa Paule comme le voulait la coutume. Philippe reçut un étui de cuir orné de longues lanières vertes et rouges. Embarrassé, il le tournait et le retournait entre ses doigts rendus maladroits par l'émotion. Il s'entravait dans les fils sans comprendre les étranges motifs. Mina avait déjà vu semblable ornement et cherchait vainement dans sa mémoire.

– Je vais vous montrer comment ça marche, dit Paule en riant de la timidité de Philippe.

Elle débrouilla l'écheveau, lui passa une cordelette autour du cou et lui ordonna de se mettre debout.

– C'est un portefeuille touareg, expliqua-t-elle.

Elle tira sur le colifichet qui coulissa et découvrit des poches.

– Tous les hommes en ont là-bas. Ils rangent dedans les billets, les pièces mais aussi le tabac à priser, une aiguille pour enlever les échardes de cram-cram et parfois un porte-bonheur.

Incrédule, Philippe écoutait les explications.

– Ne bougez pas. Je vais vous immortaliser.

Mina entendit le déclic de l'appareil et se souvint qu'Antonin avait le même pendentif autour du cou. Encore une fois, l'histoire se répétait, les mêmes thèmes revenaient la hanter. Elle soupira devant l'insistance de l'image de Pierre qui s'imposait. Elle accepta de poser pour Paule puis revint s'asseoir près de la cheminée. À minuit, elle eut une pensée pour Jules et lui renouvela silencieusement sa promesse.

– Un petit alcool de poire ? proposa Paule. C'était le digestif préféré de mon mari. En souvenir de lui, j'en garde toujours une bouteille.

Philippe jouait avec son cadeau, comme un gamin, tout en humant le parfum émanant de son verre.

– Tu veux un canard, Mina ?

– Un canard ?

– C'est un morceau de sucre trempé dans l'alcool, lui expliqua Philippe en riant de son ignorance.

– Hormis le vin, tu sais bien que je n'aime guère l'alcool.

Elle se sentait exclue parfois lorsqu'elle ne comprenait pas une expression. Cela lui arrivait de moins en moins souvent et démontrait sa quasi-intégration. Elle haussa les épaules.

– Je ne suis pas d'ici, moi.

Paule et Philippe reprirent leur discussion, ignorant la remarque. Mina se plongea dans le livre de botanique et examina une fleur jaune dont elle ignorait le nom, mais qui poussait d'abondance sur les bords des sentiers au printemps.

– L'hélianthème vous intrigue, Mina ?

– Je ne connais pratiquement rien à la flore locale. J'avais essayé de composer un bouquet avec ces pétales délicats, mais les tiges sont trop courtes.

– Il faut aller dans votre pays pour cueillir des brassées d'hélianthème.

– Vous plaisantez !

– Pas du tout. C'est lui, au nord, qui produit la truffe. Jean a travaillé sur ce sujet. Je m'en souviens très bien.

Ainsi Paule, qui prétendait ne rien savoir des recherches de son mari, retrouvait soudain la mémoire. À moins que l'effet de l'alcool ne lui délie la langue. Mina eut envie de remplir à nouveau le verre, en son absence. Mais Paule ne paraissait pas disposée à quitter son fauteuil confortable.

– Hier chez Georges, j'ai mangé des terfez. S'agit-il de la même chose ?

– Il faudrait que vous me les décriviez.

– Je ne les ai vues que cuites. Je ne sais pas à quoi elles ressemblent. C'étaient des carrés blancs, un peu semblables à du gruyère, avec un goût de champignon.

– Vu la saison, je pense qu'il doit s'agir de Tuber oligospermum. Sa récolte commence dès le mois de décembre et continue jusqu'en avril. Terfezia arenaria, elle, se récolte dès les premières semaines de mars mais n'arrive à complète maturité qu'au mois de mai.

Philippe écoutait lui aussi les explications. Il eut un mouvement pour interrompre Paule et, sur un froncement de sourcil de Mina, se tut. Elle sentait son interlocutrice parfaitement détendue. Le moment était propice pour lui tirer les vers du nez. Paule étalait son savoir devant Philippe. Mina ne savait pas si c'était pour l'éblouir ou pour contribuer à minimiser le côté diabolique de la truffe. Elle reprit le livre, chercha des explications.

– L'auteur n'indique pas que l'hélianthème est producteur.

– C'est normal. Il ne parle que de la flore méditerranéenne française.

– Dites-moi ce que vous savez de ces truffes ?

– Que ce soit arenaria ou Tuber oligospermum, on les appelle terfez au Maroc et ce sont les femmes qui les récoltent.

– Vous avez assisté à la cueillette ?

– J'ai accompagné Jean pour un voyage dans la forêt de la Mamora, entre Rabat et Larache. C'était au mois d'avril. Nous avons marché dans la taïda pour trouver les ramasseuses qui s'enfuyaient à notre approche. Elles croyaient que nous étions des gardes forestiers venus les contrôler.

Paule rit à ce souvenir. Son habituelle gravité avait disparu.

– Nous avons déambulé dans la médina de Rabat. Nous avons assisté à une vente de tapis aux enchères et ramené un très beau kilim ; il est là sous vos pieds.

Habilement, Mina la ramena au sujet qui l'intéressait.

– Qu'est ce que c'est la taïda ?

– En Arabe, c'est la forêt de pins. C'est là, sous les pins maritimes, que pousse Tuber oligospermum. Les femmes piochent entre les rangées pour trouver les champignons. À leur départ, on dirait bien qu'un troupeau de sangliers est passé par là.

– Quels chiens utilisent-elles ?

– Pas de chien ! Elles grattent au hasard. Elles savent qu'une terfez n'est jamais seule. Lorsqu'elles en dénichent une, elles fouillent le sol sur quatre ou cinq mètres carrés, en essayant de suivre les racines. Vous imaginez le gâchis ! Le rôle de Jean était d'essayer de lutter contre ces méthodes archaïques.

Philippe comprit que Mina était sur une piste. Il hocha la tête avec indulgence.

– Vous en avez dégusté ?

– Bien entendu. Personnellement, à la gastronomie, j'ai préféré la cueillette. Les femmes tapotent avec un bâton au pied des plantes et lorsqu'elles entendent un son creux, elles enfoncent leurs doigts sous le sable pour cueillir la terfez qui ressemble à une pomme de terre de bonne taille.

– Il est tout de même incroyable que j'ignore la présence de truffes au Maroc ! dit Mina, vexée.

– C'est normal. Le marché est très peu développé. Les Arabes vendent la production aux Italiens et aux Espagnols qui raffolent des terfez. Eux n'en mangent pas. Ils considèrent que c'est un aliment diabolique car il pousse sous terre, dans l'obscurité et ils ont peur de s'empoisonner.

– Léonore m'a pourtant affirmé que les Arabes en raffolaient.

– Elle n'est jamais allée sur le terrain pour vous tenir des discours pareils.

Philippe resservit une goutte d'alcool de poire à Paule. Elle interrompit son geste en posant sa main sur le verre.

– Vous allez me saouler. Et dans ces cas-là, je deviens très bavarde.

Mina songea que sans le savoir, son mari servait ses desseins. Elle n'aurait jamais pensé recourir à un stratagème pareil pour dérider Paule.

– À Rabat, nous avons visité une usine mettant les arenarias en conserve. Il doit même me rester une boîte quelque part dans la maison.

Elle fit mine de se lever puis y renonça. Mina déclara :

– Lorsque j'irai au Maroc au printemps, je m'arrêterai dans le nord.

Philippe renoua avec son appréhension. Sa belle prestance s'envolait.

– Je vous donnerai l'adresse d'un professeur de Faculté qui connaît bien le sujet. Il pourra vous piloter sur le terrain.

– Je suppose qu'il habite Rabat ?

– C'est exact. C'est là que se trouve la Faculté Mohammed V. Si je retournais là-bas, j'irais aussi visiter la grande mosquée de Casablanca. Il paraît que c'est la plus grande du monde après La Mecque, qu'elle domine la mer du haut de ses minarets couverts d'or, et… que les pauvres Marocains l'ont payée de leur sueur.

Comme en témoignait le tampon sur l'enveloppe retrouvée chez Georges, Antonin et Pierre avaient aussi foulé le sol de Rabat, songea Mina.

– Vous pourriez venir avec moi, proposa-t-elle. Philippe refuse de me suivre.

Ce dernier prit une moue d'enfant contrarié.

– Je suis trop vieille pour voyager. En revanche, je pourrais garder la ferme et vos deux chiennes.

– J'y réfléchirai, dit-il.

Mina haussa un sourcil dubitatif. Elle se leva, attrapa son sac et tendit à Paule un paquet que celle-ci ouvrit lentement en détachant avec soin les morceaux de scotch et les rubans. Mina eut envie de la bousculer. Ses gestes, empreints de délicatesse, dénotaient son sens du détail, son habitude des travaux d'artisanat, du contact avec les pinceaux et les ciseaux. Enfin, elle découvrit une planche peinte de motifs encadrant une image.

– Merci beaucoup. Je croyais qu'il s'agissait d'un livre. Mais c'est une main de Fatma.

À cette évocation, une ombre de tristesse assombrit son visage. Elle se ressaisit rapidement, ne souhaitant pas gâcher cette soirée.

– Si quelqu'un pouvait m'expliquer un peu, demanda Philippe.

– La main de Fatma, c'est un talisman contre le mauvais sort. Les femmes de mon pays la portent en collier ou en boucles d'oreilles. C'est l'équivalent de votre croix chrétienne, expliqua Mina.

Philippe s'étonna :

– Je croyais que tu n'étais pas pratiquante.

– Mes parents fréquentaient peu la mosquée. J'ai toutefois baigné dans une culture de tradition musulmane. Comme toi qui es un produit de la civilisation judéo-chrétienne.

Comme chaque fois qu'elle adoptait de grands mots, il se sentait mal à l'aise. Elle s'amusa du désarroi de son mari puis lui tendit son cadeau. C'était une boîte en carton contenant une montre à gousset et sa chaîne. Gauchement, il essaya d'actionner le mécanisme d'ouverture.

– Quel maladroit ! dit Mina en s'approchant. Je vais te montrer.

Elle s'installa tout contre Philippe et appuya sur le dessus de l'objet qui s'ouvrit sur le cadran. Philippe suivait ses gestes. Elle referma le tout.

– À toi maintenant.

Paule les observait. Ce couple d'amoureux lui rappelait des souvenirs mais la renvoyait à sa douleur. Philippe s'amusait de sa nouvelle montre et Mina souriait.

– Je ne serai plus jamais en retard, promis. Je pourrai l'attacher à une boutonnière de ma chemise.

– Mais non, voyons. Il faut la porter à la ceinture.

Il se mit debout et Mina accrocha la chaîne à un passant du pantalon. Il la prit dans ses bras et la remercia dans le creux de l'oreille. Elle sentit contre sa hanche l'excitation de Philippe. Sous l'emprise de l'alcool, il perdait toute discrétion. Paule toussota.

– Je mettrai votre tableau face à la porte d'entrée. Ainsi, j'aurai une pensée pour vous chaque fois que je rentrerai chez moi.

C'était bien une gentillesse digne de Paule. Elle aimait à plaire. Philippe observait les motifs incrustés sur le boîtier de son cadeau. Une heure sonna au clocher du village tout proche. Le carillon retentit lors d'un moment de silence.

– Si on rentrait, dit Philippe.

Paule les accompagna jusqu'à la voiture. Elle redoutait de s'enfermer chez elle, dans le silence et cherchait à repousser les barrières de sa solitude.

Mina prit le volant. À la sortie du village, un énorme sanglier et sa portée de marcassins leur coupèrent la route. Elle freina tandis qu'ils achevaient tranquillement leur traversée.

– On est protégé par Saint-Roch, dit Mina.

– Je serais plus rassuré par une arme.

Elle redémarra. Entre deux nuages poussés par le mistral, une lune hautaine éclairait le paysage d'un bleu métallique. Mina voyait le froid autant qu'elle le sentait. Lionne et Tindé, roulées en boule, dormaient profondément.

– On ne peut pas compter sur vous pour la garde !

Elles frétillèrent de la queue, croyant à un compliment, puis reprirent leur nuit.

– Tu n'as toujours pas trouvé le fusil de mon père ?

– Je ne cherche plus. Georges m'a avoué qu'il s'en était débarrassé après le décès de ta mère.

– C'est donc vrai cette histoire de dépression qu'il a traversée... J'en avais vaguement entendu parler. Georges aurait pu me le rendre. Après tout, il était dans mon héritage. Qu'est-il devenu ?

– Il n'a pas voulu me le dire malgré mon insistance. Tu le connais, c'est une vraie tête de mule.

– N'en parlons plus. À l'occasion j'en achèterai un neuf.

– Tu n'en trouveras pas un aussi beau. Il paraît qu'il avait une plaque de cuivre gravée au nom des Polignac.

– À tous les coups, il doit se trouver chez un antiquaire. Viens, allons nous coucher.

Philippe attira Mina contre lui. Elle se laissa contaminer par le désir de son compagnon, qui se faufilait d'un épiderme à l'autre.

– Je suis un mufle, avoua-t-il. Je n'ai même pas de cadeau pour toi. Je ne suis plus allé en ville depuis au moins un mois. Je n'ai rien pu acheter. C'est de ta faute, aussi... C'est toi qui t'occupes de toutes les courses.

– Cette semaine qui arrive, je la passerai entièrement à la ferme. Tu seras bien obligé de te débrouiller. Je fais la grève.

– Mon cadeau, c'est l'amour. Je suis toujours prêt à t'en donner.

Bousculant Mina, il plongea sous la couette et mordilla ses seins. Il s'empara de sa taille qu'il ploya comme un vulgaire sarment, malmena ses jambes et ses cuisses, effleura d'une langue tiède le nombril, s'amusa à susciter des débuts de tempête qu'il réduisait aussitôt. Elle se laissait aller connaissant ses méthodes oscillant entre brutalité et douceur. Toute à l'écoute de son plaisir, elle essaya vainement de ne pas succomber trop vite à l'ouragan.

28

Ensevelie sous les couvertures, un roman à portée de main, Mina se paya des grasses matinées. Philippe lui apportait un café au lit ; savourait sa présence et aimait la sentir gardienne de la maison. Avant de partir dans ses terres, il donnait à manger aux deux chiennes et Mina l'entendait parfois leur parler. L'animosité entre Lionne et Philippe n'était plus que de l'histoire ancienne et Tindé adorait le paysan de Champlong à qui elle accordait des pitreries turbulentes.

– Si j'étais malade ou absente, tu pourrais me remplacer dans les truffières, le provoquait Mina. Avec toi, elles travailleraient.

– Je refuse d'aller aux truffes, tu le sais bien. C'est une activité de femme ou de grand-père ça. C'est pas le rôle d'un chef d'exploitation comme moi. Si on comptait là-dessus pour vivre, on mangerait pas tous les jours à notre faim.

Mina riait.

– Cette année, on crèverait même la dalle. En agriculture, les saisons se suivent et ne se ressemblent pas. En somme, tu penses que je m'occupe comme une bourgeoise qui n'a pas besoin de gagner sa vie et qui est entretenue par son mari. Je voulais juste te tester.

– Déjà tu m'as obligé à ingurgiter des rabasses à Noël.

– Tu les as aimées. Je suis certaine que tu adorerais suivre Tindé en train de caver.

Les agaceries de Mina plaisaient à Philippe. Ces joutes oratoires occupaient leur quotidien. Il s'affrontait à une femme de tête qui entendait bien défendre sa passion. Son père avait lui aussi succombé au charme des arbres truffiers. Il fréquentait donc depuis toujours des fanatiques de la truffe. Il ne grimaçait plus lorsqu'il passait près de la jarre de grès où elle stockait sa récolte. Il s'était habitué à voir Lionne et Tindé dormir dans la maison. Il ne songeait même plus à arracher les vieux arbres plantés par son grand-père. De toute manière, ces terres de rocaille n'étaient pas bonnes à grand chose. Et lorsqu'il avait menacé Jules de détruire les truffières pour les remplacer par de la lavande, c'était pour conquérir le pouvoir. Même diminué, le vieux Jules continuait à gérer la ferme financièrement et aurait souhaité la coopération de son fils pour l'entretien de la truffière. Jules s'était mis dans la tête de tailler les arbres et Philippe avait refusé de l'aider. Sans l'avouer à Mina, il était culpabilisé par son entêtement qui avait entraîné la mort de son père à la suite de l'accident de tronçonneuse.

– Tête de mule ! dit Philippe. Tout comme Jules et sans doute avant lui, Alphonse.

– Tu oublies Louise.

– Je continue à penser que ces rabasses sont sources de malheur. Tu vois bien, Jules en est mort. J'ai peur pour toi.

Adossée à son oreiller, les cheveux en bataille, elle contempla son mari. Instinctivement, il savait qu'un secret pesait sur sa famille, aussi enfoui au fond des êtres que la truffe sous la terre. Mina soupira. Elle ne pouvait rien dire de ses propres investigations au risque de déstabiliser complètement Philippe.

– Tu n'as rien à craindre pour moi. Je te le démontrerai. J'adore les truffes et elles ne me feront jamais de mal.

– Tu es bien sûre de toi.

– Je sais que c'est la vérité. Il n'y a rien de diabolique là-dedans.

– Je me méfie.

– Un jour Philippe, tu iras aux truffes. Un jour, nous défricherons des parcelles de bois et nous planterons ensemble des chênes.

– Tu es complètement folle ! Faut attendre au moins vingt ans pour une hypothétique production. Mon père disait toujours que les plantations, c'était pour les générations futures.

– Nos enfants iront caver les après-midi d'hiver. Je leur apprendrai tous mes secrets.

Une ombre de contrariété passa dans les yeux mordorés de Philippe. Il avait oublié l'heure. Il prit la main de Mina encore toute chaude de la nuit.

– Tu es tellement persuasive que j'ai envie de te croire.

Une pâle lumière d'hiver franchissait le rideau et arrivait dans la chambre. Mina s'étira.

– J'y vais, dit Philippe. Je ne rentrerai pas tard.

Elle dévorait quelques chapitres, dans la tiédeur de sa couche, et s'obligeait malgré tout à descendre en milieu de matinée. Elle donnait à manger à ses trois lapines, tout en parlant à Lionne et Tindé. Les deux chiennes s'ennuyaient un peu, tout au moins, Mina se l'imaginait-elle. Elle les emmenait aux truffes plus pour les distraire que pour remplir sa musette. Elle revenait les joues rougies par le froid persistant et les cheveux emmêlés. Le samedi, elle alla vendre sa pauvre cueillette au marché de Richerenches. Georges se moqua d'elle tandis qu'elle déambulait dans la grande allée balayée par des rafales de mistral.

– Vous êtes de l'autre côté de la barrière aujourd'hui. Quel est votre courtier préféré ?

– Celui qui paye le mieux. En négoce, je ne suis mariée avec personne.

Georges fut choqué par ce propos sans détours.

– Vous avez le mérite d'être sincère.

– Arrêtons ces salamalecs entre nous. Vous savez bien que rien n'est aussi infidèle qu'un client. Tous des traîtres en puissance, sauf quelques exceptions comme Joseph qui croit encore en la parole donnée.

– Là, vous êtes naïve. Votre Joseph, que vous portez aux nues, ne m'a pas vendu sa récolte.

– Il connaît la valeur de sa marchandise et en veut le prix. C'est de bonne guerre.

Mina laissa ses trois cents grammes à une femme courtier, sans discuter outre mesure les cours du jour. Elle savait que ses truffes étaient de mauvaise qualité, comme la plupart des ruraux qui circulaient avec leurs emballages variés. Certains utilisaient des sachets de pâtes alimentaires, de biscuits ou encore, pour les plus organisés, des sacs de toile. Elle but un café avec ses vieux amis désespérés par la récolte catastrophique. À travers les vitres embuées du bistrot, elle surveilla les allées et venues, tout en prêtant une oreille distraite aux propos échangés. Vols de truffes et de chiens se disputaient l'ordre du jour avec la nouvelle monnaie dont on distribuait les kits.

– Moi qui compte encore en anciens francs, je m'y ferai jamais à l'euro ! se plaignait Armand.

– De toute manière, on n'a pas le choix. Les banques distribuent des convertisseurs à tous leurs clients. La semaine prochaine, on va rigoler pour les marchandages !

– Ça va monter entre neuf cent dix et mille soixante euros. Sans compter les centimes parce que ces cons, ils nous ont remis les petits sous.

– On va se faire arnaquer.

– Tout le monde s'inquiète, même Aubanel. Il va falloir s'entraîner un peu.

Un des vieux sortit son sachet en plastique et étala les pièces sur la table du bistrot.

– Ils ont même pas écrit la somme de chaque côté des pièces ! Il faut les retourner une à une pour les reconnaître. Tu parles d'un progrès !

– Je vous signale que sur les francs c'est pareil.

– Merde. J'avais pas remarqué. Mes excuses.

La conversation prit un tour critique et grinçant.

– Les transactions continueront en francs, ne vous inquiétez pas. C'est seulement au moment du paiement que les courtiers feront la conversion.

Après quelques courses, Mina prit le chemin du retour. Elle tourna à gauche à la chapelle et continua entre les lavandes et les truffiers jusqu'au village de Marjerie. Elle eut ainsi une vue différente de Chamaret dont les maisons reposaient au pied de la tour. Le ciel était d'un bleu céruléen et le soleil brillait sans toutefois chauffer. Il était presque onze heures. Elle avait envie de flâner un peu avant de retrouver la ferme.

– Je vais aller saluer Joseph, une visite de courtoisie.

Elle se gara pour chercher dans son portefeuille la carte de visite. Ce n'était pas très utile. Elle se souvenait qu'il avait parlé d'un repère : une grosse ferme sur la route de Colonzelle. Elle trouva la bâtisse en longueur, flanquée de deux corps de bâtiments qui paraissaient la protéger des agressions venues du nord. Joseph habitait une villa, ceinturée d'une clôture et d'un grand jardin, de l'autre côté de la route. Mina mit son clignotant et le portail s'ouvrit tout seul, comme un pont-levis dans un château fort. Joseph revenait des truffes. Deux chiens l'accompagnaient : un vieux bâtard traînant la patte, hirsute et sans couleur bien définie et un labrador crème dont l'embonpoint prouvait l'amour de la bonne soupe. Joseph salua Mina avec chaleur.

– J'ai dû sentir que vous alliez venir et je suis rentré un peu plus tôt.

– Ce n'était pourtant pas prémédité. Je passais par là et j'avais envie de bavarder un peu.

Il ouvrit la porte du garage et rangea sa cueillette sous l'œil attentif de Mina. Il remisa sa musette et son outil à un clou visiblement réservé à cet usage, flatta l'encolure de la bête à la robe de lait et remplit les écuelles d'eau.

– Venez vous réchauffer.

Ils entrèrent par une véranda où croissaient des plantes fleuries. Mina prit le temps d'admirer quelques espèces. Cela lui réchauffa le cœur de plonger dans le pourpre d'un pétale qu'elle ne connaissait pas. La maison était classique et impeccablement tenue. Joseph installa Mina sur un confortable canapé et partit chercher verres et bouteilles. Le labrador grimpa sur un fauteuil recouvert d'une couverture.

– C'est la place d'Osyris, expliqua Joseph. La nuit, il dort dans le garage. Sinon, il ne me quitte pas.

– Osyris, c'est grec ?

– Je n'en sais fichtre rien. Pour moi osyris alba, c'est le nom latin d'une petite plante de la garrigue nommée rouvet. Elle a de toutes petites feuilles, des fleurs blanchâtres qui dégagent une odeur de miel et elle porte des fruits vermillon toxiques. La sonorité du nom me plaît.

Le chien, dont la carrure impressionnante envahissait le siège, soupira d'aise et entrouvrit une paupière pour vérifier la présence de Joseph.

– Vous n'avez décidément pas de méthodes classiques.

– J'écoute mon instinct. Une bonne partie de ma vie j'ai été brimé, d'abord par mes parents, puis par mon épouse, ensuite j'ai élevé deux enfants. Maintenant, je suis seul et je m'accorde du plaisir.

– Il n'y a pas de femme dans cette maison ?

– Je suis divorcé depuis vingt ans. Et j'ai pris des habitudes de célibataire. Je dis pas, parfois, si l'occasion se présente…

Mina rigola. Son impression première se confirmait. Il était naturel et sympathique. Il émanait de lui une bonhomie qui cachait un caractère bien trempé.

– Je vous félicite pour la tenue de votre intérieur.

– C'est pas bien difficile. J'ai appris à laver, à repasser et même à recoudre les boutons ! Pour la cuisine, je me débrouille. Je suis né en 1932, avant la guerre et j'ai toujours vu ma mère travailler d'arrache-pied pour élever ses six enfants. Ça m'a forgé le caractère.

Il expliqua qu'il avait passé son enfance et une bonne partie de sa vie dans la grosse ferme de l'autre côté de la route avant de la céder à son fils qui avait repris l'exploitation.

– C'est pas bien bon deux générations dans la même maison. J'ai construit cette villa pour foutre la paix au couple. Ainsi, je suis au milieu de mes truffiers.

Il servit un apéritif à la pêche et quelques toasts à la truffe dont elle se régala.

– C'est pas compliqué. Vous laissez macérer soixante-dix feuilles de pêchers pendant huit jours dans un litre de vin rosé, avec trente-cinq ou quarante morceaux de sucre et un verre d'eau de vie. Choisissez des arbres non traités. Ensuite, vous filtrez la préparation. Pour les hachis de truffes, j'ai acheté un mixer particulier. C'est bien pratique.

Il alla le chercher pour en expliquer le mécanisme à Mina.

– Je ne peux pas en préparer. Mon mari n'apprécie pas beaucoup les rabasses.

– Ça arrive. Les truffes c'est le grand amour ou la haine. Il n'y a pas de juste milieu.

– Comment avez-vous appris le métier ?

– J'ai toujours vu ma mère truffer. Mon père lui n'aimait pas ça. Il considérait que c'était une activité dévalorisante de se traîner à quatre pattes. Faut dire qu'à l'époque, c'était pas bien lucratif, un kilo de rabasses c'était moins cher qu'un kilo de blé.

– J'ai appris ça de Philippe il n'y a pas longtemps, mais j'ai encore beaucoup à découvrir.

– C'est normal, vous démarrez dans le métier. Et puis, les gens sont pas trop bavards et manquent de mémoire. Mon plus beau souvenir, c'est un blaireau apprivoisé chercheur de truffes.

– J'avais entendu parler du cochon, pas du blaireau.

– C'était un cas unique. Il s'appelait Kouki. Les journaux lui ont consacré des articles et je crois bien que la télévision est venu le filmer. J'étais jeune, mais je m'en souviens comme si c'était hier. Pensez, c'est un maçon de Réauville qui l'avait dressé.

Osyris gémit et s'agita sur son siège.

– Il travaillait pas aussi bien que toi, lui dit Joseph, pour le tranquilliser.

Il alla le caresser et le chien reprit son somme.

– Imaginez-vous qu'un jour le père Muscari allait à son cabanon. Il avait là son jardin, de quoi distiller sa lavande, une éolienne pour tirer l'eau du puits. Il était très astucieux, il inventait toutes sortes de choses comme des systèmes d'alarme ou des réveils avec des sonneries bizarres. Sa femme adorait les couleuvres qu'elle apprivoisait. Paraît qu'il y en avait même une qui habitait sur une poutre de la cabane.

Mina frémit et se ratatina sur le canapé. Elle détestait les serpents et était bien incapable de différencier un simple orvet d'une vipère. Joseph sourit.

– Moi non plus j'aime pas trop ces bestioles. Enfin, un jour le père Muscari entend couiner dans les fourrés et voit un jeune blaireau. Il ouvre son sac et ramasse la pauvre bête. Sa mère venait sans doute de prendre une balle par un chasseur ou de se faire piéger parce que normalement ces animaux fuient l'homme. Il enferme sa trouvaille dans une lapinière et le nourrit comme un chien avec des croûtes de pain et les débris de la cuisine. En grandissant, Kouki joue avec les enfants et les suit partout. Tout naturellement en allant caver, ils ont emmené le blaireau qui a imité les chiens. Il avait un flair bien supérieur à eux.

– Je veux voir ce phénomène de mes propres yeux.

– Kouki est mort depuis longtemps. Mais ses aventures restent gravées dans les mémoires. Tenez, un jour, à la période des amours, il était parti à la recherche d'une belle. En chemin, il avait trouvé une vigne pleine de raisins juteux à point et il n'avait pas résisté. Le propriétaire de la parcelle avait sorti son fusil et s'apprêtait à tirer sur lui. Le père Muscari cherchait Kouki partout. Averti par quelque instinct propre aux bêtes, le blaireau s'était réfugié dans une grotte au pied du rocher de Réauville. Il en était sorti sur un sifflement de son maître et avait retrouvé sa famille d'adoption. Le viticulteur et le père Muscari doivent toujours être fâchés au jour d'aujourd'hui. Une tentative de meurtre sur un truffier, ça se pardonne jamais.

Joseph remplit à nouveau le verre de Mina.

– Elle est belle votre histoire. Puisqu'il habite Réauville, je pourrai peut-être rencontrer le père de Kouki.

– Ils ont dû vieillir, les Muscari. Ils habitent sous la vierge. Maria devrait vous plaire. Elle en connaît un rayon sur les plantes et les coutumes.

Le téléphone sonna et Joseph alla répondre. Un courtier prenait rendez-vous pour le début de l'après-midi.

– J'ai pas vendu ce matin à Richerenches, expliqua Joseph. J'ai juste pris la température. J'ai un joli lot cette semaine. Il partira tout à l'heure au prix que je voulais. Il suffisait d'attendre.

Mina quitta son siège et caressa le labrador au pelage ras. Sa robe était douce et sans la moindre tache, tiède et malléable.

– J'ai vu arriver mon fils à Noël dernier avec Osyris dans les bras. C'était un bébé de trois mois. Mon plus beau cadeau. À cinq mois, il truffait déjà comme un grand. Il était tellement fatigué, qu'au retour de mes cueillettes, je devais le porter dans mes bras. Il est bien un peu grassouillet mais cela ne l'empêche pas de travailler comme un chef.

Sous la véranda, Mina se décida.

– J'ai quelque chose d'un peu particulier à vous demander.

– Pas de truffes, j'en ai plus.

– Soyez tranquille, je ne suis pas là en professionnelle mais à titre privé, en amie en quelque sorte.

– Je vous écoute.

– Je vais écrire une lettre à quelqu'un qui me répondra peut-être. Accepteriez-vous que je donne votre adresse pour recevoir la réponse ?

Joseph prit le temps de réfléchir.

– Ce n'est pas une histoire d'amour, j'espère. Je ne voudrais pas être le complice d'une trahison conjugale.

Mina sourit.

– Je vous garantis que non. Il s'agit simplement du passé des Polignac. Je pense avoir trouvé la personne qui peut éclairer certains faits qui m'intriguent. Pour l'instant, il me semble préférable de laisser mon mari à l'écart.

Il devint grave, la dévisagea et sut qu'elle était sincère.

– Si ça peut vous rendre service, c'est d'accord. Je suis fier que vous ayez pensé à moi. On se connaît peu, mais j'ai bien vu, l'autre jour au marché, que vous étiez une femme de bon sens.

– Merci. Vous ne recevrez pas le courrier tout de suite. Il arrivera de l'étranger, si jamais il arrive.

Il la raccompagna jusqu'à sa voiture et l'embrassa sans manière. Le grand portail en fer forgé coulissa sans bruit et Mina enfila la ligne droite jusqu'à la bifurcation qui menait à Grignan. Comme à chacun de ses passages, elle regarda le château de la marquise de Sévigné qui rétrécissait dans son rétroviseur.

– Ma missive à Pierre partira le deux janvier. Je la posterai en allant au travail.

Sa décision prise, elle accéléra pour regagner au plus vite la ferme.

29

Le jour se levait lorsque Mina partit pour le laboratoire. La ligne d'horizon, d'un gris sale, se devinait entre ciel et terre. Le mistral était tombé dans la nuit. Le froid persistant desserrait légèrement son étau depuis le premier janvier. Le couple Polignac avait réveillonné en tête à tête. Elle avait simplement acheté du saumon fumé et une bouteille de champagne. Elle avait résisté à la tentation de préparer une omelette aux truffes. Il était encore trop tôt.

Avec une hésitation de dernier moment, Mina s'arrêta à Chamaret et posta la lettre pour Agadez. Elle sentait que son geste était décisif et en redoutait les conséquences tout en les désirant.

La situation avait assez duré. Voici des mois qu'elle se débattait dans le mystère Polignac, croyant aller de découverte en découverte et tout cela retombait lamentablement telle une tempête passagère. Elle lâchait à Philippe des bribes de vérité destinées à le préparer au dernier acte qui finirait bien par se jouer un jour. Il écoutait sa femme attentivement et riait de ses élucubrations. Pour lui, c'était un jeu. Cela ne le concernait pas. Cette Louise, dont Mina parlait souvent, n'était qu'une lointaine étrangère ; il ne gardait qu'un vague souvenir de son visage austère. Quant à Jules, il en avait fait son deuil, même si, en passant devant la petite tronçonneuse, il avait toujours un mouvement de recul. Philippe allait régulièrement sur la tombe de ses parents. Mina avait trouvé l'autre jour un pot de cyclamens soigneusement enfoui dans la terre, bien à l'abri du mur. Ces fleurs de sang, dans le paysage sombre du cimetière glacial, l'avaient intriguée. Elle aussi s'arrêtait souvent devant le parterre où reposaient Louise et Jules. Elle avait reproché à ce dernier de lui avoir caché l'existence du frère de Georges exilé chez les touaregs. Le fait de passer sous silence l'enturbanné démontrait qu'il était un élément important du passé Polignac. Elle avait affiché son effigie au-dessus de son bureau. Ainsi, Philippe voyait souvent cette silhouette peu ordinaire et s'y habituait.

– Tu es toujours là, Carmentran ? lui disait-il en passant. Tu tiens compagnie à Mina ?

Devant l'incompréhension de sa femme, il avait défini Carmentran et promis de l'emmener au procès du bougre symbolisant toute l'adversité de la société. Il lui avait chanté la célèbre chanson en occitan qu'il avait apprise à l'école primaire et dont il se souvenait par cœur.

– Mon père, qui n'était pas un fêtard, ne manquait jamais de participer à la fête de Carmentran. Lorsque j'étais gamin, il se déguisait en bouffet avec une longue chemise blanche et un bonnet de nuit. À la main, il portait un soufflet de cheminée et, avec ses amis, ils couraient dans les rues du village en se bouffant dans le cul ! avait-il expliqué à Mina. Ton enturbanné me rappelle Carmentran.

Mina avait bien du mal à imaginer son beau-père dans un tel accoutrement. Elle gardait de lui l'image d'un homme digne et toujours sérieux.

– C'était avant la mort de ma mère. Après, Jules s'est enfermé à la ferme et s'est coupé du monde.

Philippe avait enregistré certains faits liés à son passé et les avait sans doute enfouis au fond de son inconscient. Les comptes-rendus de sa femme sur ses recherches et ses propres souvenirs finissaient par se confondre.

Mina conduisait, tout entière perdue dans ses pensées. Sans y prendre garde, elle arriva chez Georges. Léonore lui servit un café brûlant. Elle était encore en robe de chambre et cela accentuait son côté maladif.

– Je suis bien contente que la nouvelle année commence, dit-elle en embrassant Mina. Je vous la souhaite bonne et heureuse.

– Moi de même.

Comme tous les matins, Georges donnait à manger à ses chiens. Il revint, l'air maussade, souhaita une bonne année à Mina puis annonça :

– J'ai emmené Clinton chez le vétérinaire la semaine dernière. Cette fois, c'est la fin. Je ne sais pas s'il passera la matinée. Je l'ai installé dans la cave, près de la cuve. Tu pourras aller le voir, Léonore ?

– Je le surveillerai, promis.

Il paraissait très affecté par l'état de Clinton. D'autres sujets de préoccupation devaient le perturber, se dit méchamment Mina, mais il tenait là un noble motif pour se plaindre et ronchonner.

– Aujourd'hui, on va aller à Valréas. Le restaurant de Valence m'a encore commandé un kilo de noires. Le patron exige que ce soit vous qui livriez. Vous avez dû lui taper dans l'œil.

– Je lui ai simplement donné quelques conseils culinaires.

Ils partirent dans la berline de Georges par la route qui sinuait entre les vignes. Il conduisait doucement. Il avait pour habitude de surveiller les cultures et, avec son infaillible sens de l'observation, il remarquait le moindre changement dans le paysage : la plaie d'un mur supprimé à coup de bulldozer, l'état d'avancement du blé, une nouvelle couleur de volets ou la présence d'une voiture inhabituelle dans la cour d'un voisin. Il commentait d'ordinaire ses découvertes et cela amusait beaucoup Mina. Ce matin-là, le courtier restait silencieux. Ils s'installèrent au bar situé sur le tour de ville, près de la verrière d'où ils dominaient les premiers stands du marché. Les vendeurs négociaient discrètement à l'oreille des courtiers. Des conciliabules, noyés par le chuintement du percolateur, Mina n'entendait que des bribes. Georges l'abandonna pour aller prendre l'air. Elle acheta quelques lots de qualité médiocre. La saison était définitivement compromise. Lamentations et plaintes se succédaient d'une manière lancinante.

– Vous ferez mieux l'an prochain, disait Mina. Et vous ne gagnerez guère plus car les cours s'effondreront sous l'abondance de la production !

Les vieux à casquettes, un air de reproche au fond des yeux, se taisaient. La clientèle valréassienne était essentiellement de proximité : quelques fidèles qui ne pouvaient pas se rendre à Richerenches. Mina les connaissait tous maintenant ces rabassiers dont la moyenne d'âge se situait aux alentours de soixante ans. Elle aimait leur contact un peu rêche, répétitif et monotone mais tellement sincère. Parfois, une histoire jaillissait d'une bouche surmontée d'une moustache, émaillée de mots occitans et elle écoutait religieusement ces morceaux d'anthologie. Beaucoup la tutoyaient.

– Tu sais, mon grand-père, une année de forte production, il a voulu aller vendre au marché, mais son mulet était malade. Il a emprunté la carriole d'un voisin et a poussé le cheval sur les mauvais chemins. Pour gonfler le poids, le couquinas laissait toujours beaucoup de terre autour des truffes. Les cahots du chemin se sont chargés de tamiser la récolte. On le suivait à la trace, le papet ! Il était connu pour sa roublardise et ses marchandages. Ce jour-là, les courtiers ont bien ri. Le poids annoncé s'était divisé par deux. Il est rentré tout penaud à la maison, bien décidé à ne plus utiliser ce charreton dont les planches du fond laissaient passer le jour.

Mina notait parfois sur un bout de papier une expression qu'elle comprenait mal. Le soir, elle interrogeait Philippe. Elle n'interrompait jamais ses interlocuteurs dont la verve tarissait à la moindre question. De retour, Georges étudia le comportement de son associée. Il sourit, satisfait.

– J'ai bien envie de m'acheter un magnétophone pour enregistrer toutes ces histoires. J'ai tendance à les oublier. Ces gens sont la mémoire du pays.

– Malheureuse ! Vous voulez chasser tous les clients. Je vous interdis d'agir ainsi. Ce serait leur voler leurs secrets.

Mina haussa les épaules.

– Je m'incline devant le patron. Puisqu'il en est ainsi, je prendrai l'habitude d'écrire tout comme Jules et Alphonse qui avaient un journal de bord.

– Jules était un doux rêveur. Il vivait sur une autre planète.

– N'insultez pas sa mémoire.

– Je n'insulte rien du tout. Vous savez bien que c'était mon meilleur ami. Tenez, je suis allé au cimetière porter une plante dimanche après-midi. Je suis resté un bon moment à me souvenir de tout ce que nous avions partagé.

Ainsi c'était Georges et non Philippe qui avait fleuri le parterre. Le courtier devait avoir le cœur gros pour agir ainsi. La mine renfrognée, il grogna :

– Je vous laisse jusqu'à midi. De toute façon, vous n'avez pas besoin de moi. Bientôt vous ferez le marché toute seule. Je vous servirai juste de chauffeur pour la sécurité.

Ce plan entrait dans la politique du courtier : mettre Mina à l'épreuve et lui demander toujours plus. Elle avait l'habitude de ces brusques manœuvres dont elle ne prévoyait pas toujours le déroulement.

– Combien désirez-vous de truffes aujourd'hui ? Je ne connais même pas l'état du carnet de commande.

– Achetez ce que vous pouvez au prix convenu. Nous rectifierons le tir samedi à Richerenches. Je file voir Clinton.

Mina prit un autre café et bavarda avec chacun. Les transactions se traitaient en francs et une fois l'accord scellé, la somme était convertie en euros. Il fallait recompter trois ou quatre fois, examiner chaque billet, tourner et retourner les pièces, expliquer, commenter et recevoir d'une oreille compatissante les doléances des clients déroutés. Ce fut une rude matinée, davantage consacrée à la pédagogie qu'aux affaires. Les gens se sentaient victimes d'un système autoritaire et sans fondement.

– Nous voilà sacrés européens tout comme les Allemands, les Autrichiens, les Hollandais et tous ces nordiques des pays froids ! C'est un comble. Notre culture provençale va encore en prendre un coup.

– Déjà que presque plus personne parle patois. Ces politiciens, c'est tous des pantins. Tout juste bons à ramasser des sous. Faut croire que la place est bonne. Ils se battent tous pour rester à leur poste, à droite comme à gauche.

– Pauvres de nous, condamnés à accepter sans broncher.

– Pensez à vos rabasses et le reste se fera tout seul, répondait Mina. De toute manière, vous n'avez pas le choix.

La mine sombre, Georges revint à midi comme promis. Il rabroua les derniers récalcitrants à l'euro, refusa le traditionnel pastis et précipita le départ.

– Allez, zou, on rentre.

Au cours du trajet du retour, ses grosses mains crispées sur le volant, il avoua :

– Il a attendu que je revienne pour mourir, mon Clinton.

Ses lèvres étaient serrées comme pour retenir les sanglots qu'il ne pouvait décemment laisser échapper.

– Il a eu une longue vie, dit Mina pour l'apaiser. Et il n'a pas souffert. Il est mort de sa belle mort comme on dit.

– Je supporte pas cette expression idiote. C'est jamais beau la mort. Si vous l'aviez côtoyée, vous ne parleriez pas ainsi. Vous êtes trop jeune pour comprendre.

– J'ai enterré Jules.

Le courtier se renfrogna dans le silence. Il avait Louise en tête, Mina en était sûre.

– Votre vie commence juste. Vous êtes une gamine.

– Faites-moi profiter de votre expérience, papet.

Elle réussit à lui arracher un sourire qu'il réfréna aussitôt pour reprendre une mine de circonstance. Léonore avait posé la pelle et la pioche près de la porte. Elle attendait son mari avec un peu d'appréhension. Georges et Mina déchargèrent les sacs, sans un mot. Le soleil de la mi-journée brillait dans un ciel bleu où roulaient vers le sud des nuages échevelés.

– Je vais le mettre au pied d'un vieux truffier qui a fini de donner, marmonna Georges.

Il enfila de grosses chaussures en cuir et une canadienne. Léonore lui emboîta le pas.

– Je veux personne, tonna le courtier. Ne m'attends pas pour manger.

Elle pâlit. Elle réagissait comme une jeune fille aux colères de son mari et avait peur. Mina eut envie de prendre sa défense puis y renonça. Léonore était une victime consentante qui lui inspirait à la fois pitié et révolte. Elle soupira.

– Je vais commencer le nettoyage.

Georges avait un air perdu ; l'agonie de son chien le renvoyait à un monde peuplé d'amis chers et disparus. Clinton avait vécu à ses côtés pas loin de quinze années d'une cohabitation scellée d'amour, de docilité et de collaboration. Le vieux compagnon avait partagé le bon et le mauvais et enregistré les sautes d'humeur d'un homme parfois acariâtre et exigeant. Mina entendit Georges fourrager dans son atelier. Il en ressortit, portant un sac de jute dans lequel il avait enveloppé le cadavre. Ses gestes étaient empreints d'une grande douceur, comme il pouvait en montrer parfois, lorsqu'il se croyait seul. Il partit en se faufilant à travers la haie de cyprès. Debout contre la clôture du parc, Diane et Mustapha hurlaient à la mort.

– Je n'arrive pas à les calmer. Ils réagissent à l'odeur du défunt.

– Allez au moins leur rendre visite. Dites-leur un mot gentil. Ça ne peut pas leur faire de mal, répliqua Mina en haussant les épaules.

Léonore hésita puis alla jusqu'à l'enclos où ils se frottèrent contre elle en gémissant. Il faut lui expliquer la conduite à tenir, songea Mina. Georges a réussi à la maintenir dans un état de sujétion semblable à celui d'une esclave à la dévotion de son seigneur. Elle guettait son mari, prête à partir à la moindre alerte. Mina traversa la cuisine où le couvert était mis et jeta un coup d'œil à Antonin avant de gagner l'atelier. Elle enfila sa blouse blanche et commença à brosser et à canifer les truffes. Ses gestes étaient experts, énergiques et rapides. Elle mit de côté quelques rares belles pièces pour le restaurateur de Valence et pensa à Rose à qui elle avait promis de revenir. Cela ne l'enchantait guère, mais, comme Jules le lui avait inculqué, elle s'efforçait de tenir ses promesses. Elle sentit une présence dans son dos. La tête dans l'entrebâillement de la porte, Léonore dit timidement :

– Vous aviez raison. J'ai réussi à apaiser Diane et Mustapha.

Elle refusait d'entrer dans le laboratoire. Cette conduite acheva de révolter Mina.

– Vous devriez écouter mes conseils plus souvent. Le monde ne va pas cesser de tourner si vous pénétrez dans cette pièce.

– Georges ne supporte pas de me trouver ici.

– Cessez de vous laisser manœuvrer comme un vulgaire pion sur un échiquier. Je suis persuadée que votre mari apprécierait une femme plus déterminée. Cela pimenterait un peu vos relations.

– Vous ne le connaissez pas…

– Moins que vous. Toutefois je sais qu'il a un fichu caractère et qu'il n'est pas facile à vivre. Même les clients s'en plaignent.

– Il n'y a que vous pour arriver à l'amadouer. Il vous adore.

Léonore était toujours dans la même posture, le buste penché vers l'avant. Mina rigola autant de sa répartie que de la cocasserie de la scène.

– S'il m'adorait comme vous dites, il cesserait de me mentir et de vous obliger à vous taire.

– Venez vous mettre à table, dit Léonore.

Mina la suivit.

– Quand me reparlerez-vous de ce frère Aubanel exilé en Afrique ?

Léonore sursauta.

– Je ne peux rien vous dire de plus.

– Vous êtes la seule à avoir été sincère avec moi. Paule sait des choses qu'elle refuse de livrer. Georges, c'est une tombe. Jules n'a pas vécu assez longtemps. Philippe ignore tout.

– Georges m'en voudrait à mort s'il savait que je vous ai révélé l'existence d'Antonin.

– Je vous ai promis de ne rien dire. D'ailleurs, même Philippe ne sait pas.

Aux aguets, Léonore tendait l'oreille. Elle craignait le retour intempestif de son mari et mangeait du bout des lèvres l'excellent ragoût de pommes de terre qui avait mijoté toute la matinée sur le coin du fourneau.

– En temps opportun, je vous expliquerai.

Mina prit un air dubitatif.

– Il est certain qu'il est difficile de vous confier dans votre propre maison. Si vous voulez, nous pourrions sortir ensemble un jour de printemps. Sous le prétexte de visiter, nous ferions une balade à Nyons ou à Vaison-la-romaine, et vous me parleriez du passé.

Dans les yeux bleus s'alluma une lueur d'intérêt vite réprimé par l'angoisse. Exactement la même flamme qui brillait dans ceux de Pierre lorsqu'il interrogeait Mina. Celle-ci soupira, persuadée du caractère illusoire de son entreprise.

– Je ne peux pas, bafouilla Léonore.

– Le départ de votre fils ne vous a pas suffi ? Combien de temps encore allez-vous mener la politique de l'autruche et souffrir ?

– Cessez de me torturer.

Léonore se leva et apporta la cafetière. Le repas s'achevait. Elle ne laissa sur la table que l'assiette de Georges et s'approcha de l'évier.

– Il se gêne pas, Georges, dit Mina. Sous prétexte d'enterrer son chien, il me laisse tout le travail. J'ai un rendez-vous chez le médecin à trois heures et j'ai bien peur d'arriver en retard. Si vous veniez m'aider ?

– Après tout, pourquoi pas. Je termine la vaisselle et je vous rejoins.

Mina retourna à l'atelier en maugréant.

Elle avait lancé sa proposition comme un ultime défi pour tenter le tout pour le tout. Stupéfaite par son comportement, elle s'installa à la longue table et reprit son travail. Elle pensa à Pierre et essaya de recréer sa vie là-bas, dans ce pays de sable, près d'une tente. Tout de suite, ce fut sa carrure d'athlète et sa nuque de géant qui s'imposèrent à son esprit. Elle se souvint du fin duvet blond qui habillait le cou, des muscles roulant sous la chemise, du torse puissant. Malgré la température relativement fraîche de la pièce, elle sentit une chaleur partir de son ventre et rayonner vers sa poitrine. Elle ne pouvait pas maîtriser cette brusque excitation qui s'emparait d'elle dès qu'elle imaginait le fils de Georges et de Léonore. Malgré sa culpabilité, les images défilaient, superposant des vues du Maroc à l'immensité du désert, les chambres des invités où la douce pénombre incitait à la tendresse et les tentes invitant à la confidence.

– Je n'aurais jamais dû lui écrire, s'exclama Mina.

Avec son ongle taillé en pointe, elle écorchait légèrement les truffes et les envoyait machinalement dans les différents compartiments.

– Que dites-vous ? demanda Léonore.

Avec ses pantoufles fourrées et silencieuses, Mina ne l'avait pas entendue arriver. Elle rougit.

– Des bêtises. J'ai la sale manie de parler seule.

Léonore n'insista pas, mais dévia un peu le sujet :

– Vous n'êtes pas malade au moins ?

– Rien de bien grave.

Léonore s'était installée de l'autre côté de la table et commençait à brosser les grosses melanos.

– C'est des histoires de femmes, hein ?

– Tout à fait. Mais je ne vous ferai aucune confidence. À moins que vous vous décidiez à jouer le jeu du retour de l'ascenseur.

Léonore rit de bon cœur, d'un rire de gamine gaie et frivole.

– C'est de bonne guerre.

Mina ne la reconnaissait pas. Elle maniait sa brosse à coups précis. La terre tombait avec un bruit de crachin très délicat.

– Ma parole. Vous êtes une pro.

– Je travaillais à l'atelier au début de mon mariage. Le vieux Georges était un original. Il n'était pas commode, mais il m'avait à la bonne. C'est lui qui nous a appris le métier.

– Nous ?

– Vous allez réussir à me piéger. Le père Aubanel travaillait en famille avec ses deux fils et moi. Il avait aussi quelques ouvriers supplémentaires en hiver.

– Antonin connaît donc le métier de courtier. L'exerce-t-il toujours ?

Léonore hésita. Mina se demanda si c'était uniquement la crainte de Georges qui la retenait d'égrener quelques souvenirs liés à cette époque. Elle vérifia que la porte du laboratoire était bien fermée.

– Je n'ai plus beaucoup de nouvelles, vous savez.

– À l'hypocrisie, je préfère encore le silence, asséna Mina. Les terfez que nous avons mangées l'autre jour étaient envoyés par Antonin et Pierre. J'ai retrouvé dans votre poubelle l'enveloppe ayant servi à les emballer.

Léonore rougit, et, dans ses yeux bleus où toute la gamme des émotions se déclinait, passa une lueur affolée. Elle essaya de tirer parti de la situation.

– Comme ça, vous nous espionnez !

– Voyez là un pur hasard. Je vous ai aidée à débarrasser la table et j'ai jeté dans le bac à ordures quelques déchets. L'enveloppe était bien en vue sur le dessus. J'ai tout de suite pensé à mes parents. Ils utilisent les mêmes pour le courrier.

La sincérité de Mina désarçonna Léonore et, avec un geste fataliste de la main, elle répliqua :

– Croyez-le ou non, je sais depuis peu que Pierre a retrouvé son oncle.

Mina sut qu'elle disait la vérité.

– Et depuis, votre santé s'est améliorée.

– J'ai effectivement congédié ma garde-malade. Je savais bien, au fond de moi, que mon fils unique finirait par se manifester. J'ai eu très peur de le perdre.

Les truffes étaient toutes rangées par catégorie dans leurs caisses en plastique. Les deux femmes se retrouvèrent soudain oisives. Mina n'osait rompre le charme de ce moment en se levant.

– Pourquoi le tampon de la poste indiquait Rabat au Maroc alors qu'Antonin vit au Niger ?

– Antonin n'a jamais quitté le monde de la truffe. Lorsque le vieil Aubanel l'a mis dehors, il a ouvert un négoce en Afrique. Il exporte toutes sortes de denrées, notamment des terfez vers l'Espagne, l'Italie, l'Arabie Saoudite. La forêt de la Mamora toute proche de Rabat produit en quantité arenaria et oligospermum. Il commerçait là-bas, lorsqu'il a posté le colis.

– Pierre aussi aime les truffes, tout comme Antonin, Georges, Louise, Jules et moi-même. C'est donc tout naturel qu'il ait rejoint son oncle.

– Pas vraiment tout naturel. Mon fils a mené des recherches pour le retrouver. Il ne le connaissait pas. J'étais enceinte de Pierre lorsque mon beau-frère est parti.

Les démarches de Mina et de Pierre étaient similaires. Encore une fois, Mina revit la haute silhouette, les épaules larges, la nuque attendrissante et presque insolite dans ce corps bien charpenté. Elle soupira. Le silence s'installa un moment, tandis qu'elles restaient assises, en face l'une de l'autre. Les yeux bleus de Léonore affrontaient Mina. La porte s'ouvrit brusquement sous la poigne énergique du courtier. Un moment, il resta bouche bée.

– Pas la peine de faire cette tête. Heureusement que Léonore m'a donné un coup de main, sinon j'y serais encore à trier vos rabasses. Je peux vous garantir qu'elle est efficace. Vous devriez l'embaucher plus souvent. Maintenant, je vous laisse, j'ai un rendez-vous chez le médecin.

Mina quitta sa blouse et se lava les mains. Elle embrassa Léonore et Georges, recommandant à ce dernier :

– Je vous interdis les réflexions désobligeantes à votre épouse.

Il sourit pour la première fois de la journée et hocha la tête devant l'audace de son associée.

30

Mina digérait les informations fournies par Léonore tout en conduisant machinalement.

– Évidemment, il a fallu que cet animal de Georges fasse irruption au mauvais moment.

Son enquête avait toutefois avancé d'un pas de géant. Elle savait maintenant qu'Antonin était courtier tout comme son frère et que le père Aubanel l'avait mis à la porte. La conversation ayant été interrompue par l'arrivée intempestive de Georges, elle ignorait pour quelle raison le vieil original avait chassé son fils.

– À la prochaine occasion, je poserai la question à Léonore.

Il était très rare que les deux femmes aient la possibilité de se retrouver en tête en tête. Georges surveillait de près Mina et s'arrangeait pour l'empêcher de rencontrer sa femme en dehors de sa présence.

– Heureusement que son clébard est crevé ! s'exclama-t-elle.

Une telle opportunité ne se représenterait pas de sitôt. Elle songea que Clinton était le père de Tindé et qu'elle annoncerait ce soir le décès à sa chienne.

À Grignan, elle se gara sur la Place du Mail, ferma sa voiture et resta un moment au pied des hautes murailles qui formaient une enceinte au château. Elle longea la fontaine, s'arrêta un moment sous le dôme et écouta le bruit doux de l'eau.

– Il est temps que je m'occupe un peu de moi.

Elle n'avait pas réfléchi à ce qu'elle allait dire au médecin. Il avait soigné Jules et elle l'avait rencontré à deux ou trois reprises pour un rhume récalcitrant. D'emblée, elle s'était sentie à l'aise avec ce généraliste dont le contact franc l'avait apaisée. Elle escalada la rue menant à la collégiale, s'arrêta au passage devant la vitrine de l'imprimeur et s'installa dans la salle d'attente vide. Le soleil s'apprêtait à sonner le glas de cette journée et Mina souleva le rideau pour assister à son coucher. Pierre et Antonin, encore une fois, s'imposèrent à son esprit. Elle sursauta lorsque la porte s'ouvrit.

– Vous êtes bien nerveuse.

– Voilà un premier diagnostic.

Le docteur Barnier sourit et l'installa dans le fauteuil de cuir. Une grande plante devant la fenêtre, et le crépuscule naissant encourageaient la pénombre à gagner les angles du cabinet.

– Je vous écoute.

– C'est un peu délicat.

– Il s'agit donc de gynécologie.

– Oui.

Sur le mur encore éclairé, un tableau représentait une roulotte et un groupe de bohémiens s'apprêtant au voyage. C'est en plongeant dans cette ambiance, qui lui rappelait la tente d'Antonin, que Mina raconta son histoire. Il l'écouta sans l'interrompre, puis l'interrogea longuement.

– Dans un premier temps, j'aimerais vous voir ainsi que votre mari. Ensuite, je vous adresserai à un confrère gynécologue qui procédera aux examens traditionnels : échographie, hormonologie sanguine, vérification de l'état des trompes, étude de l'ovulation. Votre conjoint devra se soumettre à un spermogramme, avant toute chose.

Mina eut un air de découragement.

– Ces tests ne sont pas douloureux, précisa le médecin.

– C'est uniquement suite aux pressions de Philippe que je suis venue vous consulter. Au fond de moi, je suis persuadée que je ne suis pas responsable.

– Et pourquoi donc ?

Mina se troubla.

– J'ai l'impression qu'une malédiction poursuit la famille Polignac.

– Une malédiction ! On se croirait dans un roman du Moyen Âge. Vous ne me dites pas tout. Qu'est-ce qui vous préoccupe ?

– Mes angoisses ne peuvent pas rejaillir sur la bonne marche de mon utérus, répliqua-t-elle pour éluder la question.

– Bien sûr que si. Les problèmes psychologiques ont parfois une incidence directe sur une soi-disant stérilité. Vous devez d'abord régler votre problème quel qu'il soit. Le reste se fera tout seul.

Mina hésita.

– J'ai appris des choses sur ma belle-famille qui m'empoisonnent l'existence.

– Je ne veux pas vous pousser à la confidence. Sachez toutefois que je suis tenu par le secret professionnel.

Le médecin alluma une lampe de chevet et observa Mina.

– Quelle est votre profession ?

Elle lui parla des truffes, de la mauvaise récolte, des marchés du matin, du brossage dans l'atelier, des livraisons.

– Voilà un sujet qui a l'air de vous passionner.

Mina raconta la vie à Champlong qu'elle avait appris à aimer, la solitude, les marches avec ses deux chiennes sous les arbres truffiers, son amour pour la lecture.

– Quelles sont vos origines ?

Elle lui décrivit son Atlas natal, son exil vers la France, son désir de retourner bientôt au Maroc.

– Suivez votre instinct. Un voyage vous fera du bien.

– Philippe est très casanier. Je voudrais bien l'entraîner, mais il faut toujours le prier.

Habilement, le docteur Barnier essayait de comprendre ce qui angoissait sa patiente.

– Avez-vous parlé de cette fameuse malédiction à votre mari ?

– Seulement à demi-mot. Je crains de le perturber.

– Ce secret pèse bien lourd sur vos épaules. J'ai peur qu'il ne vous empêche de procréer.

Il jeta un œil discret à sa montre.

– J'abuse de votre temps, dit Mina en sortant son carnet de chèques.

– Pour vous tranquilliser, je vais vous prescrire une prise de sang. Je suis persuadé que votre bilan hormonal sera parfait. Vous allez prendre votre température tous les matins à jeun avant de vous lever, et ceci pendant plusieurs mois. Nous établirons ainsi votre courbe thermique basale.

Il rédigeait son ordonnance. Mina admira l'image de la roulotte en enfilant son manteau.

– Revenez me voir bientôt.

Elle frissonna dans la rue où dans des tourbillons de mistral valsaient quelques emballages du précédent marché, resserra le col de son manteau et enfila ses gants. Elle roula doucement, le chauffage de sa voiture monté au maximum. Il n'était pas tard, à peine six heures. Cette journée d'hiver avait passé à toute allure. Mina n'avait qu'une envie : retrouver la ferme, enfiler un ample vêtement et s'installer dans un fauteuil pour lire ou parler avec Philippe.

– J'aurais dû raconter mon histoire à Barnier.

Elle était étouffée par son mutisme mais incapable d'en sortir. Prendre une décision était toujours une torture pour

Mina, un déchirement qui consistait à regretter la voie abandonnée. Elle se méfiait de tous et répéta :

– Un secret bien gardé est conservé au fond de la mémoire et ne franchit pas la barrière de la bouche.

Réauville, tous volets clos, semblait un village mort. Les lumières blafardes des lampadaires et les fumées des cheminées emportées par le vent étaient les seules manifestations de vie. Mina prit le petit chemin et s'arrêta un moment, malgré le froid mordant, près de la statue de Saint-Roch, immuable sur son socle.

– À toi, je pourrais me confier.

Elle se faufila sous le couvert des chênes verts, cherchant un improbable abri aux assauts du mistral, et observa, à la lueur de la lune, la silhouette à la cape et au bâton d'où pendait une calebasse.

– Tu ressembles à Antonin. C'est la raison pour laquelle je voudrais tout te dire. Bien sûr, tu resteras muet. Autant parler à un rocher ou à un cahier.

Elle entendit un roulis de pierres dans les fourrés tout proches.

– Les sangliers, dit Mina en détalant.

À l'abri dans son véhicule, elle s'amusa d'une bande de cochons dont les plus jeunes avaient encore les rayures des marcassins. Ils vagabondaient librement autour du groupe, les adultes les rappelant à l'ordre par des grognements sans doute adaptés à la situation.

– Philippe a raison. Il faut acheter une arme.

Elle repensa au fusil de Jules, à la plaque de cuivre gravé au nom des Polignac. Elle n'avait pas perdu espoir de le retrouver.

– Georges n'a pu le donner qu'à un ami. Si seulement il acceptait de parler. Mais il est muet comme Saint-Roch.

La harde se dispersa tout à coup et disparut dans les fourrés. Mina reprit sa route.

Philippe avait laissé un mot expliquant qu'il était à une réunion de viticulteurs et qu'il ne rentrerait pas tard. Elle libéra Lionne et Tindé qui s'ébrouèrent dans la cour et les nourrit.

– Ton père est mort ce matin, ma belle Tindé.

La boule de poils frétilla de la queue.

– Tu pourrais prendre une mine de circonstance.

Au son de sa voix, elles s'approchèrent pour les cajoleries habituelles, gémissant sous la main amie qui caressait les robes mouchetées. Elles étaient sans surprise, réagissant de la même manière à la vue du piolet et de la musette, se tortillant de plaisir sous les mots de Mina et obéissant toujours aux ordres.

– Vous êtes parfaites comme des images.

Mina se savonna longuement sous la douche chaude, et continua sa toilette par un massage au gant rugueux que les femmes marocaines utilisent au hammam. Elle aurait aimé qu'une amie lui malaxe les épaules et les flancs jusqu'à ce que les peaux mortes de son épiderme se détachent. Une bouffée de nostalgie l'assaillit, tandis qu'elle frottait et frottait encore ses longues cuisses. La chair rougie, le corps détendu, elle se sécha et passa une djellaba.

Elle mit de l'eau à bouillir et s'installa dans la chambre de Jules. Le dos bien droit, elle respira à fond et se remémora les conseils du médecin, les avertissements de Rose et les sous-entendus de Philippe.

– Ils me fatiguent tous avec leurs discours.

Tindé vint poser sa tête sur ses genoux.

– Je sais que tu es là et que tu me comprends.

Elle retourna à la cuisine et jeta les pâtes dans l'eau, éplucha deux oignons qu'elle mit à rissoler et prépara la sauce tomate et les épices. Pendant que le mélange prenait corps, elle dressa le couvert dans le salon, alluma les bougies et tira les lourds rideaux sur la nuit. Elle laissa volontairement traîner ses ordonnances, bien en évidence sur la table ronde. Elle égoutta les pâtes et revit sa mère. Cette dernière avait l'art de mettre exactement la bonne quantité d'eau si bien qu'elle était entièrement absorbée en fin de cuisson. Cela évitait d'utiliser la passoire.

– Je sais pas faire, se dit Mina.

Dans la chambre de Jules, elle prit un journal, en parcourut les gros titres sans vraiment s'y intéresser. Aux chroniques locales, elle préférait les romans qui racontent des histoires. Elle ouvrit *L'Allée des Tilleuls* qu'elle avait déniché à la bibliothèque de Réauville et reprit sa lecture au chapitre précédent. Souvent, elle écrivait sur un bout de papier le nom des protagonistes, les liens entre les différents personnages, notait des phrases qu'elle aimait et les mots incompris.

– Lorsque j'aurai élucidé le secret de Jules Polignac, j'aimerais moi aussi écrire un livre. Je ne sais pas si j'en serai capable.

– Je croyais que tu avais un invité, dit Philippe en ouvrant la porte.

– Tu sais bien que je parle seule.

Il embrassa sa femme et passa sa main sur sa nuque, dans la douceur des cheveux. La peau de Mina se couvrit de frissons. Philippe s'était habillé en tenue de ville et parfumé. Elle apprécia le changement.

– Si tu as encore sorti tes peilhes marocaines, c'est que tu as le mal du pays, remarqua Philippe.

– Qu'est ce que c'est des peilhes ?

– Ce n'est pas vraiment le mot que je voulais employer. Il m'a échappé. Il signifie loques, chiffons, guenilles…

– Merci pour le compliment.

– Ne le prends pas mal. C'est que, quand tu t'habilles comme ça, j'ai l'impression de te perdre un peu.

Dans ses yeux brillants miroitaient des paillettes vertes.

– Tu as raison d'avoir peur. J'ai prévu de partir à la mi-mars, juste après la récolte de melano. Je serai de retour pour l'aestivum, au début de l'été.

– J'ai trop de travail à ce moment-là pour t'accompagner…

– Arrête tes enfantillages. Tu ne viendras jamais, que ce soit l'hiver ou l'été. J'ai besoin de revoir le Maroc et le médecin que j'ai consulté cet après-midi me recommande de prendre un peu de recul et de réfléchir.

Philippe prit un air incrédule.

– Un voyage pourrait résoudre le problème de notre stérilité ?

– Il arrive parfois que des troubles psychologiques entravent le processus de la grossesse.

– Je n'y comprends strictement rien.

– Mon pays me manque et cela me rend nerveuse. Moins angoissée, j'aurai plus de chance de tomber enceinte, comme vous dites ici. Cette expression a l'art de m'agacer. Tomber dans l'escalier ou dans les pommes, je comprends, mais tomber enceinte, ça me révolte. Bref, le docteur Barnier est formel.

Elle s'interrompit pour aller chercher le plat.

– Je vois que tu dois faire une prise de sang, dit Philippe qui lisait les ordonnances.

– Nous sommes tous les deux concernés. Ne crois pas que tu vas échapper aux analyses. Pour être fixé, tu devras subir un spermogramme au laboratoire.

– Jamais de la vie ! Je supporte pas les toubibs.

– Tu es un vrai gamin. Cet examen n'a rien de désagréable.

Il prit une mine renfrognée. Sentant la tension monter, Lionne vint renifler le pantalon de Philippe. D'une main distraite, il caressa la tête poilue et tendit une pochette.

– J'allais oublier. Je suis passé dire bonjour à Paule. Elle m'a donné ça pour toi.

Mina remplit les deux assiettes avant d'ouvrir le paquet. Elle trouvait étrange que Philippe ait rendu visite à Paule, mais ne voulait pas questionner son mari. C'était les photos de la soirée de Noël. Il y avait un superbe portrait de lui, son portefeuille touareg autour du cou.

– Tu es très photogénique, dit-elle pour détendre l'atmosphère.

– Pas autant que toi. Pendant ton absence, je pourrai te mettre sur ma table de nuit et j'aurai ainsi l'impression que tu n'es pas loin.

Mina sourit. À force de lui répéter qu'elle allait partir en voyage, il avait fini par l'admettre. C'était encore un combat de gagné, au prix de beaucoup d'explications et de rabâchages. Ils mangèrent en silence. Philippe reprit l'ordonnance.

– J'attendrai le résultat de ta prise de sang. Si elle n'apporte rien de nouveau, j'irai pratiquer un spermogramme.

Il commença à débarrasser les couverts. Mina ne bougea pas. Dehors, une vraie tornade se déchaînait, et elle imagina la torture des arbres malmenés. Une irrésistible envie de dormir la saisit et elle bailla longuement.

– Je vais m'occuper des chiennes, dit Philippe.

C'était la tâche habituelle de Mina, avant d'aller se coucher. Elle ne protesta pas pour ce changement dans le protocole, et attendit Philippe dont elle suivait les déambulations au murmure de sa voix. Elle le surprenait souvent à parler à Lionne ou à Tindé. À cela aussi, elle constatait sa lente évolution, lui qui avait eu bien des difficultés à admettre la présence d'animaux dans la maison. Il prit son temps avant de retrouver Mina et de l'entraîner vers la chambre.

– Je quitte mes peilhes, dit-elle malicieusement, ou je dors avec ?

– Tu ressembles un peu au Carmentran avec tes djellabas. Moi, je te préfère toute nue.

Elle se déshabilla, se glissa sous la couette en frissonnant et rechercha la chaleur de Philippe. Délaissant sa fougue habituelle pour des gestes experts dont Mina raffolait, il la combla.

– Tu ne peux pas laisser ton amant tout seul à Champlong pour aller au Maroc… dit Philippe avant de sombrer dans un sommeil bercé par le vacarme du vent de la nuit.

– Je te retrouverai avec encore plus de plaisir, répondit Mina avant de s'endormir, roulée dans les plis de la couette.

31

Elle se rendit une nouvelle fois à Valence où le patron du restaurant l'accueillit à bras ouvert. Toute réticence avait disparu de son comportement.

– J'ai testé vos recettes, dit-il. C'est tout simplement impeccable. Jamais Monsieur Aubanel ne m'avait expliqué tout cela.

– Vous savez, les gens du terroir, leurs rabasses ils les vendent et les consomment peu, sinon en omelette.

– Vous êtes une vraie gastronome.

Mina sourit avec indulgence et joua le jeu. Elle s'amusait à répondre aux désirs de son interlocuteur, se métamorphosant en parfaite commerçante.

– Savez-vous que les pâtes aux truffes, c'est fameux et ça ne revient pas très cher puisque quelques lamelles suffisent pour parfumer.

Il l'entraîna vers le grand salon meublé de tables basses et de confortables canapés, commanda deux cafés au garçon et s'installa en face de Mina.

– Expliquez-moi.

Avec sa toque de cuisinier, ses pantalons à petits carreaux et sa tunique blanche surmontée d'un long tablier, le chef ne passait pas inaperçu. Il avait des yeux attentifs et le personnel semblait redouter ses ordres. Plusieurs clients se retournèrent discrètement pour savoir qui était cette jeune femme qui avait les faveurs du patron.

– Vous hachez menu une bonne melano que vous incorporez à un pot de crème fraîche et vous laissez tranquillement au frigidaire pendant deux jours. Pour la cuisson des pâtes, mélangez moitié eau moitié lait et laissez bouillir. Vous égouttez et vous assaisonnez avec la crème. Le summum consiste à disposer quelques lamelles crues pour la décoration. Voilà, le tour est joué.

Il écoutait attentivement.

– Je testerai cette préparation en privé. Si elle me convient, je la mettrai au menu.

– La saison est bientôt terminée et les cours sont toujours aussi hauts vus les faibles rendements. Je vous conseille d'attendre l'an prochain. On dit dans le milieu qu'il est rare que deux mauvaises années se succèdent.

– Vous avez raison. Vous connaissez d'autres préparations ?

– Je ne suis pas une spécialiste. Il y a plusieurs livres que vous pourriez consulter. Personnellement lorsque je lis que certains chefs servent du homard, du bar ou du vacherin à la truffe, je rigole doucement. C'est réservé aux bourgeois des Champs-Elysées qui n'ont jamais vu un chêne truffier et sont prêts à avaler n'importe quoi, surtout si c'est cher.

Il se mit à rire.

– La truffe est à la mode, c'est certain.

Leur discussion fut interrompue par le téléphone. Le patron la raccompagna jusqu'à l'entrée. Mina prit congé en promettant de revenir l'an prochain.

Elle prit la rue conduisant chez Rose. Février s'achevait et déjà les jours rallongeaient. L'après-midi montrait des signes de douceur. Comme à sa première visite, la vieille femme la reçut solennellement. Cette fois, Mina était bien décidée à ne pas se laisser impressionner par le protocole. Rose était installée dans son fauteuil, près de la fenêtre. Mina redressa le buste et tendit la photo de Philippe.

– Quel bel homme ! s'exclama Rose.

Elle prit une loupe et entreprit d'examiner le cliché, scrutant le moindre détail.

– Il a la stature d'Aubanel et aussi un peu de vert dans les yeux. Si je me souviens bien, le courtier est plus corpulent. Philippe est beaucoup plus mince.

– Georges est nettement plus massif.

Ainsi Rose restait sur la même impression : Georges était le père de Philippe.

– Ma pauvre fille était très svelte, elle.

– Vous pensez que Georges aurait eu le toupet de fréquenter Jules alors qu'il avait engrossé sa femme ?

– Vous êtes bien jeune encore. Les problèmes de conscience n'embarrassent pas certaines personnes. Et si Louise n'a pas voulu se confier à moi, c'est que je connaissais celui avec qui elle avait fauté. S'il s'était agi d'un étranger, elle aurait parlé.

Elle sortit sa tirade d'une traite, comme un texte bien préparé. En trente ans d'interrogation, elle s'était bâti un scénario plausible destiné à la rassurer. Mina prit un air dubitatif qui suffit à l'alerter.

– Vous n'êtes pas d'accord avec moi ?

– Dans la famille Aubanel, il est des sujets tabous que l'on n'aborde jamais, notamment le passé. Mauvais caractère, dur en affaire, acariâtre, tatillon, Georges n'en demeure pas moins intègre. Son épouse Léonore le soutient.

– Elle est bien obligée de se plier. Je ne l'ai pas vue souvent, mais je me souviens d'une créature apeurée, timide et sans caractère.

– Ce n'est qu'une façade. Léonore et Georges sont liés par un pacte. Je ne pense pas que Georges ait un fils illégitime. Il n'a qu'une passion dans la vie, c'est les rabasses.

Rose examinait avec curiosité son interlocutrice. Mécontente de voir son bel édifice remis en question, elle était toutefois intriguée par les propos de Mina.

– Vous connaissez bien les Aubanel.

– Je travaille avec Georges presque tous les jours. Je suis sa collaboratrice.

– Il a bien un fils qui est né la même année que Philippe ? Pourquoi n'a-t-il pas repris l'affaire ?

– Collaborer avec Aubanel n'est pas toujours facile. Pierre a choisi de travailler ailleurs.

À cette évocation, Mina sentit sa vigilance diminuer. Elle se ressaisit rapidement afin que son trouble échappe à Louise.

– Il aime les truffes, ce Pierre ?

– Il ne les déteste pas. Simplement, une querelle de génération oppose le père et le fils. Ils n'ont pas la même conception du travail. Georges est traditionnel et Pierre plutôt d'avant-garde. Bref, d'après ce que j'ai pu comprendre, ils sont brouillés.

Madame Manini frappa discrètement et roula la table habituelle sur laquelle reposaient théière, tasses et assiette de biscuits. Le soleil entrait par la grande fenêtre et la pièce parut à Mina moins rébarbative qu'à sa première visite. La lumière n'épargnait aucun détail de la peau parcheminée de Rose. Malgré les cosmétiques, elle accusait son âge et par l'échancrure de sa chemise, Mina aperçut le cou détendu et flasque. Quelques taches de vieillesse apparaissaient sur les mains qui ne lâchaient pas la photo de Philippe. Mina eut pitié et, dans le silence qui s'éternisait, elle but son thé, la gorge un peu nouée.

– Philippe a quelque chose de bizarre sur la poitrine, remarqua Rose.

– C'est un portefeuille touareg que Paule lui a offert pour Noël.

– Je me souviens que son mari travaillait chez les Arabes. Ce colifichet vient sans doute de là-bas.

– Ce n'est pas arabe, c'est berbère répliqua Mina. Les Touaregs sont aussi des Berbères, tout comme les Kabyles, les Rifains, les Chleuhs, les habitants des oasis libyennes, de l'île de Djerba en Tunisie, des Aurès et d'une grande partie du Sahara. Moi aussi je suis berbère.

– Je n'ai pas voulu vous froisser, dit Rose. J'admire votre érudition. Vous en connaissez sur ce sujet autant que sur la truffe.

– Je suis loin d'être une savante. Mais j'en ai assez de l'ignorance des gens. Il suffit d'avoir les cheveux un peu crépus ou la peau foncée pour se faire traiter d'arabe et même parfois de sale arabe. Le racisme est partout.

Rose apprécia la répartie de son interlocutrice, même si elle ne partageait pas son point de vue.

– Bref, ce colifichet est berbère. Je n'ai jamais vu de porte-monnaie comme cela.

Elle venait de prouver à Mina qu'elle n'avait aucune idée du lieu d'exil d'Antonin. Toutefois, cette affirmation lui parut étrange ; elle avait déjà eu le vague soupçon que Rose n'ignorait pas l'existence d'Antonin.

– Vous pouvez garder la photo. J'en ai réalisé un double exprès pour vous.

– Merci, dit Rose.

Elle n'avait pas lâché le cliché sinon pour boire son thé. Elle interrogea Mina sur son passé, sa vie à Champlong, ses relations avec Philippe, ses projets. Mina répondit de bonne grâce. Un moment, Rose oublia la perte de sa fille et sa vie cloîtrée.

– Le mystère élucidé, vous retrouverez votre petit-fils, dit Mina avant de prendre congé.

– Si Dieu me prête vie. J'ai quatre-vingt quatre ans, vous savez. Parfois mon cœur me joue des tours. Le temps perdu ne se rattrape plus comme dit la chanson. Moi, j'ai perdu trente ans. Je me suis ratatinée comme une vieille pomme à force d'attendre.

– Promettez-moi de tenir jusque-là.

Rose se mit à rire, d'un rire qui illumina son visage. Mina eut la satisfaction, l'espace d'un éclair, d'imaginer une Rose jeune, souriante et bien dans sa peau.

– J'admire votre enthousiasme. À votre contact, j'ai presque l'impression de rajeunir. Quand reviendrez-vous me rendre visite ?

– La saison des truffes touche à sa fin. Je n'aurai plus l'occasion de livrer à Valence jusqu'à l'hiver prochain. Je vous écrirai ou vous téléphonerai de temps à autre. Vous pouvez vous aussi m'envoyer du courrier, mais pas à la ferme, ni chez Paule Florentin car Philippe passe de temps à autre lui dire bonjour et j'ai peur qu'elle ne trahisse notre secret.

Elle donna l'adresse de Joseph Perdrigau à Chamaret.

– Je l'ai rencontré depuis peu, mais j'ai une bonne impression de lui. De plus, il ne connaît ni Philippe, ni Paule.

Rose quitta son fauteuil pendant que Mina enfilait son blouson.

– Je vous accompagne jusqu'au portillon.

Elle prit le bras de Mina pour descendre l'allée. Quelques chrysanthèmes éclairaient de touches lumineuses les parterres ravagés par l'hiver sans pitié. Déjà la journée déclinait.

– Sur le chemin du retour, je compte m'arrêter dans une agence de voyage. Je vais sans doute partir pour le Maroc. Mon pays me manque trop.

– Envoyez-moi une carte postale.

– Oui, bien sûr.

Elles s'embrassèrent et Mina reprit le volant. Elle pianota sur la radio jusqu'à trouver une station qui diffusait de la musique classique, écartant résolument les chaînes crachant chansons américaines et slogans publicitaires. Sa décision était prise.

– D'abord la prise de sang et l'attente des résultats. Ensuite direction l'aéroport et les hauts plateaux de l'Atlas.

À la cadence des marchés hebdomadaires et des préparations dans l'atelier du courtier, Mina n'avait pas senti les deux premiers mois de l'année passer. Déjà mars pointait le bout de son nez et elle avait trouvé un crocus en fleurs sous les feuilles mortes. Cette annonce d'un nouveau printemps l'incitait à se reprendre en main.

À Montélimar, elle s'arrêta sur les allées provençales et chercha une agence. La jeune femme qui la reçut lui donna les horaires de départ pour Tanger et Casablanca ainsi que les tarifs.

– Vous avez intérêt à retenir votre billet un mois avant. Vous bénéficierez de trente pour cent de remise. Où désirez-vous aller exactement ?

– Dans l'Atlas, à côté d'Imilchil.

– Vous pourriez atterrir directement à Marrakech.

– Je préfère éviter cette ville trop touristique. Je veux arriver au nord et voyager ensuite en bus. Je veux visiter Tanger, voir la forêt de la Mamora et les villages de pêcheurs sur la côte.

– Dans ce cas, vous avez intérêt à arriver par Tanger mais il faut prendre un vol depuis Paris.

– Je veux partir de Marignane.

– Alors, vous atterrirez à Casablanca. Vous connaissez bien le Maroc. Vous n'avez pas besoin de mes conseils.

– C'est mon pays, dit Mina en riant.

Elle nota les renseignements et prit le numéro de téléphone.

– J'ai besoin de réfléchir. Je vous tiendrai au courant.

– Je m'appelle Nadia et c'est moi qui m'occuperai de votre dossier. N'hésitez pas à m'appeler.

À son arrivée à Champlong, elle abrégea les retrouvailles avec ses chiennes. Elle prit une longue douche, enfila un vêtement d'intérieur en tissu polaire qui ressemblait un peu à une grenouillère d'enfant et dont Philippe se moquait souvent à cause de son aspect, et prit rendez-vous avec le laboratoire pour le lendemain matin. Sur le bureau de sa chambre, elle s'installa dans le halo d'une lampe de chevet et annonça à ses parents son arrivée pour le mois prochain. Elle raconta son travail sur les marchés et au laboratoire, le triste hiver qui s'achevait et sa joie de retrouver enfin son pays. Son stylo à plume crissait sur le papier et elle aimait ce bruit à nul autre pareil. Elle cacheta sa lettre, sortit un sac de l'armoire et songea aux effets qu'elle allait emporter.

– C'est encore l'hiver là-bas. Je prendrai ma grosse veste fourrée. J'ai besoin d'une nouvelle trousse de toilette et de cadeaux pour Hafida et Mohamed. Pour les enfants, j'emporterai des crayons à papier et quelques revues.

En contemplation devant ses bagages vides, elle n'entendit pas Philippe arriver.

Il pâlit en voyant la scène et cela brisa net son élan. Il en oublia ce qu'il allait dire. Mina se redressa et rangea le prospectus indiquant les dates de départ bien en vue sur son bloc de correspondance.

– Ne joue pas à l'étonné. Tu étais prévenu. Je pars le mois prochain. Il y a une éternité que j'attends que tu m'accompagnes.

Philippe baissa la tête, secoué par ce langage direct.

32

Les derniers marchés de mars connurent peu d'affluence. Certains trufficulteurs se débarrassèrent de leur maigre lot en poussant un soupir de soulagement.

– Cette année, je n'attendrai pas la vieille lune d'avril pour tailler et griffonner. Après cette pauvre récolte, mes arbres ont besoin de se refaire une santé, expliqua Ulysse Carrière. Je vais m'y mettre à partir du 28 mars.

Mina eut une pensée pour Jules, se remémora l'accident avec la tronçonneuse et l'aide précieuse de Pierre qui l'avait secondée pour élaguer les vieux arbres.

– Moi, cette année, je ne taillerai pas. Je m'en vais retrouver ma famille au Maroc.

– Vous reviendrez vite, j'espère.

– Je ne sais pas. Je prendrai le temps qu'il faudra.

– Vous devez impérativement donner un coup de griffon sous vos truffiers avant de partir.

– Je ne sais pas si j'aurai le temps.

– Vous n'êtes pas seule dans la vie que je sache ?

– Mon mari n'aime guère les rabasses.

Elle pesa machinalement le lot d'Ulysse, lui distribua quelques euros dont les billets ressemblaient à ceux du jeu de Monopoly.

– Vous pouvez bien m'escroquer. J'y comprends rien à cette monnaie de malheur. Vous avez remarqué que les centimes de cuivre sont déjà usés ? Si c'est pas malheureux de voir ça.

Mina convertit en francs et lui expliqua une nouvelle fois l'équivalence en euros.

– Je recompte pas, vous le savez bien.

– Je voudrais que vous compreniez.

– L'an prochain ça ira mieux. J'aurai eu le temps de m'habituer. C'est mon dernier marché de l'année. J'ai trouvé des clefs.

– Des clefs ?

– Des truffes allongées qui ont une forme de clefs et indiquent la fin de la production annuelle.

Mina ouvrit de grands yeux. Elle n'avait jamais entendu parler de ça.

– Vous voyez, vous me donnez des cours d'euros et ensemble nous partageons mon expérience de vieux caveur. On est quitte.

Ulysse s'exprimait non sans malice. Il adorait discuter avec Mina et ne manquait jamais d'essayer de provoquer son intérêt. Souvent, Georges le rabrouait, prétendant que sa commise était distraite par les propos de son vendeur.

– Quelle tchatche ! dit le courtier qui déambulait dans ses éternels va-et-vient sous les marronniers de la rue. Si tu racontes des histoires à Mina, comment veux-tu qu'elle achète des rabasses ?

– C'est pas des histoires ! se défendit-il. Elle ne connaît pas les clefs. Faut bien que je l'informe.

Cette forme de relations entre eux ravissait Mina. Georges aimait bien faire passer Ulysse pour un radoteur. Chacun jouait son rôle, enfermé dans sa propre définition. Considérant les caractères immuables et rassurants dans leur continuité, on stigmatisait un tel comme pingre, l'autre comme roublard, le troisième comme beau parleur et ceci à jamais.

Mina acheta quelques hectos. Le cœur n'était plus aux négociations serrées. Vendeurs et acheteurs arrivaient rapidement à un accord. Déjà, la plupart pensaient aux jardins à bêcher et à ensemencer, aux arbres truffiers à soigner, aux vignes dont la taille n'était pas terminée. Les femmes songeaient à rafraîchir les peintures des maisons, à habiller de neuf les enfants et à débarrasser les plates-bandes des cadavres végétaux de l'hiver meurtrier. Entre deux clients, Mina rejoignit Ulysse qui l'observait, adossé à la carrosserie d'une voiture.

– Passez me voir vers midi. Vous me parlerez des clefs.

– Cet animal d'Aubanel va me pourchasser s'il me voit tourner autour de vous.

– J'aurai fini mon travail d'ici là. Nous irons boire un verre ensemble.

Les yeux d'Ulysse brillèrent de contentement.

– Tope là. Personne m'attend, après tout. À tout-aro.

Il s'apprêtait à partir, lorsqu'il se retourna :

– Si vous voulez, je vous donne un coup de main pour soigner vos truffiers avant votre départ.

– Pourquoi les soigner ? Ils ne sont pas malades.

– C'est une manière de parler. Soigner les truffiers, c'est pour les garder en bonne santé en leur faisant une toilette de printemps. On dit même soigner les enfants pour simplement les garder. Au fait, il y aura bien un tracteur pour nous là-haut dans votre ferme ?

– Il y a tout ce qu'il faut. Seulement, je ne sais pas si Philippe verra d'un bon œil votre collaboration.

– Il ne peut tout de même pas se méfier d'un vieux bonhomme comme moi !

– Là n'est pas la question. Il refusera sans doute de m'aider, mais si j'exécute le travail avec vous, ça ne lui plaira pas non plus.

– Nom de Dieu, que vous êtes compliquée ! Réfléchissez à ma proposition et appelez-moi.

– C'est promis.

La matinée fila à toute allure. Georges bavardait tranquillement de choses et d'autres. Il ne traquait plus le client. Il laissait Mina tenir le stand improvisé dans le coffre de la voiture, prêt toutefois à intervenir en cas de bousculade. De commerciales, ses relations avec les autres devenaient amicales, et Mina découvrait un personnage nouveau, plus débonnaire et plus aimable. Sorti du monde passionnel de la truffe, le courtier montrait un visage sympathique et ouvert.

Mina quitta sa veste et s'assit sur le rebord de la malle, recherchant, entre les branches encore nues des marronniers de l'allée, un rayon de soleil pour s'y chauffer.

– Vous ressemblez aux chats, dit Joseph Perdrigau en guise de salutation.

Mina sourit.

– Quel bonheur de quitter enfin l'hiver.

Joseph avait les mains dans les poches. Rien n'indiquait qu'il cherchait à monnayer sa production.

– Je suis là en touriste, en quelque sorte, expliqua-t-il. J'ai vendu mon lot directement à mon domicile. C'est la fin cette fois.

Georges s'approcha, intrigué par le conciliabule. Depuis que Mina s'était imposée en traitant directement avec le paysan de Chamaret, il se méfiait. Il avait l'impression de perdre un peu de son pouvoir sur le monde codifié des relations marchandes. Il était un peu jaloux, aussi, de la connivence qui liait son associée à Joseph toujours souriant et aimable.

– Joseph n'a rien à négocier. Il me rend juste une visite amicale.

– Si je suis de trop, faut le dire… maugréa-t-il.

– Ne le prenez pas sur ce ton. Si j'avais des secrets à dire à Mina, je ne viendrais pas à Richerenches où tout se sait.

Le courtier s'éloigna, vexé.

Mina éclata de rire. Sans manière, Joseph s'assit à côté d'elle. Il était presque midi. Beaucoup prenaient la direction du bar, histoire de prolonger un peu ces derniers marchés où les relations avaient autant d'importance que les affaires. Ce lieu permettait d'échanger les nouvelles, de se rencontrer, de communiquer et certains ne se verraient plus jusqu'à l'hiver suivant.

– Je vous invite à l'apéro, proposa Joseph.

– J'ai déjà rendez-vous avec Ulysse Carrière. Je veux qu'il me parle des clefs de fin de saison.

– Alors, ouvrez discrètement votre sac pour que je puisse jouer au facteur. Simulez le travail, je vois qu'Aubanel nous surveille de près.

Le cœur de Mina battait fort. Elle se mit debout et alla à l'avant du véhicule, ouvrit la porte du chauffeur et s'empara d'un mouchoir en papier. Elle simula une brusque envie de se moucher, le temps que Joseph accomplisse son geste. Elle eut le temps de voir qu'il s'agissait d'un papier kraft brun.

– Allez, on plie bagages, dit Georges, en revenant. Je crois bien que samedi prochain sera le dernier marché. Mina, fermez les baudjos s'il vous plaît.

Il utilisait toujours ce mot pour qualifier les grands sacs en jute dans lesquels ils enfermaient les truffes. Il barricada les portes du véhicule et s'empara de sa sacoche

– Rendez-vous au bistrot, dit Mina.

Georges et Joseph, debout côte à côte, la regardèrent s'éloigner. La haute stature du courtier s'imposait face à la frêle silhouette de Joseph. Mina rabattit la fermeture éclair de sa besace et se dirigea d'un pas rapide vers le bar. Elle n'avait qu'une hâte : partir et s'isoler pour lire son courrier. Mais elle devait respecter ses engagements envers Ulysse.

Un brouhaha du tonnerre emplissait la salle enfumée. Les quelques tables étant prises d'assaut, Mina s'accouda au bar où l'attendait fidèlement Ulysse. Certaines conversations s'arrêtèrent lorsqu'elle arriva, suivie de près par Joseph et Georges. Il était de mise de critiquer les courtiers, une fois les affaires traitées. On dénigrait sans compter ces intermédiaires et la moindre faute était largement commentée et comptabilisée. Il était curieux de constater que certaines conduites s'ancraient dans les mémoires à jamais, tandis que d'autres comportements, tout aussi fantaisistes, entraient dans la norme. Ainsi, si Mina était bien acceptée, on se méfiait d'elle en tant qu'ambassadrice de la maison Aubanel. Georges avait lancé la mode et beaucoup l'appelaient maintenant ainsi.

– Je pourrai jamais vous expliquer mes histoires de clefs ici. Il y a beaucoup trop de bruit, cria Ulysse.

– Ce sera pour une autre fois. Il n'y a rien d'urgent.

Il commanda un kir pour tous.

– Il vaut mieux que je vous aide à toiletter vos truffiers avant votre départ. Ce sera plus utile.

Georges Aubanel avait l'oreille fine. Il était capable de capter un mot dans le tapage, et celui-ci lui permettait de prendre la température.

– Où partez-vous, Mina ?

– Je vais dans ma famille, au Maroc.

– La saison n'est pas tout à fait terminée.

– Je partirai à la fin du mois prochain.

Les trois hommes l'encerclaient, et, l'espace d'un moment, elle eut envie de fuir cette soudaine oppression.

– Je suis le dernier informé, nota Georges.

– Je voulais d'abord retirer mon billet avant de vous en parler. Je passerai le prendre ce soir à l'agence.

Le ton sec de Georges la rendait quasi coupable.

– Afin que les choses soient bien claires, sachez que mon avion décolle le mardi 19 avril de Marignane pour

Tanger. Sachez aussi que je pars seule et pour un temps indéterminé.

– Je ne voulais pas être indiscret, s'excusa Georges.

– Et pourtant vous l'êtes, répliqua Joseph. Après tout, c'est la vie privée de Mina.

Le courtier eut un geste d'hostilité alors que Mina remerciait Joseph d'un sourire.

– Moi j'ai jamais quitté mon pays, sauf pour l'armée. Ils m'ont envoyé dans le grand nord, là-haut du côté de Mulhouse. J'ai souffert le martyre pendant dix-huit mois. Alors, je comprends Mina, dit pensivement Ulysse.

– Moi j'étais en Algérie, et comme tous ceux de ma génération, j'en suis revenu traumatisé. Mais, j'en suis revenu. Depuis, je reste à Chamaret, au pied de ma tour.

– Et moi j'ai été enrôlé dans l'armée au nord du Niger, du côté de Tamanrasset, dit le courtier. Vous croyez que ca l'intéresse Mina, ces vieilles histoires ?

– Bien sûr que ça m'intéresse, répliqua-t-elle. J'aime bien écouter les gens me parler de leur passé. Ça explique ce qu'ils sont devenus aujourd'hui.

Georges pâlit. Mina ne perdait pas une occasion de fouiller dans sa vie. Depuis quelques semaines, elle restait discrète. Pourtant, il la sentait attentive, l'oreille aux aguets du moindre racontar. Les tables se libéraient une à une. Il était maintenant possible de tenir une discussion sans crier.

– Ne dit-on pas que les voyages forment la jeunesse, finit par dire Georges.

Son esprit se perdit sur une bouteille qui contenait un alcool vert à base de menthe. Un moment, il oublia son maintien et ses amis. Mina le supposa inquiet de son frère Antonin et de son fils en fuite. Elle vit à la pendule que treize heures approchaient.

– Je dois m'en aller.

Sa phrase sonna le glas de la rencontre. Ils franchirent la porte du bar tous ensemble. L'allée aux marronniers était vide maintenant. Quelques bonnes odeurs s'échappaient par les interstices des portes. Ils se serrèrent la main.

– Merci pour tout, Joseph.

– Je reste à votre disposition.

Il attendit que les deux autres s'éloignent pour embrasser Mina.

Avant de tourner la clef de contact, elle vérifia la présence de la missive en papier kraft. Elle roula vite, sans s'attarder sur le paysage, négociant les virages d'une main sûre, oubliant le château de Madame de Grignan ; mais elle fouilla les coteaux, où, dans le vert bronze des chênes verts, une écorchure blanchâtre marquait Champlong, qu'avec son œil exercé, elle voyait de loin. Elle avait pris la grande route pour aller plus vite et grimpa jusqu'à Réauville à toute allure pour retrouver la stèle de Saint-Roch.

– On va finir par me repérer. Mais après tout, où est le problème ?

Elle s'assit sur un rocher face à la statue. Un soleil quasi printanier exhalait dans l'air des fragrances de terre en gestation. Mina palpa l'enveloppe dont la suscription était écrite au stylo-bille bleu d'une main sûre. Le tampon de la poste indiquait Agadez. Son correspondant n'avait pas noté son identité au dos.

– Pierre, murmura-t-elle. Je ne connais même pas ton écriture.

Un trouble physique s'empara d'elle. Une bouffée de chaleur partie de son ventre monta jusqu'à son estomac. Cette source d'émotion la submergea. Elle n'osait pas décacheter le courrier. Treize heures sonnèrent au clocher du village et cela la décida à agir.

– Philippe doit commencer à s'inquiéter.

Elle fouilla dans son sac et dénicha un canif dont elle utilisa la lame pour ouvrir proprement le papier. Elle agissait comme si elle avait affaire à une pièce à conviction d'une terrible valeur.

– Je deviens ridicule.

Ses mains tremblaient. Pierre écrivait sur une simple feuille de papier quadrillé arrachée à un bloc :

“ Ma détective préférée, je savais bien que tu finirais par me retrouver. C'est en enquêtant sur le passé de ma famille que j'ai résolu en partie l'énigme que tu traques. Pour connaître la vérité, tu dois venir à Agadez. Je t'attends chez mon oncle Antonin auprès de qui je vis. Air Algérie propose des vols réguliers. Dépêche-toi. Je t'envoie toute ma tendresse. ”

Elle lut et relut les quelques phrases jusqu'à les connaître par cœur. Elle cacha la lettre dans la doublure de son sac et rejoignit Champlong, perplexe. Philippe l'attendait depuis un bon moment. Il avait mis le couvert, réchauffé le repas et trompait le temps en lisant le journal. Depuis qu'il savait que Mina allait partir, il se mettait en quatre pour elle et ne manquait pas de contrôler ses réflexions.

– Tu as l'air toute remuée, dit-il en l'embrassant. Que se passe-t-il ?

– Je suis allée au laboratoire ce matin, avant le marché, et j'ai sauté mon petit-déjeuner. Je suis en manque de carburant, tout simplement.

– Je vais te soigner, dit-il en remplissant son assiette.

Il raconta son emploi du temps du matin et ses projets pour l'après-midi. Beaucoup d'ouvrage l'attendait avec l'arrivée des beaux jours.

– Ainsi tu ne t'ennuieras pas pendant mon absence. N'oublie pas que je vais chercher mon billet tout à l'heure.

Il eut un air de désespoir.

– Avant de rejoindre le Maroc, j'aurai le résultat de mon analyse. Nous y verrons plus clair.

– Tu me donneras ensuite la marche à suivre.

– En numéro un, tu dois me prêter ton tracteur et un griffon. Ulysse Carrière, un de mes clients, m'a proposé un coup de main pour les travaux de printemps dans les truffiers.

– Ça me rappelle de mauvais souvenirs…

– Nous n'utiliserons pas la tronçonneuse. Et puis les choses ne se reproduisent pas.

– J'aurais pu t'aider, moi.

– Tu as bien assez de travail comme ça. J'envisage d'apprendre à atteler les outils et à m'en servir, ainsi je serai indépendante. Nous verrons cela après mon retour.

Philippe hocha la tête.

– Ce que femme désire…

33

Mina sortit les chiennes en début d'après-midi. Pour le principe, elle avait pris le piolet et la musette. Sur la tombe aux lettres, elle relut encore une fois la missive de Pierre.

– Je devrais enterrer ce papier avec la correspondance de Rose.

Elle ne pouvait pas se débarrasser de ce seul lien palpable qui la reliait au mystère Polignac.

– Plus tard, lorsque tout sera fini, je l'ajouterai dans le trou.

Elle marqua une pause à l'endroit où Mascotte reposait et s'installa sur un rocher moussu. Les iris qu'elle avait plantés bourgeonnaient. Lionne s'assit à ses côtés, tandis que Tindé s'amusait à batifoler dans les fourrés. Sous une truffière sauvage, d'un coup de patte, elle marqua un emplacement. Devant l'indifférence de Mina, elle gémit de désespoir, puis commença à gratter. La truffe roula sous les feuilles mortes d'un chêne pubescent qui perdait sa parure d'hiver. Tindé suivit la trace, récupéra délicatement la truffe et l'apporta dans la main tendue de Mina qui la récompensa d'un morceau de biscuit. La chienne lui lécha la figure et se frotta longuement contre sa poitrine.

– Tu es la meilleure des rabassières, ma Tindé.

Lionne protesta par des jappements mécontents.

– Après ta mère, bien entendu.

Ces rectifications faites, les deux chiennes se bousculèrent pour quémander l'affection de Mina. Elles mirent leurs têtes dans son cou pour un concert de plaintes en duo. On aurait dit qu'elles pressentaient son départ.

Mina passa par les truffiers de la Grenoble où Lionne dénicha une truffe à demi pourrie, puis prit le chemin qui longeait la crête par Charavin. Elle coupa à travers champs pour rejoindre le cabanon abandonné qui lui servait de lieu de recueillement. Les chiennes le savaient et s'arrêtaient d'elles-mêmes près des romarins pour attendre le bon vouloir de Mina. Les bois touffus formaient un rempart contre le dos de pierre de la ruine, tandis que, devant sa porte, la vue s'étendait sur une cuvette où poussaient luzerne, lavandes et abricotiers. Mina était là en sécurité. Elle s'installa à sa place habituelle. Les oreilles frémissant au moindre bruit suspect, Lionne montait la garde, et cela contribuait à sa sérénité.

– Je l'achèterai cette parcelle, annonça-t-elle. Nous y ferons des travaux, de quoi la rendre habitable et nous viendrons y passer des heures de solitude, toutes les trois. Nous nettoierons les fourrés, nous tracerons des sentiers, nous taillerons les aspics et planterons quelques bulbes de tulipes. Jules s'en retournera dans sa tombe, lui qui prétendait que cette verrue au milieu du domaine Polignac était inaccessible.

Mina se coucha dans les feuilles mortes et exposa son visage au jeune soleil de printemps.

– D'abord il faut que je trouve une solution pour rejoindre Pierre sans que personne le sache.

Complètement enferrée dans ses investigations solitaires, Mina en était réduite à mentir à Philippe.

– Ce n'est pas un mensonge, juste une cachotterie, dit-elle pour se rassurer.

Elle n'était pas très à l'aise.

– Je ne peux pas renoncer si près du but. J'irai jusqu'au bout. Pour Jules.

Elle refusait de s'interroger sur les conséquences de son acte et d'affronter la terrible colère de Philippe s'il apprenait son changement de destination. Elle refusait aussi de songer aux retrouvailles avec Pierre, qu'elle redoutait tout en les souhaitant. À nouveau, sa sensualité se réveilla et cette drôle de contracture dans son thorax se mit à vibrer comme une bête indépendante. Mina n'était pas dupe. Pierre lui inspirait des sentiments troubles et elle avait peur de succomber à ses charmes. Elle soupira.

– Allez, zou, on y va.

Escortée de ses deux chiennes, elle revint d'un bon pas jusqu'à la ferme. Cette marche l'avait détendue, mais n'avait résolu en aucun cas ses problèmes de conscience. Elle enfila un pantalon en toile claire et un pull marin, prit son sac et rejoignit sa voiture.

– Les dés sont jetés. Je n'ai plus qu'à respecter le programme fixé.

Elle n'avait plus vu Paule depuis des semaines et en traversant le village, elle décida de lui rendre une visite de courtoisie. Ce geste inconscient lui permettait de gagner encore un peu de temps avant d'accomplir l'achat fatal du billet pour Agadez. La porte était ouverte, mais la maison vide. Mina se dirigea vers le jardin où Paule s'activait, ratissant les feuilles mortes et taillant les arbustes.

– J'ai cru que vous étiez fâchée.

– Pas du tout. Les marchés me prennent beaucoup de temps. J'ai aussi la maison à tenir.

Paule avait revêtu un jogging de couleur bleue et portait des gants en caoutchouc. Ses cheveux étaient noués en catogan.

– Ce grand terrain m'épuise. Bientôt, j'en serai réduite à employer un jardinier pour les gros travaux.

– Je peux venir passer un moment avec vous. J'ai de moins en moins de travail. La saison s'achève.

– Vous avez sans doute d'autres activités obligatoires.

Paule n'aimait pas être redevable d'un service. Son orgueil la poussait à refuser toute aide non rémunérée. En revanche, elle était toujours prête à assister les autres, peut-être par déformation professionnelle. L'ancienne infirmière coupa encore quelques branches de buddleias malmenées par les rigueurs hivernales puis abandonna son sécateur. Devant le cabanon, le chevalet portait une toile en ébauche. Mina s'approcha. La main sur le cou maigre d'un chameau, un grand Touareg dont le vent soulevait les plis de la djellaba contemplait l'infini.

– Je viens juste de commencer, dit Paule. Je dois travailler les détails de la selle et du taguelmoust, ajouter quelques épineux et un troupeau.

– Qu'est-ce que c'est un taguelmoust ?

– C'est le turban qu'on porte dans ce pays. Il peut mesurer jusqu'à sept ou huit mètres et ils observent tout un protocole pour s'enrouler dans cette bande de tissu souvent indigo.

Fascinée, Mina recevait le tableau comme un signe du ciel confirmant qu'elle était dans la bonne voie. Paule s'inspirait d'une photo qui était épinglée contre la porte.

– Les hommes bleus vous ont ensorcelée.

– Tout comme vous. Vous avez l'air toute retournée.

– Votre scène est une invitation au voyage. Je pars au Maroc dans quelques jours. Je vois là un drôle de hasard.

– J'ai beaucoup d'intuition, répondit Paule en scrutant le visage de Mina.

Cette simple répartie incita Mina à la plus grande prudence. Elle se mit sur ses gardes en répondant :

– En guise d'intuition, vous avez sans doute bénéficié de l'aide de Philippe.

– Vous n'êtes pas jalouse, j'espère. Il est exact que votre mari passe me voir de temps à autre. La soirée de Noël nous a rapprochés. Je manque d'amis et ses visites me font beaucoup plaisir.

– Si Philippe peut se confier à quelqu'un, tant mieux. Il est toujours seul et n'a guère de relations.

Mina était à demi sincère et cela n'échappa pas à Paule. Il était impossible qu'ils se servent tous les deux de l'infirmière comme confidente et elle redoutait qu'elle la trahisse en parlant du courrier de Rose.

– Je suis une vraie tombe. Vous savez, dans mon travail j'ai entendu toutes sortes de choses, des bonnes et des mauvaises. J'étais toujours en contact avec la détresse humaine et les gens qui souffrent ont la fâcheuse tendance à se raconter.

Mina souhaita abréger cette conversation.

– Je dois partir. L'agence de voyage sera fermée si je m'attarde.

– Il est tout juste cinq heures. Venez prendre un thé avec moi.

Une dernière fois, Mina fixa la toile inachevée. Dans quelques semaines, elle verrait de ses propres yeux ce paysage de sable infini, troué de silhouettes d'arbustes et ces hommes portant robes et taguelmousts. Paule l'observait et essayait de deviner quel émoi animait son visage. Mina se ressaisit.

– Si ce tableau vous plaît tant que ça, je vous l'offrirai, dit Paule en prenant familièrement son bras.

– Vous me donnez envie d'aller là-bas.

– Si j'étais plus jeune, je vous emmènerais. Maintenant, il est trop tard. Vous irez, j'en suis certaine. J'ai sermonné Philippe, lui reprochant de ne pas vouloir quitter sa ferme. Il sera un jour votre compagnon de voyage.

– Ne me donnez pas de faux espoirs, Je dois vous avouer que vous n'êtes pas plus persuasive que moi.

– Je le sais bien. Laissez passer un peu de temps, Mina. Votre départ va modifier le comportement de Philippe. Il redoute de se retrouver sans vous.

– Il n'a que ce qu'il mérite.

Tout en parlant, elles avançaient vers la maison. Paule servit le thé sur la table du salon. Les deux femmes s'assirent par terre et Terzika vint rejoindre Mina pour les salutations d'usage.

– Maintenant que la rébellion est terminée, vous pouvez facilement aller à Agadez, si vous le désirez, reprit Paule. Toutefois, dans l'Aïr, il est conseillé de prendre une escorte.

Mina sursauta. L'infirmière paraissait suivre le déroulement de ses pensées.

– Je vais au Maroc rejoindre ma famille. Qu'est-ce que c'est l'Aïr ?

– Le massif montagneux situé au nord d'Agadez : un chaos volcanique de roches noires entrecoupé d'oueds de sable jaune, de montagnes de pierres lunaires et de quelques koris où vivent les campements. Les koris, ce sont les lits des rivières à la saison des pluies. Les nomades plantent leur tente dans le sable, à l'ombre des grands épineux. Je m'occuperai de Philippe pendant votre absence.

– Ne le maternez pas trop.

– N'ayez crainte. Vous savez bien que je vous soutiens. Si vous avez besoin de quoi que ce soit, je suis là. Au fait, vous ne recevez plus de courrier de Valence ?

Mina sentit la menace planer. Avec sa douceur habituelle, Paule voulait lui tirer les vers du nez.

– Je n'ai rien à attendre de la grand-mère de Philippe. Elle est âgée et n'a plus toute sa tête.

Elle eut honte de ses inventions et demanda mentalement pardon à Rose. Elle s'apprêta à prendre congé.

– Venez me dire au revoir avant de partir, demanda Paule.

– C'est promis.

Mina se détendit lorsqu'elle prit sa voiture. Elle emprunta la route en lacets qui descend par l'Abbaye d'Aiguebelle et traverse un grand plateau boisé de pins. Elle ouvrit sa vitre, huma longuement l'odeur de résine et retrouva tout son calme.

– Paule est un peu sorcière. Elle se doute de quelque chose. Elle joue double jeu, la fine mouche.

Trouver une place de parking à Montélimar se révéla un cauchemar. Toujours embouteillée, la cité du nougat s'enorgueillissait de ses espaces verts et de la réfection de ses bâtiments, mais assassinait les automobilistes en pratiquant des tarifs de stationnement dignes d'une capitale. Mina pesta contre les notables tout en tournant dans les ruelles.

– Pour passer incognito, je suis obligée de venir ici. Mais je déteste cette ville.

Elle finit par se garer devant le cinéma et enfila ses pièces dans l'horodateur en maugréant :

– Ils se croient à Paname, ici !

Les gens avaient triste mine, et respectueux des contraintes ne rechignaient pas devant les mesures en vigueur.

Mina enfila les allées provençales et rejoignit l'agence où la jeune femme nommée Nadia suivait son dossier.

– Je suis contente de vous revoir. Avez-vous pris une décision ?

– Je pars comme prévu le 19 avril. Ensuite, je veux aller jusqu'à Agadez. Puis-je décoller depuis Casablanca ?

– Tout est possible, dit Nadia en pianotant sur son ordinateur.

Dans l'ambiance feutrée, quelques bureaux isolés par des tentures permettaient d'avoir une relation privilégiée avec son interlocuteur. Mina se sentait à l'aise.

– Combien de temps désirez-vous séjourner au Maroc ?

– Environ trois semaines. Je voudrais repartir vers le 10 pour Agadez.

Nadia étudia les différentes possibilités, consulta les compagnies pour finalement annoncer :

– Le vol du samedi 11 mai pourrait vous convenir. Départ de Casa et arrivée à Agadez.

Mina accepta, versa un acompte en espèces et s'apprêta à partir. Elle se sentait plus légère.

– Attendez une minute, demanda l'employée. Vous devez savoir que pour les ressortissants français, un passeport en cours de validité, un visa et le vaccin contre la fièvre jaune sont obligatoires. Vous devez vous rendre à Avignon ou Valence, ce sont les centres de vaccination les plus proches.

– Je l'ignorais.

Mina se sentit découragée. Elle n'avait pas songé à ces tracasseries de dernière minute qui allaient encore l'obliger à mentir à Philippe pour justifier un aller-retour jusqu'à Valence.

– Je vais m'occuper sans tarder de tout ça.

– Encore un conseil. Renseignez-vous pour le paludisme.

Elle tendit une carte sur laquelle les zones infestées étaient représentées en jaune. Du Maroc jusqu'à l'Egypte, une bande côtière restait protégée, tandis que tout le bas du continent était atteint. Mina se rappela que Jean avait été emporté par une crise de paludisme. Elle resta perplexe.

– J'irai consulter un médecin avant de partir, dit-elle en soupirant. Ces démarches me font horreur, mais je suppose que je ne peux pas y échapper.

– Nous recommandons toujours la plus grande prudence pour ce genre de destination.

Munie de tous ces documents, Mina retrouva la ferme. Elle était lasse. Comme d'habitude en pareil cas, elle se réfugia sous l'eau, ayant ainsi l'impression de se débarrasser des fatigues de cette longue journée. Elle cacha les papiers compromettants sous une pile de livres et se mit à réfléchir à une stratégie pour se rendre à Valence sans alerter Philippe.

– L'idéal serait que je prétexte une livraison de truffes. Mais si jamais Georges téléphonait pendant mon absence, je serais immédiatement démasquée.

Assise en lotus sur le tapis de la chambre de Jules, elle passa ses doigts dans la toison bouclée de Lionne, cherchant l'inspiration. Elle en avait assez de se cacher et d'agir dans l'ombre. Un instant, elle envisagea de tout avouer à Philippe.

– C'est trop tôt.

Elle se tritura les méninges.

– Je vais dire à Philippe que j'ai un rendez-vous médical. Ou que je dois ramener à mes parents un papier qu'on ne délivre qu'à la préfecture. En ce qui concerne ma demande de visa, je me servirai de la boîte aux lettres de Joseph Perdrigau pour réceptionner mon passeport dûment tamponné par l'Ambassade à Paris.

Mina se rassura en se disant qu'elle trouverait bien un motif crédible pour justifier auprès de son mari un après-midi d'absence. D'un pas déterminé, elle se dirigea vers la cuisine, résolue à oublier pour le moment ses préoccupations. Elle dressa le couvert dans le salon, sortit les bougeoirs et ouvrit une bouteille de vin. Tout était réuni pour une soirée réussie.

34

Ulysse Carrière vint une première fois en éclaireur. Mina le guida par le serre jusqu'à la Grenoble où ils visitèrent les truffières.

– Ces arbres, je les ai taillés avec Jules. C'est à cet endroit qu'il a eu un accident avec la tronçonneuse. Je n'ai plus osé y toucher ensuite.

– Ils ont besoin d'un peu de ménage. J'apporterai mes outils. Les cornouillers sanguins et les genêts envahissent. C'est pas bon ça.

Mina avait pris ses deux chiennes qui se mirent en piste entre les rangées. Elles avaient le nez au vent et voulaient prouver leur bonne volonté.

– Vous ne les tenez jamais en laisse ?

– C'est contre mes principes. Elles m'obéissent à la voix. Et parfois, c'est moi qui me laisse guider.

Comprenant qu'ils parlaient d'elles, Lionne et Tindé coururent vers leur patronne. Ulysse leur flatta l'encolure, appréciant les robes soyeuses.

– De bien belles bêtes.

– Je pourrais vous garder un chiot si vous voulez.

– Je dis pas non. J'ai un vieux mâle qui commence à peiner à la tâche. J'ai perdu ma femelle l'an dernier. Elle avait le pelage fin et ne devait pas peser plus de sept kilos. Si vous l'aviez vu caver... Je l'aurais donnée pour rien au monde. Pourtant c'était une bâtarde que son patron allait sacrifier. Les meilleurs partent toujours les premiers.

Mina l'écoutait, prenant conscience qu'elle ne savait rien de lui.

– Les truffiers, faut pas qu'ils soient trop poilus, sinon ils attrapent toutes les saletés. Pas trop gros non plus, c'est pas utile. Au tout début, ma chienne voulait pas marquer. J'y donnais un peu clair pour l'affamer. Ça a été efficace.

Il poussa du bout de son godillot de cuir quelques pierres trouées, se pencha vers le sol, et prit dans sa paume un peu de terre qu'il soupesa.

– C'est bien sec. On peut passer avec le tracteur. Mais, dites donc, c'est un champ de cailloux, ici ! C'est pour ça que vous avez des rabasses toutes biscornues.

– Les truffes des montagnes sont mes préférées. Elles ont un arôme bien plus puissant que celles de plaine. Vous connaissez bien la renommée des truffes du Ventoux.

– Ma foi, j'ai l'habitude des rabasses bien rondes.

Ils filèrent vers les truffiers de Charavin que ceinturaient des murs de pierres veinées de sable ocre. Les bois formaient un abri aux quelques terres situées à gauche du chemin. Mina n'avait jamais exploré ces espaces où les chênes verts majoritaires entretenaient des zones d'ombres et de mystère. Ulysse arpenta le lopin.

– Ça doit cogner fort ici en été.

– Oui. Mais par les grands froids, mes plantations sont protégées du gel par cette barrière d'arbres au nord.

– On pourrait éclaircir les taillis et les bosquets. Ça ferait rentrer le jour et le soleil. Il faut de la lumière.

– Je n'aurai pas le temps, dit Mina. Nous irons au plus urgent et rien de plus pour cette année.

– À vos ordres, patronne. Vous avez la tête au Maroc, hein ?

– Je languis de partir, avoua Mina.

Sur le chemin du retour, Lionne et Tindé prirent la direction du cabanon malgré les sifflements de Mina. Elle n'avait pas envie de montrer à Ulysse cet endroit réservé à la méditation.

– Elles n'en font qu'à leur tête vos chiennes !

– Je m'arrête souvent ici. Elles ont l'habitude.

Contrainte de s'incliner et au risque de se trahir, Mina guida Ulysse vers son royaume secret. Lionne était couchée à sa place familière. Devant les romarins, un emplacement indiquait que quelqu'un venait souvent s'allonger là.

– Un vagabond a sûrement élu domicile ici, dit Ulysse. Vous devriez surveiller. Ces gens du voyage sont pas mauvais bougres, mais s'ils peuvent voler pour se nourrir, ils n'hésitent pas.

– Cette parcelle n'appartient pas aux Polignac.

– Peut-être bien, mais votre ferme n'est pas loin.

– Vous abusez de la télé. Lorsque j'entends les médias parler toute la journée de délinquance, je rigole doucement. Le seul danger dans cette garrigue, c'est les sangliers. Rien d'autre.

Elle entraîna Ulysse vers le chemin. Perplexe, Lionne ne comprenait pas le comportement de Mina qui dut la prier pour qu'elle reprenne sa route.

– Vous avez peur de rien, vous, ronchonna Ulysse.

– Pas des bandits en tout cas. J'ai des craintes aussi, mais d'une autre nature.

Mina avait besoin de parler. Elle s'en aperçut soudainement. Ce voyage qui approchait lui pesait sur la conscience. Ulysse n'osa pas l'interroger.

– Un de mes tracas, c'est l'état de mes truffiers.

Il ne fut pas dupe mais entra dans le jeu.

– On va tailler et herser à la prochaine vieille lune. Le terrain est propice, ça ne fera pas de mottes. Le taï cicatrisera bien.

– Le taï ?

– C'est ce qu'il y a sous l'écorce, l'aubier si vous préférez. En vieille lune, l'arbre ne saigne pas.

Ils arrivèrent à la ferme et Ulysse admira dans le lointain la tour de Chamaret et le château de Grignan éclairés par la douce lumière du soir. Mina lui montra l'atelier de Philippe et il choisit le Ferguson pour les travaux à venir.

– Celui-là n'a pas de cabine et passera partout sans rien abîmer. C'est délicat la truffe. La sécheresse de début septembre et les grosses gelées de cet hiver ont fait beaucoup de mal. Il faut aérer la terre. Nous commencerons par le nettoyage. J'apporterai ma tronçonneuse et mon coupe-fil.

Ils se donnèrent rendez-vous le dernier vendredi de mars.

– Je vous offre un thé ?

– À cette heure, je préfère le pastis.

Mina lui ouvrit la chambre de Jules et apporta les verres. Maladroit, Ulysse hésitait, évitant de poser les pieds sur le tapis. Il s'attarda sur la photo où Philippe posait avec le portefeuille touareg.

– C'est lui votre mari. Je l'ai croisé une ou deux fois à la cave coopérative. Il est pas bien causant ! Il va pas me chercher des histoires si je lui emprunte son tracteur ?

– Aucun problème. Je lui en ai parlé. Philippe ne devrait plus tarder. Je vais vous le présenter.

Tout en sirotant son apéritif, Ulysse examinait la pièce.

– Vous lisez assise par terre ?

– Presque toujours. Vous savez, c'est une coutume dans mon pays. Les chaises n'existent pratiquement pas là-bas. Souvent, les chambres des invités sont habillées de blocs de mousse recouverts de tissu. On peut y dormir ou s'y reposer. Pour parfaire ma décoration, je vais ramener de jolies étoffes du Maroc.

– Et cette croix, qu'est-ce qu'elle signifie ?

– C'est la croix du sud. L'emblème des Berbères.

Pour satisfaire la curiosité d'Ulysse, elle expliqua :

– Il y a plusieurs motifs, mais celui-là est le plus répandu.

C'était pour lui une récréation ; cet échange créait un divertissement dans sa vie somme toute banale et sans surprise.

– Vous êtes une drôle de femme. Des comme vous, j'en ai jamais rencontré. Faut dire qu'à Grignan, il n'y a pas d'étrangers. Seulement quelques Belges et Hollandais en été.

– Je ne suis pas une étrangère, dit doucement Mina.

– Je ne voulais pas vous vexer, répondit Ulysse. Je suis drôlement content de vous avoir rencontrée.

Il fit la connaissance de Philippe et ensemble ils parlèrent des travaux printaniers, des traitements d'urgence à dispenser à la vigne car ils redoutaient les gelées capricieuses d'avril.

– J'ai loué mes terres pour toucher la retraite, expliqua Ulysse. Je donne seulement des coups de main au jeune exploitant qui s'occupe de l'affaire. J'ai gardé mes truffières pour m'occuper. D'elles, je ne peux pas me passer.

– Tout s'explique pardi ! Vous êtes, vous aussi, membre du grand club de la rabasse. Je comprends pourquoi vous fréquentez ma femme.

Ulysse se raidit sous la remarque. Mina haussa les épaules. Depuis de nombreux mois, Philippe avait cessé de l'importuner avec ses remarques désobligeantes. Elle n'était pas loin de croire la vieille querelle éteinte. Voilà qu'elle se réveillait. Philippe avait trouvé une nouvelle tête de turc et pouvait ainsi épancher son amertume.

– Je suis né sous un truffier, moi ! Toute ma vie, j'ai cavé.

– Vous êtes tous intoxiqués. Je n'arriverai jamais à comprendre cette manie de vous déplacer à quatre pattes pour dénicher ces rabasses.

– Vous pourriez au moins respecter notre passion.

– Mes vignes et ma lavande m'assurent des revenus plus stables.

– On ne compte pas sur les sous des rabasses. C'est comme la cerise sur le gâteau. Savez-vous qu'une partie des jolies fermes du pays ont été construites grâce à l'argent des truffes ?

Mina les écoutait égrener l'éternelle rengaine. Elle retint un soupir et essaya de comprendre la situation. Si Paule avait réussi à amadouer un peu Philippe en l'incitant à consommer de la truffe, il restait sur ses certitudes, mais refusait de s'exprimer auprès de sa femme. Il avait sans doute compris qu'il ne pourrait jamais l'influencer. Chacun perché sur ses positions, Philippe et Ulysse reprenaient leurs chamailleries. Mina s'interposa.

– Nous avons rendez-vous à la fin du mois pour exécuter les travaux obligatoires. Ulysse prendra le Ferguson. Une semaine sera suffisante. Ensuite, je ferai mes bagages et tu pourras réfléchir tranquillement à tes idées fixes.

Ulysse dit d'un ton admiratif :

– Vous avez une femme en or.

Philippe se ressaisit.

– Excusez-moi. Je suis parfois intolérant. J'ai eu l'impression que mon père était de retour.

Il se leva pour raccompagner Ulysse jusqu'au portail. Le fantôme de Jules continuait à rôder à la ferme et à poursuivre Philippe. Ce dernier avait accumulé une somme d'informations qu'il avait soigneusement occultée, sans doute pour se protéger de la souffrance. Mina butait toujours sur le même écueil : que savait exactement son mari ? Elle les entendit parler dans l'atelier. Leur dispute semblait épuisée. Ils comparaient les mérites du dernier produit censé réduire les maladies de la vigne. Comme chaque fois qu'il évoluait dans le monde professionnel, Philippe s'exprimait haut et fort, avec un jargon digne d'un scientifique. Il était dans son élément, sûr de lui et de son savoir.

– Moi, j'en ai marre des produits chimiques. Je crains une crise de la viticulture si la profession continue à employer des pesticides à tour de bras, disait Ulysse.

– Vous êtes écolo, vous aussi ?

– J'emploie le moins possible de saletés pour soigner mes arbres.

– Évidemment, vos satanés truffiers ne sont jamais malades, eux !

– N'en croyez rien. Ils attrapent l'oïdium. Et bien, je les soufre tout simplement.

– C'est pas avec des méthodes pareilles qu'on fera évoluer les choses, se moqua Philippe.

– Vous allez empoisonner la planète entière.

À coups de sarcasmes, ils continuèrent à se provoquer, chacun en rajoutant pour s'affirmer aux yeux de l'autre. Mina avait l'impression de revoir Jules et Philippe se quereller : les mêmes mots, le même irrespect, la même incompréhension, le désir de détruire l'idéal de son interlocuteur et de piétiner ses convictions. Elle haussa les épaules et rejoignit sa chambre où elle consulta le plan de Valence pour y repérer le service hygiène-santé qui pratiquait le vaccin contre la fièvre jaune.

– Demain matin, je prends un rendez-vous, décida-t-elle.

Elle prépara ses papiers, vérifia qu'elle était à jour de ses vaccins puis revint près de ses bagages qu'elle avait volontairement laissés bien en évidence au pied du lit.

– Ainsi, Philippe ne risquera pas d'oublier mon départ.

35

“ Je savais bien qu’il en serait ainsi. Il est parfait ce bilan hormonal.

– Il n’empêche que je suis soulagée. Philippe cessera de blâmer ma stérilité.

– Que vous reproche-t-il d’autre ?

Mina décida de répondre franchement à ces questions.

– Notre principal sujet de querelle, c’est la truffe. Monsieur accepte très mal que je coure les bois à la recherche du diamant noir.

– C’est pourtant une habitude locale bien répandue. J’ai de nombreux trufficulteurs parmi ma clientèle. En hiver, il y en a toujours un qui m’apporte une ou deux truffes pour l’omelette.

Mina nota mentalement de donner, à la prochaine saison, une rabasse à ce médecin qui savait l’écouter.

– Je travaille aussi pour un courtier pendant la moitié de l’année. Philippe supporte mal de me savoir dehors, sur les routes, sur les marchés ou au laboratoire. Il aimerait une femme soumise et prostrée collée à ses fourneaux. Ce n’est pas mon style.

– Toutefois, vous avez réussi à lui faire accepter votre emploi.

– Je me suis imposée. Je n'avais pas le choix. Je l'ai mis devant le fait accompli. Là-haut, à la ferme, Philippe et son père ont vécu seuls pendant presque vingt ans. Lorsque je suis arrivée dans ce monde de solitaires, j'ai eu des difficultés pour creuser ma place. Tout est un combat pour moi, vous savez : passer mon permis de conduire, installer le téléphone, aller au Maroc.

– Je compte sur votre dynamisme pour changer les choses. Votre mari a été élevé par son père ?

– Il avait sept ans lorsque sa mère est décédée.

– Ne cherchez pas plus loin l'explication. Vous êtes un trouble-fête dans ce milieu masculin. Ne voyez là aucune malédiction, ajouta-t-il malicieusement.

Le docteur Barnier n'avait rien oublié de leur premier entretien. Avec ses habiles questions, il essayait de comprendre ce qui chagrinait sa patiente.

– Nous sommes seuls maintenant depuis que mon beau-père est mort. Un vrai couple qui ne devrait pas avoir de mal à se comprendre et à s'accepter.

Le médecin avait l'intuition qu'elle ne se livrait pas entièrement.

– Sur le plan relationnel, vous avez des difficultés à communiquer. Est-ce que sexuellement tout va bien ?

Mina rougit brutalement. Elle n'avait pas prévu cette question directe. Barnier attendit qu'elle reprenne son sang froid.

– C'est au lit que tout va pour le mieux, avoua-t-elle. Philippe est un amant extraordinaire.

– Alors, votre cas n'est pas désespéré. Voyons ce que dit votre courbe thermique.

Il prit la feuille sur laquelle Mina avait noté soigneusement sa température tous les matins avant de se lever, dessina un schéma explicatif et commenta :

– Parfait. Ce pic significatif correspond à l'ovulation. Continuez encore un mois ou deux à surveiller, histoire de bien s'assurer que tout marche normalement.

– Je pars au Maroc dans une quinzaine de jours. Pendant ce temps, j'arrêterai. Je veux être totalement libre de mes mouvements.

– Vous partez seule ?

Elle parla des réticences de son mari, de ses vagues promesses qui la maintenaient dans un état de dépendance depuis trop longtemps.

– J'en ai marre d'attendre. J'ai besoin de revoir mon pays et ma famille.

Elle regarda le médecin bien en face. Elle avait envie de se livrer, de raconter à quelqu'un dans quelle drôle d'aventure elle allait se lancer. Si elle avait décidé de garder secrète sa destination, elle réalisait que ce n'était guère prudent et une série de questions ne cessaient de la harceler : s'il m'arrivait quelque chose, si je tombais dans un guet-apens, si l'avion était détourné, si Pierre n'était pas au rendez-vous… Elle se réveillait la nuit en criant et Philippe la trouvait bien nerveuse. De l'autre côté de son bureau, Barnier attendait en étudiant le visage de sa patiente, sur lequel il lisait, comme à livre ouvert, le doute et l'angoisse. Mina poussa un soupir et renonça à parler.

– Que puis-je pour vous ?

– Vous m'avez rassurée, ce n'est déjà pas si mal.

Il hocha la tête. L'entretien arrivait à son terme. Il n'obtiendrait rien de plus de cette entêtée. Comme si elle résistait de toutes ses forces au courant l'incitant à la confidence et à la détente, le front de Mina se contracta et une flamme plus noire fendit ses prunelles.

– Vous me privez d'une partie des informations qui me permettraient de vous aider, Madame Polignac.

Mina se mit debout. Elle désirait fuir au plus vite avant de s'effondrer. Des larmes d'énervement chatouillèrent ses yeux. Elle respira un grand coup et prit la direction de la porte. Impuissant, le docteur Barnier la suivit.

– Envoyez- moi votre mari, demanda-t-il.

– Il m'a promis de venir vous voir si mes propres examens étaient négatifs.

– Bon voyage. Détendez-vous. Je suis certain qu'au retour, tout ira mieux.

Mina s'enfuit s'imaginant que le médecin suivait sa démarche rapide. La clarté de cette matinée de printemps enflammait les remparts du château. Dans les jardinets, quelques formes penchées s'activaient au binage. Des enfants criaient en se poursuivant. Du cabas des ménagères, préoccupées par le soin de leurs nids, dépassaient les éternelles baguettes chères au cœur des Français. Elle envia ces consommatrices et le monde étriqué dans lequel elles évoluaient.

– Pourquoi ne suis-je pas comme elles ? Une bonne femme tranquille, sans tourment et sans idéal ?

Son jugement était bien hâtif et elle prit conscience d'en vouloir au monde entier, à elle-même et à son entêtement. Tout en réfléchissant, elle marchait vite et renonça à sa pause habituelle devant la vitrine du relieur qui était toujours si bien décorée. Elle emprunta la ruelle en pente, passa devant la mairie, se glissa entre les stands du marché où une foule nonchalante partageait son temps entre l'achat et la parlotte, et retrouva sa voiture sur la Place du Mail. Le murmure de la fontaine n'apaisa pas Mina. Elle se sentait perdue. Les larmes qu'elle avait réussi à contenir coulaient maintenant sur ses joues. D'un geste rageur, elle les essuya avec un mouchoir.

– Manquerait plus que je rencontre une connaissance, dit-elle en actionnant la clef de contact.

Aveuglée par le voile d'eau qui jaillissait de ses yeux, elle traversa le village rapidement. Elle rabattit ses grands cheveux contre son visage de façon à cacher sa mine défaite. En haut de la vallée où coule la Berre, elle ralentit, embrassant la plaine où les feuilles des lavandes changeaient de couleur et où les abricotiers commençaient à bourgeonner. Cette cuvette ressemblait à un lac végétal bordé par l'écume sombre des chênes verts. Elle descendit doucement les lacets, retenant ses sanglots.

– Barnier me fait plus de mal que de bien.

Elle savait bien qu'il n'en était rien, que ce praticien attentif voyait clair dans son jeu, qu'elle aurait dû se confier à lui, seul capable de l'entendre. Elle payait cher maintenant le combat qu'elle avait dû mener contre elle-même pour ne pas se livrer.

– Je vais lui écrire une lettre, tout lui raconter depuis le début. Je lui demanderai d'ouvrir le courrier si je ne suis pas rentrée le dernier jour de mai.

Cette décision l'apaisa un peu. Mina traversa Bayonne avec ses jolies maisons de pierre éclairées par le soleil. Une haie de cyprès, taillée militairement, longeait la route sur plusieurs centaines de mètres. Ce rempart de verdure l'intriguait. Elle aurait aimé savoir ce qui se cachait là derrière. La rumeur disait que Bayonne devenait la banlieue de Grignan, où le maire, avait su attirer une foule de résidents étrangers. Les vieilles fermes étaient prises d'assaut par des Parisiens en mal d'authenticité, mais aux portefeuilles bien remplis. Elle continua vers la grande bâtisse fortifiée, nommée Sarson, qui dominait la route d'un air orgueilleux. La chaussée était étroite et surélevée à cet endroit et les jours de mistral la prudence s'imposait. Un jardin, toujours impeccablement entretenu, détonnait dans la langue de bonnes terres où poussaient lavande et blé. Déjà quelques carrés vert tendre indiquaient la poussée des premiers semis. Encore une longue ligne droite et le pseudo château de Réauville apparut sur son rocher stratégique. Pour permettre l'escalade, le premier citoyen de la commune avait décidé d'installer un hideux escalier de fer qui dénaturait complètement le site. Philippe ne cessait de rouspéter contre cet aménagement d'un mauvais goût certain. Il se souvenait avec nostalgie de ses équipées du jeudi après-midi, lorsqu'il était écolier et qu'Indiens et cow-boys se disputaient les lieux. Un dernier virage près d'une grotte où reposait un tombereau à demi déglingué dont on devinait encore la belle couleur d'encre bleue et Mina traversa la place. Les fenêtres de la maison de Paule étaient ouvertes. Sensible elle aussi à l'arrivée des beaux jours, l'embellie lui inspirait sans doute le désir d'aérer.

– J'ai pas envie de la voir, se dit Mina. J'ai envie de me mettre dans un trou.

Elle remarqua dans le rétroviseur ses paupières enflées. Philippe ne manquerait pas de lui demander des explications et encore une fois elle devrait inventer un prétexte pour justifier sa triste mine. Elle se sentait accablée. Elle se gara près de la statue de Saint-Roch et retrouva la niche qui lui servait d'observatoire et de lieu de recueillement.

– Mon pauvre, je suis une vraie païenne. Je bluffe à tour de bras. Me pardonneras-tu ?

Elle marmonna, à l'intention du saint, tout ce qui la minait, lui raconta ses états d'âme et ses doutes sur sa bonne santé mentale.

– Plus la date du voyage approche plus je panique. Je sens mon courage s'enfuir. Même Philippe se pose des questions. J'ai bien du mal à cacher mon angoisse.

Elle s'assit sur un rocher arrondi, prit le temps de se calmer, contempla encore un moment la silhouette de pierre immobile sur son socle, puis déclara :

– Je vais rentrer, m'occuper du repas et préparer les outils pour la journée de demain où nous taillerons les truffiers avec Ulysse. L'activité physique me fera du bien.

Elle exécuta le programme à la lettre, chassant d'un revers de main les innombrables questions lorsqu'elles se présentaient. Pendant que les pommes de terre cuisaient, Mina sortit les pioches et les binettes, vérifia l'état des manches et le fil des outils, remplit une musette avec l'opinel, la bouteille d'eau, les gants de jardinier et le gouiard.

La petite tronçonneuse, rangée dans sa caisse, n'avait plus changé de place depuis l'accident de Jules. Mina avança une main prudente vers elle, puis la souleva. Elle était légère, parfaite pour une femme.

– Encore un geste pour éloigner les vieux démons.

Elle la posa par terre et tritura la poignée qu'il fallait tirer pour la mettre en route, manipula le bouchon qui fermait le réservoir d'huile et dépouilla la lame de son étui protecteur. Tindé gambadait autour d'elle, tandis que Lionne, assise sur son arrière-train, affichait un air désapprobateur.

– Tu ressembles à Philippe lorsqu'il est en colère !

La chienne s'approcha doucement.

– Tu peux venir. Je le sais bien que cet outil est diabolique. N'empêche qu'il serait temps d'oublier. Les choses ne se reproduisent jamais, tu sais.

La truffe frémissante, Lionne gémissait, à deux mètres de là. Inconsciente, sa fille continuait à fouiner dans les massifs.

– C'est comme tu veux, lui dit Mina.

Lionne apprécia cette phrase apaisante, mais resta sur ses positions. La porte s'ouvrit sur un mouvement énergique de Philippe. La chienne se recroquevilla sur elle-même, comme s'il allait la frapper. Toujours agenouillée près de la tronçonneuse, Mina ne l'avait pas entendu arriver.

– Range ça tout de suite, ordonna-t-il, en s'approchant.

Il la dominait de sa haute taille et elle redressa la tête pour étudier l'expression du visage de son mari. Il avait son air des mauvais jours, des yeux où luisaient une flamme verte et un ton de voix autoritaire. Il était campé à quelques mètres d'elle, tout comme Lionne qui étudiait la situation avec crainte. Mina réfréna un fou rire.

– J'ai horreur d'obéir aux ordres, tu le sais bien.

– S'il te plaît. Fais-moi plaisir. Je ne veux pas qu'on touche à cet engin.

Il s'était radouci mais restait figé, comme s'il avait été frappé par la foudre. Un simple polo en coton laissait deviner ses épaules puissantes, son éternel jean délavé moulait des cuisses et un ventre plat. Sur sa nuque, quelques cheveux rebelles commençaient à boucler.

– Je suis à tes pieds, dit malicieusement Mina.

– Tu me ferais prendre des vessies pour des lanternes. Dis plutôt que tu farfouilles encore dans le passé Polignac.

– Effectivement. Cette tronçonneuse vient de me raconter quantité de choses que j'ignorais.

Il haussa les épaules. Planté solidement sur ses deux jambes, orgueilleusement redressé, buté comme chaque fois qu'il était question de Jules, Philippe souffrait d'un mal inconnu de Mina, d'une vieille maladie dont les symptômes réapparaissaient brusquement à l'évocation de son soi-disant père. Elle enfila délicatement la lame de l'outil dans sa gaine et le remit dans son logement.

– Maintenant, pose-la à sa place.

Il ne voulait pas toucher à cette caisse de bois munie de deux poignées qui symbolisait le vieux Jules, mais ne l'aurait avoué pour rien au monde. Mina soupira. La comédie avait assez duré. Elle se redressa et rangea le caisson à l'endroit qui lui était dévolu, entre le grand panneau auquel étaient accrochés les tournevis et les marteaux et la marmite qui contenait la nourriture des chiennes. C'est là et nulle part ailleurs, dans ce râtelier qui courait le long de l'atelier et qui servait autrefois à nourrir les mules, que les deux Polignac remisaient leurs outils. Mina eut l'impression de revenir loin en arrière, lorsqu'elle avait franchi le seuil de Champlong pour la première fois. Elle avait dû subir les sautes d'humeur et les manies de son beau-père et lutter sans merci pour obtenir quelques changements anodins : acheter une cocotte-minute, changer la brouette dont la roue grinçait d'une manière lugubre à chaque manipulation ou encore poser un rideau devant le bac à douche. Philippe avait le même comportement que Jules, hostile à tout progrès. Le découragement saisit Mina. Encore une fois, le poids du passé, qu'elle appelait parfois la malédiction Polignac, érigeait un rempart infranchissable entre elle et son mari.

– Merci, dit humblement Philippe, en retrouvant le sourire.

Il s'approcha de Mina, la prit par les épaules, mais elle se dégagea avec brutalité.

– Je n'arrive pas à te comprendre. Tu ne cherches vraiment jamais à te contrôler.

Lionne s'approcha et quémanda une caresse.

– Ma chienne, elle aussi, a eu peur de tes réactions. Elle a refusé de s'approcher de la tronçonneuse comme si c'était un serpent dangereux.

– Excuse-moi, Mina. Je ne veux pas que tu utilises cet outil.

– Je n'avais pas l'intention de m'en servir, bien qu'il soit parfaitement adapté à une main de femme. Quant à tes excuses, tu peux les garder. C'est toujours pareil. Tu cries, tu t'énerves, tu ordonnes, puis tu le regrettes.

Elle quitta l'atelier pour la cuisine, se lava les mains longuement avant de servir les pommes de terre en robe des champs. Piteusement, Philippe la suivit et dressa le couvert, l'observant à la dérobée et attendant que sa colère tombe.

– Pardonne-moi. J'ai revécu en un instant l'accident de mon père et la panique qu'il a suscitée.

– N'en parlons plus. J'ai vu le médecin ce matin. Je ne suis certainement pas stérile. Mes analyses sont excellentes. Maintenant, c'est à toi de jouer.

– Je croyais que tu devais passer aussi une radio.

– Je ne ferais rien de plus pour l'instant. Il y a une démarche à suivre. Chacun son tour. Procédons par élimination.

– J'irai consulter pendant que tu seras au Maroc, je te le promets.

Elle se méfiait des promesses de Philippe qui avait tendance à dire oui à tout pour repousser la confrontation. C'était un velléitaire et pourtant il avait l'air sincère.

– Si tu ne vas pas chez le docteur Barnier pendant mon absence, je ne te pardonnerai pas. J'ai très envie d'avoir un enfant.

Il prit sa main et lui caressa le poignet.

– Moi aussi. Je ferai le nécessaire.

Il servit le café et attira Mina sur ses genoux. Elle se laissa aller.

– Pourquoi tes paupières sont-elles enflées ? demanda-t-il, en lui passant une main sur la nuque.

– Parce que l'épreuve de ce matin chez le médecin était pénible. J'avais peur.

– Tu te sens bien seule, parfois ? Ton affreux paysan n'est pas toujours à la hauteur.

C'était sa tactique pour amadouer sa femme. Mina n'était pas dupe, mais aimait ce jeu, où elle le sentait docile et attentif. Elle rit.

– Un effort et tu seras parfait.

– J'ai bien envie d'une sieste pour fêter l'arrivée du printemps. Une sieste coquine, ajouta-t-il en lui mordillant le cou.

– Pas longtemps, alors. J'ai un programme chargé. Je veux préparer tous les outils pour demain.

– Viens vite, alors.

Philippe prit Mina par la main, l'entraîna vers la chambre, tira les lourds rideaux pour créer la pénombre et l'aida à se déshabiller. Ils roulèrent sur le lit, s'embrassèrent, se butinèrent comme des insectes découvrant de nouvelles odeurs et le corps de Mina répondit vite aux avances de Philippe. Elle jouit longuement, avec des gémissements qui ravissaient son époux. Elle sentit le sommeil venir et tenta de lutter contre l'engourdissement.

– Dors, ma chérie. Les journées sont longues maintenant et tu as bien le temps d'aller courir les bois.

Philippe remonta le drap sur son épaule, posa un baiser sur sa tempe et quitta la chambre sans bruit.

Cette brusque douceur lui laissait craindre le pire pour ses vignes qui commençaient à bourgeonner et il partit, à pied, vers les Eygardettes pour contrôler l'état des sarments. Il marcha d'un bon pas, heureux de sentir sur ses épaules la caresse sensuelle du soleil. Tout à ses sensations, il n'avait pas entendu Lionne le suivre. Elle aboya tout à coup et Philippe se retourna.

– Mina va m'engueuler !

Elle remuait la queue d'un air ravi et bondissait sous un chêne. Elle se mit à gratter, souleva une truffe qui roula dans les cailloux et qu'elle récupéra pour la poser devant Philippe.

– Merde !

Elle restait immobile, attendant qu'il se décide à agir. Éberlué, Philippe hésita à se pencher.

– Tu es encore pire que ma femme !

Repoussant ses hantises, il renifla la truffe, l'entailla d'un coup d'ongle et haussant les épaules, la plia dans son mouchoir pour l'enfouir dans sa poche.

– La tête de Mina !

36

La journée commença par le café qu'ils dégustèrent côte à côte dans la cuisine. Ils partirent ensuite vers la Grenoble avec la vieille deux chevaux d'Ulysse qu'il avait transformée en camionnette pour le rangement des outils. Il y avait là de la ficelle, des faucilles, des sécateurs, des cisailles, plusieurs tronçonneuses, une sulfateuse archaïque, une échelle, mais aussi des pierres que le paysan collectionnait, quelques débris de tuiles romaines, des galets taillés qui avaient servi d'armes, une multitude de vis qu'il accumulait dans une vieille boîte de banania jaune orné du visage d'un noir portant bonnet et roulant de gros yeux. Mina adorait cette image caricaturale, et les mains du noir, l'une avec un doigt levé, l'autre tenant l'anse de sa tasse fumante. Avec sa simple musette, Mina avait l'air bien mal équipée. Le véhicule brinquebalait sur le chemin de sable, s'écartant parfois pour éviter une pierre.

– C'est un vrai campement que vous avez là !

– Cette voiture, c'est ma roulotte. J'ai même une trousse à pharmacie et des couvertures au cas où je tomberais en panne les nuits d'hiver. Je stocke aussi toutes mes trouvailles, comme ces balles de jet que j'ai trouvées dans une vigne.

Mina pensa à la tente devant laquelle posait Antonin et imagina que là aussi devait se trouver tout un matériel de survie. Puis, inévitablement, son esprit la ramena vers Pierre. Elle lui avait écrit une nouvelle lettre pour lui annoncer son arrivée. Elle attendait sa réponse et passait régulièrement chez Joseph pour vérifier le courrier.

Ulysse gara la voiture en lisière de la terre.

– Allez, au boulot.

Une rangée après l'autre, il coupait les genêts et les cornouillers sanguins qui colonisaient entre les arbres, là où nulle dent d'outil ne pouvait accéder.

– Il faudrait songer à un peu de désherbant pour l'an prochain. Ça simplifie la vie.

– Hors de question. Je ne veux pas de ça chez moi. Il me semblait d'ailleurs que vous n'étiez pas pour la chimie en agriculture !

– Les fabricants ont pourtant réalisé des progrès considérables. Les produits actuellement sur le marché ne détruisent que les plantes indésirables.

– Mais les radicelles des truffiers sont immanquablement atteintes.

– Bon, à vous de voir.

Ulysse allait lentement mais sans relâcher son rythme. Mina enfila ses gros gants de jardinier et tira les arbustes jusqu'à un endroit nu de végétation où elle les brûlerait lorsqu'ils seraient secs. Le tas commençait à grossir et elle s'appliquait à entremêler les débris pour qu'ils se compressent. Elle aimait ce travail qui l'éloignait de ses obsessions. Une brassée après l'autre, elle constatait la bonne marche des travaux et imaginait la satisfaction des arbres libérés de la broussaille qui les rongeait. Le soleil combattait les ombres en se cognant contre les troncs des chênes et avançait peu à peu jusqu'à les caresser. Mina n'avait plus besoin de montre. Elle connaissait approximativement l'heure à la progression de la lumière.

Telle une maladie galopante, des buis chétifs grignotaient les abords, essayant, insidieusement, de gagner du terrain. Ils ressemblaient un peu à des bonsaïs, avec leurs bases joufflues émergeant du sol et portant des ramures rabougries. Sous les coups de pioche d'Ulysse, leur chair explosait et partait en éclats coupants comme du verre.

– Ces saletés crèvent les roues en moins de temps qu'il faut pour le dire, commentait Ulysse.

– Je le sais bien. Philippe s'en plaint toujours.

Mina tira quelques nouvelles branches. Le gros travail était presque terminé.

– Cet après-midi, on commencera l'élagage, annonça Ulysse. Ce jeunot là-bas est beaucoup trop haut et mince. Il demande à s'étoffer. Je lui couperai la tête, si vous permettez.

Mina s'arrêta, interloquée.

– Qu'est-ce que vous me racontez là !

– Il en a une dégaine ce prétendu truffier ! Tout occupé à croître, il ne fera jamais de truffe. C'est un séducteur plus soucieux de son apparence que de ses fruits.

Mina s'amusait de son langage peu orthodoxe. Ulysse avait parfois des théories étranges qu'il justifiait par une argumentation imagée.

– Effectivement, il est bien filiforme. Il a un peu le port d'un peuplier. Je ne l'avais jamais remarqué.

– Vous êtes souvent dans la lune, Mina. À quoi pensez-vous ?

Avec son béret, son pantalon de velours aux genoux usés et ses grosses chaussures en cuir, Ulysse passait pour un rustre. Ce n'était qu'une illusion. Il était très observateur et Mina avait souvent surpris son regard inquisiteur.

– Ce voyage m'inquiète un peu. Je redoute de prendre l'avion. Je n'ai pas vu mon pays depuis des lustres et je crains la déception. Je n'ai gardé du Maroc que des images.

– Allons donc. Je crois, moi, qu'autre chose vous préoccupe.

Elle savait qu'elle maîtrisait mal ses émotions. La date de son départ approchait et elle devenait de plus en plus nerveuse. Elle oubliait souvent ce que Philippe lui disait ou lui demandait de répéter des phrases dont elle n'avait pas saisi le sens. Cela exaspérait son mari. Voilà qu'Ulysse, lui aussi, remarquait son étourderie.

– Nous les femmes, nous avons des états d'âme, des coups de cafard injustifiés, des enthousiasmes, des désirs pas toujours bien compris.

– Vous ne m'avez jamais parlé de vous. Je veux dire de votre famille, de votre vie de tous les jours, de vos amis.

Mina se troubla. Ulysse appelait des confidences qu'elle ne souhaitait pas.

– Il n'y a pas grand-chose à dire, vous savez. Je deviens un ermite depuis que je vis à Champlong et j'ai désappris l'usage de la communication. Imaginez-vous que je parle plus à mes chiennes qu'aux humains !

Elle se pencha pour attraper les dernières gerbes de broussaille. Ulysse posa ses outils.

– Je vais vous aider à déblayer. Après-midi, nous viendrons avec le tracteur.

Ses avances restées vaines, il était déçu, mais sans rancune. L'un derrière l'autre, ils firent les derniers voyages jusqu'au tas de débris qui atteignait une bonne hauteur. Mina pensa à Jules, à la complicité qui l'avait unie à son beau-père et qui l'unissait maintenant à Ulysse à travers le travail partagé.

– Vous savez, j'ai pas toujours eu une vie toute rose. Ma fiancée est morte d'une maladie foudroyante et je ne l'ai jamais remplacée. Je suis resté vieux garçon. J'ai toujours vécu avec ma mère, jusqu'à ce qu'elle meure elle aussi, il y a dix ans. Depuis, je suis seul. Je suis très seul.

Mina éprouva de la compassion pour lui. Elle craignit tout d'un coup d'oublier les autres, obsédée qu'elle était par le mystère Polignac. Il était temps de mettre un terme à cette angoisse qui la rongeait et l'empêchait de s'épancher.

Elle envoya les squelettes de végétaux d'un geste rageur, puis, posant une main sur le bras de son aide, ajouta :

– Un jour, je vous raconterai ce qui me mine.

Ulysse se contenta de cette explication et retrouva son sourire. Sa sensibilité et sa délicatesse, qu'il savait admirablement cacher et qui lui donnaient cette apparence bourrue, amenèrent des larmes aux yeux de Mina. Elle se détourna rapidement et enfila une autre rangée, ignorant son compagnon.

– Alors, jc le passe à la guillotine le Don Juan ? demanda-t-il en la rattrapant.

Toute à ses pensées, Mina ne réagit pas.

– Vous n'êtes déjà plus dans les truffières. Vous êtes déjà au Maroc, remarqua Ulysse. C'est pas bon pour les arbres, ça. Il faut les soigner avec amour. Je suis certain qu'ils sentent vos sautes d'humeur.

Mina rougit.

– Excusez-moi. J'ai la tête ailleurs.

– Allez me chercher l'échelle.

Ravie de se soustraire aux remarques dérangeantes d'Ulysse, elle se dirigea vers la camionnette et revint avec l'objet demandé. Ce laps de temps lui permit de se ressaisir.

Ulysse dressa l'échelle contre le tronc et mit en route la tronçonneuse.

Elle laissa échapper :

– Soyez prudent.

Elle revit Jules étendu sur le sol, la cuisse ensanglantée, l'arrivée des secours, la valise qu'elle avait dû préparer pour son séjour à l'hôpital de Valréas, ses recherches dans l'armoire où elle avait déniché les lettres de Rose à Louise. De ce gros écheveau, elle avait démêlé quelques pauvres fils. Elle avait retrouvé la grand-mère de Philippe, appris l'existence cachée du frère de Georges, traqué en vain les confidences de Léonore et de Paule. Elle était encore loin de la vérité et de la promesse à Jules de continuer sa quête.

Ulysse, grimpant vers la cime du truffier, s'arrêta un moment pour étudier la situation. Dans l'entrelacement des branches, il chercha l'endroit propice pour réaliser une entaille sans bavure. Mina le vit promener ses mains contre l'écorce. Elle recula de quelques mètres. Dans une gerbe de sciure, la tête de l'arbre tomba aux pieds de Mina. Elle poussa un cri qui fut, heureusement, masqué par le moteur de la machine. La lumière de midi éclaira l'espace dégagé au cœur de la charpente.

– À partir du mois de juillet ou d'août, surveillez bien vos brûlés. Je suis certain que celui-là va se mettre à produire sans tarder.

– Ça se pourrait bien. Ces petites salades sont aussi un indice, répondit Mina, en montrant un carré où poussaient drues les épervières piloselles.

– Encore une demi-heure avant le repas. Le temps d'un dernier tour pour enlever les branches basses qui gêneront le passage du tracteur.

Rangée après rangée, ils arpentèrent la terre, Ulysse coupant et Mina reprenant ses allers et retours. Elle le laissa agir à sa guise et se réfugia à nouveau dans ses pensées, travaillant machinalement.

À la pause repas, elle réchauffa simplement des ravioli.

– On fera mieux ce soir, dit-elle.

– De toute façon, faudra bien que je m'habitue à manger des conserves. Autant commencer tout de suite, ironisa Philippe.

– Je te laisserai des plats cuisinés dans le congélateur.

– Pendant que toi tu feras une cure de couscous et de tajine.

– Surtout de pastilla. J'adore ça.

– Tu ne m'en as jamais parlé.

– C'est de la viande de pigeon hachée dans un gâteau feuilleté avec dessus des graines de coriandre.

Ulysse les écoutait parler.

– Je vous inviterai, Philippe. Ma spécialité, c'est la daube. Je la laisse longuement mijoter sur le coin du fourneau, une journée entière. C'est un vrai régal.

– Je ne sais pas si j'aurai le temps de sortir.

À sa façon de répondre, Mina sut qu'il déclinerait l'invitation sous un prétexte quelconque. Elle ne pouvait pas toujours lui dicter sa conduite et le forcer à voir du monde. Elle secoua la tête, découragée par l'attitude de son mari.

– Comme convenu, on vous emprunte le tracteur, cet après-midi, dit Ulysse. Nous mettrons deux bonnes journées pour tout griffonner.

Philippe marmonna une vague approbation qu'Ulysse, déjà habitué à son caractère, ne releva pas. Le propriétaire des lieux se leva pour servir le café. La lumière envahissait la cuisine et les jeunes feuilles du tilleul, froissées comme du papier crépon, commençaient à s'ouvrir. Mina ramassa les assiettes pour les laver.

– Je vais commencer à atteler, dit Ulysse en sortant.

– Je vous rejoins dans cinq minutes.

Il quitta la cuisine d'un pas traînant.

– Jeudi, j'irai à Valence, annonça Mina. J'ai besoin d'un duvet bien chaud et j'ai repéré un magasin de sport qui vend des articles d'une qualité parfaite à un prix intéressant.

– Tu as besoin de courir à Valence pour ça ? Comme si tu ne pouvais pas trouver plus près. Dis plutôt que tu as envie de prendre l'air.

– Ma foi, une journée en ville ne me fera pas de mal. Je l'ai bien méritée après six mois de travail. Ce sera ma récompense.

– Moi, je suis bien mieux dans mes vignes.

– Chacun ses goûts.

Maintenant qu'elle avait dévoilé ses projets, elle se sentait plus légère. Philippe ne voyait dans l'attitude de sa femme qu'un nouveau caprice et cela arrangeait Mina. Elle avait tout prévu : rendez-vous au cabinet de vaccination, longue liste d'achats et visite surprise à Rose. Méditatif, Philippe l'observait rangeant la vaisselle, sans bouger. Ce n'était pas son style. D'ordinaire, sitôt le repas achevé, il repartait travailler.

– Tu passeras chez le restaurateur à qui tu livres des truffes ? demanda-t-il, soupçonneux.

– Bien sûr que non. Je te signale que la saison est terminée.

– Tu aurais pu lui rendre une simple visite.

Mina se mit à rire.

– Qu'est ce que tu t'imagines. Ce monsieur est un client, pas un ami. Je vais finir mes emplettes, tout simplement. Je veux ramener des cadeaux à mes parents et acheter quelques pulls pour finir mes bagages. Les températures sont encore fraîches dans l'Atlas au mois d'avril. Parfois, les sommets sont encore enneigés, et les maisons sont dépourvues de chauffage.

Elle essayait de le tranquilliser, d'apaiser ses soupçons. Fronçant les sourcils, Philippe ajouta :

– Quand même, rouler deux heures pour trois bricoles, moi, je comprends pas.

– C'est pas trois bricoles. Je veux ramener une cafetière électrique à Hafida. Elle m'a expliqué que le plateau d'Imilchil est maintenant électrifié et j'ai envie de lui apporter un peu de confort.

– Après tout, si tu ne me demandes pas de t'accompagner, je m'en fous.

Cette réponse cinglante blessa Mina. Elle se sentit humiliée dans sa dignité. La solitude se refermait autour d'elle, comme si, telle une plume, elle était emportée dans une spirale. Malgré la douceur de ce début d'après-midi, elle frissonna. Puis, la colère succéda au sentiment d'impuissance, mais elle réfréna son envie de s'exprimer. À quoi bon s'éterniser sur mes états d'âme, essayer d'expliquer à cet égoïste de Philippe que je ne suis pas un objet, que j'aimerais parfois qu'il montre plus de compréhension, se dit-elle. Enfin, la culpabilité acheva de lui sceller les lèvres. Elle se dit qu'elle méritait bien ce qui lui arrivait et que ses affabulations finissaient par l'isoler de tous pour l'enfermer dans une tour d'ivoire.

– Je vais voir ce qu'il trafique ton Ulysse, dit Philippe en prenant la direction de son atelier. J'aime pas beaucoup qu'on touche à mes affaires.

Mina ignora cette nouvelle vexation. Par la fenêtre de la cuisine, située juste au-dessus de l'évier, elle puisa dans la vision du château de Grignan un peu d'énergie pour ne pas répliquer. Devant son mutisme, Philippe sortit sans l'embrasser. Elle soupira longuement et évoqua Louise, dont la vie avait ressemblé, elle en était certaine, à la sienne.

– Si clle a eu une relation avec un autre que Jules, ce n'était sans doute pas uniquement pour procréer. Louise souffrait de réclusion, tout comme moi. Voilà pourquoi, elle a commis l'adultère. Elle ne cherchait pas un amant mais un ami.

Mina avait envie de pleurer, comme cela lui arrivait de plus en plus souvent. Cela lui demanda un terrible effort de se soustraire à la contemplation des murs qui avaient abrité Madame de Sévigné. Ulysse et Philippe parlaient fort et des bribes de leur conversation lui parvenaient. Enfin, elle entendit la voiture de Philippe démarrer. Ulysse passa une tête timide par l'entrebâillement de la porte.

– Vous êtes prête, Mina ?

Elle respira à fond et retrouva son compagnon de travail. Il remarqua son désarroi mais n'en dit rien.

– Prenez ma voiture, moi, je conduirai le tracteur. Rendez-vous là-bas.

Dans la vieille guimbarde, dont les amortisseurs gémissaient et qui tanguait comme une barque, les outils se heurtaient en produisant des bruits métalliques et Mina se sentait ailleurs. Elle retrouva son sourire. Elle avait enfilé de grosses chaussures de marche à crampons, seules capables de maintenir ses chevilles dans les champs de cailloux. Ses bras découverts commençaient à brunir. Elle attacha ses longs cheveux et vérifia qu'aucune branche ne traînait. Elle avait prévu d'enlever quelques caillasses, mais l'énormité de la tâche la découragea. Elle s'assit sur le pare-chocs du tracteur, au grand ravissement d'Ulysse et se remplit les narines de la bonne odeur de terre et de poussière qui montait du sol.

– Remplacez- moi un peu, proposa-t-il. Je serai plus utile les deux pieds sur terre.

– Je ne sais pas régler la profondeur.

– Je vais vous apprendre.

Mina écouta les explications, fit et refit quelques manœuvres avant de se lancer.

– C'est que je serai pas éternel, moi. L'an prochain, vous serez en mesure de herser toute seule.

Ulysse utilisait les mêmes tournures de phrase que Jules et refusant pudiquement de parler de la mort, camouflait ses angoisses sous des métaphores.

– Merci pour vos enseignements, dit simplement Mina.

Au rythme d'allées et venues, elle hersa toute la terre, veillant à ne pas trop enfoncer les dents de l'outil. Elle oublia tout pour se concentrer sur l'ouvrage. La silhouette d'Ulysse apparaissait de temps à autre au détour d'un gros arbre. Il fignolait le travail, coupant encore quelques brindilles, soulevant de grosses pierres qu'il entassait délicatement sur le mur qui courait sur un des bords de la truffière. Mine de rien, il surveillait son élève. Au coucher du soleil, Mina ramena le tracteur jusqu'à la ferme, sous l'œil ébahi de son mari qui assista à son arrivée. Il pinça les lèvres et, mains sur les hanches, murmura :

– Voilà que Mina devient complètement indépendante.

Il s'approcha, lui demandant de ralentir pour passer le porche de l'atelier. Royalement, elle l'ignora, exécuta sa manœuvre avec maestria, et, d'un saut agile, quitta son siège. Les bras endoloris par les soubresauts du volant, et le dos raide, elle était néanmoins très fière d'elle. Les rares fois où son mari lui avait demandé de l'aide, c'était pour conduire le tracteur en vitesse lente, entre des rangées de vigne ou de lavande. Un gamin aurait pu exécuter ces manœuvres toutes simples. Il la considérait comme une incapable et elle avait renoncé depuis longtemps à s'intéresser à son travail, se contentant d'écouter d'une oreille distraite les commentaires au sujet des récoltes ou des sulfatages. C'était lui le chef. Il décidait de tout et elle lui laissait toutes les initiatives, sauf dans le domaine de la truffe, où elle sortait bec et ongles pour défendre ses amours.

– Vous avez une femme en or, dit Ulysse en s'approchant de Philippe.

– Vous me l'avez déjà dit cent fois !

Sentant la tempête approcher, Ulysse salua Mina.

– Je me rentre. À demain.

Elle retrouva ses chiennes qui avaient elles aussi assisté à la scène, puis prit la direction de la cuisine, sans un regard pour son mari. Décontenancé par ce soudain mépris qui pesait le poids de tout un discours, Philippe se retrouva seul. Il se tourna vers Lionne :

– Il n'y a que toi à me rester fidèle.

Indécise, la chienne tendait l'oreille, cherchant Mina. Philippe avait réussi à devenir l'ami de Lionne, mais, en aucun cas son maître. Quant à l'insouciante Tindé, elle dormait sur son tapis, ignorant les drôles de tourments qui agitaient les humains. Philippe se sentit abandonné. L'idée du proche départ de sa femme le tourmentait. Ses coups de gueule cachaient de simples angoisses. Mina lui échappait. Elle venait d'en donner une nouvelle preuve avec son arrivée au volant du tracteur. Dépité, il rentra à son tour, décidé à se taire.

Deux jours plus tard, les truffières, en habit de printemps, redressaient la tête, sous des sillons bien droits. Les chênes blancs lançaient vers le ciel leurs jeunes pousses tendres. Philippe ne put s'empêcher d'admirer le travail de sa femme, mais n'en dit rien.

37

Fatiguée mais heureuse, Mina était à jour de ses obligations professionnelles. En milieu d'après-midi, elle sortit pour un grand tour avec les chiennes.

– Alors, qu'est ce que vous dites de ça ?

Lionne s'assit à ses pieds, près du bois truffier débarrassé de ses clématites et de ses touffes de psoralées bitumineuses. Tindé s'avança vers une rangée.

– Interdit d'entrer. On laisse la terre se reposer et les dernières truffes pourrir.

Mina n'avait pas pris la musette et c'était là un signe que Lionne comprenait, tandis que Tindé, plus jeune, se contentait d'imiter sa mère. Au bord du sentier, les fleurs jaunes d'une coronille précoce trouaient l'uniformité vert bronze des chênes verts. Mina vit là un symbole.

– Tout se passera bien demain à Valence.

Elle se pencha pour sentir la plante. Son parfum délicat n'était pas encore très prononcé. Lionne prit la direction du cabanon et elle lui emboîta le pas. C'était un vrai plaisir de retrouver ce lieu paisible après une semaine de promiscuité avec Ulysse. Ce dernier avait beaucoup appris à Mina et elle lui en était reconnaissante, mais elle se doutait qu'il l'épiait, et qu'il cherchait les indices de son caractère étourdi et rêveur. Il avait la même attitude que Jules et ses silences pesaient davantage que des phrases.

– Quel bonheur, dit Mina en s'allongeant dans l'herbe épaisse brûlée par l'hiver, d'où émergeaient de jeunes pousses.

Son besoin de solitude était aussi vital que la nécessité de se nourrir ou de dormir. Petite, déjà, elle se réfugiait dans les arbres ou au bord du ruisseau, pour écouter des voix intérieures qui lui racontaient des histoires.

– Ce n'est pas nouveau. À la compagnie des humains, je préfère celle des chiens et des oiseaux.

Tindé vint se blottir contre elle et Mina fourragea dans son pelage. Les poussées de tendresse de la jeune Tindé étaient aussi subites et spontanées qu'imprévisibles. Sa vivacité permanente ne lui laissait pas le temps de s'attarder à des démonstrations câlines. Mina apprécia d'autant plus cette séance qu'elle était rare.

– Alors, ma farouche, mine de rien, tu comprends tout ce que je dis.

Tindé approuva d'un aboiement, puis retourna batifoler dans les bois. Mina l'entendit se frayer un passage dans les fourrés puis se rouler dans les feuilles mortes et poursuivre un mulot.

– Cette chienne est heureuse. Je peux partir tranquille, Philippe s'en occupera.

Elle savait depuis ce matin que Pierre l'attendrait le 11 mai à l'aéroport d'Agadez. La lettre reçue chez Joseph Perdrigau était simple et ne comportait que l'essentiel : “ Je serai au rendez-vous. Ne t'inquiète de rien. Refuse les porteurs qui risquent de t'empoisonner la vie dès ton arrivée. Nous sortirons seulement tôt le matin et en soirée à cause de la chaleur. Antonin a préparé une chambre pour toi. Je t'embrasse fort ”.

Le cœur de Mina se mit à battre douloureusement. Elle avait peur autant du voyage que de le revoir. Il mobilisait toutes ses pensées, au point qu'elle en oubliait le frère Aubanel, sa découverte dans le bureau de Georges et les quelques maigres révélations de Léonore.

– Et si le piège se referme sur moi, que j'oublie ma mission à la vue de Pierre ?

Elle avait à l'esprit la charpente, la haute silhouette, les bras robustes et la blondeur étrange du garçon. Elle savait qu'il n'était pas insensible à son charme. Plusieurs fois, il lui avait tendu des perches qu'elle s'était efforcée de ne pas saisir. Mina ferma les paupières. À travers le tissu de son pantalon, elle sentait la chaleur du jeune soleil et son corps répondait à cette métamorphose de la campagne. Encore une fois, elle imagina la tente et son intérieur clos, les lits, sans doute à ras du sol, sur des nattes, la douce intimité procurée par la nuit et les mots que Pierre lui murmurerait à l'oreille.

– Tu délires, ma pauvre Mina, se dit-elle.

Elle avait oublié l'heure. Déjà l'air sentait la fraîcheur et laissait deviner la nuit. Péniblement, elle se mit debout, siffla Tindé et s'en fut à pas lents vers Champlong.

Elle apporta un soin particulier à sa toilette, lava ses longs cheveux et se plongea dans les formulaires indiquant les démarches à suivre pour se rendre au Niger. Elle connaissait les indications par cœur, mais cela la rassurait de lire et relire ces phrases administratives dépourvues de poésie.

Le tajine mijotait sur un coin de la cuisinière. Mina rajouta des épices, les pommes de terre, les navets et les carottes et respira à fond l'odeur de ce plat synonyme de son pays. Elle mit le couvert dans la chambre de Jules et prit un livre en attendant Philippe.

– Tu es revenue à tes bonnes habitudes, remarqua t-il en rentrant.

– Je ne les ai jamais perdues.

– Il y a pourtant bien longtemps que nous n'avons plus mangé dans cette pièce.

– Ton comportement ne m'incitait pas à être gentille.
– C'est vrai que je suis très énervé. Je supporte mal de t'imaginer loin.
– Tu vas me manquer aussi.
Elle enleva le chapeau pointu du tajine et le posa au milieu de la table.
– J'ai du mal à m'exprimer. Ça me rend méchant de te savoir en voyage. J'ai l'impression que tu m'échappes. Au fond de moi, j'ai peur.
Mina découpa la viande. Ainsi, Philippe sentait lui aussi le danger.
– Tu n'as rien à craindre. Hormis l'accident d'avion, l'Atlas est un endroit tranquille.
– Tu peux me dire ce que tu veux, je n'arrive pas à rester calme. J'ai rêvé cette nuit qu'un brigand te kidnappait.
Mina se mit à rire.
– Alors, tu viendras me délivrer. C'est peut-être le seul moyen pour que tu voies enfin mon pays.
Philippe ouvrit une bouteille de vin et ils écoutèrent le bruit caractéristique du bouchon de liège délogé du goulot.
– Tu ne connais toujours pas la date de ton retour ? demanda-t-il.
– Sans doute fin mai. Je te préviendrai par courrier ou par téléphone. Je veux prendre le temps.
Habilement, Mina dévia le sujet de conversation vers les activités de Philippe. Elle avait du mal à garder sa sérénité. La nuit était tombée et le crissement de quelques insectes leur parvenait par la fenêtre entr'ouverte. Main dans la main, ils montèrent l'escalier de pierre pour rejoindre leur chambre. Philippe évitait les bagages de Mina dont le volume grossissait de jour en jour. Il n'osait pas s'en approcher, comme si cette preuve tangible de son imminent départ le renvoyait à sa détresse. Il soupira, se débarrassa de ses vêtements et se doucha à grand bruit. Il n'était pas curieux car il lui aurait suffi de soulever une pile de papier pour tomber sur les brochures compromettantes.

Mina se mit au lit et remonta la couverture sur son corps nu. Elle refusa la tentation de lire un moment et attendit son mari en s'efforçant de ne pas anticiper la journée du lendemain qui scellerait définitivement son sort.

– Je vais t'approvisionner en amour, dit Philippe en se collant contre elle.

– J'y compte bien.

Il mordit dans la peau tendre du cou, l'étau de ses jambes musclées emprisonnant Mina. Elle suffoquait sous son poids. Philippe s'amusait à intercaler tendresse et brutalité ; docile, Mina se plia à ses caprices. Outre le plaisir que son amant lui procurait, elle savait qu'il avait besoin de la dominer et que cela le valorisait. Repu, Philippe s'effondra sur un dernier râle et sombra immédiatement dans le sommeil. Pour lui l'amour était un puissant somnifère. Mina se mit en chien de fusil et chercha la fraîcheur d'un coin d'oreiller sur sa joue. Ses alarmes ressurgissant, elle mit longtemps à trouver le sommeil.

L'aube s'éclaircissait lorsqu'elle sauta du lit. Dans la cuisine, Philippe s'affairait à préparer le café. Elle s'habilla, cherchant des vêtements confortables ; très simplement, elle enfila un jean moulant et une tunique de lin beige. Elle prit son sac et une veste en daim, avant de descendre. Elle craignait les réactions de son mari. Il la détailla en connaisseur et elle lut la séduction qu'elle exerçait sur lui, puis, imperceptiblement, elle sentit la méfiance naturelle de Philippe se réveiller.

– J'avais oublié que c'était ton jour de sortie.

– Je vais craquer mon fric, dit-elle pour détendre l'atmosphère. Depuis des lustres, je n'ai rien acheté. Ma garde-robe laisse à désirer.

– Tes armoires sont pleines.

– C'est démodé. J'ai envie de nouveaux pantalons dans des matières souples. Par la même occasion, je t'achèterai quelques jolies chemises.

Ils burent leur café en silence, Philippe observant Mina. Elle grignota une tartine du bout des lèvres.

– Je t'accompagne jusqu'à la voiture, dit-il.

Il y avait bien longtemps qu'il n'avait pas eu ce genre de prévenance. Il vérifia le niveau d'huile et embrassa sa femme.

– Sois prudente.

Dans le rétroviseur, elle le vit suivre le véhicule des yeux jusqu'à ce qu'il disparaisse dans le grand virage. Elle respira mieux, alluma la radio sur une station de musique classique et se laissa séduire par le paysage éclairé de la lumière rasante du matin. Sur l'autoroute encombrée elle regrettait sa campagne.

Des affiches placardées contre les murs du centre de vaccination, annonçaient les pires catastrophes aux voyageurs aventureux : typhus, choléra, leishmaniose, paludisme, maladie de chagas, maladie du sommeil, tuberculose. Mises en garde, consignes de sécurité, images d'enfants squelettiques aux ventres gonflés, tout était réuni pour décourager les candidats au dépaysement. Mina attendit son tour près d'un asiatique silencieux. Elle n'était pas tranquille et réfréna son envie de quitter les lieux. Le médecin fit la piqûre après un interrogatoire en bonne et due forme, lui recommandant de ne pas boire l'eau, de ne pas manger les crudités et de prendre de la chloroquine pour se protéger du paludisme. Une employée à blouse blanche lui délivra son carnet de vaccination, dûment tamponné. Elle l'enfouit dans son sac et quitta cet endroit sinistre.

Elle but un café dans un troquet aménagé à l'ancienne, près du centre ville, puis gagna la maison de Rose. Dans la cour, les rosiers bourgeonnaient, et près de l'allée principale, nettoyée de frais, les tulipes montraient le bout de leur nez. Cette nouvelle végétation adoucissait l'austérité de l'endroit. Mina n'avait pas annoncé sa visite et Madame Manini, en blouse de travail, eut l'air contrariée :

– Madame ne reçoit jamais le matin.

Ce ton protocolaire l'amusa.

– Je peux repasser dans un moment.

Une fenêtre s'ouvrit à l'étage et le buste de Rose apparut.

– Introduisez Mina. J'imagine qu'elle a une bonne raison pour venir me déranger aussi tôt.

Mina avança vers la porte où Rose la reçut en robe de chambre. Elles s'embrassèrent comme de vieilles connaissances.

– J'étais de passage et je venais vous dire au revoir avant de partir en voyage.

– Vous avez des nouvelles de l'affaire Polignac ?

– Rien de plus, répondit Mina.

– J'ai honte de l'état dans lequel vous me trouvez, dit Rose, en montrant sa tenue négligée.

Mina avait volontairement omis de signaler son passage. Elle souhaitait voir Rose à l'improviste, la surprendre pour vérifier que son comportement et son maintien correspondaient à l'image qu'elle lui avait donnée.

– Je suis désolée de vous déranger. Je passais juste entre deux achats, annonça Mina.

– Dans ce cas, venez donc déjeuner tout à l'heure. J'aurai le temps de me rendre présentable en vous attendant.

Mina accepta et traîna dans les boutiques où elle prit tout son temps pour essayer quelques vêtements. Elle exigeait de ses habits qu'ils soient confortables, avec des emmanchures larges et qu'ils ne serrent pas le corps. Le discours de la vendeuse à propos de la mode laissa Mina indifférente et elle choisit un pantalon en lin ocre, bien taillé et quelques ticheurtes sobres dépourvus de slogans américains. Dans un magasin de sport, elle acheta un duvet chaud et des chaussures de marche, sans craindre la dépense. Elle craquait son argent, celui qu'elle avait gagné sur les marchés et au laboratoire. Georges l'avait largement rémunérée, comme s'il avait voulu compenser ses sautes d'humeur, ses vexations et ses silences. Une boulimie de consommation s'empara de Mina. Elle dégota un rasoir pour Mohamed, une cafetière pour Hafida, un parfum pour sa grand-mère Aïcha, des livres pour les enfants du village et s'offrit le luxe d'un sac en cuir noir muni de séparations intérieures et d'une bonne fermeture.

– Là je rangerai mon passeport et mon billet d'avion pour les avoir à portée de main. Je planquerai mes sous dans la poche secrète… dit-elle à haute voix.

Amusé, le patron souriait.

Elle rougit et déplora cette sale manie qu'elle avait de parler seule. Elle paya ses achats, s'aperçut que midi avait sonné, et, chargée comme une mule, elle se retrouva chez Rose. Madame Manini avait dressé le couvert dans la salle de séjour, où trônait le voltaire. Mina déposa ses nombreux sacs dans le hall.

– Vous allez vous ruiner.

– Il y a longtemps que je n'avais rien acheté. Ce moment de détente m'apporte une bouffée d'oxygène.

Le cérémonial très classique amusa Mina. Elle apprécia les grandes serviettes brodées, la nappe, les verres à pied et la tenue de Rose, visiblement habituée à se faire élégante en société.

– Comment va Philippe ?

– Un peu bousculé par ce printemps précoce et toujours incommodé par les rabasses.

Rose sourit.

– Le jour où il ira aux truffes, c'est que vous aurez trouvé la clef de l'énigme Polignac.

– Je suis bien seule pour mener l'enquête.

– Vous réussirez là où j'ai échoué, affirma Rose.

Madame Manini servit une salade frisée accompagnée de croûtons à l'ail. Cela rappela Jules à Mina.

– Je me suis souvenue que les Polignac avaient un domestique à l'époque des faits. Un nommé Vincent Béranger. Il venait donner des coups de main pour les gros travaux. C'était un garçon séduisant et cultivé. Il restait très discret, presque distant. Je l'ai toujours soupçonné de venir d'un milieu aisé et de se cacher.

– Je l'ignorais. Philippe ne m'en a jamais parlé.

– Philippe ne sait rien. Ce Vincent Béranger a disparu lorsque ma fille était enceinte. Vous devriez le retrouver.

Madame Manini apporta un gratin d'endives et du rôti d'agneau et elles s'interrompirent un moment. La servante avait un tablier blanc orné de dentelle et des chaussures silencieuses. Elle s'éclipsa rapidement et ferma la porte doucement.

– Vous connaissez sans doute les méthodes de recherche modernes. Tout le monde parle d'internet. Je crois que c'est un bon moyen pour mettre la main sur Vincent Béranger.

Mina leva les bras au ciel.

– À Champlong, nous venons juste d'installer le téléphone ! Et, j'ai dû me bagarrer pour l'obtenir. L'ordinateur, ce n'est pas pour demain. Philippe a hérité de son père une allergie aux technologies modernes. Son matériel agricole est à la pointe du progrès, mais tout le reste est archaïque. Lorsque je suis arrivée, il n'y avait qu'un baquet en guise de douche. Jules et Philippe ont construit une salle de bain pour moi.

– Vous comprenez pourquoi je n'ai jamais accepté de voir Louise vivre dans cette ferme.

– Je pense souvent à elle. Nos vies se ressemblent.

Elles prirent le café sur un guéridon situé devant la fenêtre.

– Prenez garde à vous, Mina.

Elle sentit un frisson lui parcourir l'échine. L'angoisse du voyage, à nouveau, lui serra l'estomac. Elle ne pouvait rien dire, et cette solitude, à laquelle elle se condamnait, achevait de la torturer.

– J'ai en réserve une bonne dose de courage, heureusement.

Sa triste mine affirmait le contraire.

– Même si le domestique n'est pas le père de Philippe, il pourrait vous parler des relations entre Alphonse, Jules et Louise.

– À mon retour, je mènerai des recherches. Pour le moment, je n'ai pas l'esprit à ça.

Mina prit congé en début d'après-midi.

– J'ai encore envie de flâner dans les magasins.

– Madame Manini va vous appeler un taxi. Vous êtes beaucoup trop chargée.

Elle embrassa Rose et chargea ses nombreux sacs dans le véhicule pour les transférer dans sa propre voiture qu'elle avait garée loin de là. Elle reprit ses déambulations, s'arrêtant souvent pour admirer quelques devantures. Elle acheta une chemise pour Philippe, un pot de crocus pour Jules et flâna longuement dans une librairie où elle trouva une carte du Niger.

Sur la route du retour, elle repensa aux paroles de Rose et décida de chercher le seul témoin qui avait assisté à la cohabitation des deux Polignac et de Louise. Elle trouva encore une fois l'attitude de Rose un peu équivoque. Pourquoi ne s'était-elle pas elle-même mise en quête du domestique ?

– Si les révélations de Pierre sont sans intérêt, je poursuivrai cette piste.

Elle s'arrêta au cimetière, enterra et arrosa les fleurs.

– C'est pour marquer le printemps et mon départ. Je viendrai vous rendre compte de mon voyage.

Mina se pencha vers la terre et raconta à mi-voix ses projets, ses doutes, sa folie et l'appréhension qu'elle ressentait.

Elle s'arrêta chez Paule pour lui dire au revoir. Elle la trouva dans son jardin, occupée à finir le tableau du grand Touareg près de son chameau. La selle aux extrémités de bois sculpté formait un éperon en forme de croix dressée vers le ciel. Une couverture aux couleurs vives était posée sur le dos de l'animal et une espèce de récipient pendait contre son ventre.

– Avec ce plat en cuivre, un nomade est sauvé. Il peut boire, manger, creuser le sable, expliqua Paule.

Le personnage était très grand ; par l'ouverture du chèche, son regard noir et farouche fixait l'infini avec méfiance. Il portait une longue robe drapée, des sandales de cuir et des gris-gris autour du cou. Près d'une cabane d'une teinte identique au sable, reposaient des lattes de bois disposées verticalement.

– Ces bâtons sont destinés à monter la charpente des maisons. Pour éviter que les termites les rongent, ils les trempent dans l'huile de vidange.

Mina ne perdait pas une miette de ces précieuses informations. Son pinceau à la main, Paule achevait les détails de la porte d'entrée de la case. Étroite et basse, elle était réalisée avec une tôle de couleur noire.

– Là-bas, un morceau de métal, c'est la richesse. Avec un tonneau, les forgerons sont capables de fabriquer une jolie malle. À côté du marché aux chameaux, à Agadez, il y a un quartier où résonnent à longueur de journée les bruits d'enclume des ouvriers du fer.

– J'aimerais bien aller un jour voir de mes propres yeux. Les choses ont dû évoluer depuis votre dernier voyage.

– Il y a vingt-cinq ans que je n'ai pas vu le Niger. Je ne le reverrai jamais, mais je le garde en mémoire.

Elle acheva sa phrase avec nostalgie.

– J'ai très peu d'informations. C'est un des pays les plus pauvres du monde. Je guette la presse où parfois je trouve un article. Le journal le Monde a publié quelques papiers sur la rébellion et Radio RFI a commenté succinctement les événements récents. Mon Touareg sur son chameau, c'est toujours d'actualité. Dans les campements, c'est encore l'âge de la pierre. Vous, les Marocains, faites figure d'Américains à côté des peuples nomades.

Paule fignola encore quelques détails à la peinture noire avec un tout petit pinceau d'écolier. Concentrée sur son travail, elle parlait sans y songer et sans percevoir l'intérêt de Mina.

– La guerre est finie là-bas ?

– Il y a sept ans, les Touaregs ont signé la fin des hostilités, mais les accords de paix n'étant pas respectés, les combats ont repris. Un nouvel accord de paix daté de 1997 est actuellement en application.

– Les gens sont toujours armés ? demanda Mina avec angoisse.

Paule se retourna pour l'observer. Elle posa son pinceau dans un verre d'eau et s'essuya les mains.

– Je n'ai pas de nouvelles récentes. Le Niger est une poudrière prête à exploser à tout moment. Une mauvaise saison des pluies au nord et tout peut basculer.

Mina sentit son estomac se serrer. Son malaise n'échappa pas à l'ancienne infirmière.

– C'est à quel moment la saison des pluies ?

– Vers le mois de juillet et c'est une bénédiction tant pour les nomades du nord qui voient leurs pâturages reverdir que pour les populations du sud qui font pousser le mil. Au Maroc, vous n'aurez pas de problème, rassurez-vous.

– Actuellement, quelle est la température ?

– La chaleur commence à monter progressivement jusqu'aux premières gouttes. Nous allions toujours là-bas en décembre ou janvier avec Jean. À partir du mois d'avril, c'est intenable pour un européen.

Mina se remémora les mots de Pierre et se demanda comment Antonin supportait la canicule.

– Comment font-ils pour se protéger ?

– Les Touaregs partent du principe que le vêtement qui protège du chaud protège aussi du froid. Ils ne quittent jamais leurs chèches et leurs djellabas et certains vieux chefs de tribu portent à longueur d'année un burnous de laine.

Paule rangea la toile à l'abri dans son cabanon. Elle craignait la rosée de la nuit. Mina se demandait quel serait le contenu de sa valise. Toute à ses angoisses, elle avait pensé aux soirées encore fraîches de l'Atlas mais pas aux terribles températures du Sahara. Paule prit le bras de Mina, l'entraîna jusqu'au salon où elle glissa une allumette sous les sarments disposés dans la cheminée. Le feu prit immédiatement. Mina s'installa près du foyer, Terzika sur ses genoux, pendant que Paule préparait les verres pour l'apéritif. Les yeux sur les flammes dansantes, elle s'efforça de se calmer. La conversation roula sur l'Atlas et l'imminent départ de Mina.

– Comment allez-vous circuler ? demanda Paule.

– Avec les transports en commun. Il y a un train à l'aéroport de Casa qui dessert tous les villages. Je veux d'abord remonter vers Rabat et la forêt où vous m'avez dit qu'on trouve des truffes.

– La forêt de la Mamora ?

– Vos histoires de truffes des sables m'intriguent. Je voudrais assister à la cueillette.

– Il faut que je vous donne l'adresse du professeur de l'Université de Rabat, spécialiste des truffes, dont je vous ai parlé. Vous pourrez le contacter de ma part.

Paule feuilleta son agenda et nota les coordonnés du Marocain. Mina prit rapidement congé et promit de tout raconter à son amie Paule.

Le grand Sud

38

Sur l'autoroute Philippe roula en silence. La lumière jaillissait sur le Ventoux et le ciel s'éclaircit peu à peu, laissant augurer une belle journée. Mina n'aimait pas le grand couloir de la vallée du Rhône, bordé d'usines et de grandes cheminées crachantes. Elle respira mieux en arrivant vers Aix-en-Provence et ses collines moussues surmontées de bancs de calcaire éclairés par un soleil neuf.

Dès l'arrivée à l'aéroport, Philippe pesta contre les encombrements. Il s'empêtra dans les bagages de Mina et elle alla chercher un chariot, l'air résigné.

– Viens, allons boire un café, suggéra-t-elle.

Il se laissa mener jusqu'au bar, en maugréant contre les gobelets en plastique. Mine de rien, il observait les lieux où des voyageurs pressés s'apprêtaient au départ. Mina chercha le guichet d'enregistrement.

– C'est promis, tu me téléphoneras ?

Elle soupira.

– Il ne faudra pas m'en vouloir si tu n'as pas de nouvelles. Dans l'Atlas, les moyens de communication ne fonctionnent pas toujours. La moindre tempête entraîne des perturbations.

– Je vais te laisser, dit Philippe découragé.

Il était pâle et sur son front quelques rides attestaient son émotion. Mina se serra contre lui et il l'embrassa longuement. Dans sa prunelle, la pointe de vert brillait, indiquant son désarroi.

– Sois prudente, Mina. Surtout reviens-moi vite.

Elle remarqua une buée sur ses prunelles et abrégea le départ. La tête dans les épaules, Philippe partit sans se retourner, accablé sous le poids de la tristesse. Elle le suivit des yeux et s'efforça de combattre ses larmes. Un moment de panique s'empara d'elle, et, cramponnée à la poignée de son chariot, elle résista vaillamment au découragement. Elle enregistra ses bagages auprès d'une employée au maintien militaire, et s'en fut vers l'immense salle d'embarquement. Le front contre la vitre, elle surveilla le manège des gros insectes métalliques, dont les ventres avalaient des montagnes de marchandises. Mina se souvint de son premier voyage en avion et de sa stupéfaction devant l'agitation de l'aéroport, de la gaucherie de ses parents et de l'angoisse à l'idée du crash. La voix étudiée de l'hôtesse qui annonçait les vols la rassura. Elle prit place dans un coin et attendit patiemment, s'amusant à observer les gens, à détailler leurs tenues et à imaginer leurs vies. Dans cet espace en dehors du monde réel, le temps semblait aboli. Mina était comme anesthésiée. Elle prit le couloir, tendit son sac pour la fouille, passa sous le porche où des employés procéduriers contrôlaient de vieux arabes accablés. Malgré sa double nationalité, elle eut droit au sourire engageant du douanier en uniforme. Le Madame Polignac, figurant sur ses papiers et sa séduction naturelle lui ouvraient toutes les portes.

– Bande de sales racistes, maugréa-t-elle.

Portant foulards et longues robes, traînant une nombreuse progéniture, les femmes étaient la proie des sourires goguenards du personnel français. Empêtrée dans ses nombreux bagages, une Marocaine ralentissait la file des gens en partance. Mina prit par la main un de ses gosses aux grands yeux noirs et aux cheveux épais. Elle guida l'enfant vers son siège et il l'embrassa pour la remercier. Ce geste spontané remua Mina. Elle s'enfuit, chercha sa place près du hublot, attacha sa ceinture et ferma les paupières. Pour le principe, elle prépara un livre. L'image de Philippe aux épaules voûtées ne cessait de la tracasser. L'avion s'envola et ses songes se noyèrent dans la mer.

– De l'autre côté de la Méditerranée, je serai enfin sur mon lieu de naissance.

Le passager qui partageait son siège sursauta, étonné. Bientôt, ils furent au-dessus des nuages et, interrompu par un petit-déjeuner, le vol fut rapide. Mina s'assoupit quelques minutes le temps de rêver à un Philippe aux yeux bleus, portant djellaba et gris-gris autour du cou, marchant dans l'infini du sable près d'un chameau au long cou et à la bouille lippue. Par un raccourci de son esprit embrumé, Philippe, Pierre et Antonin formaient une entité ressemblant au grand Touareg du tableau de Paule. Elle réclama un autre café à une hôtesse souriante et se réveilla tout à fait au-dessus du détroit de Gibraltar. Au large de Tanger, grise et blanche, à la frontière des deux mers, le sillon argenté de quelques navires miroitait.

– Mon pays, dit Mina.

Une pointe d'émotion apporta un tremblement dans sa voix.

– Où allez-vous ? demanda son voisin.

– Jusqu'à Rabat, puis au nord du côté de la forêt de la Mamora. Ensuite, je rejoindrai l'Atlas où vit ma famille.

Le voyageur se révéla bavard. Il lui raconta qu'il travaillait dans une ferme produisant des pêches et était venu chercher femme et enfants avant la grosse saison d'été. Elle souhaita qu'il se taise et la laisse s'imprégner des photos aériennes avant de fouler le sol de sa terre natale. Mina n'entendit que des bribes de son discours, et, acquiesçant par politesse, continua à observer les détails de la côte.

L'avion se posa à l'aéroport de Casablanca, après avoir survolé la platitude des champs déjà verts. Elle récupéra ses bagages, changea ses euros contre des dirhams et se dirigea vers la gare du sous-sol pour emprunter un joli train rouge, démodé mais confortable, qui s'arrêta à Casa Port avant de stopper à Rabat, grouillante de monde. Les terres étaient toutes ensemencées et le soleil plus chaud qu'à Champlong. Mina portait un pantalon de toile écrue, un ticheurte noir, un gilet comportant de nombreuses poches et son sac à compartiments dans lequel elle avait préparé soigneusement ses papiers, les coordonnées du Marocain qu'elle devait contacter, de quoi noter, de la lecture. Elle monta le grand escalier et sortit à l'air libre. Au carrefour, un gendarme s'efforçait de réglementer la circulation des automobilistes ignorant les feux rouges et klaxonnant d'abondance.

– J'avais oublié… dit Mina, éberluée par tant d'indiscipline.

Elle posa ses bagages entre ses jambes, s'assit un moment sur les marches, observant l'agitation et les nombreuses femmes portant foulard. Elle eut un geste vers ses cheveux, simplement retenue par une barrette.

– Je n'ai de compte à rendre personne.

Elle fut abordée par un individu qui déambulait, sa serviette à la main.

– Puis je vous aider ? Vous avez l'air perdue.

– Merci, dit Mina.

Dans un flot de passants bousculés, elle traversa l'avenue et entra dans le hall de l'hôtel Terminus, où elle prit une chambre. Le liftier la délesta de ses bagages et la guida dans le dédale des étages en lui conseillant :

– Il y a des restaurants pas chers, en montant vers la grande mosquée.

Elle ferma la porte, et, s'effrayant du silence, ouvrit le robinet du lavabo autant pour entendre le bruit de l'eau que pour se laver les mains. Il était presque quatorze heures.

Philippe était sans doute dans les vignes. Une vague d'émotion l'étreignit. Elle eut envie de se coucher, de ne plus bouger et se força à prendre son sac et à quitter ce lieu protégé.

Le grand hall était meublé à la mode du pays, avec des canapés bas et confortables ceinturant la vaste pièce. Quelques très beaux vases en cuivre et des lampadaires aux verres multicolores décoraient l'ensemble. L'hôtesse interrogea Mina lorsqu'elle déposa ses clefs.

– Vous êtes Marocaine, n'est-ce pas ?

Elle déclina son identité, expliqua qu'elle était originaire d'Aghballa et qu'elle vivait dans le midi de la France. La jeune femme portait une blouse blanche et pas une mèche ne dépassait de son foulard. Elle écouta avec intérêt le récit de Mina.

– Je m'appelle Anissa et je connais Marseille.

– J'habite au nord, entre Avignon et Valence.

Mina se renseigna sur Rabat et emprunta un plan de la ville. Anissa fut interrompue par l'arrivée de nouveaux clients et Mina fila par un large trottoir ombragé, à la recherche d'un endroit où se restaurer. Elle fut abordée par plusieurs hommes à la recherche d'aventures, intrigués par cette femme jeune et seule.

– Faudra-t-il que j'adopte la tenue de rigueur pour avoir la paix ?

Le Terminus, situé Avenue Mohammed V, était un point stratégique d'où l'on voyait à la fois la mosquée Es-Sounna à droite, et l'entrée de la médina, à l'opposé. Mina choisit le coin le moins peuplé offrant un peu de verdure à sa détresse. Elle était mal à l'aise, plus du tout habituée à la ville et à son chahut. Elle choisit un troquet où elle put grignoter, sous le couvert des arbres. Philippe lui manquait. Elle l'imagina à ses côtés, ouvrant de grands yeux sur les gens et les monuments.

– Jamais je n'arriverai à le sortir de cette ferme maudite.

Elle se régala d'un thé et, chassant son cafard, monta vers la mosquée. De grands arbres, dessinant des allées taillées au cordeau, bordaient la large rue où circulaient des automobilistes bruyants. La porte de l'édifice était ouverte. À l'entrée, de nombreuses chaussures étaient déposées. La voix du muezzin résonnait. Mina se souvint de Saint-Roch si silencieux, là-bas à Réauville, et compara les deux lieux de culte.

– Tout compte fait, je préfère le silence.

Elle eut envie d'entrer, de se mêler à la foule agenouillée, de se recueillir sur la drôle d'aventure qui commençait, de réfléchir à son sort.

– Ce serait indécent. Il n'y a que des mecs là-dedans.

Elle revint lentement vers le Terminus. Elle était perdue. En quelques heures, elle avait franchi la Méditerranée pour poursuivre la chimère du mystère Polignac, abandonnant Philippe et sa vie sans surprise. Il lui sembla normal de ressentir ce vide, cette espèce d'apesanteur bizarre. L'oisiveté soudaine la rendait perplexe. Mina soupira.

– Je vais m'habituer.

Refusant la solitude de sa chambre, elle s'installa à une table, dans un angle du hall de l'hôtel et commanda un thé. De sa place, elle pouvait surveiller le manège des consommateurs et voir, en quelque sorte, d'où l'ennemi arriverait. Elle ne voulait pas séjourner longtemps dans la capitale politique marocaine, mais simplement visiter quelques monuments et se rendre sur les terroirs à terfez. Elle se dirigea vers le téléphone et appela Hocine Allaoui que Paule lui avait conseillé de contacter. Il avait une voix chaleureuse et ils prirent rendez-vous pour le lendemain en début d'après-midi. Rassurée par ces projets, Mina retrouva sa chambre, prit une longue douche puis un bain et s'allongea dans son lit avec un livre. Elle était fatiguée et dormit longtemps, d'un sommeil entrecoupé de rêves étranges, où des chameaux faméliques transportaient

Antonin et Pierre dans les truffières de la Grenoble pour rejoindre Philippe occupé à tailler ses vignes.

Le lendemain, Mina arpenta l'Avenue Mohammed V, passa devant la gare, le Parlement et la poste, rejoignit le boulevard Hassan II et le quartier de la médina. Se faufilant entre les nombreux passants, elle s'arrêta longuement dans une librairie où figuraient des publications en français et en arabe. Elle but plusieurs thés. C'était sa manière à elle de se fondre dans le pays.

Marquée par un porche ocre, l'entrée de la médina était comme une invitation à un nouveau voyage. Mina ne s'éloigna pas de l'artère principale relativement calme le matin. Elle avait peur de se perdre. Les marchands commençaient à s'installer. Elle s'arrêta devant les étals pour admirer quelques objets, mais l'obséquiosité des commerçants était telle qu'elle renonça à s'attarder devant la multitude d'objets qui pendaient dans les venelles. Elle s'emplit les narines des odeurs d'épices et de poissons grillés, admira l'entrée d'une mosquée et les fontaines de la Rue des Consuls, but un nouveau thé avec un marchand qui cessa son racolage lorsqu'il apprit que Mina était berbère.

– Tous les mardis et jeudis, les femmes viennent vendre leurs tapis aux enchères. Je vous invite dans mon échoppe d'où vous pourrez assister aux négociations.

Mina accepta la proposition. Sous la grande verrière qui dessinait des ombres, elle continua par le quartier des antiquaires qui vendaient et restauraient de magnifiques portes cloutées, des ardoises coraniques et des tablettes destinées à soutenir les livres saints. Occupés à leurs travaux, les artisans levèrent un œil indifférent sur la jeune femme. Ils avaient l'habitude des touristes de toutes nationalités.

De gros arbres aux troncs tortueux et aux racines aériennes formaient comme des parasols géants. Mina s'arrêta dans la niche d'ombre de l'un d'eux et laissa s'écouler un moment, le temps d'observer entre le rideau des tiges le monument dominant l'autre côté de la route.

– C'est la Kasba des Oudaya que vous admirez, lui dit un passant. Si vous voulez, je vous emmène visiter le quartier des artistes.

Mina déclina l'offre.

– Je suis originaire du pays. Je n'ai besoin de personne.

Le quidam haussa les épaules.

– Vous vous moquez de moi.

Mina lui débita une phrase en berbère qui cloua le bec à son interlocuteur.

– Connaissez-vous le nom de cet arbre qui porte ces belles fleurs orange ?

– Je pense qu'il s'agit du caroubier, répondit l'autre. Sa gousse longue et épaisse renferme une pulpe sucrée.

– Merci beaucoup pour ces renseignements.

Il nota son numéro de téléphone sur un bout de papier et le tendit à Mina.

– Passez donc à la maison. Je m'appelle Khalid et ce soir ma femme prépare le couscous. Nous serions ravis de discuter un peu avec vous.

– Je ne peux rien vous promettre. J'ai un rendez-vous en début d'après-midi et j'irai ensuite dans la forêt.

– C'est un peu tôt pour la cueillette des champignons.

– Mais c'est la saison des terfez.

Il eut la même grimace que Philippe.

– C'est tout juste bon pour s'empoisonner. Je me méfie de ce qui est souterrain.

Mina sourit. Décidément, ce qui poussait dans les entrailles de la terre avait mauvaise presse sur tous les continents.

– Je suis productrice de truffes, expliqua-t-elle. À ce titre, je voudrais bien voir comment vous récoltez ici.

– Je sais qu'il existe des usines de mise en boîtes. Mais comme la plupart de mes compatriotes, je n'ai jamais goûté les terfez.

Mina serra la main de Khalid et continua sa route vers le monument qui dominait la route et la mer. Elle emprunta des ruelles sombres et tortueuses, admira quelques échoppes, les portes basses des maisons dont les volets étaient peints en bleu et les chats faméliques. Sous les arcades d'un bar à plein ciel, elle laissa le temps passer en observant les va-et-vient des étudiants. Au-dessous, l'embouchure de l'Erg Bou Regreg regorgeait des sables de l'Océan Atlantique et de gros navires désobstruaient inlassablement le passage. Des bateaux de pêcheurs naviguaient et un flot ininterrompu de véhicules franchissait le pont Hassan II en direction de Salé, lumineuse sur sa colline. Mina consulta son plan et décida de marcher encore un peu.

– Je vais filer par la tour Hassan et les ruines du mausolée.

Du doigt, elle traça son itinéraire, tout en commentant à haute voix ses projets.

– Je peux vous aider ? demanda quelqu'un.

Mina s'éloigna sans répondre. Par la Place Sidi Makhlouf elle grimpa vers la tour qui se profilait à l'horizon. Sur l'esplanade dallée, des centaines d'embases de tours, silhouettes insolites, montaient la garde. L'entrée en ogive du mausolée s'ouvrait sur un balcon dominant une pièce qui abritait trois cercueils. Des gens recueillis priaient en silence, seules leurs lèvres remuaient. Un officiant, en position de lotus, lisait le coran. Deux gardes à cheval surveillaient. Mina acheta des cartes postales et regretta de ne pas avoir un appareil photo. Sur le chemin du retour, elle appela Philippe. Il devait guetter le téléphone car il répondit à la troisième sonnerie.

– J'étais mort d'inquiétude. J'avais peur qu'aux infos, hier au soir, on annonce un accident d'avion.

Mina le rassura.

– Comment vont les chiennes ?

– Comme moi. Nous t'attendons. La maison est vide.

Quelque chose se serra dans sa poitrine. Des larmes vinrent à ses paupières. Elle respira longuement, raconta son emploi du temps et ajouta :

– Tu me manques, Philippe. À bientôt.

Elle coupa par de petites rues, s'arrêta au syndicat d'initiative pour y prendre des brochures, passa devant le centre de santé reproductrice, interloquée par cette désignation bizarre, et repensa à sa visite chez le docteur Barnier de Grignan.

– Au diable les ennuis, s'exclama-t-elle.

Elle mangea des gâteaux regorgeant de miel et recouverts de graines de sésame et se lécha les doigts.

À quatorze heures, elle avait préparé ses chaussures de marche dans son sac à dos et attendait Hocine Allaoui dans le hall de l'hôtel.

39

Hocine était chaleureux, il aimait la plaisanterie et Mina l'adopta sans retenue dès le début.

– Avec ce beau temps, je vous emmène dans la forêt.

Ils se faufilèrent dans les embouteillages, franchirent le pont Hassan II et traversèrent Salé en direction de Mecknès.

À Ouija, ils passèrent devant le Village des Arts Marocains, un complexe où étaient réunis des artisans potiers, des tisserands et des vanniers.

– Voulez-vous visiter ?

– Je préfère aller dans la forêt.

– Voici le palais de notre roi Mohammed VI, expliqua Hocine, en longeant la palissade qui délimitait de grands jardins.

Un rideau d'arbres dissimula à la vue de Mina les bâtisses lointaines. De grands eucalyptus bordaient la route.

– Ils ont été plantés pour assécher le terrain, dit son guide.

Chênes-lièges dont les troncs multiples s'élevaient vers le ciel, pins et arbustes inconnus de Mina poussaient sur un tapis verdoyant semé de fleurs jaunes à perte de vue. Des troupeaux de vaches maigres et de brebis broutaient sous la surveillance de jeunes bergers. Hocine ralentit dans une longue ligne droite et scruta les bois.

– Si vous apercevez des taches jaunes ou rouges, ce sont les robes des femmes.

Mina scruta les sous-bois. Au bord de la route, de jeunes garçons, plantés aux côtés de balles d'argile superposées, semblables à des chandelles boursouflées, essayaient d'arrêter les automobilistes. Hocine les ignora en expliquant :

– Ce sont les vendeurs de Tuber oligospermum.

Mina avait oublié Philippe. Elle ouvrait de grands yeux et posait de nombreuses questions.

– Si nous nous arrêtions ? Je voudrais bien examiner de plus près ces truffes inconnues.

– Les marchands ambulants sont trop racoleurs. Vous les verrez dans les bois.

Il aperçut un groupe bariolé au loin.

– Nous y voici.

Dans le coffre de sa voiture, il attrapa une binette miniature et abandonna ses chaussures de ville pour des tennis. Mina chaussa ses godillots de marche et ils filèrent vers les taches colorées. Ils foulaient un sol plat et riche en herbacées de toutes sortes.

Hocine se pencha vers un hélianthème aux gros pétales jaunes.

– Observez bien le sol au pied de cette plante. Parfois, une légère boursouflure indique l'arenaria. Vainement, il creusa un trou et ajouta :

– Elle n'est jamais profonde, à peine cinq ou dix centimètres.

Mina se rappela les informations fournies par Paule. Autour des femmes comme prosternées, des enfants jouaient. Dans le dos de leurs mères, quelques nourrissons se laissaient ballotter au gré de leur marche. Malgré elle, Mina chercha les chiens.

– Voici Massaouda et ses deux fils Abdelaali et Kamel, présenta Hocine.

Vêtue d'une longue tunique blanche surmontée d'un tablier vert, Massaouda était coiffée de deux foulards superposés. Nullement impressionnée par la présence de Mina, elle reprit son travail. À l'aide d'un bâton, elle tapotait le sol et tendait l'oreille. Elle avançait courbée en deux. Elle se pencha davantage et à l'aveuglette fouilla le sol au pied de l'hélianthème. Elle invita Mina à s'approcher. Le dos rond et d'un blanc crémeux de l'arenaria apparut, se confondant avec le jaune du sol sablonneux. Intriguée, Mina ne perdait pas une miette du spectacle. Massaouda rit et dégagea la terfez pour la poser dans sa main.

Elle ressemblait à une grosse pomme de terre, avec un péridium lisse et blanchâtre. Mina la renifla longuement, entailla sa chair avec l'ongle de son petit doigt et tenta de cacher sa déception.

– Son odeur me rappelle le cèpe, dit-elle, dépitée.

– Votre odorat est perverti par l'odeur de la melano, sourit Hocine.

Massaouda, ignorant l'aparté, continuait ses recherches. Hocine se pencha et reboucha le trou béant.

– Elles n'ont pas compris qu'il fallait refermer l'entaille. La relation mycorhizienne avec Helianthemum guttatum est chamboulée par la lumière.

– C'est comme chez moi. J'ai appris à toujours ramener la terre après la fouille. Certains mettent même de la litière ou des feuilles pour favoriser la dégradation des éléments. Je suis étonnée par l'absence de chiens.

– C'est une coutume de chercher par la méthode dite à la marque. Mais j'aimerais bien essayer de dresser un chien. Quelle race me conseillez-vous ?

– J'ai vu caver toutes sortes d'animaux, du bâtard au loulou en passant par l'épagneul et même le caniche. Certains ne jurent que par le teckel, d'autres misent sur le labrador. Je pourrais vous donner un chiot de Lionne ou de

Tindé qui tiennent de la bergère avec leurs longs poils de toutes les couleurs. Ce sont des championnes.

Tout en discutant, ils filaient vers de grands arbres sombres et se mêlaient par moment au travail des femmes disséminées dans la prairie.

– Tindé, c'est un nom de chez nous, s'étonna Hocine.

– C'est le tamtam que les touarègues des campements fabriquent en posant une peau de chèvre mouillée sur les mortiers utilisés pour piler le mil.

– Vous connaissez ces peuples ?

– J'ai des amis qui sont allés là-bas et m'ont raconté leurs souvenirs. Le courtier avec qui je travaille a vécu un moment du côté de Tamanrasset.

Mina proféra ce mensonge d'une voix sans faille et hésita à lui confier que dans quelques jours elle serait à Agadez. Elle choisit de se taire et orienta la conversation vers les terfez. Elle gardait dans sa main le drôle de champignon blanchâtre donné par Massaouda et le sentait régulièrement pour essayer de détecter ses parfums.

– La plupart des gens de Rabat refusent de consommer des terfez, mais ce soir je vous emmènerai manger une omelette chez un ami.

Hocine se pencha et ramassa un cèpe qu'il tendit à Mina.

– Le dimanche après-midi, les gens viennent cueillir des champignons dans la forêt, expliqua-t-il. Mais ils ont peur de s'empoisonner avec les terfez.

– Comment les commercialisez-vous ?

– Espagnols et Italiens en sont friands. Ils en font des pâtés et en produisent eux-mêmes.

– Un jour ma chienne a trouvé une muse. Elle ressemblait un peu à ça mais avec un goût très prononcé d'éther.

– Le principal marché se traite avec l'Arabie Saoudite, le Koweit, l'Irak et la Syrie. Quelques usines mettent en boîtes ici.

Ils arrivèrent dans une éclaircie où vivait une famille de ramasseurs d'écorce de chêne-liège. Dans une pauvre cabane recouverte de tôles et fermée par des tissus étaient rassemblés les ustensiles de cuisine ; des bidons pendaient, quelques hardes reposaient sur des tiges de bois. Une vache et ses deux veaux vivaient sous un autre appentis. Des tiges de fenouil attendaient de satisfaire la faim des animaux. Mina eut le cœur serré par la pauvreté digne et souriante des habitants du lieu. Un enfant enchifrené vint toucher sa veste en jean et elle eut honte de son aisance.

– Ces gens subsistent en ramassant les chutes d'écorce des chênes-lièges, lâcha Hocine. Les fonctionnaires des Eaux et Forêts cueillent les gros morceaux tous les dix ans. Ce groupe exploite les déchets.

Ils tournèrent autour des montagnes d'écorces disposées artistiquement en un long rectangle.

– Pourquoi certains troncs sont-ils noirs ? demanda Mina.

– Après la récolte, la base des arbres est badigeonnée avec un produit de protection.

Ils quittèrent leurs hôtes d'un moment et prirent le chemin du retour. Les femmes, elles aussi, s'apprêtaient à terminer leur journée de travail. Hocine conduisit Mina jusqu'à Sidi Allal Bahraoui, un gros bourg étalé dans la nature. Les maisons, comme souvent sur le continent africain, n'avaient pas d'étage, ce qui expliquait cette propension à la croissance. Juchées sur les plus hauts toits, des cigognes tenaient conciliabule ou nourrissaient les jeunes.

Abdellah, l'ami d'Hocine, était séduisant, avec une moustache fournie et bien taillée, chapeauté d'un feutre. Sa manière de s'exprimer indiquait qu'il avait l'habitude des transactions longues et patientes. Vêtu à l'européenne d'une veste de cuir et de chaussures classiques, il surveillait les opérations dans le hangar qui lui servait de laboratoire. Mina nota la précarité des lieux et se représenta

Georges dans son vaste atelier largement pourvu de tout le confort moderne.

– Entrez vite, demanda Hocine, avant de refermer le vantail sur l'obscurité du réduit.

Ainsi, même ici, régnait la discrétion lorsqu'il s'agissait des affaires de truffes.

Dans de simples cagettes en plastique aéré, les terfez attendaient la mise en sacs. Tout comme en Tricastin, les truffes étaient brossées et triées par calibre. Une odeur d'humus, de terre fraîchement retournée s'élevait en volute dans la pièce fermée. Curieuse, Mina s'approcha du stock important et remarqua des truffes bosselées de nombreuses protubérances et d'une couleur blanchâtre sous leur pellicule de sable.

– Voici Tuber oligospermum, qui pousse sous le pin nommé Pinus pinaster. expliqua Hocine. Je vous emmènerai demain à la cueillette.

Un carnet à la main, Abdellah notait des informations. Il avait l'air embarrassé.

– Une grosse commande embarrasse mon ami, dit sommairement Hocine.

Il entraîna Mina vers la maison d'habitation et sa pièce des invités aux confortables banquettes. Sur des étagères brillaient les théières, les rince-doigts et les verres à thé rehaussés d'un liseré doré. Ces objets d'apparat étaient réservés aux grands jours et chaque famille en possédait plus ou moins en fonction de sa richesse. Fatima servit un délicieux thé à la menthe, un rejeton joufflu accroché dans son dos. Elle était beaucoup plus jeune que Mina et déjà mère de deux enfants malgré son air d'adolescente. Mina laissa les deux hommes converser en arabe et suivit la jeune femme par un couloir étroit jusqu'à la cuisine rudimentaire. À croupetons, Fatima commença à laver les arenarias. Elle transportait des seaux d'eau et en remplissait des récipients dans lesquels elle envoyait valser les tubercules d'une main de spécialiste. Mina l'aida du mieux qu'elle put. À l'aide d'un grand couteau, elle enleva la peau et les blanchit une bonne demi-heure sur un réchaud posé à même le sol. Sur un camping-gaz, mijotait un tajine aux oignons et aux raisins, dans lequel Fatima ajouta deux cuillères de sucre et une bonne pincée de cannelle. À l'odeur Mina saliva. La cuisinière mit de l'huile à chauffer dans une grande poêle et coupa les terfez en cubes qui se mirent à grésiller. Mina ne perdait pas un de ses gestes.

– Va acheter des œufs, demanda-t-elle à l'aîné de ses fils, en lui tendant quelques pièces.

Occupé à lire, l'enfant interrompit ses activités et fila sans mot dire. Il revint avec six gros œufs blancs que Fatima lava avant de les casser et de les battre. Elle ajouta un peu de sel et de poivre et avoua dans un français hésitant :

– Je n'aime pas manger les terfez. C'est juste pour faire plaisir à mon mari.

Mina rit. Décidément, ces souterraines n'étaient consensuelles ni en terre occitane ni dans la forêt de la Mamora. Philippe ne serait pas perdu au Maroc.

– Chez moi, c'est le contraire. Mon mari ne supporte pas les truffes.

Fatima demanda des explications qu'elle lui fournit largement. Elle raconta comment elle trouvait les melanos avec ses chiennes au cours des hivers rigoureux, comment elle les vendait sur les marchés et cita quelques recettes.

– Vous avez combien d'enfants ? demanda ingénument Fatima.

– Pas encore d'enfant, répondit très vite Mina. Vous savez, chez nous, nous maîtrisons la fécondité.

Surprise, Fatima proclama :

– Moi, j'attends le troisième. J'espère qu'il s'agira encore d'un fils. Abdellah est très fier de moi.

– Je crois bien que vous devriez ajouter les œufs, dit Mina.

Elle se renfrogna dans un coin de la minuscule cuisine, tant pour se remettre de ce rappel à l'ordre que pour continuer son observation. Fatima lut le désarroi sur son visage et lava le thé avant de le mettre à bouillir. Elle ajouta une bonne poignée de menthe fraîche et expliqua :

– Ce breuvage soigne tout. Les maux de ventre autant que les plaies de l'âme.

En tant qu'invitée, Mina ne pouvait pas, décemment, montrer sa mauvaise humeur. Elle sourit et rejeta ses préoccupations. D'un mouvement du poignet, Fatima retourna l'omelette. L'odeur de bois fraîchement arrosé par la pluie et d'éléments végétaux en décomposition chatouilla les narines de Mina qui se remémora la cuisine de Léonore. Le bébé s'était endormi dans le dos de sa mère. Fatima le posa sur son lit et ramena la couverture contre lui. Elle prit familièrement le bras de Mina et la conduisit dans la pièce des invités.

– Reposez-vous.

L'omelette se présentait bien comme chez Léonore et Georges : les terfez y formaient les mêmes carrés blancs. Elle eut l'impression fugitive d'avoir progressé d'un pas de géant dans son enquête. Fatima servit sans prendre place autour de la table. Sitôt le tajine avalé, Abdellah retourna à son atelier, où l'attendaient des ouvrières pour la préparation des derniers sacs qui devaient partir à l'aéroport de Casablanca. Il refusa d'un geste de la main que Mina le suive pour assister aux opérations.

– Votre présence risque de retarder le travail, expliqua Hocine.

Mina constata que comme à Richerenches, certains aspects du métier de courtier devaient rester secrets. Elle se plia de bonne grâce aux exigences, en se rappelant que Georges n'acceptait pas les visites au laboratoire et travaillait parfois en fermant la porte à clef. Avant de partir, Mina alla saluer Fatima dans sa cuisine. Elle avait mangé debout contre l'évier, et, le sourire aux lèvres, lavait la vaisselle. Les deux femmes s'embrassèrent. Sur le chemin du retour, Mina s'assoupit. Hocine lui donna rendez-vous pour le lendemain en début d'après-midi. Dans sa chambre, elle prit quelques notes puis s'endormit pour une longue nuit peuplée de rêves d'enfants joufflus aux yeux verts.

40

Hocine et Mina se guidaient aux espaces récemment piochés pour dénicher les cueilleuses de Tuber oligospermum. Ils arpentaient les rangées d'arbres aux fûts élancés et à la ramure maigre, et scrutaient les environs. Le ciel était bas et gris.

– Nous risquons de prendre un orage, comme souvent au printemps. Observez bien à droite, moi je m'occupe du côté gauche.

C'est sous les pins nouvellement utilisés pour le reboisement que des groupes de femmes travaillaient. Elles étaient une bonne trentaine, chacune armée d'une binette et d'un seau en plastique. Certaines n'avaient pas seize ans, les plus âgées circulaient avec leur nombreuse progéniture éparpillée autour d'elle ou accrochée dans leur dos.

– Dans la taïda, la forêt de pins en arabe, elles piochent à l'aveuglette. Un oligospermum n'est jamais seul. Si elles en trouvent un, elles défrichent le terrain tout autour du tronc de l'arbre, expliqua Hocine.

Mina remarqua les nombreuses cicatrices de la terre retournée.

– Les racines superficielles sont souvent malmenées car il faut fouiller jusqu'à vingt ou trente centimètres. C'est dommage.

D'abord timidement, puis d'un pas décidé, une jolie adolescente s'approcha de Mina.

– Voici Soumaya, présenta Hocine.

Elle prit le bras de Mina, puis l'entraîna vers le chantier. Du sol sablo-limoneux, elle retira un oligospermum très bosselé, d'une couleur blanc jaunâtre, et le lui tendit. La paume de ses mains était recouverte de henné.

– Cela protège des agressions de la terre, dit Hocine.

Soumaya était vêtue d'une espèce de robe de chambre bleu outre-mer sous laquelle dépassait un caleçon de laine crème. Elle allait pieds nus dans des babouches de cuir. Un pull-over rouge et un foulard blanc complétaient sa mise. Mina renifla longuement son cadeau, et, distraites par cette apparition, les femmes se poussèrent du coude en riant. Les cheveux maintenus par un bandeau, à la manière des pirates, un homme d'une cinquantaine d'années attendait la fin de ces amusements. Mina chercha Hocine qui s'approcha et confia discrètement :

– C'est le contremaître, celui qui dirige les opérations du matin jusqu'au soir. Il n'apprécie pas de voir les ouvrières échapper à son contrôle.

Mina essaya de se faufiler hors du groupe qui l'entourait, mais elles la tenaient prisonnière, observant ses chaussures de marche, touchant ses cheveux et posant de nombreuses questions. En riant, Hocine prit son bras et haussa le ton, en arabe, pour la libérer. Il parlementa avec le patron qui afficha son hostilité à l'étrangère et donna l'ordre de reprendre les activités. Les cueilleuses s'égaillèrent à nouveau sous les arbres, penchées vers le sol et ignorant le mal au dos. Avec son autorité virile, il déplut à Mina. Espiègle, Soumaya la rejoignit prestement, lui offrit quelques truffes et reprit sa position dans les rangs. Pour ne plus troubler la bonne marche des opérations, ils suivirent la troupe bariolée à distance.

– La main d'œuvre locale n'étant pas suffisante, les saisonnières sont emmenées en véhicule tout terrain d'une centaine de kilomètres. Le soir, elles reçoivent une rémunération en fonction de la hauteur de la récolte dans leurs seaux, expliqua Hocine.

Devant la mine étonnée de Mina, il ajouta :

– Pas la peine de peser. Le récipient est annelé et cela tient lieu de mesure.

Des vaches maigres et quelques ânes broutaient en lisière de la pinède.

– Le surpâturage tasse le sol et empêche un bon développement des champignons, nota Hocine en repoussant les animaux.

Un berger d'une dizaine d'années se tenait à distance, surveillant avec méfiance les deux promeneurs. Tout en avançant, Mina reniflait les terfez et observait le savoir-faire des caveuses, veillées par l'œil vigilant du contremaître. Dispersées sous les arbres, au premier abord, leurs robes claires composaient un bouquet floral. Elles filaient, pliées en deux, échines rondes et jambes tendues, culs par-dessus têtes, sourire aux lèvres. Mina éprouva une bouffée de commisération pour ces femmes, qui, outre-Méditerranée, travaillaient pour la survie tandis qu'elle courait aux truffes surtout pour son plaisir. Le ciel se mit à déverser des gouttes glacées, comme s'il voulait les accabler davantage. Sans broncher, elles se couvrirent de morceaux de plastique et continuèrent leur tache. Adossée à un arbre, à l'abri de la pluie, Mina observait toujours la scène. Elle murmura :

– Peuchère.

– Que dites-vous ? demanda Hocine.

– Je dis peuchère. C'est un terme de chez nous, du sud. Un mot pour désigner la compassion, l'amitié, la tendresse ou l'ironie. On l'emploie pour les malades, les gens qui souffrent, qui ont perdu leur récolte ou sont victimes d'une situation injuste.

– Ces femmes ne sont pas malheureuses. Vous avez une idée toute européenne de la question.

Mina ne releva pas la remarque. Ils continuèrent ainsi, en silence, étourdis par les odeurs de résine qui se levaient sous la caresse de la pluie, plus que par le fumet champêtre de la truffe. Mina marchait vite, grelottant sous sa veste imbibée d'eau. Palmiers ibériques, pieds de fenouil aux têtes prêtes à éclore, cistes en boutons, elle connaissait presque toutes les plantes. Seule, une d'entre elles, lui était inconnue ; sans raison, elle revit la tombe de Mascotte, envahie maintenant par les pétales d'encre des iris.

– C'est l'asphodèle, dit son guide. Sa hampe florale nue se termine par une grappe de grandes étoiles blanches ou jaunes, qui font le bonheur des bourgeoises de Rabat. Si vous voulez la voir en fleurs, il faudra attendre encore un peu.

– Je ne peux pas rester plus longtemps.

– Dommage. Je vous conduirai demain au souk. Vous aurez ainsi assisté à tout le circuit.

Mina déjeuna de deux bols de harrira dans un boui-boui aux tables grasses. Elle adorait cette soupe longuement mijotée, aux odeurs caractéristiques de coriandre, avec des lentilles et des morceaux de viande. Pour éviter d'être importunée, elle s'était installée dans le recoin le plus obscur. Elle resta un long moment à observer les passants dans la rue et l'agitation des bus surchargés, tout en sirotant des verres de thé à la menthe pour se réchauffer.

La pluie s'arrêta en début d'après-midi. Elle gagna le Palais Royal dont de nombreux touristes photographiaient l'entrée en pierre brune brodée de festons de dentelle. Elle s'assit sur un banc et admira les allées tirées au cordeau où fleurissaient des plantes inconnues et les trottoirs ombragés d'un tunnel de verdure aux branches entrelacées formant de véritables dômes de fraîcheur. Elle revint à son hôtel par le quartier résidentiel du Méchouar, obliqua par l'Avenue Ibn Toumerte et longea le parc qui abritait une grande maternité.

– Décidément, le sort me poursuit, dit-elle, en filant vers la rue Soékarno et les jardins Triangle de Vue.

Elle téléphona à Philippe, mais la sonnerie retentit dans le vide. Cela lui laissa un goût d'abandon. Elle s'installa à côté de la cabine, décidée à renouveler son appel. Une plante grasse de la taille d'un arbre retint son intérêt. Avec son tronc renflé à la base, il dessinait des formes rondes et douces et le plumet de ses extrémités retombait en courbes vers le sol.

– J'aurais dû acheter un appareil photo, regretta-t-elle. À Rabat, je vais me faire arnaquer. Ils me prendront pour une touriste.

Un chien, le nez au vent, passa tout près d'elle, poursuivi par un garçonnet à l'air fiérot. Mina sentit son cœur se serrer. Lionne et Tindé lui manquaient.

– Si seulement Philippe répondait.

Le téléphone restait toujours silencieux. Mina l'imagina dans son atelier, occupé à une activité bruyante. Elle s'obstina, vainement. Elle fut chassée par la pluie et les sollicitations d'un homme basané qui désirait s'entretenir avec elle. Excédée, elle le rabroua sans ménagement.

– Je n'ai besoin de rien ni de personne. Fichez le camp.

Elle revint d'un bon pas jusqu'au Terminus et trouva Anissa occupée à rédiger une facture devant l'écran de son ordinateur. Accoudée au comptoir, elle attendit que la jeune femme termine sa page.

– J'ai un cadeau pour vous, dit Mina, en l'entraînant un peu à l'écart.

L'hôtesse laissa paraître son plaisir. Mina lui tendit le papier journal contenant les terfez. Anissa resta perplexe, tendit un doigt timide, avant de demander :

– Qu'est-ce que c'est ?

– Des truffes de la forêt de la Mamora.

Son nez se plissa de dégoût.

– Comment dois-je les préparer ?

Mina donna la recette, persuadée que les truffes finiraient leur vie dans une poubelle. Toujours polie, Anissa referma le paquet qu'elle enfouit dans son sac. Mina avait les cheveux en bataille, des chaussures crottées et une veste détendue par la pluie. Elle refusa le thé que lui proposait Anissa.

– Je ne suis pas en état de m'attarder dans le salon où tout le monde est bien propre.

Anissa observa sa mise et approuva du chef.

– Je me lève tôt demain pour aller au souk, ajouta-t-elle.

– Si vous voulez acheter des bijoux, je peux vous accompagner.

– Je suis à Rabat pour les truffes.

Soupçonneuse, Anissa ne comprenait rien aux motivations de cette fille. Mina la quitta pour retrouver sa chambre. Elle prit un long bain, grignota quelques biscuits et mit ses notes à jour, s'amusant à décrire les plantes de la forêt, les attitudes des femmes et la forme de Tuber oligospermum. Elle noircit quelques pages, autant pour meubler sa solitude que pour ne pas oublier ses aventures.

– Philippe aura droit à un vrai compte-rendu.

Elle l'imagina à la table de la cuisine, la nuque penchée vers son assiette, Lionne et Tindé lui tenant compagnie. Il lui manqua terriblement. Elle ferma le cahier, paniquée à l'idée de cette longue soirée d'oisiveté, et, prise d'une subite impulsion, elle alluma la télé, appuya sur tous les boutons à la recherche d'une station française. Elle se coucha, pensa à Jules et finit par s'endormir.

Au souk de Sidi Allal Bahraoui, les marchands, indifférents à la pluie, s'installaient. Il y avait là les quartiers du beurre, du petit-lait, des volailles, des légumes, des vêtements. Des chevaux maigres tiraient des carrioles de fortune, chargées de carottes et de sacs de pommes de terre. Les pauvres bêtes étaient abondamment fouettées et injuriées.

Mina tressaillit à la vue de ce spectacle désolant. Elle compara avec ses deux chiennes choyées et bien nourries. Elle comprit qu'elle avait adopté la culture française car elle avait du mal à supporter les hurlements et l'agitation du lieu.

Abdellah acheta quelques maigres lots qu'il pesa sur sa romaine. Dans le coffre de sa voiture, son panier en paille tressé se remplissait lentement. Seuls, les hommes négociaient.

– Où sont les femmes ? demanda Mina.

– Au travail, répondit Hocine.

Cette situation absurde la révolta. Elle haussa les épaules, sous l'œil amusé de Hocine.

– Nous ne sommes pas en France où vous êtes émancipées, commenta-t-il.

– Ce n'est effectivement pas possible de l'oublier.

Elle s'était promis de garder son calme et de ne pas porter de jugement. Voilà qu'elle ne respectait pas ses engagements. Elle s'en voulut de cet accès de mauvaise humeur.

– Je vais visiter le souk, dit-elle. Je vous retrouverai dans une demi-heure.

En chemin, elle se maîtrisa. Elle parcourut les allées où des corporations d'artisans travaillaient sans relâche. Elle s'arrêta longuement devant l'étal d'un marchand d'outils et imagina les réactions de Philippe s'il découvrait les faucilles, les sécateurs et les haches archaïques. Cela lui arracha un sourire qui incita le vendeur à vanter sa camelote. Elle retrouva Hocine près du panier presque plein.

– C'est une mauvaise journée, dit Abdellah. Je manque de marchandise.

La pluie redoublait de violence. Ils quittèrent les lieux rapidement. Les deux Marocains conversaient dans un arabe que Mina comprenait mal. Dans la voiture, elle laissa aller sa nuque contre le siège. Son périple était bientôt terminé. Elle souhaitait et redoutait tout à la fois la suite de son voyage. Ils déposèrent Abdellah à son atelier et Mina embrassa Fatima occupée à préparer un couscous.

L'après-midi, Hocine l'emmena jusqu'à Casablanca par une belle route. La ville était immense et très peuplée, l'agitation à son comble. Mobylettes, vélos, charrettes, voitures et camions roulaient flancs contre flancs, dans un fracas quasi permanent de coups de klaxons. Une ceinture de bidonvilles enserrait le cœur de la cité. Etourdie par le bruit et la foule, Mina éprouva beaucoup de plaisir à visiter la grande mosquée avançant sur l'eau. Ils déambulèrent sur le parvis, et elle eut un instant de vertige en levant la tête vers la flèche de pierre montant vers le ciel. Sa hauteur était si impressionnante qu'elle était desservie par un ascenseur extérieur. L'édifice religieux, ceint de bâtiments blancs aux portes en ogive, s'ouvrait sur la mer. Mina s'assit sur le parapet et écouta longuement le battement des flots contre l'épaisse muraille. Près de la coquille géante d'une vasque de pierre surmontée d'une mosaïque de faïence évoquant une fleur, une délégation posait pour la photo. La ferveur des pèlerins était palpable. Oubliant le luxe insolite, Mina refit ses forces dans le calme, avec l'image de Saint-Roch et du cabanon enfoui sous les romarins odorants près desquels elle trouvait la paix. Il leur fallut, à nouveau, traverser la ville dans les embouteillages et la puanteur des pots d'échappement pour rejoindre Rabat dans la nuit.

Autour d'une pastilla, Mina dit au revoir à Hocine. Aux coups d'œil que lui lança le tenancier, elle comprit que son attitude choquait, dans ce pays où une femme en tête-à-tête avec un homme plus âgé était considérée comme une prostituée. Elle l'invita à venir à Champlong pour la saison des truffes d'hiver et lui promit de le guider sur les marchés et le long des sentiers.

– Je retiens votre proposition. Il m'arrive parfois d'aller en France.

Mina dormit mal et se leva tôt pour assister aux enchères aux tapis de la Rue des Consuls. Elle flâna, épuisant sa nervosité à marcher dans les ruelles, en attendant le début des opérations. Elle négocia son entrée dans le local où un fonctionnaire palpait et mesurait les tapis avant de distribuer les papillons saumon, ocre ou bleu indiquant leur qualité. Après ce passage obligatoire, les tisseuses s'alignèrent et attendirent les clients. Les marchands raflèrent les plus belles pièces.

Elle revint vers le Terminus, et téléphona à Philippe.

– Paule m'avait invité hier après-midi. J'ai partagé son repas du soir. Tu me manques, Mina. J'avais besoin de parler. Lionne et Tindé ne suffisent pas à meubler ma solitude.

Elle raconta ses balades dans la forêt de la Mamora et son départ imminent pour l'Atlas.

– J'ai rencontré le docteur Barnier. À ton retour, nous serons fixés.

Le cœur de Mina se mit à battre précipitamment. Philippe prenait enfin ses responsabilités. L'acharnement et l'absence de Mina n'étaient sans doute pas étrangers à ce subit changement.

– Je t'aime, Mina, et je t'attends. Dépêche-toi.

Une vague de désespoir s'abattit sur elle. Accrochée au combiné du téléphone, elle chercha d'une main maladroite l'épaule de Philippe ; sa voix la bouleversait. Elle bafouilla quelques formules d'amour, puis raccrocha précipitamment.

Elle prépara ses bagages et prit le train en début d'après-midi.

41

Ocre, le paysage était d'argile pailletée de stries et ondulé à perte de vue. Mina alla jusqu'à Rommani où une famille l'hébergea pour la nuit. Ils mangèrent des œufs durs trempés dans le cumin et elle dormit dans la chambre des invités sous une épaisse couverture de laine. Elle s'offrit une toilette sommaire dans la cour fermée où trônait un figuier. Elle fila vers Oued-Zem et Kasba Tadla. Elle avait oublié les provisions de paille recouvertes de sable et protégées par des barrières d'épineux secs, devant les fermes basses. Cela ressemblait à des cônes blonds émergeant sur l'infini. Juste avant El-Ksiba, des groupes s'affairaient dans les plantations d'oliviers. La djellaba s'accompagnait d'une superposition de caleçons colorés, jupes, robes, écharpes et même draps. Une belle sauvageonne revenait du puits avec ses jerricans de récupération. Mina marcha jusqu'à la sortie de la ville où des femmes lavaient la laine de brebis et les tapis qu'elles étendaient ensuite sur les rochers. Le temps du séchage leur offrait un précieux moment de détente et de discussion. Elle prit un bus pour Aghbala. La nature devenait boisée et rocailleuse, envahie de palmiers jouxtant genévriers de Phénicie et arbousiers. Libres, ânes et chèvres circulaient. Des tas de charbon de bois adossés à des cabanes sommaires abritant les ouvriers aux visages mâchurés, des habitations basses, avec leurs volets bleus assortis au bleu du ciel, accrochées aux pentes, les femmes portant de lourdes charges de bois sur leurs épaules : Mina redécouvrait son pays.

Aghbala avait grandi. Plusieurs chantiers prenaient d'assaut la montagne où les maisons bénéficiaient d'un point de vue sur la vallée. Mina descendit du bus au milieu d'une foule bariolée. Sa présence fut remarquée ; elle n'avait pas précisé son jour d'arrivée, désirant créer l'effet de surprise. Deux garçonnets insolents, blottis contre une porte métallique ornée d'une croix, s'approchèrent pour palper ses vêtements. Elle les repoussa d'un geste irrité et descendit par la ruelle escarpée jusqu'à la maison paternelle. Son cœur battait. Elle poussa le portillon de fer sur la cour boueuse. Un groupe de canards se vautrait dans une flaque d'eau et une brebis prisonnière d'une corde très courte bêlait désespérément. Les voisines se précipitèrent, les unes appelant Hafida, les autres délestant Mina de ses bagages. Elle resta passive. On l'installa dans une pauvre masure sombre pour le cérémonial du thé. Comme le voulait la coutume, elle se déchaussa.

– Hafida est au puits. Va la chercher, ordonna une grand-mère à une fillette qui observait le spectacle.

Mina était subjuguée. Rien n'avait changé dans le quotidien sommaire des villageoises. Elles s'installèrent en tailleur, encerclant l'enfant de retour.

– Mohamed et Hafida parlent souvent de vous et de vos frères, expliqua une jeune-fille. C'est pour cela qu'on vous a reconnue.

Elle avait les pieds nus et recouverts de dessins au henné. Malgré ses grosses chaussettes, Mina avait froid. Elle se recroquevilla sur son coussin, contre le mur humide. Les portes étaient toujours ouvertes, attirant aussi bien les courants d'air que les visites surprises. Les petits furent chassés sans ménagement du groupe agglutiné autour de la table basse. Enfin un brouhaha annonça l'arrivée de Hafida. Mina se leva et essaya de s'extraire de la masse des femmes. Elle dut enjamber de nombreux corps et éviter les bébés couchés à même le sol. Enfin, elle fut contre sa mère. Elle la dépassait d'une bonne tête. Sa silhouette était comme rétrécie, et Mina se demanda si ses souvenirs ne lui jouaient pas des tours. Elles ne montrèrent rien de leur émotion en public, juste quelques soupirs et des effleurements de mains. Elles furent repoussées sur le tapis pour un nouveau verre de thé. Mina avait hâte de rejoindre la maison parentale, mais les conventions exigeaient de ne pas montrer son impatience. Elle soupira, excédée par la promiscuité.

Hafida avait vieilli et le cœur de Mina se serra à la vue de la petite silhouette, vêtue d'une superposition de pull-over et de châles. Quelques mèches de corail, résultat du henné, émergeaient par-dessous le foulard ; dans le visage à la carnation brune, de nouvelles rides apparaissaient autour des yeux et à la commissure des lèvres ; gercées par l'eau glacée de la rivière, les mains se cachaient sous les amples manches. Tout le monde parlait à la fois et Mina flottait sur un océan de bruits. Un long moment passa. Enfin Hafida se leva et elles s'en furent.

Mohamed avait changé, lui aussi. Il passait ses journées à cultiver un lopin de terre au pied de la montagne nue, à nourrir son âne et à discuter avec ses amis. Il serra sa fille dans ses bras, lui demanda de raconter sa vie à Champlong, demanda des précisions et des détails concernant les truffes. Pendant qu'Hafida cuisait les brochettes sur le pas de la porte, il alluma le feu dans le poêle rudimentaire. Mina se pelotonna sous une couverture et examina plus attentivement son père. Malgré la djellaba qui retombait en longs plis le long de son corps, sa maigreur l'impressionna. Son teint était celui d'un malade.

– C'est mon cœur, dit-il. Je suis prêt à partir.

– Tu devrais venir en France te soigner.

– Je ne retournerai jamais là-bas. Ce pays m'a volé tous mes enfants.

Mohamed expliqua qu'Ali, le plus jeune des fils, était venu deux ou trois fois à Aghbala. Omar, boulanger de son état, n'avait pas de congé assez prolongé pour se rendre au Maroc. L'aîné, Saïd, enseignait les mathématiques dans la région parisienne et avait complètement coupé les ponts avec son pays et ses parents. Il y avait beaucoup de tristesse dans les paroles de Mohamed et une part de ressentiment.

– Et toi, ma fille, je t'attends depuis des années. Je croyais que tu ne viendrais plus, acheva-t-il.

Mina eut un élan de compassion. Elle parla à mots couverts de son misanthrope de mari, de sa solitude, de son nouveau travail.

– Mina est certainement plus heureuse là-bas qu'ici, proféra Hafida. Elle a perdu l'habitude de l'Atlas.

Elle s'empara d'une autre couverture qu'elle tendit à sa fille.

– Tu as l'air frigorifiée, ajouta-t-elle.

Effectivement, Mina grelottait. La nuit tombée apportait par la porte ouverte des bouffées d'humidité.

– J'ai même des petits-enfants que je ne connais pas, continuait Mohamed. J'ai juste reçu des faire-part par la poste. Cela, je ne peux pas le tolérer. Je suis la risée de tout le pays.

– Ils ont honte de nous, nos fils, se moqua Hafida. La femme de Saïd a peur de se salir les pieds dans le gourbi de la cour. Elle craint des maladies pour ses rejetons, comme si nous étions des pestiférés.

Mina imagina Philippe à ses côtés, recroquevillé sous la couverture de laine et cela amena un sourire sur ses lèvres.

– Il est vrai que le confort laisse à désirer, dit-elle. Il vous faudrait un vrai chauffage.

– Tu as oublié les corvées de bois. Il faut marcher deux jours pour ramener un chargement. Les troupeaux empêchent la forêt de repousser.

– Demain matin, j'irai voir Aïcha, dit Mina. Je pense souvent à elle.

Embarrassés, Hafida et Mohamed se regardèrent.

– Elle n'est plus, dit le père, d'une voix nouée. Elle est morte voici vingt jours. Nous t'avons envoyé un courrier.

– Je ne l'ai pas reçu. J'étais sans doute déjà partie.

Elle s'en doutait bien que la vieille femme ne serait pas éternelle. Aïcha était sa deuxième mère. Elle avait inculqué à Mina le sens de la dérision et du rire, lui avait appris à se jouer des situations et à ne jamais baisser la tête.

– Nous l'avons entourée jusqu'au dernier jour, murmura Mohamed. Je dois te le dire, il ne manquait à son bonheur que ses quatre petits-enfants.

Il sembla à Mina que, le long de ses jambes, le froid mordait davantage.

Hafida servit un dernier thé à la menthe. Mina s'installa dans la chambre des invités, s'enroula dans son duvet et écouta longtemps les bruits du village avant de sombrer dans le sommeil. Elle avait oublié que les nuits étaient écourtées par les couche-tard, les réveille-matin et la voix du muezzin qui inondait le village dès l'aurore.

Ces quelques jours à Aghbala furent comme un pèlerinage dans les niches de son passé. Elle resta longuement sur la terrasse de la maison d'Aïcha qui dominait une rangée de peupliers bordant le ruisseau. La pente verte tondue par les brebis et la barrière des montagnes toutes proches avec leurs coulées striées de chocolat et de miel, rappela à Mina sa tendre enfance. Elle n'entendait que des bruits lointains, ouatés par la distance, elle devinait la silhouette de quelques femmes affairées aux jardins et le profil des ânes se découpant à l'horizon. Elle profita de cette cure de solitude pour se recueillir contre les montants du métier à tisser abandonné par sa grand-mère et des journées ensoleillées pour se rendre avec le camion jusqu'à Imilchil. La route était maintenant goudronnée, mais le souk restait le même que dans ses souvenirs. Elle marcha jusqu'aux lacs des fiancés, se mêla aux troupeaux efflanqués gardés par des bergers juvéniles, fila par les ruelles, se gava de paysage.

Le jour de son départ, elle proposa une dernière fois à sa mère :

– Filons au hammam.

Elles préparèrent les seaux, les tapis de caoutchouc, les serviettes, le savon noir contenu dans de minuscules sachets en plastique, les gants rugueux, et s'en allèrent au bâtiment qui accueillait hommes ou femmes suivant des horaires très rigoureux. Mina était devenue la mascotte des lieux et chacune se battait pour lui masser le dos ou laver ses cheveux. Elle aurait souhaité passer incognito, se blottir dans les vapeurs bienfaisantes, rester longtemps sans bouger, à simplement laisser sa peau se ramollir et les images affluer : Philippe, la ferme, les chiennes et sa solitude. Pierre et Antonin ne cessaient de la rappeler à l'ordre. Son séjour avait vite passé et elle redoutait la suite de son périple.

À travers la buée épaisse, elle entrevoyait les femmes assises en groupe et n'entendit de leur bavardage qu'un brouhaha incohérent de considérations quotidiennes futiles. Le corps d'Hafida était décharné, ses seins avaient fondu et les os de sa colonne vertébrale dessinaient un chapelet noueux. Souvent rondes et bien en chair, les autres avaient un ton de voix assorti à leur gabarit. Hafida restait polie mais distante. Elle observait Mina à la dérobée, s'étonnait de sa gravité et de sa tendance à la rêverie. Au sortir du bain, il fallut se refroidir dans une pièce plus tempérée, s'asseoir un moment avant de s'habiller chaudement. Hafida glissa un châle supplémentaire sur les épaules de sa fille et prit son bras pour l'entraîner vers la montagne.

– Allons voir ton père.

Mina fut intriguée par cette attitude peu habituelle. Hafida n'était jamais tendre ou condescendante, pourtant rien ne lui échappait. Elle salua poliment quelques connaissances et fila vers le haut du village, où de nombreux maçons montaient sans relâche des murs de moellons pour construire des maisons hautes et étroites, souvent adossées aux rochers. Surmontés de terrasses, ces édifices n'étaient, pour la plupart, jamais terminés et il était toujours possible de rajouter un étage. Elles escaladèrent les ruelles de terre envahies de flaques de boue pour arriver en lisière de la montagne et admirer l'étendue d'Aghbala, nichée dans un creux.

– Mina, dans quelques jours tu vas partir, commença Hafida. Ne laisse pas à nouveau passer le temps sans revenir. Je crains que nous ne soyons plus là.

– Si j'ai tant tardé, c'est que j'ai voulu entraîner Philippe. Je n'ai pas réussi.

– C'est un solitaire ?

– En quelque sorte. Il ressemble à son père dont il a hérité le caractère ombrageux.

Hafida s'assit sur un rocher au soleil.

– Es-tu heureuse, au moins ?

– Bien sûr, Maman.

Hafida parut douter de cette réponse.

– Il faut que je te pose une question. Pourquoi n'as-tu pas d'enfant ?

Le visage de Mina se ferma.

– Jusqu'à présent, je n'ai pas pu. J'ai pratiqué quelques examens avant de partir pour savoir si cela venait de moi ou de mon mari. *A priori*, je suis normalement constituée. De son côté, Philippe doit faire des analyses. J'aurai le résultat à mon retour.

– À ton prochain voyage, tu m'emmèneras ton fils.

Mina retint ses larmes. Tout le bienfait du hammam s'envolait. À son tour, elle s'assit, ramena sa longue jupe contre ses genoux et enlaça ses chiffons pour vaincre le froid qui la gagnait:

– Je te le promets.

Le soir avançait doucement sur Aghbala, gagnant à pas de loup les rangées de peupliers épanouis par l'arrivée du printemps. Les deux femmes retournèrent dans les derniers feux du crépuscule, bras dessus bras dessous, par les ruelles encombrées et bruyantes. Mina rêva à un enfant brun aux yeux d'un bleu de porcelaine qui l'accompagnerait dans sa quête des truffes. Elle se leva l'esprit embrumé. Hafida avait préparé un tapis destiné à recouvrir les galettes de pain afin qu'elles ne sèchent pas.

– En souvenir d'Aïcha, dit-elle.

Mina l'enfouit dans ses bagages. On entendait un âne braire dans le lointain.

– Ma bourrique a entendu Satan, commenta Mohammed pour détendre l'atmosphère.

Mina sourit. Cette phrase s'intégrait dans le rituel de son enfance.

Il prépara les bâts, embrassa sa fille, glissa dans la poche de sa veste un paquet. Elle voulut l'ouvrir.

– Plus tard, dit-il.

Il fila vers son jardin. La fine silhouette traversa la cour et passa le portillon de fer, sans se retourner. Hafida accompagna Mina jusqu'au bus et la serra dans ses bras pour un au revoir qui n'avait rien d'intime. C'était plus facile ainsi, bien que Mina eût la gorge nouée. Le front contre la vitre, elle vit son village se perdre dans le lointain.

42

Après avoir traversé El-Ksiba, elle ouvrit le paquet. Il contenait un nécessaire à khôl avec son aiguille de bois pour se maquiller les yeux. Ce geste de tendresse la toucha d'autant plus que l'objet symbolisait le monde des femmes dont Mohamed n'était pas coutumier. Mina ne se maquillait pas.

– Je le garderai dans ma chambre en souvenir de mon père.

À mesure qu'elle se rapprochait de Casablanca, son angoisse montait. Lui venaient sans cesse à l'esprit des scénarios catastrophe : Pierre l'avait oubliée, l'avion était détourné par des pirates de l'air, Antonin la séquestrait. Elle prit un taxi qui la conduisit jusqu'à la grande mosquée. Accoudée au parapet qui dominait les flots, elle se laissa bercer par le bruit de l'océan et oublia la voix du muezzin. Elle tournait résolument le dos à l'édifice majestueux, et, le visage au soleil, tentait de vider son esprit en déroute. À l'heure du repas, elle appela Philippe.

– Enfin, dit-il. J'ai cru que tu m'avais oublié.

– Je t'avais prévenu. Dans l'Atlas, il n'est pas facile de téléphoner.

– Où es-tu ?

– Je suis descendue jusqu'à Es-Ksiba exprès pour t'entendre.

Sa voix était triste. Il raconta qu'il avait beaucoup de travail dans les vignes en ce début de printemps et qu'il languissait. Les chiennes lui tenaient compagnie et il les emmenait parfois avec lui pour meubler sa solitude.

– Tu vas leur donner de mauvaises habitudes.

– Imagine-toi que Tindé m'a fouillé une truffe blanche, une des premières de la saison ! J'ai eu l'impression que tu étais là, cachée dans les bois. Je t'ai cherchée. Puis mon rêve a pris fin.

Mina eut envie de pleurer en entendant sa voix si proche. Près de la cabine, quelqu'un s'impatientait.

– Est-ce que tu l'as mangée, cette truffe ?

– Je l'ai donnée à Paule, avoua-t-il. Comme toi, elle m'a répondu que le Tuber aestivum n'était pas fameux.

– Alors, tu n'es toujours pas guéri. Je rentre dans quinze jours. Je serai à Marignane le 25 mai à minuit. Je ne pourrai sans doute plus te donner de nouvelles jusque-là.

– Je vais compter les jours. Je serai à l'aéroport. J'aurai une surprise pour toi.

Mina voulut en savoir plus, mais il refusa de céder avec un léger rire. Ils prolongèrent encore un moment la communication, repoussant le moment de se quitter. L'individu qui attendait gesticulait violemment. D'un geste de la main, elle le calma et raccrocha. Elle marcha un peu dans les rues. Elle se sentait perdue.

– Je dois y aller. Sinon je vais rater le vol.

L'avion décolla en piquant brusquement du nez vers le ciel et elle sentit son estomac se révolter. Elle interpréta pourtant la conduite énergique du pilote comme un pacte positif avec les éléments. Il prit enfin sa vitesse de croisière et elle essaya vainement de dormir.

– Mes cachotteries vont finir par me rendre malade. C'est la dernière fois que je triche avec Philippe.

Elle n'avait pas de voisin. Le vol fut long, avec une escale à Alger et une autre à Tamanrasset. Rien n'indiquait qu'elle était en Afrique sinon le délabrement des bâtiments. Enfin, le petit Boeing amorça sa descente au-dessus de la cité d'Agadez. Écarquillant les yeux, Mina cherchait dans la géographie du lieu un signe annonçant que tout se passerait bien. La ville était comme écrasée, quadrillée de rues rectilignes, avec des maisons couleur de sable, dans leur environnement infini de sable. Les voyageurs se précipitèrent vers la sortie. Elle fut la dernière à quitter la coquille sécurisante. Dans sa poitrine, une douleur ne cessait de serrer et desserrer sa poigne de fer. Elle avait du mal à respirer et la chaleur accablante accentua encore son malaise. Elle prit sa place dans la queue, montra ses papiers, récupéra ses bagages et assista à leur fouille, tout en épiant de l'autre côté de la barrière de verre les voyageurs en partance. Enfin, elle traversa une grande pièce encombrée d'hommes enturbannés et de beaux noirs à chapeaux qui ne cessaient de proposer des croix en argent, des sacs en cuir, des selles de chameau ou des taxis à des prix bradés. Ils bourdonnaient comme des mouches, harcelant les nouveaux arrivés et il fallait les bousculer pour se frayer un passage dans l'atmosphère surchauffée. Mina eut fort à faire pour s'imposer face aux assauts répétés d'un Peul qui voulait l'escorter.

– Heureusement que Pierre m'a mise en garde.

– Je vais vous conduire. Je m'appelle Bango. Pour vous, ce sera gratuit.

Entravée par ses bagages et occupée à chercher Pierre, Mina le congédia sans ménagement. Elle traversa l'espace qui la séparait de la sortie, le Peul toujours à ses trousses. Une rangée de vendeurs paradait le long de l'étroit couloir, tendant leurs objets sous le nez des voyageurs excédés. Un soleil de plomb tombait d'un ciel uniformément bleu. Surgie de nulle part, une voix cria son nom. Elle se détourna, reconnut Pierre. Il la poussa en dehors de la foule, et l'embrassa sur les deux joues. Les yeux étaient encore plus bleus que dans le souvenir de Mina. Sa peau avait pris une teinte hâlée et sous sa simple chemise de coton, ses muscles roulaient. Il sourit.

– L'aéroport Mano Dayak, c'est toujours infernal. Viens, je t'emmène.

Sans effort, il s'empara des sacs, congédia quelques importuns dans un dialecte inconnu.

– Tu parles la langue du pays ?

– Disons que je baragouine un mélange de haoussa et de tamacheq.

Mina le suivit sans chercher à comprendre. Elle enleva sa veste et son pull-over et se réfugia à l'ombre d'un épineux pendant que Pierre chargeait les bagages dans un véhicule tout terrain.

– C'est la voiture d'Antonin, expliqua-t-il. J'habite chez lui. Ta chambre est prête.

Elle ne bougeait pas, pétrifiée par la réalité de sa présence.

– Viens. Tu vas attraper une insolation.

Il lui tendit une gourde d'eau tiède et elle avala deux gorgées visiblement à contrecœur.

– Tu sais, le confort ici laisse à désirer.

Il lui prit la main et l'entraîna vers la voiture. Au contact de sa peau, elle frémit. Il conduisit énergiquement, déclenchant un panache de poussière et frôlant les rares passants qui déambulaient en ce milieu d'après-midi. La chaussée, légèrement surélevée, desservait, de part et d'autre, des ruelles de sable.

– C'est une des seules routes goudronnées du pays, expliqua-t-il. Elle va de Niamey la capitale, au sud, sur le fleuve, jusqu'à Arlit et ses mines d'uranium. Tout le reste n'est que piste.

Il surveillait Mina du coin de l'œil tout en évitant les nombreux ânes, dromadaires, carrioles et bandes d'enfants. Il posa la main sur son genou et commenta :

– À droite, l'abattoir et le village artisanal, puis le marché principal, la mosquée, le palais du Sultan et la maison d'Henri Barth, dans le vieil Agadez, après la Place Tamallakoye.

Mina sentait sa chaleur à travers la toile de son pantalon et tentait de réfréner son trouble. Elle ne comprenait rien aux paroles de Pierre. Des arbres inconnus dépassaient des murs orangés des maisons. Beaucoup d'hommes portaient chèches, djellabas, grands sacs de cuir au flanc et épées.

– Ils sont armés ?

– Les Touaregs des campements portent la takouba traditionnelle. Au moindre conflit, ils l'utilisent, souvent pour des histoires de femmes ou de bétail volé.

Pierre retira sa main pour négocier un virage difficile à gauche. Mina respira mieux et ouvrit de grands yeux sur le spectacle des rues. Un cône jaunâtre hérissé de piques dominait la ville basse.

– C'est la grande mosquée d'Agadez. Nous irons la visiter et boire un verre à l'hôtel de l'Aïr. Depuis les terrasses, la vue est splendide.

D'un pas souple, un Touareg conduisait son dromadaire.

– C'est exactement comme dans les tableaux de Paule.

– Qui est Paule ?

– Je l'ai rencontrée à l'enterrement de Jules. Nous sommes devenues amies. Elle habite Réauville où elle exerçait le métier d'infirmière. Son mari connaissait bien le Niger. Elle le retrouvait souvent lorsqu'il était en mission. Son dernier tableau représente presque cette scène.

Pierre s'arrêta pour laisser passer une charrette transportant des lattes de bois blanchâtres. Tout à loisir, Mina était subjuguée par le grand Touareg majestueux tenant la bride de son animal. De haute stature, il avait un port altier pour ne pas dire farouche. Il inspirait à la fois le respect et la crainte. Remarquant sa fascination, Pierre dit :

– Si tu n'es pas trop fatiguée, au coucher du soleil, je t'emmènerai au marché aux bestiaux. Tu en verras des centaines comme lui. C'est un lieu magique.

Il reprit la route sinuant entre les monticules de détritus où erraient des groupes d'enfants vêtus de haillons. Des chèvres et des moutons circulaient, ignorant les passages pour piétons.

– On dirait que les brebis n'ont pas de laine, s'étonna Mina.

– Il fait trop chaud pour avoir des moutons poilus. Les tapis tissés n'existent pas. Les artisans travaillent seulement le cuir.

– Je pensais qu'ici c'était le royaume des chameaux !

– Les Touaregs ont besoin du lait des chèvres et de la viande des moutons. C'est le pays des bergers.

Des femmes souriantes enjambaient les égouts de plein ciel. Sur le front de Pierre, un pli indiquait sa concentration.

– Dis- moi, ton amie Paule n'était pas l'épouse de Jean ?

– Si. Il est décédé en 1980 d'une crise de paludisme qu'il avait contracté du côté de Niamey.

– Tu as l'air bien renseignée.

– Pas autant que je le voudrais. J'ai posé beaucoup de questions sans obtenir de réponses. J'ai la conviction que les Florentin font partie de l'histoire Polignac.

– Comment le sais-tu ?

– J'ai trouvé chez Paule la photo d'Antonin. La même que celle qui est chez Georges. N'est-ce pas une preuve ?

– C'est un bon fil conducteur.

Dans de minuscules échoppes recouvertes de tôles et de chiffons, des vendeurs proposaient des cigarettes à l'unité, quelques cachets, des quartiers de viande, des lunettes, des boutons. Par l'ouverture étroite, Mina les vit qui finissaient leur sieste entre deux étalages. La rue était bordée de grands murs ocrés ou jaunes percés de portes ou de portillons métalliques bleus ou rouges. Comme au Maroc, chacun dans ce quartier avait sa cour fermée, protégeant l'intimité et nulle façade n'apparaissait.

– Parle-moi de Jean Florentin, demanda Mina.

Pierre se tourna vers elle.

– Ce n'est pas mon rôle. Antonin te dira tout.

Mina se renfrogna contre la portière. Ils passèrent devant des cases en paille claire dont les parois étaient maintenues par de simples piquets. Devant l'ouverture basse, sur des tapis étalés à même le sol, des groupes partageaient le thé.

– Alors, toi aussi tu vas garder le silence, remarqua Mina. Pourtant, tu n'es pas comme les autres.

Pierre donna un coup de frein, arrêta la voiture et se tourna vers elle. Il prit son visage dans ses mains, plongea ses yeux d'eau dans les prunelles brunes. Une détermination forte l'habitait. Mina, à nouveau tétanisée, ne respirait plus.

– Non, je ne suis pas comme les autres. J'en ai assez du clan Aubanel, de ses cachotteries, de ses mystères, de ses faux-fuyants, de la lâcheté de Léonore et de l'hypocrisie de Georges.

Ses deux mains en conque descendirent vers son cou tiède. Elle ne respirait plus. Il s'approcha encore, embrassa sa joue, juste à côté de l'oreille, frotta son nez contre les cheveux.

– Je te demande encore un peu de patience.

– De la patience, toujours de la patience, j'en ai assez, dit-elle en se dégageant.

Elle se redressa, autant pour combattre l'attirance qu'elle éprouvait que pour montrer sa résolution. Pierre passa la première, s'appliquant à éviter les tas d'ordures et les ânes nonchalants. Il roula encore un moment tandis que malgré elle Mina enregistrait le paysage et oubliait sa quête de la vérité. Elle accordait sa confiance à Pierre. Elle était entièrement entre ses mains et cette révélation la laissa anéantie.

– Nous arrivons.

Il klaxonna devant un portail bleu. Une rigole transportait les eaux usées jusqu'à la rue, dispensant des odeurs nauséabondes et une nuée de mouches. Un adolescent ouvrit les deux battants. Ils pénétrèrent dans une grande cour au fond de laquelle se trouvait l'habitation ; une structure de bâtiments bas s'alignait sur la droite. Au pied d'un grand arbre, sur un tapis, un groupe conversait. Mina chercha Antonin. Dans un enclos, deux ou trois chèvres et un mouton maigre bêlèrent pour saluer les arrivants. Gauche, Mina se tenait à côté de la portière.

– Je te présente la demeure d'Antonin.

– Qui sont tous ces gens ?

– Le gardien, la cuisinière, les hommes de peine et les voisins. Il y a toujours beaucoup de monde dans les maisons. C'est un défilé permanent et parfois difficile à supporter pour un européen.

– Antonin est pourtant européen.

– Il a adopté les coutumes du pays. Tu sais, il vit ici depuis une bonne trentaine d'années.

Mina épongea son front en sueur. Une femme s'approcha en souriant, prit son bras, l'entraîna à l'ombre et lui offrit un saladier d'eau. Mina chercha un verre et sur un signe de Pierre but à même le récipient. Elle s'assit après avoir retiré ses chaussures. On lui tendit des coussins. Pierre déchargea les bagages. Elle suivait de l'œil son unique repère qui continuait ses va-et-vient entre l'arrière du véhicule et la porte de la maison. Elle était le point de mire de tous, ils la détaillaient soigneusement.

– Voici Amina, dit Pierre, en prenant place sur le tapis. C'est la compagne d'Antonin. Tu peux tout lui demander.

Amina prit la main de Mina et la serra en riant. Elle était mince, avec une bouche éclairée par deux fossettes, ouverte sur une dentition éclatante de blancheur. Sa peau foncée était mise en valeur par d'amples vêtements en coton bariolé et elle allait tête nue. Du lobe de ses oreilles se détachaient des anneaux d'argent si lourds qu'ils avaient réussi à distendre la peau qui formait un diamètre d'un bon centimètre. Amina se prêta de bonne grâce à l'observation de Mina. Elle avait conscience de sa beauté et souriait sans complexe. De dessous sa tunique, elle sortit une bourse, prit quelques pièces et donna un ordre au gardien. Il revint rapidement avec deux minuscules sachets en plastique et sur un geste de commandement se mit à préparer le thé sur un porte-braises de métal en forme de coupe. Avec un geste câlin, Amina se réfugia contre la poitrine de Pierre et posa sa tête sur son torse. Une brutale jalousie envahit Mina. Elle se demanda qui était vraiment cette femme séduisante. Gênée par ces démonstrations de tendresse, elle se mit à observer de plus près l'environnement. Un drôle d'objet, posé au milieu de la cour, l'intriguait tout particulièrement. Sur de solides montants de bois horizontaux terminés par des disques renflés et surmontés de lattes rondes, était posée une natte de couleur claire. Pour fuir l'intimité d'Amina et de Pierre, Mina se leva et s'approcha. Cela lui permit de se composer un visage indifférent. Une jeune fille, jusque-là silencieuse, la rejoignit. Elle s'allongea en riant et prit la main de Mina pour l'attirer à côté d'elle. Avec des mimiques clownesques, elle réussit à lui expliquer qu'il s'agissait d'un lit.

– Vous pourrez dormir dehors cette nuit, si vous le désirez, cria Amina, dans un français impeccable.

– Hors de question, dit Pierre. Mina aura le dos cassé et sera importunée par les moustiques. Nous l'installerons dans la maison.

À gauche du portail, dans une case adossée au mur d'enceinte, Mina découvrit une forme enroulée, le visage recouvert par un morceau de chiffon.

– C'est Oumou qui finit sa sieste. Elle est la doyenne de la maison et la mère d'Amina, expliqua Pierre.

La lumière dessinait des zébrures à travers le chapeau de paille de la cahute. Des tapis ovales la recouvraient en se chevauchant tandis que le soubassement était fait de bandeaux horizontaux mobiles. Mina toucha la texture ressemblant un peu à de l'osier tressé.

– C'est du palmier doum. Les femmes cueillent les feuilles qu'elles laissent sécher avant de les tresser. Tu les verras à l'œuvre dans les campements.

Le jeune gardien avait à peine dix-huit ans et s'appelait Ousmane. Il lava les verres avec un minimum d'eau et leur versa le thé en levant haut sa théière. En tant qu'invitée, Mina fut servie en priorité. Le breuvage était très fort et elle déglutit difficilement. Avec un sourire amusé, Amina expliqua :

– Le premier thé est amer comme la vie, le second fort comme l'amour et le troisième suave comme la mort.

De ses lèvres parfaitement dessinées, elle énonça cette belle phrase rituelle tout en lorgnant Pierre de biais. Celui-ci paraissait indifférent. Ousmane utilisa les feuilles trois fois puis refit une nouvelle préparation. Une jeune femme cousait, assise en tailleur sur un coin du tapis. Elle restait muette, mais sur ses gardes.

– Elle, c'est Rabhi, dit Pierre qui ne quittait pas Mina des yeux. C'est la cuisinière. Elle est membre de la coopérative artisanale et l'après-midi, elle brode des tapis pour les selles de chameau. Cela lui permet d'arrondir ses fins de mois.

Rabhi sourit timidement. Elle était vêtue d'une camisole bleu outre-mer, rehaussée de motifs en forme d'étoiles, dont les larges emmanchures laissaient toute liberté aux mouvements, et d'un pagne aux motifs colorés. En l'observant de plus près, Mina aperçut une paire de petits pieds qui dépassaient de sa tunique. Elle s'approcha et souleva le tissu. Un bébé dormait contre le sein de Rabhi. C'était un beau garçon à la peau foncée, complètement nu, hormis deux gris-gris autour du cou. Ce tableau émut Mina. Elle caressa le pied de l'enfant. Sa peau était douce et tiède. Une ombre de mélancolie passa sur son visage. Rabhi prononça une phrase que Pierre traduisit :

– Si tu veux, elle te le donne.

Mina tressaillit sous la violence de l'impact. Elle suffoqua, mais Rabhi souriait, sereine, continuant à manier son aiguille. Sans interrompre son ouvrage, elle posa une question à laquelle Pierre répondit maladroitement.

– Elle a déjà quatre enfants, expliqua Pierre, et au cas où tu n'en aurais pas, elle te laisse son dernier.

Sans s'en apercevoir, Mina continuait à tenir la jambe du nouveau né. Le dernier thé, doux et très sucré, arriva à point. Elle s'éloigna et reprit sa place sur le tapis. Amusés par ses réactions, tous riaient.

Pour la sortir d'embarras, Pierre lui proposa un moment de repos. Elle le suivit jusqu'à une chambre tendue de tissu. Par terre reposaient un matelas et un tas de couvertures. Mina leva les yeux vers quelques tableaux accrochés sous le plafond.

– C'est une habitude du pays, commenta Pierre. Les Touaregs ne prêtent aucun intérêt à la décoration.

Des sacs agrémentés de longues franges multicolores pendaient aux murs. Le manche de cuillères en bois en dépassait. Mina en prit une et en apprécia la matière.

– Les enfants les taillent dans les campements. On les appelle des tchocals.

Il déposa les bagages de Mina dans un coin de la pièce sommaire.

– Je viendrai te chercher au coucher du soleil. Tu dois être fatiguée. Essaie de dormir un moment.

– Où est Antonin ?

– Occupé à ses affaires. Ce soir, tu feras sa connaissance.

Pierre s'approcha de Mina et toucha la masse de ses cheveux embrouillés. Plus que tout, ses yeux la troublaient. Elle n'arrivait pas à fixer ces lacs d'eau pure. Il passa une main délicate sur la ligne de son cou et elle rejeta la tentation de répondre à ses avances. Il la dépassait d'une bonne tête et malgré elle, elle posa la tête contre lui. Il referma ses bras autour de ses épaules. Le temps abolit sa course.

Blottie sur sa large poitrine, elle entendait battre son cœur et s'affoler ses sens. Des cris fusèrent. Pierre lâcha Mina à contrecœur.

– Repose-toi, ma belle. Si tu as besoin de quelque chose, tu peux fouiller dans mes affaires. Ma chambre est juste à côté.

En riant, il souleva un pan du tissu et découvrit ainsi une ouverture dans le mur de banco. De là, on accédait à une seconde pièce jumelle où reposaient les bagages de Pierre.

– J'aimerais d'abord me laver.

– Amina va t'accompagner.

La belle Touarègue l'escorta jusqu'à un recoin aux murs à mi-hauteur, près du portail d'entrée. Elle apporta deux baquets d'eau froide et un ustensile destiné à s'arroser. Mina prit dans sa trousse de toilette son savon et du shampooing. Très intéressée, Amina renifla les flacons. Mina se lava et s'étrilla en cherchant l'angle encore éclairé par le soleil. Elle économisa le précieux liquide pour terminer ses ablutions. Elle entendait le groupe parler et rire. Une dalle légèrement en pente emmenait les eaux usées jusqu'à la rue. Elle enfila une robe d'été en coton, légère, descendant à mi-mollet et des sandales de cuir. En traversant la cour pour rejoindre sa chambre, ils la dévisagèrent.

– Tu es très belle dans cette tenue, dit Pierre.

Elle lui sourit. Amina dit quelques phrases et à sa mine, Mina comprit qu'elle était jalouse. Elle se déshabilla, s'allongea sur le matelas à même le sol, remonta le drap constitué d'un simple morceau de rideau contre son corps et essaya vainement de s'endormir. À travers le volet à un seul panneau légèrement baissé, venaient de minuscules oiseaux multicolores qui tournoyaient jusqu'au plafond où étaient leurs nids. Les jeunes piaillaient et volaient en piqué maladroit autour de leurs parents. Tous pépiaient, se béquetaient et se toilettaient, nullement incommodés par sa présence. À force de suivre leur trajectoire, Mina finit par sombrer dans un demi-sommeil, entrecoupé de réveils.

Elle sentit contre son bras nu l'effleurement d'une main tendre et chaude. Penché sur elle, Pierre lui parlait doucement. Une douce lumière de fin de journée envahissait la pièce. Les bruits s'étaient estompés.

– Viens. Nous avons rendez-vous avec Antonin au marché aux chameaux.

43

Ils accédèrent à la grande esplanade de sable blond en traversant le quartier des ferblantiers qui transformaient la moindre tôle en objet usuel, malle, abreuvoir, mangeoire, berçant à longueur de journée le quartier de leur musique stridente. Beaucoup étaient assis en tailleur devant des enclumes de fortune, posées à même le sol. Tous souriaient. En rang d'oignons devant leurs minuscules échoppes, les vendeurs de bois attendaient le chaland en discutant.

– Ces lattes viennent de loin, des massifs de l'Aïr. Elles sont utilisées pour construire les cases et les maisons.

Blanchâtres et égalisées à la même taille, elles étaient debout contre les parois des abris. Pierre gara la voiture et conduisit Mina vers les centaines d'animaux massés par groupes sur la place. Dromadaires, grandes vaches, chèvres et moutons, tous entravés par des cordes très courtes ou des bâtons entre les pattes, attendaient, surveillés par les hommes qui menaient les transactions.

– Les gens des campements viennent ici pour vendre leurs chameaux. Les bons sujets trouvent acquéreur tandis que les mauvais prennent le chemin de l'abattoir.

Mina s'arrêta devant quelques vaches, en majorité noires, dont la taille et surtout les cornes l'impressionnèrent.

– Je n'ai jamais vu de bêtes aussi belles.

Machinalement, elle s'accrocha au bras de Pierre.

– Ce sont des vaches peuls. Il paraît qu'elles descendent du zébu ; elles ont une bosse entre les omoplates.

Fascinée, Mina n'osait pourtant pas trop s'approcher. Blancs ou marrons, les dromadaires contemplaient les va-et-vient d'un œil indifférent. Posées sur leurs longs cous maigres leurs têtes dominaient le spectacle. Ils blatéraient de temps à autre ou essayaient de se mordre.

– On dit ici qu'Allah a inventé le chameau pour se faire pardonner d'avoir créé le Sahara. C'est un animal sacré. Les Touaregs l'utilisent pour circuler et évitent de lui confier trop de tâches pénibles. En revanche, les ânes sont corvéables à merci.

– Ce sont des dromadaires ? s'étonna Mina.

– Effectivement. Mais, en langage local, on dit chameau. Je ne peux pas t'expliquer pourquoi.

Impassibles, de grands Touaregs montaient la garde ; sur leurs poitrines pendaient des amulettes en argent, à leurs épaules de grands sacs de cuir et à leurs flancs l'épée dans des fourreaux décorés. Mina surprit souvent des yeux sur sa silhouette. Il régnait une atmosphère étrange. Mina bénit la présence de Pierre à ses côtés.

– Ces guerriers ont aussi un poignard accroché à leur avant-bras, sous la djellaba, chuchota-t-il.

En lisière du marché, des gerbes d'herbes sèches, d'un blanc jaunâtre formaient un amoncellement destiné à nourrir les bêtes. À grand renfort de coups de trique, des gamins guidaient un troupeau de chèvres vers la sortie. La main de Mina se crispa sur le bras de Pierre.

– Je sais que le spectacle est difficile à supporter.

Mina, au souvenir de ses deux chiennes aux poils soyeux, s'apitoya encore davantage sur le sort du bétail.

Elle haussa un sourcil fataliste et retint ses commentaires. Un marchand, les mains chargées de bijoux en argent, vint les importuner et sur un mot de Pierre s'éloigna ; il continuait sa quête des touristes. Elle s'arrêta un moment près d'un groupe de chamelons aux yeux verts et aux robes tachetées. Pierre la laissait aller à sa guise tout en surveillant les allées et venues.

– Ce mâle fera un excellent méhari, dit-il en montrant une bête aux poils blancs et aux yeux dissymétriques. J'escorte Antonin lorsqu'il vient acheter du bétail et je commence à connaître les critères pour choisir une bonne bête.

Le marché se vidait. Le disque d'un pâle soleil descendit à toute allure derrière la ligne d'horizon. Un semblant de fraîcheur s'installa.

– Je n'ai pas bien compris quelle était la profession d'Antonin, dit Mina.

– C'est un marchand. Il achète et revend aussi bien des pains de sel que du mil, du riz, du tabac, des courges du sud, des ânes, des chameaux ou du charbon de bois.

– Et aussi des truffes. C'est grâce à elles que je vous ai démasqués.

Pierre se mit à rire et deux fossettes encadrèrent sa bouche. Il resserra son emprise sur le bras de Mina. Elle ne pouvait s'empêcher de suivre, sur son visage encore juvénile, les traces de cette joie soudaine, la flamme du regard délavé et le haussement du sourcil.

– Antonin adore les rabasses, tout comme Georges et toi.

Les dernières silhouettes avaient disparu dans un froufrou de robes en mouvement. Ne restaient sur le sable que les empreintes du bétail et les pieux de bois destinés à retenir les cordes. Pierre redevint sérieux, il sondait l'espace soudain silencieux.

– Voilà Antonin, dit-il.

Le cœur de Mina se mit à battre plus fort. Elle était soudain intimidée, presque vulnérable, comme prise en faute.

Elle s'était adossée à un mur de banco à demi mangé par le temps et les pluies. Pierre était si proche d'elle qu'elle sentait sa chaleur à travers sa robe légère.

– J'ai peur. J'attends ce moment depuis si longtemps.

– Reste naturelle. Mon oncle est un type épatant. Je sais que tu vas l'aimer.

Antonin était très grand et portait une djellaba de couleur claire. Il allait tête nue, ses longs bras se balançant au rythme de sa marche. Une besace de cuir ballottait contre sa hanche. Blottie contre Pierre, Mina assistait à son arrivée dans un silence religieux. Pendant quelques instants, ils s'observèrent sans parler. Sa figure était marquée de rides d'expressions plus que de vieillesse, ses sourcils étaient broussailleux, sa moustache abondamment fournie sur une bouche large et bien dessinée et son menton déterminé accentuait encore sa haute stature. Une lueur verte flamboyait dans ses yeux mordorés et sa peau était tannée par le soleil.

– Mina ! Venez m'embrasser.

Gauche, elle s'avança et il l'attrapa par les épaules, le temps de scruter son visage. L'examen prit un laps de temps que Mina trouva très long. Pierre ne disait rien. Seul le sable crissa lorsqu'il se déplaça pour mieux apprécier la scène. Antonin posa sur ses joues deux bises sonores auxquelles elle répondit.

– Vous êtes charmante, rabassière. Philippe a eu raison de vous choisir.

Fugitive, une ombre de tristesse passa sur les traits d'Antonin. Par-dessous l'encolure de sa robe, il enleva un de ses nombreux talismans, les examina pour en choisir un qu'il passa autour du cou de Mina.

– C'est un porte-bonheur que j'ai trouvé exprès pour vous chez le marabout. C'est pour cela que je suis en retard.

– Mon oncle pratique la sorcellerie, dit Pierre en riant ouvertement.

– Tais-toi, Pierre, répondit Antonin avec affection. Tu ne connais encore rien à ce pays.

La nuit arrivait. Quelques présences discrètes passaient encore, perceptibles aux bruissements du tissu et aux pas feutrés sur le sable. Mina ne bougeait pas.

– Allons-y, dit Antonin.

Il prit le bras de Mina et elle se sentit en sécurité près de cet homme sûr de lui. Pierre leur emboîta le pas, sans rien dire. Ils retrouvèrent la voiture.

– En route, chauffeur.

Antonin plaça Mina à côté de lui, sur le siège arrière et commanda un tour de ville. Elle essayait de le dévisager à la dérobée, mais la lumière n'était pas suffisante.

– Passe par la grande mosquée, demanda-t-il.

Le cône orangé protégé d'une haute enceinte se détachait dans la nuit, trouée de quelques rares lumières dispensées par les néons épars. Antonin expliqua :

– Un haut lieu historique d'Agadez, mondialement connu. Sa construction remonte au XVe siècle, à l'époque où la ville était un grand centre caravanier. Le vendredi est jour de prière ici.

Sur la place, quelques magasins étaient encore ouverts et des chalands abreuvaient de coups de trique des ânes maigres tirant des charrettes chargées des marchandises invendues. Pierre rejoignit un quartier où grouillait une foule agglutinée près de stands de fortune. À la lumière de la lune, Mina entrevit des ferrailleurs, des vendeuses de noix de cola, des fripiers misérables, des légumes dans des brouettes bancales, des colporteurs harnachés de montants en bois, portant cigarettes, boutons, montres, allumettes.

– On appelle ces étalages de fortune des tabliers, dit Antonin. Ici c'est le marché des voleurs. Il vaut mieux ne pas trop s'y aventurer.

De furtives silhouettes vêtues de haillons circulaient sous les pans de tissus abritant les transactions. Des ombres menaçantes se faufilaient sans bruit. Pierre continua sa route, passa devant le château d'eau et tourna à un rond-point.

– Par là, on va vers Arlit, commenta Antonin. À gauche du goudron, il y a des campements. C'est là, dans la brousse, que je vous emmènerai pour vous raconter mon passé.

– Dans la brousse ?

– C'est une manière de parler. Dès qu'on quitte Agadez, on dit qu'on va dans la brousse. Ce n'est qu'une étendue de sable avec quelques koris abritant les tentes des nomades et leurs animaux. J'y ai de nombreux amis et nous aurons tout loisir de parler sans être interrompus.

– Demain ? demanda Mina.

– Nous avons le temps, répondit Antonin. Laissez-moi me préparer à ce moment. Ne soyez pas impatiente.

Pierre ne disait rien. Des attelages circulaient dans le noir, le long de la chaussée trouée de nids-de-poule, et il conduisait prudemment, prêt à éviter à tout moment l'obstacle d'un animal ou d'une carriole. Le rétroviseur lui renvoyait l'image de Mina. Celle-ci rongeait son frein et s'exhortait au calme. Elle arrivait au bout de son enquête et elle devait attendre le bon vouloir d'Antonin.

– Je ne reste qu'une dizaine de jours, dit-elle.

– Ce sera suffisant. Maintenant, allons manger.

Pierre se gara devant un portillon obscur et ils franchirent l'entrée pour arriver dans une cour spacieuse entourée de bâtiments d'où émanaient des odeurs de cuisine. Une grosse femme les accueillit chaleureusement.

– Je vous installe dans la tente, comme d'habitude.

Antonin répondit en tamacheq et Mina observa les coutumes qui consistaient à se toucher la main de nombreuses fois, la tête baissée, en débitant des formules de politesse.

– Les salutations sont un protocole immuable. Plus le personnage est important et respecté, plus le rituel est long, chuchota Pierre à l'intention de Mina.

Ils s'assirent sur des nattes et burent du thé. Azara, la patronne, se glissa lestement à côté de Mina. Elle était souple malgré sa taille impressionnante. Moulée dans une longue tunique rouge, elle portait un pagne et un tissu drapé sur les épaules. Elle lui posa quelques questions, tout en tripotant sa tignasse.

– Avant d'emmener cette petite dans les campements, je lui tresserai les cheveux, dit-elle en sortant de son immense poitrine un objet d'argent qui ressemblait à un coupe-papier.

De cette remarque, Mina conclut qu'Azara était dans les confidences d'Antonin. Celui-ci ne répondit pas. Il se contenta d'absorber son thé à grand bruit tout en jetant des coups d'œil à Mina qui se poussa discrètement pour attraper son verre et fuir la chaleur dispensée par les gros seins d'Azara collés à elle. La matrone finit par s'éloigner pour donner un ordre au personnel, puis on apporta un couscous fumant. Des couverts furent distribués aux deux jeunes tandis qu'Antonin mangeait avec les doigts. On sentait des présences furtives autour du tressage de la tente et Mina tendit l'oreille.

– La solitude ici n'existe pas, remarqua Pierre. C'est ce qui me manque le plus.

– La solitude est là, répondit Antonin en se frappant le front. Donnez-moi des nouvelles du pays, Mina. Vous avez découvert que Georges est mon frère. Comment va-t-il ? Et Léonore ?

Mina hésitait à se livrer.

– Je joue double jeu, avoua-t-elle. Personne ne sait que je suis au Niger.

– Cette omission vous sera pardonnée.

Antonin roulait la graine de couscous d'une main habile et l'apportait jusqu'à sa bouche sans en laisser tomber une seule miette. Il avait ramené en tailleur ses longues jambes, gainées d'un pantalon de toile assorti à sa djellaba. Il voulut savoir si la ferme de Richerenches avait changé, si Georges achetait toujours sur les marchés, si Léonore était toujours aussi soumise à son époux.

– Pierre m'a brossé un tableau de la situation. Nous échangeons, mon frangin et moi, quelques lettres par an, dit Antonin. Des considérations de santé, une idée du cours de la truffe et des difficultés du monde rural. Il me manque l'essentiel. Seule, une femme peut sentir ces choses-là.

Mina raconta comment Georges Aubanel l'avait embauchée et l'amitié qui la liait à Léonore. Elle parla des dissimulations du courtier et des réticences de sa femme.

– Ils restent tous silencieux lorsque je pose des questions.

– Ils ne peuvent pas se comporter autrement. Ils défendent l'honneur de la famille.

Mina tendit la main vers le récipient contenant de l'eau. Antonin interrompit son geste et commanda une bouteille d'eau minérale et du coca cola.

– Je ne veux pas que vous soyez malade.

Azara enleva le grand plat à couscous et apporta à nouveau du thé. Antonin le servit. Dans la cour, quelques consommateurs attablés parlaient fort. Des rires fusaient. Sans manière, Azara s'installa près d'Antonin et se nicha contre sa poitrine. Devant l'air surpris de Mina, il expliqua :

– Ne vous formalisez pas de nos attitudes. Dans l'intimité, même simplement amis, nous n'hésitons pas à nous caresser et à nous chahuter. En public, pourtant les vrais couples doivent être discrets et ne peuvent même pas s'effleurer la main.

Mina s'étonna de ces drôles de conventions.

– Voilà pourquoi je reste ici. En sortant du cercle Aubanel, d'où toute affection était proscrite, j'ai enfin trouvé ma vraie famille.

– Vous savez, Georges est considéré comme un original. Il occupe toutefois une grande place dans le milieu de la truffe.

– C'est normal. Nous sommes nés, lui et moi, dans les truffiers. En dehors de ce professionnalisme transmis de père en fils, aucune tendresse, aucune compréhension, rien que des principes rigides et des attitudes formalistes.

– On retrouve un peu ça chez les Polignac, dit Mina.

Elle expliqua comment elle avait combattu pour obtenir le téléphone, son permis de conduire, un voyage au Maroc, combien il était difficile de s'octroyer un plaisir anodin.

– C'est Jules qui vous a initiée aux arcanes de la truffe ? demanda Antonin.

– Il m'a tout appris. J'ai dû alors affronter les colères de Philippe qui ne supporte pas les rabasses. Ce fut notre première scène de ménage et mes premières interrogations. Longtemps après, j'ai trouvé le courrier de Rose adressé à Louise et j'ai appris que Philippe n'était pas le fils de Jules.

Antonin repoussa Azara. Son visage exprimait l'émotion.

– Ensuite ? demanda-t-il.

– Dans le bureau de Georges, j'ai découvert la photo de l'enturbanné. C'est ainsi que je vous ai nommé, s'excusa-t-elle. J'ai posé des questions et Georges a prétendu qu'il était sous les drapeaux près d'Agadez. Pierre était présent et sa réaction m'a indiqué qu'il mentait.

Les derniers clients étaient partis. Un silence de plomb tomba sur l'assemblée. Azara s'éloigna discrètement et Mina admira son maintien. Ses larges hanches tanguaient sous les plis de sa robe et elle se déplaçait sans bruit malgré son embonpoint.

– Léonore m'a expliqué que vous étiez son beau-frère. En fouillant dans la poubelle, j'ai trouvé l'emballage de votre paquet contenant les arenarias. C'est ainsi que j'ai pu entrer en relation avec vous.

Antonin passa une main sur son visage fatigué, changea de position et déclara :

– Il est temps de rentrer maintenant. Demain, je dois réceptionner un camion de sel.

– Vous ne m'avez rien appris, se plaignit Mina. Les choses sont si embrouillées que je mélange tout.

Il l'attrapa et la serra contre lui. Ses grosses paluches emprisonnèrent ses épaules. Elle se sentit minuscule et se laissa aller passivement.

– Je n'ai qu'une parole. Vous ne repartirez pas les mains vides.

Il la fixa de ses yeux où poudroyait une lueur verte. Elle rêva à Philippe, seul à Champlong. Elle sut qu'elle pouvait accorder sa confiance à Antonin.

Dans la nuit, un groupe, jailli de l'obscurité, se précipita pour saluer le retour d'Antonin. Amina et Rahbi escortèrent Mina jusqu'à sa chambre. Elles installèrent une moustiquaire au plafond et elle se réfugia sous ses longs plis. Elle aspirait au silence et à la solitude maintenant. La journée avait été longue.

Dans un demi-sommeil, elle entendit Pierre traverser sa chambre. Il se pencha pour poser un baiser sur les lèvres de Mina. Un instant, elle se crut à Champlong avec Philippe. Elle feignit de dormir.

44

Plusieurs jours passèrent. Mina suivait Rabhi dans la cuisine à ras du sol où elle mijotait le riz sauce et, dans un recoin de l'abri à ciel ouvert, alimentait le feu en économisant le bois. Leurs yeux agressés par la fumée âcre pleuraient et elles riaient. Rabhi épluchait les légumes avec un grand couteau, les jetait dans l'eau pour les rincer puis les cuisait en ajoutant toutes sortes d'épices que Mina reniflait. Elle servait dehors, sur la natte, au pied de l'épineux dispensant son ombre bienfaisante, dans un plat ou plusieurs, en fonction du nombre de convives. Au moment du repas, des gens arrivaient et s'installaient sans manière. Mina ne connaissait pas encore tous les grands Touaregs dont les yeux et les mains émergeaient des voiles.

Antonin distribuait chaque jour quelques billets à Amina puis disparaissait pour la journée, entraînant Pierre dans son sillage. Mina accompagnait la responsable des achats et assistait aux longs marchandages, préalables à toute affaire, qu'il s'agisse d'un kilo de tomates ou d'un sac de charbon. Amina rencontrait ses amies et discutait un moment tandis que Mina s'amusait du spectacle en se défendant des propositions.

Bango, le grand Peul qui voulait la guider à son arrivée à l'aéroport lui tapa sur l'épaule. Il errait dans les rues avec un ami, poursuivant les quelques rares touristes et leur vantant les mérites de leur marchandise.

– Viens, je t'emmène dans une boutique, juste pour le plaisir des yeux.

Bango portait toujours son chapeau pointu, cerclé d'un liseré de cuir, et largement évasé, mais aussi un chèche noir, une djellaba et les éternelles tongs en plastique qui laissaient apparaître des orteils envahis de corne. Mina eut envie de le suivre. Elle s'ennuyait un peu, l'absence d'Antonin et de Pierre la livrant à la seule compagnie d'Amina dont les gamineries lui pesaient. Bango présenta son compagnon :

– Voici Heilli. Il est peul comme moi.

– Pourquoi portes-tu le turban ? demanda Mina en adoptant d'entrée de jeu le tutoiement.

– Je suis en pays touareg, alors, en signe de respect, je m'habille comme eux. Et puis, ça me protège de la poussière, ajouta-t-il.

Effectivement, les quelques véhicules qui sillonnaient les rues soulevaient des nuages de sable. Il entraîna Mina à l'ombre d'un stand qui vendait des pamplemousses. Elle fut bousculée par un groupe tirant une charrette chargée de briques. Par décence et sur les conseils d'Amina, elle avait posé un châle léger sur ses épaules. Elle s'adossa à un arbre. Elle avait chaud et respirait difficilement. La cohue commençait à lui peser. Elle aspirait à un peu de solitude.

– Ces fruits viennent de Timia, expliqua Bango. C'est une oasis qui ravitaille Agadez.

– J'aimerais bien y aller.

Bango rit.

– C'est loin.

Il fouilla dans ses poches et tendit à Mina une poignée de colifichets : boîtes en cuir, talismans, gris-gris, nécessaire à khôl, colliers.

– Je ne veux rien acheter, juste discuter un peu avec toi.

– Alors, viens, je t'emmène chez un ami.

Cédant à son désir d'évasion, Mina le suivit, ignorant Amina qui parlait toujours avec ses copines. Elle avait commencé à se repérer dans la ville et se sentait capable de rentrer seule. Bango lui passa autour du cou un lacet de cuir orné d'un coquillage blanc.

– C'est cadeau. Ce cauri te portera bonheur.

Il remarqua qu'elle portait déjà un gris-gris.

– Antonin me l'a offert.

Ils filèrent en passant à l'ombre. Mina évitait les égouts et les déjections animales. Quelques jolies filles au port de déesses marchaient au milieu des saletés jonchant les rues de sable. L'une d'elles portait un grand boubou ocre brodé de croix sur la poitrine, un bandeau assorti roulé artistiquement sur le dessus de la tête et des bijoux en or aux oreilles et aux poignets. Elle remarqua l'intérêt que lui portait Mina et lui sourit.

– Ici l'or est réservé aux femmes qui ont besoin de se mettre en valeur. Naturellement beaux, les hommes préfèrent l'argent, expliqua Bango.

Mina éclata de rire. D'autres Touarègues circulaient dans de longues robes aux motifs colorés, échancrées sur des cous ornés de colliers constitués de triangles de verroteries multicolores. Mina goûta à cet instant de détente. Elle s'arrêta devant la pancarte indiquant un dentiste et frémit à l'idée d'une rage de dents.

– Je vous cherche partout, dit Amina, en la rattrapant.

– J'avais envie de marcher un peu.

– Venez. Je dois vous ramener.

Bango et Heilli s'éloignèrent sur un signe autoritaire d'Amina.

– Il ne faut pas fréquenter n'importe qui, reprocha la jeune femme.

– Je n'ai pas besoin d'un chaperon. Je m'ennuie. Antonin et Pierre ne sont jamais là.

Amina prit son bras.

– Les hommes ont fini de régler leurs affaires. Demain, vous partirez en brousse.

Le pas de Mina devint plus léger. Rabhi avait assaisonné une salade de tomates et de carottes râpées disposée artistiquement sur un grand plateau dont elle se délecta. Antonin la serra contre lui et expliqua :

– Cet après-midi, nous préparerons l'expédition. Mais, d'abord un moment de repos.

Il se retira dans ses appartements situés derrière la pièce commune. Là, sur les tapis, se tenait toujours quelqu'un adossé ou complètement allongé. Les mouches bourdonnaient et souvent un renflement indiquait la présence d'un enfant endormi et recouvert de chiffons. Mina marchait avec beaucoup de précaution.

Elle se réfugia dans sa chambre dont les volets tirés atténuaient la chaleur. Tous succombèrent à la torpeur de ce début d'après-midi et un silence lourd envahit les lieux. Pierre la rejoignit, retira sa chemise et torse nu s'allongea sur le matelas de Mina. Il poussa un soupir de bien-être et l'invita à s'étendre à ses côtés. Elle en mourait d'envie, mais n'osa pas. Au spectacle de son torse puissant envahi d'une broussaille blonde, de son ventre plat, et de sa peau claire, elle se détourna comme pour fouiller dans ses bagages.

– Où sont passés les oiseaux ?

– Les bengalis à tête rouge font la sieste. On les appelle agadéziens ou encore mange-mil. Ils adorent vivre avec les gens.

Mina s'empara de son cahier, se réfugia dans un coin et écrivit le précieux renseignement. Pierre l'épiait de ses yeux bleus à demi fermés.

– Tu tiens ton journal de voyage ?

– Je me méfie de ma mémoire. Histoire de ne pas oublier, je préfère noter.

Elle hésita à continuer.

– Tu peux tout me dire, dit doucement Pierre.

– Vous me tirez les vers du nez, Antonin et toi. Je suis la seule à me confier. C'est injuste.

– Tu vas bientôt tout savoir, Mina. Quant à moi, c'est simple. J'ai fui Richerenches et mon père qui me considère comme un gamin inconscient et incapable. Pourtant, mon avenir était tout tracé. J'aurais dû reprendre l'affaire Aubanel. Je ne peux pas vivre sous la coupe de mon père toute ma vie, obéir à ses ordres et supporter ses caprices. J'aurais tant aimé devenir son associé puis son successeur. Tu le sais, j'adore les rabasses, tout comme toi. Je m'inquiète aussi pour ma mère. Mais, dis-moi, que vont devenir tes écrits ?

– Ne te moque pas de moi. J'avais envie d'écrire l'histoire Polignac. Mais il manque un maillon de la chaîne et un appareil photo.

– À ton retour, tu pourras te mettre à la rédaction.

Elle rit.

– Je ne sais pas si j'en suis capable.

– Je t'aiderai. C'est grâce à toi que j'ai élucidé les mystères de ma famille. Depuis toujours, je sais qu'une ombre plane sur les Aubanel. Sans toi, je ne serais jamais allé jusqu'au bout.

Mina l'écoutait attentivement. Il se recroquevilla sur le matelas comme s'il souffrait ou voulait retenir le flot de confidences qui s'amorçait. Elle se déplaça jusqu'à la couche et avança une main prudente vers l'épaule dénudée. Cette chair la brûla. Un spasme envahit son estomac, descendit jusqu'à son ventre. Il l'épiait entre ses cils clairs. Un moment de silence passa. Le cœur de Mina battait la chamade. Elle était sur un fil, entre convenances et désirs. Il déplia ses grands bras, l'encercla, la plaqua contre lui. Elle ne pouvait plus résister. Il dégageait une odeur inconnue, un mélange d'épices et de tabac qui acheva de la bouleverser. Il planta son regard transparent dans le regard sombre de Mina et elle s'y plongea pour la première fois, découvrant des abîmes de tendresse et un grand danger inéluctable. Ils s'embrassèrent comme des fous. Leurs corps se cherchèrent. Un coup fut frappé contre le volet métallique.

– En route, les jeunes, cria Antonin.

Pierre se détacha d'elle. Mina était anéantie. Il soupira très fort, se mit debout, enfila sa chemise et l'aida à se redresser. Maladroitement, elle attrapa son sac, rangea le cahier. Ils sortirent en clignant les paupières dans la lumière crue de l'après-midi.

– Approchez-vous, demanda-t-il à Mina.

Elle obéit, sans chercher à comprendre. Son corps continuait à crier famine. Elle avait l'impression d'avoir été rouée de coups. Antonin posa un chèche sur sa tête et tenta maladroitement d'emprisonner la masse de ses cheveux dans le tissu. Amina s'approcha.

– Ce n'est pas un travail d'homme.

Elle replia habilement la longue chevelure de Mina, roula le tissu en bandeau et recula pour apprécier son œuvre.

– Avec un pagne et une camisole, vous pourriez presque passer pour l'une d'entre nous, dit-elle pensivement.

– Je suis une cousine germaine des Touaregs, tout de même.

– Couvre-toi, Pierre, ordonna Antonin. Tu risques l'insolation.

Il lui tendit un morceau d'étoffe.

Comme le premier jour, Pierre conduisit et Antonin installa Mina sur le siège arrière à côté de lui.

– Direction le grand marché.

Il acheta un sac de riz, du tabac à priser, du natron, de l'huile, des oignons, des boîtes de sauce tomate, du sucre et un quartier d'agneau. Toutes les marchandises furent amarrées sur la galerie. Il avait une belle prestance et paraissait très respecté. Ses ordres furent exécutés sans rechigner.

– Vous n'avez pas de glacière pour conserver la viande ? demanda Mina.

– C'est l'avantage de ce pays. Tout sèche et rien ne pourrit.

Il remplit des jerricans de gas-oil et ordonna un tour au marché aux bestiaux. Mina contempla les chamelons en traversant ce lieu magique. Il l'entraîna dans un quartier inconnu, tandis que Pierre gardait le véhicule, et négocia deux sacs de mil et du thé. À l'ombre d'un étal, Mina s'empara d'un porte-braises et palpa une grande besace de cuir, profonde à souhait, taillée dans une peau de chèvre dont il restait encore quelques poils. Une lanière permettait de l'accrocher à l'épaule. Cette nouvelle venue intrigua les marchands ; Antonin coupa court aux questions qu'ils posèrent.

– En route maintenant. Gardez ces objets qui vous plaisent. Le sac n'est pas très féminin, mais cela vous fera un souvenir d'Agadez et du vieil Antonin.

Ils retournèrent à la maison où Ousmane chargea des nattes, des couvertures, des plats, et une provision d'eau sur la galerie. Mina évitait le contact de Pierre qui conservait un air pensif. Le soleil déclinait lorsqu'ils prirent la route d'Arlit. Ils longèrent le marché nocturne, franchirent un pont enjambant une végétation luxuriante, et s'arrêtèrent à la barrière du péage signalé par un fil métallique tendu entre deux bidons et jouxté par une cabane de fortune. Un policier Haoussa à la stature imposante, marqué par des scarifications sur les joues, salua Antonin sans contrôler ses papiers. Il nota la présence de Mina, demanda son identité. Elle fouilla dans son sac, à la recherche de son passeport.

– Mina Aït Moudzit est mon invitée.

Cette phrase servit de laissez-passer. L'homme ordonna au véhicule de reprendre sa route. Ils voyagèrent en silence. La tête appuyée contre le dossier, Mina admirait le paysage de sable entrecoupé d'herbes sèches, de quelques épineux et d'euphorbes aux gros fruits encore verts.

– À droite, c'est la route de Tchighozérine, commenta Antonin. La seule localité importante entre Agadez et Arlit. Entre ces deux villes, deux cent trente-huit kilos de vide. Vous comprenez pourquoi nous circulons en autosuffisance.

Parfois, une étendue de pierres noires ou le dos rond d'une tente trouait l'horizon. Des femmes revenaient des puits, conduisant des ânes harnachés d'outres qu'ils portaient sous le ventre. Plusieurs cavaliers à dos de chameaux s'éloignaient vers leurs lointains campements. Pierre roulait doucement. Quelques gros camions dont la benne regorgeait de passagers croisèrent leur route, les saluant à grands coups de klaxon.

– Il faut acheter du bois pour la cuisine, nota Antonin.

Pierre s'arrêta près d'un abri sommaire où des fagots de bois liés par du fil de fer attendaient preneur. Un Touareg à la robe en lambeaux et à l'air farouche accepta l'offre d'Antonin et amarra le ballot sur la galerie. Une bande de gamins dépenaillés arrivèrent en trombe, suivis par de belles Touarègues portant des galettes.

– C'est le picodon local, expliqua Antonin. Une spécialité d'ici. Simplement caillé et séché sur l'herbe.

Mina goûta et apprécia le goût prononcé. Quelqu'un leur tendit des verres de thé. Antonin distribua quelques poignées de tabac que les participants roulèrent dans un angle de leur foulard. Ils achetèrent quelques fromages frais, carrés et striés. Mina avait gardé ses cheveux emprisonnés dans le carré d'étoffe et l'aïeule du groupe s'approcha pour arranger un pli du tissu.

Ils repartirent roulant sur un long ruban étroit, droit et monotone. Le soleil descendait rapidement, éclairant de sa lumière rasante les touffes d'herbes qui arrêtaient la progression du sable. Ils tournèrent à gauche, prirent une piste et longèrent des bâtiments de banco abandonnés pour continuer vers l'infini. Mina était perdue dans sa contemplation. Un lièvre détala et s'enfuit. À la tombée de la nuit, des souris montrèrent le bout de leur nez. Pierre évita de les écraser et Antonin se moqua de lui.

– Dépêche-toi, ordonna-t-il. Si tu évites les gerboises, nous n'aurons pas le temps de nous installer.

Pierre haussa les épaules et tendit un doigt vers un virage de la piste.

– Des renards des sables, dit-il. On les appelle des fennecs.

Elle eut juste le temps d'apercevoir deux flèches furtives aux pelages clairs. Ils stoppèrent devant un bâtiment et immédiatement un personnage souriant portant un enfant nu dans ses bras les accueillit avec force salutations. D'un abri jaillirent des gamins. Pierre s'approcha de Mina.

– Nous sommes au village de Sikérat. Ce sont les élèves de l'école nomade. Là, le quartier général où se réunissent les hommes pour prendre les décisions. Derrière toi, les jardins et plus loin les puits où les éleveurs viennent abreuver leurs troupeaux.

– Il me semble que Jean, le mari de Paule, a travaillé ici.

– Je ne sais pas. Il faudra que tu demandes à Antonin.

Rapidement, la grosse boule du soleil se coucha. Immobiles, Pierre et Mina suivirent la course de l'astre blanchâtre qui disparut derrière la ligne d'horizon en moins de dix minutes. La pièce réservée aux réunions constituait un simple passage long et étroit qui donnait sur une cour desservant un appartement. Un bouc et une chèvre attachés à un pieu mangeaient du son. Deux jeunes enfants jouaient. À gauche, un enclos, délimité par des murs en banco, servait d'abri à toilette.

– Le chef du village héberge ici l'instituteur et sa famille.

Une femme cuisinait sur un feu, dehors. Elle les salua d'un sourire.

– On file, dit Antonin. Il faut saisir la dernière clarté pour installer le bivouac.

Un Touareg monta dans le véhicule pour les guider et ils s'éloignèrent à travers les acacias. La piste n'existait plus. Antonin posa une main rassurante sur l'épaule de Mina et expliqua :

– Nous nous rendons chez mes amis où nous passerons la nuit. Les nomades déménagent souvent. Ils se déplacent en fonction de l'état des pâturages.

Dans la nuit qui s'installait, Mina voyait défiler un paysage de sable infini. Tout à coup, dans une clairière, elle devina plusieurs tentes et des silhouettes évoluant au milieu des troupeaux. Quelques feux brûlaient. La température s'était rafraîchie. Un attroupement se forma autour d'Antonin. Les salutations durèrent longtemps. Les chameaux blatéraient, et d'une voix plaintive les chèvres appelaient leurs chevreaux que des enfants poursuivaient. Les gens se bousculaient autour d'eux, intrigués par l'étrangère dont ils palpaient la robe et surtout les mains qu'ils caressaient en appréciant leur blancheur. Elle n'était pas tranquille et se prit à regretter Philippe, la ferme drômoise, ses truffiers, ses deux chiennes et surtout sa chère solitude. Tout ce monde riait. Une danse de djellabas et de chèches, de visages inconnus et de cris environnait Mina. Antonin prit son bras et l'entraîna à l'écart, dans une déclinaison de terrain bordé de touffes d'herbes sèches.

– Nous allons bivouaquer ici.

Il donna un ordre bref et quelques jeunes escaladèrent la galerie du véhicule pour décharger les bagages.

– Que chacun choisisse sa place pour la nuit.

Pierre la guida vers un gros acacia. Il cueillit quelques broussailles et improvisa un balai qu'il utilisa pour nettoyer les lieux envahis de déjections, puis il aplanit le sable et disposa nattes et matelas côte à côte.

– Nous dormirons ici. Prépare tout ce dont tu as besoin. Dans cinq minutes, nous n'y verrons plus rien.

Il lui tendit une lampe électrique. Elle sortit son duvet de sa housse. Elle se sentait perdue. À quelques mètres, elle entendit un drôle de bruit ressemblant à un gargouillis.

– Ils ont tué un chevreau pour le repas du soir. C'est toujours comme ça lorsqu'il y a des invités.

L'estomac de Mina se serra. Elle se dit qu'elle était victime de la mode européenne qui consistait à ignorer les sacrifices d'animaux pour les apprécier, lâchement, dans l'assiette. Ils rejoignirent les vieux installés sur une grande natte. Les jeunes terminaient leur tâche avant le repos nocturne. Quelques femmes trayaient les chamelles tandis que leurs chamelons pleuraient, entravés à des piquets de bois. Mina s'étonnait de ne pas voir téter les chamelons. Pierre expliqua :

– Le lait est la principale nourriture des gens. Les petits sont donc très peu nourris.

Les gens des campements se déplaçaient sans problème dans la nuit. Deux chiens maigres et hargneux qui ressemblaient à des lévriers montaient la garde.

– Ils font fuir les chacals, expliqua Antonin.

Les chèvres furent enfermées dans des enclos d'épineux. Les chevreaux, attachés par une patte arrière aux piquets des tentes, appelaient désespérément leurs mères. Le travail du bétail achevé, les éleveurs s'approchèrent. Une femme tendit à Mina un pot de lait encore tiède.

– C'est un signe de bienvenue, dit Antonin. Le lait de chamelle est réputé pour ses vertus nutritives et laxatives.

Mina surmonta son dégoût et avala quelques gorgées, guettée par l'assistance.

– Ça nettoie le ventre, dit quelqu'un en riant de son embarras.

A côté de la natte où circulaient les verres de thé et les morceaux de fromage, une Touarègue tenait à pleines mains un morceau de viande sanguinolent qu'un homme découpait en morceaux. Un feu brûlait dans un foyer creusé à même le sable. Une grosse marmite, maintenue par deux pierres, était posée dessus. Par l'ouverture de la tente, Mina voyait le lit de bois et quelques sacs de cuir décorés de lanières, contenant sans doute toutes les richesses vestimentaires de ces pauvres gens. Des gourdes pendaient dans les arbres proches. Deux jeunes filles posèrent sur le mortier une peau de chèvre mouillée qu'elles amarrèrent avec des lanières de cuir. Sur cet instrument improvisé, elles commencèrent à taper et à chanter d'une voix plaintive qui s'élevait dans la nuit. Pierre se rapprocha de Mina et elle se blottit contre sa poitrine. Elle avait perdu la notion de temps. Autour d'elle, les hommes parlaient à voix basse. Des voisins arrivèrent sans bruit et se joignirent au groupe. Un bébé nu s'était endormi. Quelqu'un posa dessus une couverture. La faible clarté du feu contribuait à créer une ambiance fantasmagorique. Un grand plat fut posé au milieu de la natte et, assis en rond tout autour, les participants se servirent avec les mains. La musique reprit.

– On l'appelle tindé, commenta Antonin.

– Une de mes chiennes se nomme ainsi, répondit Mina.

– Et les autres ?

– La mère, c'est Lionne. Et son autre fille, Timia.

Antonin médita ces informations avant de reprendre une conversation avec son voisin de droite.

– Toten, l'ancêtre, est le chef du campement, expliqua Pierre. Il s'entretient avec Antonin des problèmes de déplacement des troupeaux peuls qui dévastent les pâturages et mobilisent les puits réservés aux Touaregs.

Mina soupira. Elle était fatiguée.

– Ta patience sera récompensée, ajouta-t-il pour la réconforter. Demain après-midi, nous partirons tous les trois dans un endroit tranquille et Antonin te dira tout.

– Il ne me reste que cinq jours.

– Ce sera suffisant.

La lune, posée comme une calebasse dans un ciel infini, se leva. Les chanteuses lançaient interminablement leurs mélopées qui froissaient les nerfs et les oreilles de Mina.

– Viens. Allons nous reposer, proposa Pierre.

En contournant quelques rares arbustes, ils rejoignirent leurs nattes. Mina s'éloigna discrètement.

– Fais gaffe. Prends toujours un point de repère dans la nuit et ne circule jamais sans lumière, sinon tu te perdras.

Effectivement, à la pâle clarté de l'astre nocturne, tout se ressemblait. Mina se guida à la lueur du bivouac. Elle ne s'attarda pas. Elle avait un peu peur et épiait autour d'elle les frôlements des chiens méchants et la fuite de quelques insectes. La température était un peu plus fraîche maintenant. Elle apprécia sur sa peau un semblant de vent à peine tiède. Elle se déshabilla et se glissa dans son duvet.

– Je suis sûr que tu n'as jamais eu une chambre aussi grande, dit Pierre qui, les mains sous la nuque, sondait le ciel étoilé.

La voûte ressemblait à du velours rehaussé d'argent. Favorisée par la contemplation, une immense paix descendit sur Mina. Le silence était troué par les rires qui fusaient, le blatérement des chamelles et des crissements de sable.

– Il y a une bête qui rôde, dit Mina en se rapprochant de Pierre.

– Seulement quelques gerboises qui chassent. Ne crains rien. Je n'ai encore jamais vu de scorpion ou de serpent par ici en cette saison ; c'est trop tôt.

Pierre attira Mina contre lui. Un long moment passa. Ils ne bougeaient pas. Longtemps après, le groupe sur la natte se dispersa et chacun rejoignit son gîte pour la nuit. Mina entendit une voix basse calmer un chien.

– Les chacals ne sont pas loin.

Mina goûta un repos compensateur qui n'était pas encore du sommeil mais un oubli passager. Elle tendit la main vers la poitrine de son compagnon, fourragea dans le duvet de son torse et le sentit frémir. Il ouvrit la fermeture éclair du duvet et chercha les lèvres de Mina qui répondirent à son avance. Ce qu'elle avait anticipé dans ses moments de rêverie était le reflet de la réalité. Il caressa les seins aux pointes dressées et les hanches offertes. Elle noua ses mains sur la nuque puissante, parcourut la géographie des épaules volumineuses, descendit sur la cambrure des reins et l'attira sur elle. Son ventre était douloureux. Pierre gémissait contre sa peau. Cette communion s'acheva sur un long râle que Pierre bâillonna en scellant la bouche de Mina d'une étreinte destinée à étouffer leurs cris. Enlacés, ils s'endormirent.

45

“Allez visiter Sikérat, Mina. Votre fidèle chaperon va vous guider. Moi, j'ai une mission à accomplir avant que nous partions.

Antonin lui tendit un paquet entouré de feuilles de papier journal qui protégeaient un appareil photo. Elle lui sauta au cou.

– Merci beaucoup.

De dessous sa djellaba, il retira quelques pellicules, s'assit sur la natte et donna quelques explications.

Pierre et Mina partirent à pied pour Sikérat, en même temps que les gamins qui emmenaient les troupeaux de chèvres jusqu'aux pâturages. Le soleil se levait. Tous les oiseaux chantaient.

– On va se perdre, dit Mina.

– Nous allons suivre les traces de la voiture, tout simplement.

Main dans la main, ils marchèrent jusqu'à l'endroit où les animaux étaient abreuvés les uns après les autres, selon une logique propre aux nomades. Des dromadaires ou des vaches amarrés à une longue corde tiraient les puisettes d'eau que les éleveurs distribuaient. Les animaux pataugeaient dans une boue noirâtre. Deux montants de bois disposés en triangle surmontaient l'ouverture des puits. À leur sommet, un tronc à l'horizontale pourvu d'une poulie permettait d'accéder à l'eau précieuse. Les grandes vaches noires surveillaient Mina d'un œil curieux. Libres, les ânes circulaient, allant d'une flaque d'ombre à une autre.

– Ils sont toujours à proximité, expliqua Pierre. Les nomades les cherchent lorsqu'ils ont besoin d'eux. Ils se débrouillent pour se nourrir.

Il s'approcha de Mina et couvrit sa tête d'une bande d'étoffe. Il la guida jusqu'aux jardins clôturés d'épineux où poussaient des carrés de blé, tomates, courgettes et courges destinées à être transformées en calebasses. Occupés à arroser, les jardiniers utilisaient la même méthode que les éleveurs. Mina prit des photos puis demanda à Pierre de poser devant la maison du chef pour deux clichés sous des angles différents.

– Que dira Philippe ?

– Je ne suis pas obligée de lui montrer mes souvenirs.

Ce brusque rappel irrita Mina. Elle avait décidé de repousser les images liées à Champlong. Pierre prit l'appareil et installa Mina devant une tente où une femme pilait du mil. Il appuya plusieurs fois sur le déclencheur.

– Tu me les enverras ?

– Promis.

Le spectre du départ était là, entre eux. Il la poussa dans un coin de mur, la prit dans ses bras et l'embrassa passionnément. À nouveau, Mina eut envie de tout oublier pour se perdre dans cet instant béni. Elle fourra son nez dans le creux de l'épaule de Pierre et resta là, sans bouger, un long moment.

Un groupe de gens bruyants arriva, s'annonçant de loin par des cris. Antonin était à leur tête, menant la délégation.

– La réunion est terminée. Nous partons pour la brousse après le repas. Allez vous mettre à l'ombre, Mina.

Sa rougeur était provoquée par les embrassades de Pierre plus que par la chaleur accablante.

– Pierre, je te charge de préparer le véhicule.

Il s'éloigna en soupirant. Mina s'assit le dos contre un mur, dans la maison de l'instituteur et sortit son cahier. Dans la cour, Zohra, la femme du maître d'école, épluchait des oignons et des carottes, se déplaçant pour éviter la progression du soleil. On déchargea les sacs de mil et de riz.

– Pour la cantine scolaire, dit simplement Antonin.

Mina écrivit quelques phrases qui ressemblaient plus à une histoire d'amour qu'à un récit de voyage. Elle guettait le retour de Pierre. Zohra lui apporta un verre de thé très amer en essayant de déchiffrer son écriture.

– Ne craignez rien pour vos secrets. Zohra ne sait pas lire, expliqua Antonin.

– Je sais lire le tifinar, répliqua-t-elle, vexée.

Elle repoussa la natte, aplatit le sable et commença à tracer des caractères qui ressemblaient un peu à des hiéroglyphes.

Mina lui tendit une feuille vierge et son stylo. Elle recopia les signes en disant :

– J'ai écrit votre prénom.

Elle enleva son bracelet en argent et le passa autour du poignet de Mina.

– Je ne peux pas accepter.

– Ce serait un outrage que de refuser, dit Antonin.

Zohra retourna à ses gamelles et répartit les portions dans des saladiers. Mina mangea en compagnie d'Antonin et d'Alazane l'instituteur.

Dans le sable, à l'ombre des épineux, les enfants de l'école avalaient une bouillie de mil avec des cuillères en bois. Beaucoup étaient vêtus de vêtements d'adultes trop grands pour eux ou de djellabas déchirées. Ils allaient pieds nus ou en tongs, et, bien que la plante de leurs pieds fût recouverte de cals, les piqûres et les infections n'étaient pas rares. La plupart avaient le crâne rasé de manière asymétrique. Antonin emmena Mina visiter la salle de classe, une simple cahute carrée avec des murs bas surmontés d'un paillage de palmier doum troué où volaient une bande d'agadéziens colorés. Le dénuement était total : sur le tableau noir, quelques phrases en français, une ardoise pour trois écoliers, des bureaux bancals, des cahiers et des livres en quantité insuffisante.

– Une association humanitaire va financer un nouveau bâtiment, expliqua Antonin. En attendant, les enfants dorment dehors avec une couverture pour quatre et deux bols de riz par jour.

Alazane siffla la récréation et la bande de gamins s'égailla au milieu du désert. Pierre avait chargé les bagages. Antonin distribua à chacun un peu de tabac à chiquer et ils prirent le départ. Ils rejoignirent le goudron puis prirent la piste et roulèrent longtemps dans un paysage plat et monotone qui ne cessait pourtant de ravir Mina. Ils zigzaguaient, contournant les bosquets d'épineux et les grosses pierres.

– Continue droit au sud, ordonna Antonin.

– Tu es drôle, répliqua Pierre. Nous n'avons même pas de boussole.

– Ton père ne t'a pas appris à te repérer aux signes ? Si le soleil éclaire le côté droit de la voiture, l'après-midi, cela signifie que tu es dans la bonne direction.

Mina enregistra l'information. Deux cavaliers à dos de chameaux les hélèrent avec de grands signes. Encordés derrière leurs montures, des chamelons suivaient.

– Arrête-toi, demanda Antonin. La règle d'entraide est sacrée.

Les méharistes avaient soif. Antonin distribua de l'eau qu'il prit dans la gourde en peau de chèvre qui pendait de la galerie. Ils échangèrent quelques mots et les hommes indiquèrent un point au loin. Antonin donna des poignées de tabac.

Parfois, il fallait franchir une rivière à sec, circuler un moment dans son lit avant de remonter sur l'autre rive. Là se trouvaient les tentes, à l'ombre des grands arbres et de temps à autre le carré vert des jardins. Deux femmes entourées d'enfants nus coupaient des tomates en tranches.

– Je voudrais bien prendre une photo, dit Mina.

Le chauffeur stoppa et ils allèrent les saluer. Les nomades étaient très belles avec leur dentition étincelante de blancheur, découverte sur des sourires de bienvenue. Les quartiers de tomate étaient étalés sur une natte.

– Lorsque la provision sera sèche, il suffira de la mettre en sacs, indiqua Antonin. Elle sera utilisée pour la sauce pendant la saison froide.

Il donna quelques conseils de cadrage à Mina et ils s'assirent un moment pour boire le thé tandis qu'Antonin prenait un cliché du groupe. Le soir s'annonçait et la température était plus douce. Au loin, des étendues de cailloux noirs apparaissaient.

– Les pentes de l'Aïr, commenta Antonin. Je ne me lasse pas de leur beauté. J'y viens souvent lorsque j'ai besoin de réfléchir.

Mina eut l'image de son cabanon en ruine de Charavin. Ils roulèrent en silence, Pierre attentif à la conduite, Antonin lui donnant de temps à autre une indication sur la direction. Ils s'arrêtèrent pour la nuit au pied de grandes falaises ornées de gravures rupestres.

– Nous bivouaquerons ici, dit Antonin. Allez chercher du petit-bois.

Mina et Pierre cueillirent quelques brindilles et des brassées de branches mortes. Antonin alluma le feu.

– En grimpant là-haut, vous verrez des gueltas et un superbe coucher de soleil. Je vous attends ici.

C'était une manière élégante de les congédier. Mina et Pierre escaladèrent entre des rochers. Du sommet, elle aperçut Antonin, assis en tailleur devant le foyer. Il paraissait réfléchir. Pierre aussi était silencieux. Le moment des révélations était proche. Elle se rapprocha de lui, perdu dans la contemplation des immensités. La boule crème du soleil basculait derrière la ligne d'horizon. Pierre prit la main de Mina et l'entraîna au cœur du massif. Une cascade alimentait un trou d'eau où pépiaient des oiseaux. Ils s'assirent un moment pour déguster cet instant de paix. La pénombre commençait à gagner sur le reste de jour. La lumière s'enfilait par les échancrures des failles soulignant quelques dessins de girafes et de lions. L'embrasement fut si éphémère que Mina crut avoir rêvé. Pierre la prit dans ses bras et la serra fort, sans rien dire. L'émotion lui étreignit le cœur. Elle avait envie de prolonger encore un peu ce moment. Elle chercha ses lèvres et s'attarda à son étreinte. Seul, le bruit de leurs pas les accompagna lorsqu'ils descendirent dans les dernières lueurs. Antonin n'avait pas bougé. Il s'ébroua lorsqu'il les entendit arriver et parut sortir de sa rêverie.

– Au menu, la téguila, une galette des sables.

Le feu se consumait peu à peu. Antonin demanda à Pierre d'éplucher les oignons qu'il mit à rissoler dans une gamelle. Pendant ce temps, il pétrit la farine de semoule humectée d'eau et lui donna, à grands coups de poigne, une forme de galette qu'il enterra sous le sable chaud après avoir remis les tisons. Il répéta l'opération à mi-cuisson sous l'œil attentif de Mina.

– Pour que ça cuise des deux côtés, expliqua-t-il.

Le dos contre le rocher, elle les contemplait tous les deux. La sauce, pommes de terre coupées en petits morceaux, concentré de tomate, cannelle, cumin moulu, cube de bouillon Maggi et poivre, mijotait. Elle ignorait pourquoi ce moment était unique. Elle essaya d'aider Antonin et se brûla les doigts.

– Vous êtes mon invitée. Vous vous contentez de vous reposer sans bouger.

Brossé du plat de la main et lavé sommairement, le pain fut coupé en tout petits morceaux. Mina prit une photo de l'oncle et du neveu. Antonin vida la sauce tomate par-dessus.

– À table, ma belle.

Il fouilla dans la cantine et sortit d'un morceau de chiffon une bouteille de vin qu'il ouvrit cérémonieusement.

– Elle date de 1969, l'année où j'ai quitté définitivement Richerenches. Je la gardais pour ce jour-là, le jour où je devrais rendre des comptes.

Ils mangèrent en silence sous le dais du ciel immense. La téguila était délicieuse. Mina retenait son souffle. Antonin servit le nectar dans les gobelets.

– J'ai oublié les verres à pied, dit-il pour combattre son émotion.

Pierre rajouta du bois sur le feu. Mina ne voyait d'Antonin que son profil. Elle le sentait tendu et respecta ses hésitations. Quelques hurlements de chacal trouaient le silence. La lune commença son ascension à l'horizon, venue comme par magie donner un peu plus de lueur à la scène. Pierre tendit un coussin à Mina et elle cala confortablement son dos contre la roche.

– Il ne faudra pas m'interrompre, demanda Antonin.

– Je vous le promets.

Il se redressa et commença sans préambule :

– Philippe n'est pas mon fils. J'ai simplement endossé la paternité pour rendre service à Louise et me permettre de m'échapper. Il me fallait un bon prétexte pour déserter le camp familial. Dès lors, le père Aubanel lui-même me souhaitait loin de chez nous.

La voix d'Antonin se radoucit. Il soupira. Ce brusque découragement était étrange dans cette grande carcasse. Rose avait raison, médita Mina. C'est bien Georges le père de Philippe. Pierre est son frère.

– Tout le monde aimait Louise, reprit-il. C'était une femme intègre, plutôt farouche avec un brin d'orgueil, qui ne désarmait devant rien. Je l'avais apprivoisée et elle m'acceptait pour ami. Cette maudite rabasse a tout déclenché. Elle a modifié notre destin, à tous.

Il servit du vin à nouveau et le bruit du liquide rompit le silence.

– C'est Alphonse qui avait initié Louise au cavage. Jules alors était responsable de la ferme, s'occupait de la vigne et des lavandes. Le vieux avait réalisé quelques expériences novatrices dont il s'entretenait avec mon père. Louise s'ennuyait à Champlong, entre les deux hommes. Elle a tout naturellement continué l'œuvre d'Alphonse. Le mystère de la truffe la hantait.

D'un mouvement souple, Antonin se mit debout. De la cantine, il sortit un cahier et le tendit à Mina :

– Elle a consigné dans ce journal ses découvertes et peut-être autre chose. En me le confiant, je crois qu'elle voulait se soulager de ses secrets. Je ne l'ai jamais lu.

À la lueur du bivouac, Mina entrouvrit le carnet. L'écriture dense ne tenait compte ni des marges ni des lignes. Elle remplissait tout l'espace.

– Il est à vous, Mina.

Elle l'enfouit dans sa besace sans piper mot.

– Jules ignorait tout.

– Mais…

Antonin leva la main pour interrompre Mina.

– C'était sans compter avec la fameuse Rose. Elle a remué ciel et terre pour savoir. Elle a crié au scandale. Louise l'a contrainte à se taire en lui affirmant sous le sceau du secret que j'étais le père de Philippe. La fine mouche n'a pas dû gober la ruse cousue de fil blanc.

– Comment mon paternel peut-il vivre avec une faute pareille sur la conscience ? dit Pierre d'une voix glaciale.

– Georges n'a rien à se reprocher. Tu es son seul et unique enfant.

Pierre fronça les sourcils.

– Je ne comprends rien.

– Moi non plus, bafouilla Mina.

– Seuls Georges et moi connaissons la vérité. J'ai tout révélé à Georges, je ne pouvais pas partir en lui laissant croire que j'étais coupable. Louise a emporté son secret dans la tombe. Le vrai père de Philippe est mort, il y a un peu plus de vingt ans.

Antonin remplit à nouveau les gobelets. Il vida les dernières gouttes dans le verre de Mina.

– Une fille dans l'année comme dit la tradition.

La rougeur de Mina passa inaperçue dans les ombres mouvantes du feu.

– Louise était la disciple d'un nommé Jean Florentin, un ingénieur agronome passionné de rabasses. C'était lui, l'amant de Louise.

La Coste,
dimanche 3 novembre 2002